HISTOIRE

DES

DUCS DE NORMANDIE

ET DES ROIS D'ANGLETERRE,

PUBLIÉE EN ENTIER, POUR LA PREMIÈRE FOIS,

d'après deux Manuscrits de la Bibliothèque du Roi;

SUIVIE DE LA RELATION

DU TOURNOI DE HAM,

PAR SARRAZIN, TROUVÈRE DU XIIIe SIÈCLE,

ET PRÉCÉDÉE D'UNE INTRODUCTION;

PAR FRANCISQUE MICHEL,

Membre des Sociétés des Antiquaires de Londres et d'Écosse et du Comité historique
des Chartes, Chroniques et Inscriptions, institué près le Ministère
de l'Instruction publique, Professeur de Littérature étrangère à la Faculté
des Lettres de Bordeaux, etc.

A PARIS,

CHEZ JULES RENOUARD ET Cie,

LIBRAIRES DE LA SOCIÉTÉ DE L'HISTOIRE DE FRANCE,
RUE DE TOURNON, N° 6.

M. DCCC. XL.

HISTOIRE
DES
DUCS DE NORMANDIE
ET
DES ROIS D'ANGLETERRE.

A PARIS,

DE L'IMPRIMERIE DE CRAPELET
RUE DE VAUGIRARD, Nº 9.

M. DCCC. XL.

Le Commissaire responsable soussigné déclare que le travail de M. Francisque Michel, *pour l'édition de l'*Histoire des ducs de Normandie et des Rois d'Angleterre, *suivie de la Relation du* Tournoi de Ham, *lui a paru digne d'être publié par la Société de l'Histoire de France.*

Fait à Paris, le 1ᵉʳ Juin 1840.

Signé GÉRAUD.

Certifié,
Le Secrétaire de la Société de l'Histoire de France,
J. DESNOYERS.

INTRODUCTION.

La chronique que nous publions se compose de deux parties bien distinctes et qui sont loin d'avoir l'une et l'autre la même valeur. La première, qui s'étend depuis l'arrivée des hommes du Nord en France jusqu'à Richard Cœur-de-Lion [1], a déjà reçu par nous le jour de l'impression, et n'est autre chose qu'une analyse de l'Histoire des Normands, de Guillaume de Jumièges, augmentée d'une suite peu considérable. Quant à la seconde, jusqu'à présent inexplorée, et qui paraît provenir de la plume d'un auteur différent, elle s'étend depuis la mort de Richard jusqu'à l'année 1220 et jusqu'à la levée du corps de saint Thomas de Canterbury, peu après le couronnement de Henri III, roi d'Angleterre [2]. Elle abonde en détails circonstanciés et précieux, que l'on chercherait vainement ailleurs, et qui font penser que l'auteur, venu en Angleterre avec les Flamands qui s'y rendaient en foule pour y chercher fortune, fut le témoin oculaire d'un bon nombre des faits qu'il rapporte. Entre autres passages, voici ceux qui ont principalement contribué à former en nous cette opinion. Dans une circonstance, le chroniqueur revient sur ses pas, et fait cette réflexion : « Por chou que il m'estuet conter de .ij. estores, de celi d'Engletierre et de celi de Flandres, ne vous puis-jou pas toutes les choses conter en

[1] Pages 1-90.
[2] Pages 90-209.

ordre.¹ » Cette nécessité qu'il signale, par quel hasard y est-il soumis? Ce n'est pas sans doute par le cadre de son travail; car, à en juger par le titre, l'ouvrage de notre anonyme est consacré à l'histoire des rois d'Angleterre, à laquelle celle de Flandre n'a jamais tenu que par un lien très-faible. Nous sommes donc disposé à penser qu'il voyait l'obligation dont il parle, dans sa qualité de Flamand et dans la destination de son travail, qu'il avait exécuté pour ses compatriotes. Au reste, il est à remarquer que l'un des manuscrits qui le renferment² est un recueil composé de pièces surtout relatives à l'histoire de Flandre.

Quelque soin que prenne le chroniqueur pour nous dérober la connaissance de son nom et de sa patrie, cependant il nous fait la confidence de ses haines et de ses affections, et il est à remarquer qu'elles ne portent que sur des chevaliers de l'Artois et du Boulonnais, pays que je n'ai pas entendu exclure quand j'ai donné à l'écrivain la vague dénomination de Flamand. Ainsi, faisant le dénombrement des barons qui consentirent à suivre Louis en Angleterre, il mentionne tout d'abord des seigneurs de l'Artois, et ne nomme les Français qu'en second lieu³; ensuite, parlant du siége de Windsor par le comte de Nevers et le comte de Dreux, il ajoute : « Uns chevaliers d'Artois, ki estoit apielés Guillaumes de Cerisi, i fu ocis, ki assés poi fu plains de maintes gens; car molt estoit haïs. ⁴ » Plus loin, faisant le récit du siége de Douvres, il s'exprime ainsi : « Guichars de Biaugeu moru à cel siege, si fu portés enfouir en sa tierre; mais ançois moru uns

---

¹ Page 127, ligne 19.
² Le ms. 455, suppl. français.
³ Page 160, l. 25.
⁴ Page 177, ligne 17

INTRODUCTION.

chevaliers de Boulenois qui moult fu plains, Jehans de la Riviere ot à non; chil fu autresi aportés enfouir en Boulenois.[1] » Enfin, à propos de la prise du château de Farnham, dans le comté de Surrey, il dit : « En Fernehem fu pris Ponces de Biaumès, uns chevaliers d'Artois; si le fist li evesques de Winciestre jeter en sa prison, ù il li fist soufrir moult de maus.[2] » Je ne sais si je me trompe, mais je ne crois pas qu'un chroniqueur se fût occupé d'aussi minces détails au milieu des grands événements du règne de Jean Sans-Terre, s'il n'eût pas eu quelque intérêt de nationalité ou de cœur à le faire. Nous ne manquerons pas non plus de signaler l'exactitude des renseignements que notre anonyme possédait sur la vie d'Eustache le Moine, ce hardi aventurier boulonnais, qui, ayant jeté le froc aux orties, devint d'abord sénéchal et favori de son maître, puis lui fit la guerre, et enfin fut tué dans une bataille navale, après avoir promené ses services du roi de France au roi d'Angleterre, et s'être fait craindre également de tous les deux.[3]

Mais le principal mérite de cette chronique, celui qui a le plus commandé notre attention et qui a décidé la Société de l'Histoire de France à la comprendre parmi ses publications, c'est le soin minutieux avec lequel notre auteur s'at-

---

[1] Page 179, ligne 28.
[2] Page 188, ligne 1re.
[3] Pages 167-202.
Nous avons rassemblé tous les détails connus jusqu'à présent sur cet homme extraordinaire, dans un volume que nous avons publié chez le libraire Silvestre, en 1834, et qui est intitulé *Roman d'Eustache le Moine, pirate fameux du* xiiie *siècle*. Voyez aussi, sur le même sujet, nos *Rapports au Ministre de l'instruction publique sur les anciens monuments de l'histoire et de la littérature de la France, qui se trouvent dans les bibliothèques de l'Angleterre et de l'Écosse*; Paris, Imprimerie Royale, 1838, in-4°, p. 10, note 2, et *Rotuli chartarum*, page 186, col. 1re.

tache à rapporter tous les détails de l'expédition du fils de Philippe-Auguste en Angleterre, entreprise sur laquelle nous n'avions jusqu'ici que peu de lumières, et que les écrivains des deux nations belligérantes semblent avoir passée sous silence d'un commun accord; les uns, parce qu'ils étaient peu soucieux de se faire les historiens des progrès de l'étranger sur le sol national; les autres, parce qu'en définitive, l'espérance que les succès du prince Louis leur avaient fait concevoir d'une seconde conquête de l'Angleterre ne tarda pas à s'évanouir sans retour. Quelques pages sur cette période de l'histoire anglo-française, écrites surtout d'après Matthieu Paris et d'autres chroniqueurs monastiques de cette époque, pourront peut-être guider le lecteur dans l'appréciation consciencieuse du monument que nous offrons à sa critique.

En 1216, les barons anglais ligués contre le roi Jean venaient d'être excommuniés nominativement, la plupart du moins, par le pape Innocent III. A ce coup, ils sortirent de leur apathie, et virent dans toute son horrible profondeur l'abîme qui allait engloutir leurs libertés, leurs possessions et peut-être même leurs vies. La sentence portée contre eux devait, ils le voyaient bien, amener la défection du petit nombre de vassaux qui pouvaient encore soutenir leur cause expirante, pendant que le parti du roi, par suite de ses mouvements rapides, gagnait évidemment des forces de jour en jour, pour l'exécution du plan désolant qu'il avait formé. Le royaume était à sa merci. Après avoir longtemps concerté les moyens de se tirer d'affaire et débattu les diverses opinions, ils résolurent d'implorer l'aide de Louis, fils aîné du roi de France. Ils voulaient lui offrir la couronne d'Angleterre, car il était le plus à portée de les protéger contre la fureur tyrannique de Jean; et, par sa femme

INTRODUCTION.

Blanche, la fille du roi de Castille, il tenait à la tige royale des Plantagenets. Son arrivée parmi eux, ils n'en faisaient aucun doute, retirerait des rangs de l'armée royale un grand nombre de bandes mercenaires, qui, levées en Flandre et dans des provinces françaises, refuseraient de servir contre l'héritier présomptif de la couronne de leur pays. La défection d'auxiliaires dont ils avaient éprouvé la valeur d'une manière si fatale pour eux, pourrait ramener Jean à la raison, dût la nation ne pas juger à propos de confirmer la remise du sceptre à Louis, auquel les barons avaient actuellement le projet de l'offrir. Tous s'arrêtèrent à ce plan, et Saher, comte de Winchester, ainsi que Robert Fitzwalter furent chargés de cette grande ambassade. Ils étaient porteurs de lettres munies des sceaux de tous les confédérés.[1]

Sans perdre de temps, les négociateurs traversèrent la mer; et, arrivés à la cour de France, ils exposèrent à Philippe-Auguste et à son fils l'important objet de leur ambassade. Le roi écouta leurs propositions, lut les lettres qu'ils s'étaient chargés de lui remettre, et, après de mûres réflexions, il leur répondit avec une froide réserve : « Je ne puis permettre à mon fils de partir, à moins que, pour plus de sûreté, vous ne me donniez au moins vingt-quatre otages des familles les plus nobles de tout le royaume. » Les ambassadeurs n'opposèrent aucune objection à cette demande, et en firent immédiatement part aux barons;

---

[1] *Matthæi Paris Historia major*, Londini, 1640, in-folio, p. 279, anno 1216; *Annales Waverleienses* (apud Gale, t. II, p. 181); *Walteri Hemingford Chronicon* (*ibid.*, p. 557 et suiv.); *Flores historiarum per Matthæum Westmonasteriensem collecti*, Francofurti, M. DCI, in-fol., pag. 274, lig. 10. Notre chroniqueur nomme les comtes de Winchester et de Hertford (page 160 ligne 12), et assigne une cause différente au voyage en France de Robert Fitzwalter; voyez plus loin, page 120, ligne 27.

INTRODUCTION.

ceux-ci l'agréèrent, et commandèrent à leurs otages de se rendre de l'autre côté du détroit. A leur arrivée sur le continent, on leur assigna Compiègne pour résidence, et Louis commença ses préparatifs avec la promptitude commandée par la circonstance. Il était dans sa vingt-neuvième année, et il revenait d'une expédition contre les Albigeois, qui avait duré quarante jours. Mais comme la présente entreprise exigeait plusieurs arrangements préliminaires que la précipitation pouvait faire manquer, il jugea convenable de se faire précéder par quelques hommes, dont la présence devait ranimer les confédérés et fixer leur résolution. C'étaient les châtelains de Saint-Omer et d'Arras, Hugues Chacun, Eustache de Neville, Baudouin Bretel, W. de Wimes, Gilles de Melun, W. de Beaumont, Gilles de Hersi et Bisec de Fersi. Ces seigneurs, suivis d'un grand nombre de chevaliers et de serviteurs, s'embarquèrent; et, remontant la Tamise, ils arrivèrent à Londres, où ils furent reçus avec une vive allégresse par les barons, vers la fin de février.

Les agents d'Innocent ne furent pas insensibles à ces mesures insultantes pour le saint-siége. Ils recommencèrent à fulminer leurs anathèmes, et comprirent nominativement dans leur excommunication les troupes françaises, qui, au mépris des injonctions du pape, avaient osé porter du secours aux ennemis du roi; mais bientôt aussi il arriva des lettres du prince aux barons et aux bourgeois de Londres. Il y assurait ses partisans qu'à Pâques il serait à Calais, prêt à faire voile pour aller les secourir. Il les exhortait à ne pas se relâcher de la fermeté dont ils avaient donné des preuves jusqu'alors, et il les priait de bien se garder d'ajouter foi aux suggestions, aux lettres ou aux messagers autres que les présents: « car, disait-il, nous croyons que vous aurez, à ce sujet, de fausses lettres et des messagers trompeurs.¹ »

Mais, bien que les circonstances fussent de la nature de celles qui doivent attirer le plus l'attention d'un homme, les barons n'eurent garde de laisser échapper l'occasion de paraître devant leurs nouveaux amis avec toute la pompe chevaleresque de l'époque. Ils firent annoncer un tournoi hors de Londres. Ils se trouvèrent à cheval et en armes à l'endroit indiqué ; et, après avoir donné quelques heures à cet exercice martial, Geoffroi de Mandeville, comte d'Essex, fut mortellement blessé d'un coup de lance par un chevalier français. Sa mort, qui suivit de près, excita beaucoup de regrets, mais elle ne causa aucune animosité, et sa dernière parole fut un pardon pour son adversaire.²

Les préparatifs de Louis avançaient quand un légat de Rome arriva à Lyon, où se trouvait alors la cour. Il présenta les lettres de son maître à Philippe-Auguste, et supplia ce prince, au nom du pape, de ne point permettre à son fils d'envahir l'Angleterre ou d'inquiéter en quoi que ce fût le roi qui la gouvernait. « Au contraire, ajouta le légat (qui se nommait Gualo), protége-le comme le vassal de l'Église romaine, défends-le, et chéris-le, car son royaume appartient à notre souverain seigneur. » A ces paroles, la réponse du roi de France ne se fit pas attendre : « Ce royaume n'a jamais été le patrimoine de Pierre, il ne l'est pas et ne le sera jamais. Celui qui occupe à présent le trône, Jean, conspirant il y a plusieurs années contre la couronne de son frère, a été accusé de trahison, et condamné ; conséquemment il n'avait pas le droit de régner, et

¹ Matth. Paris rapporte cette lettre dans son *Historia major*. Voyez page 280, ligne 19.
² MATTH. PARIS, page 280, ligne 27.

ne pouvait le transférer à d'autres. Mais supposons qu'il ait véritablement régné, il a forfait ensuite sa couronne par le meurtre d'Arthur, crime dont il a été reconnu coupable en notre cour. De plus, où trouverez-vous un prince qui puisse faire cession de sa couronne sans le consentement de ses barons, dont le devoir est de protéger l'État? Si le pape a pris la résolution de soutenir cette erreur, il donne un pernicieux exemple à tous les rois. » Alors tous les barons s'écrièrent d'une seule voix qu'ils soutiendraient jusqu'au dernier moment que, de sa propre autorité, un souverain ne pouvait disposer d'un royaume ou le rendre tributaire d'un autre, et réduire par là sa noblesse à l'esclavage. » Cela eut lieu le quinzième jour après Pâques.[1]

Le lendemain, il y eut une autre conférence à laquelle se rendit le prince; et regardant le légat d'un œil courroucé, il prit place à côté de son père. Gualo s'adressa d'abord à Louis, le priant instamment de ne pas attaquer le patrimoine de l'Église romaine; puis se tournant vers Philippe-Auguste, il répéta sa requête de la veille. Ce monarque lui répondit sur-le-champ en ces termes : « J'ai toujours été dévoué et fidèle à monseigneur le pape et à l'Église romaine; et dans toutes les occasions j'ai activement favorisé leurs intérêts : ce n'est pas aujourd'hui que, par mon conseil ou avec mon aide, mon fils ferait la moindre tentative contre elle. Mais, s'il a aucun droit au trône d'Angleterre, qu'il le fasse connaître, et justice lui sera rendue. » A ces mots, un chevalier, que Louis avait chargé de cette commission se leva et prit la parole. Il fit observer que Jean, pour l'assassinat de son neveu, avait été condamné à mort par ses pairs à la cour de France; et que,

[1] MATTH. PARIS, page 280, ligne 35.

considérant le nombre de ses crimes, les barons anglais l'avaient jugé indigne du trône, et s'étaient levés en armes contre lui ; que, ayant fait abandon de son royaume à l'Église romaine pour le recevoir de nouveau et le tenir d'elle, à la condition de payer un tribut annuel de mille marcs, et cela sans le consentement de ses nobles, il s'était déposé lui-même ; que, en conséquence, il avait cessé d'être roi, et que le trône était vacant. « C'est alors, ajouta-t-il, que les barons exercèrent leur droit. Ils élurent le fils de notre souverain en considération de sa femme, dont la mère, la reine de Castille, est la seule qui reste des frères et sœurs du roi d'Angleterre. » A cela le légat répondit que Jean avait pris la croix, que, en conséquence, comme l'avait décrété le concile général, il ne devait pas être inquiété de quatre ans, et que tout ce qui lui appartenait était sous la protection du saint-siége. Le chevalier objecta que, avant cette circonstance, le roi d'Angleterre avait fait la guerre au prince, envahi et ravagé ses possessions en Flandre, et que même au moment présent il était en armes contre lui. Peu satisfait de ces raisons, le légat défendit comme auparavant à Louis, sous peine d'excommunication, d'entrer en Angleterre, et à Philippe-Auguste de lui permettre d'y aller. A ces mots, Louis dit à son père : « Seigneur, bien que je sois votre homme-lige pour le fief que vous m'avez donné de ce côté du détroit, vous n'avez rien à statuer relativement au royaume d'Angleterre ; et je me soumets au jugement de mes pairs, pour savoir si vous devez me contraindre à abandonner l'exercice de mes droits, surtout alors qu'il n'est pas en votre pouvoir de me rendre justice. Je vous prie donc de ne pas entraver ma résolution, car je combattrai jusqu'à la mort, s'il le faut, pour l'héritage de ma femme. » Cela dit, Louis se retira avec les siens, et le légat demanda un sauf-conduit jusqu'à la mer. « Je vous en accorderai volontiers un, dit le roi, pour tout le territoire qui nous appartient en propre; mais si par hasard vous tombez entre les mains d'Eustache le Moine ou des autres hommes de Louis qui gardent les côtes de la mer, ne vous en prenez pas à nous dans le cas où il vous arriverait mal. » Le légat, ayant entendu ces paroles, se retira courroucé.[1]

Peu de jours après, le lendemain de la fête de saint Marc l'évangéliste, Louis vint à Melun auprès de son père, et le supplia, les larmes aux yeux, de ne pas s'opposer à ses desseins. « J'ai, lui dit-il, solennellement promis aux barons anglais de leur porter secours; et, plutôt que de manquer à ma parole, je suis prêt à affronter les censures de Rome. » Philippe-Auguste voyant que la résolution de son fils était inébranlable, consentit à tout ce qu'il voulait; mais, prévoyant les périls qui pouvaient arriver, il ne s'expliqua pas ouvertement, et il eut l'air de lui donner une permission pure et simple sans y ajouter sa volonté ou la persuasion. La crainte de l'indignation de Rome avait paralysé l'esprit résolu du monarque; et même Louis, malgré le langage ferme qu'il avait tenu, jugea prudent d'expédier des messagers à Innocent III, pour protester en sa présence de la légitimité de ses droits à la couronne d'Angleterre. Puis, à la tête d'une armée nombreuse [2], il se hâta de se rendre à Calais, où il s'embarqua sur une flotte de six cents navires et de quatre-vingts *cogges*[3], qu'Eustache le Moine avait ras-

---

[1] MATTH. PARIS, page 280, 281.

[2] Voyez dans notre texte, page 160, ligne 25 et suivantes, le nom des principaux seigneurs flamands et français qui suivirent Louis dans cette expédition.

[3] Voyez, sur ce mot, le glossaire de William Wats, à la suite de son édition des œuvres de Matthieu Paris, page 280, col. 1re, et celui de Du Cange.

semblée; et il aborda à l'île de Thanet [1], le 12 des calendes de juin (le 21 mai).

Jean, avec son armée, était à Douvres; mais il n'osa pas se présenter au-devant des ennemis, incertain qu'il était de l'attachement de ses bandes mercenaires, et il se retira, à marches forcées, d'abord à Guildford, puis à Winchester. Le prince se porta sur Sandwich; et toute la province, à mesure qu'il approchait de Londres, aussi bien que le château de Rochester, se rendit à lui. Il n'y eut que Douvres, qu'il laissa derrière, qui resta entre les mains de Hubert de Burgh. Les barons l'accueillirent à son entrée dans la capitale avec une allégresse extrême, et lui firent serment de fidélité, ainsi que les bourgeois qui attendaient son arrivée. De son côté, il jura en même temps, la main sur les Évangiles, de rendre à toutes les classes leurs bonnes lois, et à chaque individu les biens qu'il avait perdus. A ce propos, Berington fait observer avec assez de justesse qu'il est remarquable que les barons se soient contentés de l'expression vague de *bonnes lois*, et qu'ils n'aient exigé aucune mention de leur grande charte [2]. Louis répandit alors un manifeste adressé au roi d'Écosse et aux nobles qui étaient absents, pour les sommer de venir lui prêter serment de fidélité ou de vider promptement le royaume; et il fit avancer son armée dans les comtés voisins, qui se soumirent. Le manifeste eut l'effet désiré; car plusieurs seigneurs, comme Guillaume, comte de Warenne, Guillaume, comte d'Arundel, Guillaume, comte de Salisbury, Guillaume le maré-

---

[1] « A un havene en Engletierre arriverent, que on apiele *Orewele*. » Page 161, ligne 9, de ce volume.

[2] *The History of the Reign of Henry the Second, and of Richard and John, his Sons*, etc. By the Rev. Joseph Berington. Basil : printed and sold by J.-J. Tourneisen, MDCCXCIII, trois volumes in-8°, t. III, p. 144.

chal le jeune, et une foule d'autres avec eux, abandonnèrent le roi comme convaincus d'avance que la fortune avait fait choix d'un nouveau favori, et que Louis devait occuper le trône.¹

Cela fait, il prit pour chancelier maître Simon de Langton, dont l'influence devint très utile à sa cause; car Simon confirma les bourgeois de Londres et les barons dans l'indifférence qu'ils affectèrent de montrer pour l'interdit, et persuada à Louis même, qui avait de la piété, que cette mesure ne méritait pas que l'on y prît garde. Le début de cette grande révolution fut extraordinairement heureux; mais ce qui doit sembler singulier, si l'on considère l'importance que l'on attachait alors à la cérémonie du sacre, c'est que le prince n'ait pas été couronné pendant qu'il était en possession de toute la faveur populaire. Dans le même temps que Simon de Langton apparaissait ainsi sur la scène, son frère Étienne, primat du royaume, continuait à résider à Rome; il n'était plus, il est vrai, sous le coup de la sentence de suspension prononcée contre lui, mais c'était à la condition de ne pas rentrer en Angleterre que la paix n'eût été rétablie entre le roi et les barons.²

Cependant le légat ne s'endormait pas. Il vint en Angleterre peu de temps après Louis, et se rendit immédiatement à Gloucester, où Jean se trouvait alors; ce prince le reçut avec la plus grande joie, et plaça en lui toute son espérance de résister à ses ennemis. Gualo somma tous les prélats et autres membres du clergé, qui voudraient obéir à ses ordres, de se joindre à lui; et, après avoir excom-

---

¹ Matth. Paris, page 282, ligne 22; *Chronica de Mailros*, apud Gale, tome I, page 188, ligne 19 et suiv.

² Matth. Paris, page 279, ligne 42.

munié nominativement dans les formes terribles alors en usage, le prince français et ses adhérents, à la tête desquels il plaça Simon de Langton, il leur commanda de répéter publiquement la sentence chaque dimanche et chaque jour de fête. Mais, quand une fois les menaces du pouvoir ont cessé d'agir sur l'esprit de la multitude, il faut beaucoup de temps pour qu'elles recouvrent leur autorité. Les foudres pontificales tombèrent donc en vain; et Simon de Langton déclara publiquement que, dans l'intérêt du prince, il en avait été appelé à Rome, et que les actes des agents du pape étaient abusifs et sans effet. Une circonstance de plus mauvais augure vint même abattre les résolutions chancelantes de Jean. Tous les chevaliers et soldats de la Flandre et des pays maritimes de l'autre côté du détroit, comme on l'avait espéré, quittèrent successivement ses drapeaux; les Poitevins seuls lui restèrent fidèles, et cependant quelques uns se joignirent au prince, tandis que d'autres retournaient dans leurs foyers. Toutes les provinces du midi ne tardèrent pas à se soumettre à Louis. Il n'y eut que les châteaux de Douvres et de Windsor qui firent mine de résister; et le roi fit garnir d'hommes, d'armes et de vivres les châteaux de l'est, entre autres ceux de Walingford, de Corfe, de Warham, de Bristol et de Devizes.[1]

Cependant, la cause de Louis était pendante devant la cour de Rome. Ses agents[2] se présentèrent devant le souverain pontife, qu'ils trouvèrent gai, mais qui, à leur aspect, prit un visage austère; ils lui remirent leurs lettres, et le saluèrent au nom du prince. « Votre maître, dit Inno-

---

[1] Matth. Paris, page 283, ligne 5.
[2] Matthieu Paris les nomme : « D. de Corbolio, I. de Moutevisito, et G. Limeth. » Page 283, ligne 8.

cent, ne mérite pas un salut de notre part. » — « Votre sainteté, dit un des agents, penserait autrement si elle était pleinement au fait de la cause. » Ce jour-là l'entrevue ne dura pas plus longtemps ; mais les envoyés ayant été mandés une seconde fois, et ayant exposé leur commission, le pape entra en plein dans la question ; et, avec la finesse d'un légiste consommé (on sait qu'il l'était), il réfuta leurs divers arguments. Alors, frappant sa poitrine, qui laissa échapper un profond gémissement, il s'écria dans une vive agitation : « Hélas ! l'Église de Dieu ne peut en ceci échapper à la confusion ! En effet, si le roi d'Angleterre est vaincu, nous serons confondu dans sa propre confusion ; car il est notre vassal, et nous sommes tenu de le défendre. Au contraire, si le seigneur Louis est vaincu (ce qu'à Dieu ne plaise !), l'Église romaine sera frappée du coup qui l'atteindra lui-même, et nous nous regarderons comme personnellement lésé ; car nous l'avons toujours considéré et nous le considérons comme devant être notre bras dans tous les cas difficiles, notre consolation dans les oppressions et notre refuge dans les persécutions de l'Église romaine. » Enfin, il dit qu'il aimait mieux mourir plutôt qu'il arrivât aucun mal à Louis. Ce jour-là l'entretien n'alla pas plus loin, et les agents attendirent la décision.[1]

Il n'est pas nécessaire d'exposer en détail les arguments qui furent présentés de part et d'autre, et que Matthieu Paris a minutieusement rapportés. Ils sont compris dans trois propositions principales, dont j'ai déjà mentionné la substance.

La première allégation est que Jean avait assassiné son neveu Arthur, crime pour lequel, à ce que disaient les

[1] Tous ces détails nous sont donnés par une lettre que nous a conservée Matthieu Paris. Voyez page 283, ligne 7.

agents, il avait été condamné par ses pairs à la cour de France. A cela, le pape répondait que Jean était roi, et qu'étant en cette qualité supérieur aux barons, il n'était pas leur pair ; de plus, qu'il était contraire aux lois et aux canons de condamner personne sans l'avoir entendu et jugé. Les agents firent observer que Jean, bien que roi, était comte et duc, et conséquemment vassal, à ce titre, de Philippe-Auguste, dont la juridiction sur lui était complète, suivant la coutume de France. Mais, dans le cas où il n'eût pas été son vassal, et qu'un crime pareil eût été commis, les lois du royaume soumettaient le coupable au jugement de ses pairs. — Plusieurs princes, et même des rois de France, répliquait-on, avaient ôté la vie à des innocents, et cependant ils n'avaient pas été condamnés à mort. Mais Arthur n'était pas innocent, il avait été pris ayant les armes à la main contre son souverain, en conséquence on pouvait légalement le mettre à mort, même sans jugement.

En second lieu, à l'argument présenté en faveur des droits de Louis, comme mari de Blanche de Castille, on répondait que, alors même que Jean eût été légalement déshérité par la sentence des nobles de France, ce n'était pas cette princesse, mais la lignée des plus jeunes enfants de Henri II, c'est-à-dire la sœur d'Arthur ou l'empereur Othon, qui pouvait plus justement prétendre à la couronne d'Angleterre. Blanche elle-même avait un frère, alors roi de Castille. — Les agents répondaient que comme Geoffroi, duc de Bretagne, aussi bien que la duchesse de Saxe, n'existaient plus lorsque la sentence fut prononcée contre Jean, leur postérité n'était admise en aucune manière à revendiquer une succession qui, autrement, eût pu leur être dévolue. Ceci, ajoutaient-ils en insistant, était un point reçu.

Mais la reine de Castille, à laquelle la succession légale appartenait d'abord, était vivante; et, à sa mort, cette succession revenait à Blanche, sa fille. Il est vrai, poursuivaient-ils, que Blanche avait un frère, et même une sœur aînée; mais, lorsqu'il y a plusieurs héritiers, l'un d'eux peut se saisir de l'héritage, sauf les droits des autres prétendants. Le prince est entré en Angleterre; mais, si un héritier plus direct de la couronne revendique ses droits, justice lui sera rendue. En troisième lieu, il fut objecté au prince que l'Angleterre appartenait au saint-siége, par suite du serment de foi et hommage prêté au pape, et du tribut qui lui était annuellement payé. On ne pouvait donc attaquer les droits de souveraineté de celui qui n'était coupable d'aucune faute; d'ailleurs Jean avait d'autres possessions dont Louis aurait pu chercher à s'emparer, et il aurait fallu plutôt porter plainte contre le vassal en présence de son suzerain. On répliqua que les hostilités avaient commencé avant que le royaume eût été transféré à un autre maître; et il est passé en maxime que le vassal dont la provocation amène une querelle, peut être attaqué en personne sans la formalité d'une plainte préalable. Mais si le suzerain protége son vassal, la guerre lui devient personnelle. Quant au décret du concile qui établissait une trêve générale pendant quatre ans, quant à la circonstance que Jean avait pris la croix, on insista pareillement sur ce que tous ces incidents n'étaient survenus qu'après des actes qui avaient constaté l'état de guerre. Mais les barons, fut-il objecté, et leurs partisans avaient été excommuniés même de l'avis du concile; et le prince, conséquence nécessaire, était compris dans la sentence. « Notre prince, répliquèrent les agents, ne soutient ni les barons, ni leur parti; il défend ses propres droits. Il ne peut croire, il ne croit point que le pape, ou qu'une si auguste assemblée prononce une sentence injuste. On ignorait alors qu'il réclamait le trône de l'Angleterre comme son droit ; droit que, l'eût-il su, le concile ne pouvait annuler. »

Ainsi fut débattue cette question, et la manière dont elle le fut jette quelque jour sur les coutumes et les lois féodales de l'époque ; le pape, dans la plénitude de sa juridiction, arrêta que la cause ne serait décidée qu'après la venue des messagers de son légat.[1]

L'appel des barons empressés de se délivrer d'un joug tyrannique donnait à Louis un appui plus réel qu'un prétendu droit de succession ou que l'assentiment de Rome ; il ne négligeait point les soins de la conquête. Envahissant les comtés de Suffolk, d'Essex et de Norfolk, il les soumit à sa domination, ainsi que celui de Lincoln ; dans le nord, Robert de Ros, Pierre de Brus et Richard de Parci, ses partisans, se rendaient maîtres d'York et de toute la province, et le roi d'Écosse occupait le Northumberland. Malgré ces succès, l'habile Philippe regrettait que son fils eût laissé derrière lui les châteaux de Douvres et de Windsor ; les réduire était chose plus essentielle que de parcourir en maître nombre de provinces. Il fit part à Louis de ses vues, conformes aux premiers principes de l'art de la guerre. Le prince agit en conséquence ; il fit venir une *malveisine* (lourde machine à lancer des pierres) ; et, à la tête de troupes nombreuses, il alla investir Douvres. C'était au mois d'août. Nous avons dit qu'Hubert de Burgh y commandait ; il avait une bonne garnison. Les efforts des assiégeants furent sans succès ; de fréquentes et vigoureuses sorties détruisirent leur camp, leurs machines, et leur

[1] Matth. Paris, page 285, ligne 45.

firent éprouver de grandes pertes. N'espérant plus un prompt succès, le prince éloigna un peu son armée; et, renonçant à attaquer de vive force, attendit qu'un blocus, qu'il jura de ne pas lever, et la famine fissent tomber la place en son pouvoir; il promit bien qu'alors toute la garnison serait pendue en sa présence. Pendant ce temps, les barons avaient envahi et désolé les provinces de l'est; revenant à Londres, ils étaient allés investir le château de Windsor; ils y trouvèrent, de la part de l'intrépide gouverneur Ingelard d'Athie, une vigoureuse résistance, et ils ne réussirent pas mieux que Louis devant Douvres.[1]

Jean ne s'était pas encore hasardé à entrer en campagne; mais voyant ses ennemis occupés, il sortit de Winchester, la rage dans le cœur. Il avait été joint par quelques troupes tirées des châteaux voisins; beaucoup de gens dangereux par leur audace ou par leurs crimes, tenaient encore pour lui. Il mit tout à feu et à sang; les terres, les demeures des barons du voisinage furent saccagées, et ce torrent destructeur dirigea son cours vers les comtés de l'est. Ces fâcheuses nouvelles vinrent alarmer les barons arrêtés sans succès devant les murs de Windsor; ils s'assemblèrent, et résolurent de lever le siége pour empêcher, s'il était possible, le tyran de regagner les provinces du sud. Des historiens parlent de perfidie, de dons corrupteurs employés par le roi, qui eurent grande influence sur cette détermination. Jean était dans le comté de Suffolk, dont il ravageait la portion qui avoisine la mer, lorsqu'il apprit que l'armée de Windsor était en marche. Abandonnant son camp, elle se dirigeait avec rapidité vers Cambridge, et espérait surprendre le roi; mais, prévenu à temps, il changea sa ligne d'opération,

---

[1] MATTH. PARIS, pag. 286, lig. 58; *Annales Waverleienses*, pag. 182, ligne 26; MATTH. WESTMONAST., page 276, ligne 27.

entra dans la ville de Stamford, et, avançant vers le nord, enleva la ville et le château de Lincoln; les confédérés fuyaient de toute part, glacés d'effroi, à son approche. Les barons désappointés s'en vengèrent en maltraitant des populations innocentes; ils revinrent avec leur butin à Londres, et allèrent se réunir aux troupes de Louis devant Douvres. Le roi d'Écosse, Alexandre, y vint aussi, et fit hommage, dans les mains du prince, pour les fiefs qu'il tenait sous le bon plaisir de la couronne d'Angleterre.[1]

Tel était l'état incertain des choses, lorsque se répandit la nouvelle d'un incident vrai ou faux qui jeta le trouble dans les conseils des alliés; une méfiance réciproque en fut la suite, et accrut les germes de dissentiment qui existaient déjà. Le vicomte de Melun, venu avec Louis, fut atteint à Londres d'une maladie mortelle; il demanda que l'on fît venir les barons anglais restés dans la ville pour la défendre; et quand ils furent près de son lit, il leur dit d'une voix mourante : « Je ne peux voir sans douleur les calamités qui pèsent sur votre pays; vous ne connaissez pas toute l'étendue de vos périls. Le prince et seize nobles de son armée se sont engagés par serment, s'il devient maître du pays et s'il est couronné roi, à bannir pour toujours, comme traîtres à leur souverain, ceux qui auront rejoint ses drapeaux. Leur race sera exterminée. Vous ne devez pas douter de ce que je vous annonce, puisque moi, que vous voyez au moment d'expirer, je suis un des seize. Ma conscience m'oblige à vous faire cet aveu, gardez-en le secret, et veillez à votre sûreté. » Il dit, et mourut.[2]

---

[1] Matth. Paris, page 287, ligne 8; *Chronica de Mailross*, page 191, ligne 3.

[2] Matth. Paris, page 287, ligne 30; *Chronicon Walteri Hemingford*, page 559, ligne 22.

Il n'y a aucune vraisemblance qu'un projet aussi déloyal ait été conçu lorsque la révolution était encore à son début, et en présence de seize témoins. C'était un conte absurde; il n'en obtint que plus de créance; on se le confia à l'oreille, et il déposa un levain funeste dans l'esprit des barons. Le prince avait déjà distribué des terres et des châteaux aux étrangers; il en était résulté des murmures, et l'on crut y voir le commencement de la mise à exécution de ses vues secrètes. D'ailleurs la destruction de leurs châteaux, le ravage de leurs terres, la misère et la dispersion de leurs familles, la ruine absolue dont pouvait les accabler leur souverain furieux et encore debout, la sentence d'excommunication qui pesait sur leur conscience, tout conspirait pour jeter de l'incertitude parmi les confédérés. Quelques uns penchaient pour se soumettre à Jean; d'autres, en proie à une cruelle perplexité, suspendaient toute détermination; la plupart inclinaient à attendre l'issue des événements. Mais tous connaissaient le caractère cruel et vindicatif du roi, auquel il était impossible de se fier, et dont la colère ne reculerait devant aucun excès.

De son côté, Jean continuait sa course, plein de fureur, d'inquiétude et de défiance à l'égard de ceux qu'il appelait ses amis. Il avait atteint les frontières du pays de Galles, saccageant en chemin tout le pays et s'attachant spécialement à détruire les propriétés de la noblesse; retournant vers l'est, il traversa les comtés de Worcester et de Northampton. A la tête d'une armée qui ne rêvait que sang et que rapine, il menait avec lui sur un grand nombre de charrettes et de chevaux ses trésors, une argenterie précieuse et les ornements royaux, auxquels il attachait un prix tout particulier; c'était encore un indice de son esprit étroit. Il avait peut-être l'intention de mettre toutes ces richesses en lieu de sûreté. Il entra par Peterborough dans le district de Croyland, fameux pour son monastère, qui fut pillé; l'incendie se promena tout autour. Jean se dirigea alors vers Lynn, où il fut très bien reçu; il voulut, pour gagner la partie nord du Lincolnshire, traverser le Wash, qui est guéable à marée basse. Au moment où l'armée et les bagages étaient en train de passer, la marée commença à monter avec rapidité; il en résulta beaucoup de désordre et de péril; les soldats se hâtèrent de gagner la rive; moins agiles dans leurs mouvements, les chevaux qui portaient ou traînaient les bagages furent atteints et ballottés par les flots qui ne tardèrent pas à les engloutir. Plein de regret et d'une colère impuissante, Jean continua sa marche, et s'arrêta, pour y passer la nuit, à Swineshead, couvent de l'ordre de Cîteaux. Tant d'agitation et de tracas minait sa santé : une fièvre ardente commença à se déclarer. Il l'augmenta par l'intempérance à laquelle il se livrait d'habitude, et souffrit beaucoup toute la nuit. Le matin il monta à cheval, soit pour cacher son mal, soit pour le dissiper au moyen de l'exercice, mais il fut bientôt obligé de se faire mettre dans une litière; on le porta au château de Sleaford, et le lendemain, quoique son état se fût aggravé, à Newark. C'est là qu'il devait mourir.

L'abbé de Croxton l'assista à ses derniers moments. Jean fit reconnaître son fils aîné Henri pour son successeur, et expédier des ordres en conséquence; il rendit le dernier soupir le 18 octobre, à l'âge de quarante-neuf ans, et fut, selon ses désirs, enseveli à Worcester dans l'église de Saint-Wulstan[1]. Il avait de sa femme Isabelle d'Angoulême deux fils

---

[1] MATTH. PARIS, page 288; MATTH. WESTMONAST., pag. 276, ligne 49.

et trois filles. L'Angleterre n'eut pas de plus mauvais roi; dénué de toute vertu, il était en proie aux vices les plus odieux, et ce furent ces vices qui attirèrent sur lui et sur ses peuples le plus de calamités.

Aussitôt que la mort de Jean eut été connue, les prélats et les barons de son parti s'assemblèrent à Gloucester en la présence du légat, la veille de la fête de SS. Simon et Jude, pour installer sur le trône Henri, son fils aîné; il fut couronné le lendemain par les évêques de Winchester et de Bath, après avoir fait hommage à l'Église romaine et au pape Innocent des royaumes d'Angleterre et d'Irlande, et juré, entre autres choses, de payer fidèlement le tribut de mille marcs auquel son père s'était engagé vis-à-vis du saint-siége, pendant tout le temps qu'il serait en possession de ces deux couronnes. Henri avait alors dix ans. Après son couronnement, qui eut lieu le 28 octobre 1216, le jeune prince resta confié à la garde de Guillaume, comte de Pembroke, grand-maréchal d'Angleterre, qui s'empressa d'adresser des lettres à tous les vicomtes et châtelains du royaume pour les inviter individuellement à se ranger du parti du nouveau roi, leur promettant des terres et force présents s'ils lui demeuraient fidèles. En conséquence, tous les nobles et les châtelains qui avaient servi Jean, s'attachèrent à Henri plus étroitement qu'à son prédécesseur, car leur avis à tous était que l'iniquité du père ne devait pas être imputée au fils; et tous ils commencèrent à mettre leurs châteaux en état de défense. En outre, ce qui animait les partisans de la cause royale, c'était de voir excommunier tous les dimanches et fêtes, Louis, ses complices et fauteurs.[1]

---

[1] Matth. Paris, page 289, ligne 48; Matth. Westmonast., p. 277, ligne 12; voyez aussi notre texte, page 181.

INTRODUCTION.

Louis et les barons qui faisaient alors le siége de Douvres, ayant appris la mort de Jean de manière à n'en pouvoir douter, furent transportés d'une folle joie, et se croyaient déjà maîtres de l'Angleterre. Le prince, ayant demandé à Hubert de Burgh, connétable du château de Douvres, de se rendre, sous prétexte que le roi son maître étant mort, il n'avait plus de défenseur, celui-ci, dit-on, lui répondit : « Si mon maître est mort, il a des fils et des filles qui doivent lui succéder. Quant à vous rendre le château, je veux en conférer avec les chevaliers mes compagnons. » Le résultat de cette conférence fut que l'on repousserait la demande de Louis pour éviter le reproche de trahison, qui ne manquerait pas d'être adressé aux défenseurs du château s'ils se rendaient honteusement. Ceci ayant été communiqué aux assiégeants, ils décidèrent de soumettre les châteaux les moins importants de l'Angleterre pour en venir ensuite à ceux qui l'étaient plus, et ils levèrent le siége.

De Douvres, Louis alla se présenter devant Hertford, dont le château avait pour gouverneur un chevalier nommé Gautier de Godardville, qui se défendit longtemps contre le prince, et fit un grand carnage des Français ; mais à la fin il se rendit à la condition que lui et les siens pourraient se retirer avec armes et bagages. La ville rendue, Robert Fitzwalter la demanda, disant que la garde d'Hertford avait fait de tout temps partie de ses priviléges. Louis consulta, à ce sujet, les Français qui se trouvaient à sa suite, et ceux-ci lui répondirent que les Anglais ayant trahi leur propre seigneur, n'étaient pas dignes d'avoir de semblables gouvernements. Alors, le prince répondit à Robert de prendre patience jusqu'à l'entière soumission du royaume, qu'alors il rendrait à chacun ce qui lui était dû [1]. Vers le

---

[1] Matth. Paris, page 290, ligne 20. Notre chronique, au contraire,

même temps, Guillaume d'Aubigny sortit de prison, après avoir compté pour sa rançon une somme de six mille marcs; il fit hommage à Henri III, et ce roi lui confia la garde du château de Ledford, qu'il défendit avec une grande valeur.

Après la prise de Hertford, Louis se porta sur le château de Berkhampstead, et y mit le siége. Cette place était défendue par un brave chevalier, originaire d'Allemagne, nommé Waleran, qui résista pendant longtemps; mais enfin il se rendit, par l'ordre du roi, le 13 des calendes de janvier (20 décembre), à la condition qu'il pourrait se retirer, lui et ses compagnons, avec leurs armes et leurs chevaux. Louis remit le château de Berkhampstead entre les mains de Raoul Ploket¹, et vint le lendemain, qui était la fête de saint Thomas l'apôtre, à Saint-Alban, dont il voulut contraindre l'abbé à lui rendre hommage; celui-ci s'y étant refusé, Louis, enflammé de colère, le menaça de réduire en cendres et l'abbaye et la ville. A la fin, l'abbé, grâce à l'intervention de Saher, comte de Winchester, se racheta, lui et la ville entière, au prix d'une somme de quatre-vingts marcs, qui lui valurent de Louis une trêve jusqu'à la Purification de la sainte Vierge. Cette affaire terminée, le prince revint à Londres. ²

L'an 1217, Henri III passa les fêtes de Noël à Bristol, en la compagnie du légat Gualo et de Guillaume le maréchal, qui était tout à la fois gouverneur du roi et du royaume. Il y avait à cette époque une grande indécision parmi les membres de la noblesse d'Angleterre, qui ne savaient à

---

porte que Louis « assist le castiel de Herefort, si le prist et le rendi à Robert le fill Gautier cui drois che fu. » Page 182, ligne 8.

¹ Voyez notre texte, page 182, ligne 11.

² MATTH. PARIS, page 291, ligne 6. Notre chroniqueur cite plusieurs autres villes et châteaux que Louis aurait pris après celui de Berkhampstead. Voyez plus loin, page 182.

quel roi s'attacher, au jeune Henri ou à Louis. Ils étaient en effet traités avec tant de mépris par les Français, que plusieurs d'entre eux n'en purent prendre leur parti. Ce qui ne contribua pas peu à augmenter le mécontentement, c'est que Louis, au mépris de son serment, s'était emparé des terres, propriétés et châteaux de ces mêmes nobles, après les avoir conquis avec leur secours, et qu'il y avait placé ses chevaliers et des étrangers. Au reste, il leur paraissait honteux de revenir au roi, dont ils s'étaient éloignés, et de ressembler par là, comme dit Matthieu Paris, à des chiens qui retournent à leur vomissement [1]. Un pareil état de perplexité les empêcha de se concerter et de prendre un parti décisif. Cependant la guerre et les calamités qui l'accompagnent ne se ralentissaient pas; le 13 des calendes de février (20 janvier) des chevaliers et des soldats de la garnison du château de Mount Sorrel firent une sortie pour se mettre en quête de butin. Les chevaliers de Nottingham en ayant été informés par leurs éclaireurs, vinrent à la rencontre des pillards; et, après un combat où trois de ceux-ci perdirent la vie, ils s'en retournèrent pleins de joie, emmenant avec eux trente-quatre prisonniers, dont dix chevaliers et vingt-quatre soldats. [2]

Dans le même temps, un brigand, nommé Fauque de Bréauté[3], suivi d'une grande multitude de chevaliers et de

[1] Cette expression proverbiale, qui semble particulière à l'Angleterre, se retrouve dans la chronique de Lanercost (Edinburgh, M. DCCC. XXXIX, page 177, ligne 16), et dans Shakspeare. (*Henri V*, acte III, scène VII.)
[2] MATTH. PARIS, page 292, ligne 15.
[3] Voyez dans notre texte, page 173, ligne 1, quelques détails sur ce Fouke ou Fauque, que Matthieu Paris nomme *Falcasius*. Matthieu de Westminster l'appelle *Fulconem de Breance, natione Normannium*. Voyez page 270, ligne 23.

routiers pris dans les garnisons d'Oxford, de Northampton, de Bedford et de Windsor, vint à la ville de Saint-Alban le 11 des calendes de février, vers le soir, qui se trouvait être la nuit de la Saint-Vincent, et l'ayant attaquée à l'improviste, il la pilla, fit prisonniers les hommes et les enfants, et les chargea de fers. Il ne respecta pas davantage l'abbaye, car il tua à la porte de l'église un valet qui cherchait à s'y réfugier, et signifia à l'abbé Guillaume qu'il eût à lui envoyer sur-le-champ cent livres d'argent, ou que, autrement, il réduirait en cendres la ville entière avec le monastère lui-même et les bâtiments qui en dépendaient. L'abbé, après s'être plusieurs fois refusé à remplir ces conditions, se vit enfin obligé d'en passer par là, et remit la somme demandée. Cette affaire terminée, Fauque se hâta de gagner le château de Bedford avec ses compagnons chargés d'excommunications et de dépouilles sacriléges, et avec ses prisonniers honteusement garrottés. Puis, toujours suivi de toute cette multitude, et tournant ses pas vers la forêt de Walberg, il y prit Roger de Colbeville, et, avec lui, plus de soixante clercs et laïcs de ce pays, qui s'y cachaient pour échapper aux pillards. Plus tard, le même Fauque ayant vu en songe tomber de la tour de Saint-Alban en forme de foudre une pierre énorme qui le réduisait en poussière, en fit part à son réveil, à Marguerite, comtesse de l'Isle, sa femme. Celle-ci l'exhorta à se réconcilier avec le saint qu'il avait si grièvement offensé, et à lui offrir une satisfaction convenable, car elle pensait que cette vision était un présage de la vengeance destinée au forfait dont il était coupable. Pour complaire à sa femme, Fauque vint à Saint-Alban et se présenta dans la salle du chapitre; là, dépouillé de ses vêtements et tenant une verge à la main, il demanda et obtint l'absolution, et baisa tous les moines les uns après les autres ; mais, comme si cela eût suffi pour les apaiser, il ne rendit rien de ce qu'il avait enlevé, et ne répara en aucune manière le tort qu'il avait fait à ses victimes. Les pauvres gens eurent beau se tenir à la porte de la salle capitulaire, dans l'espérance de ravoir quelque chose de ce qui leur avait été pris, Fauque passa au milieu d'eux en leur lançant un regard méprisant¹. Cette anecdote n'a trait sans doute que fort indirectement à mon sujet ; mais j'ai cru devoir la rapporter, parce que, plus que toute autre, elle peint, d'un côté, l'état de désorganisation sociale dans lequel était tombée l'Angleterre, et, de l'autre, la grossièreté superstitieuse des hommes de guerre de l'époque.

Vers le même temps, les agents de Louis qui plaidaient sa cause en cour de Rome, lui firent savoir que, s'il n'évacuait pas l'Angleterre, la sentence d'excommunication, prononcée contre lui par le légat Gualo, serait confirmée par le pape le jour de la Cène. En conséquence une trêve fut conclue entre Louis et le roi Henri ; elle devait durer jusqu'au mois de Pâques, et tout, dans les châteaux et ailleurs, devait rester dans le même état qu'au moment de la conclusion de la trêve, et cela jusqu'au terme marqué. Louis passa le détroit vers la Quadragésime, et c'est à partir de ce moment qu'il perdit sans retour les bonnes grâces des barons anglais ; car, Guillaume, comte de Salisbury, Guillaume, comte d'Arundel, Guillaume, comte de Warennes, et plusieurs autres seigneurs, firent au roi serment de fidélité et l'observèrent par la suite. Mais ce qui porta le plus grand coup au parti de Louis, c'est que le grand-maréchal d'Angleterre rappela son fils aîné au service du roi. ²

¹ MATTH. PARIS, page 292, ligne 45 ; page 848, ligne 34 ; MATTH. WESTMONAST., page 277, ligne 47.

² MATTH. PARIS, p. 292, lig. 57. Voyez aussi notre texte, p. 187, lig. 26.

A la même époque, après les fêtes de Pâques, Ranulphe, comte de Chester, Guillaume, comte d'Albemarle, Guillaume, comte de Ferrers, Robert de Vieux-Pont, Brian de l'Isle, Guillaume de Chanteloup, Philippe Marc, Robert de Gaugi, Fauque de Bréauté avec ses châtelains et plusieurs autres hommes de guerre appartenant à la garnison des châteaux, se rassemblèrent par les soins de Guillaume le maréchal, gouverneur du roi et du royaume, dans le but d'assiéger le château de Mount Sorrel, défendu par Henri de Braibroc, dix chevaliers d'une valeur éprouvée et un grand nombre de soldats. Les assiégeants, ayant placé leurs machines dans des endroits favorables, commencèrent vigoureusement l'attaque dudit château ; mais on leur répondit du dedans avec la même ardeur. Enfin les assiégés, après avoir tenu plusieurs jours, craignant de se voir épuisés par un long siége, envoyèrent auprès de Saher, comte de Winchester, qui se trouvait alors à Londres, le priant de venir sans retard à leur secours. Saher, auquel ce château appartenait, se rendit auprès de Louis, qui venait d'arriver du continent à Londres, et, appuyé de ses amis, il lui demanda un secours de troupes pour faire lever le siége. On tint conseil, et il fut décidé à l'unanimité que l'on ferait marcher un corps d'armée, pour repousser les assiégeants et pour soumettre toute la province à Louis. En conséquence, il sortit de Londres six cents chevaliers, et, avec eux, plus de vingt mille hommes armés, qui tous n'aspiraient qu'au butin ; ils étaient commandés par le comte du Perche, maréchal de France, Saher, comte de Winchester, Robert Fitzwalter, et beaucoup d'autres que l'on jugeait propres à cette expédition. Ils laissèrent leur camp la veille des calendes de mai, c'est-à-dire le lundi avant l'Ascension, et se mirent en marche pour Saint-Alban, pillant tout ce qui se trouvait sur leur route. Les routiers et les pillards qui foisonnaient dans cette multitude armée, fouillaient les villes en tout sens, n'épargnant ni les églises ni les cimetières, prenaient et dépouillaient des gens de toute classe et les forçaient par des tortures calculées à payer de très fortes rançons. L'abbaye de Saint-Alban, qui, peu de temps auparavant, avait satisfait aux exigences de Louis, ne put entièrement échapper aux mains des pillards; l'ayant trouvée pleine de vivres de toute espèce, ils la laissèrent complétement dénuée de provisions [1].

De Saint-Alban, le détachement dont nous venons de parler se mit en marche le lendemain pour Dunstaple, et s'arrêta dans la ville de Redburn (comté de Herts), où il dépouilla jusqu'aux braies (*usque ad fœmoralia*) les moines du prieuré de Saint-Amphibalus. Non contents de ces violences, ils portèrent des mains sacriléges sur les reliques des saints, qu'ils enlevèrent des autels. A cette occasion aurait eu lieu un miracle, rapporté par Matthieu Paris [2], et qui, comme toutes les anecdotes de ce genre, n'est pas inutile pour la connaissance des faits et des idées de l'époque.

Arrivée à Dunstaple, l'armée de Louis et des barons anglais y passa la nuit. Le lendemain matin, elle se porta vers le nord pour essayer de faire lever le siége de Mount Sorrel; mais Ranulphe, comte de Chester, et les autres qui campaient devant le château, ayant été prévenus par leurs éclaireurs, opérèrent leur retraite vers Nottingham, et résolurent à l'unanimité d'observer la marche des ennemis qui survenaient. Cependant les barons, après avoir, suivant leur coutume, dépouillé tous les cimetières et toutes les églises sur

[1] Matth. Paris, page 294, ligne 5.
[2] Page 294, ligne 29.

leur route, arrivèrent au château de Mount Sorrel ; là ils décidèrent d'un commun accord qu'ils se porteraient en toute hâte sur Lincoln, dont Gilbert de Gant, avec les autres barons déjà nommés, avait fait le siége pendant longtemps, mais en vain. Les barons, à leur passage dans la vallée de Belvoir, ne laissèrent après eux rien à piller; car les fantassins français, écume impure de leur pays, n'épargnèrent absolument rien. En effet, leur pauvreté et leur misère étaient si grandes qu'ils n'avaient pas même de vêtements pour cacher leur nudité. Enfin, arrivés devant Lincoln, les barons assaillirent vigoureusement le château ; mais les assiégés firent bonne contenance et tinrent en respect leurs adversaires.

Sur ces entrefaites, Guillaume le maréchal, gouverneur du roi et du royaume, d'après l'avis du légat Gualo et de Pierre évêque de Winchester, fit convoquer tous les châtelains du parti royal et les chevaliers qui appartenaient aux garnisons des divers châteaux, et leur ordonna de par le roi de se trouver à Newark le lundi de la semaine de la Pentecôte, pour tâcher, de concert avec eux, de faire lever le siége de Lincoln. Ceux-ci, qui brûlaient d'en venir aux mains avec les Français excommuniés et de combattre pour leur pays, se rendirent avec joie au lieu désigné et à l'époque indiquée. Le légat s'y trouva pareillement avec les autres prélats du royaume, suivi de cavaliers et d'hommes de guerre, afin de poursuivre par l'anathème et par le fer ceux qui seraient rebelles au roi et au pape. Tout le monde étant rassemblé, l'on compta dans l'armée quatre cents chevaliers, et presque deux cent cinquante arbalétriers. Quant aux soldats et aux cavaliers, ils étaient si nombreux qu'ils pouvaient au besoin remplir le rôle de chevaliers. Les chefs de cette armée furent Guillaume le maréchal, et son fils qui portait le même nom que lui, Pierre, évêque de Winchester, qui était habile au métier des armes, Ranulphe, comte de Chester, Guillaume, comte de Salisbury, Guillaume, comte de Ferrers, et Guillaume de Béthune, comte d'Albemarle. Il s'y trouvait, en fait de barons, Guillaume d'Aubigny, Jean le maréchal, Guillaume de Chanteloup et son fils, également nommé Guillaume, Fauque de Bréauté, Thomas Basset, Robert de Vieux-Pont, Brian de l'Isle, Geoffroi de Luci, Philippe d'Aubigny, avec plusieurs châtelains versés dans l'art militaire. Ceux-ci, pendant une halte de trois jours qu'ils firent à Newark pour laisser respirer les hommes et les chevaux, passèrent leur temps à se confesser et à se fortifier du corps et du sang de Jésus-Christ, afin que Notre-Seigneur les protégeât contre les coups de l'ennemi. Ainsi prêts à tout, ils s'excitaient à vaincre ou à mourir pour la cause de la justice.

Enfin vendredi de la Pentecôte [1], après la célébration de l'office divin, le légat se levant, prit la parole et démontra à tous combien était injuste la cause de Louis et des barons qui l'appuyaient; il rappela que c'était la raison qui les avait fait excommunier et retrancher du sein de l'Église. Puis, voulant exciter l'armée au combat, il se revêtit de blanc lui et tout le clergé, et il excommunia nominativement Louis avec ses fauteurs et complices, principalement ceux qui faisaient le siége du château de Lincoln contre le roi d'Angleterre, avec toute la ville : c'est-à-dire le contenant et le contenu. A cela il ajouta, pour ceux qui étaient venus en personne à cette expédition, la rémission pleine et entière des péchés dont

---

[1] Le 19 mai.

ils s'étaient sincèrement confessés, par suite des pouvoirs qu'il tenait de Dieu et du saint-siége; puis il donna à tous l'absolution et la bénédiction divine. Alors tous volèrent aux armes, les cavaliers se mirent en selle, et on leva le camp avec allégresse. Arrivés à Stow, qui est situé à huit milles de Lincoln, ils y passèrent la nuit. Le lendemain matin, ils se formèrent en sept divisions, toutes considérables, et ils marchèrent contre l'ennemi, ne craignant qu'une chose, qu'il ne prît la fuite avant leur arrivée. Les arbalétriers les précédaient toujours d'un mille, et les bagages, les vivres et autres accessoires se trouvaient sur les derrières. Les bannières et les écus brillaient de tous côtés, et frappaient d'une terreur profonde ceux qui les apercevaient.

Quant aux barons qui étaient dans la ville, et aux Français, ils avaient tant de confiance dans le succès de leur cause, qu'ils ne répondirent que par des brocards et des éclats de rire aux messagers qui leur annonçaient la venue des ennemis, et ne cessèrent de battre en brèche les murs du château. Cependant Robert Fitzwalter et Saher, comte de Winchester, ayant appris que les ennemis approchaient de la ville, en firent baisser le pont et sortirent pour observer leurs mouvements et juger de leur nombre. Après avoir attentivement examiné l'ordre de leur marche, ils rentrèrent dans la ville auprès de leurs compagnons et leur dirent : « Les ennemis s'avancent en bon ordre contre nous, mais ils nous sont inférieurs par le nombre : allons au-devant d'eux jusqu'au pied de la montagne; ainsi, nous les prendrons comme des alouettes. » A cela le comte du Perche et le maréchal répondirent qu'ils voulaient s'assurer par eux-mêmes du nombre des ennemis, et ils sortirent à cet effet; mais ils se trompèrent dans leur estimation, et firent en conséquence de mauvaises dispositions.

INTRODUCTION.

Cependant l'armée royale s'étant approchée de la ville du côté du château fut reconnue par les châtelains; et ceux-ci envoyèrent secrètement à ceux qui la commandaient un messager pour leur faire savoir ce qui se passait au-dedans. Il ajouta qu'ils pouvaient entrer par une poterne qui avait déjà été ouverte pour eux. Les chefs ne voulurent pas entrer tous; mais ils envoyèrent Fauque avec tout le corps qu'il commandait et avec tous les arbalétriers, pour ouvrir à l'armée au moins une des portes de la ville. Pendant que le reste des troupes s'avançait vers la porte du nord, Fauque eut le temps de la briser. Les barons n'en continuaient pas moins à lancer de lourdes pierres contre le château; mais sur ces entrefaites Fauque y étant entré suivi de son corps d'armée et de tous les arbalétriers, les posta à l'instant même sur les murs des maisons et sur les remparts du château, d'où ils lancèrent des traits sur les plus redoutables des barons, et firent rouler dans la poussière les chevaux et ceux qui les montaient, de telle sorte qu'en un clin d'œil ils couchèrent par terre une foule de fantassins, de chevaliers et de seigneurs. Voyant cela, Fauque fit une sortie avec les siens et s'élança résolument au plus épais des ennemis; mais il fut pris, et on l'entraînait lorsqu'il fut délivré et ramené par ses arbalétriers et ses soldats. Cependant toute l'armée royale, après avoir brisé, quoique avec beaucoup de peine, les portes de la ville, y fit son entrée en masse et chargea l'ennemi avec intrépidité. Alors la mêlée devint horrible; on eût pu voir, dit Matthieu Paris, des étincelles jaillir du choc des glaives, on eût pu entendre le sol mugir, sous les efforts des combattants, avec le bruit du tonnerre ou d'un tremblement de terre [1]. Mais

---

[1] *Videres igitur ex ictibus gladiorum igneas prosilire scintillas,*

enfin les soldats du parti du roi, qui avaient eu l'habileté de s'attaquer aux chevaux des barons et de les percer de traits, mirent tout à fait hors de combat une partie de ces seigneurs; car les chevaux tombant sans vie par terre, on prenait ceux qui les montaient, vu qu'il n'y avait personne pour les délivrer. Enfin l'armée royale, après avoir écrasé les barons et leur avoir pris un grand nombre de chevaliers qui tous furent chargés de chaînes, rassembla ses efforts contre le comte du Perche et l'enveloppa de toutes parts, en sorte que ce fut sur lui que tomba le poids de la bataille. Comme il ne pouvait soutenir le choc des assaillants, on l'invita à se rendre, seule chance de salut qui lui restât; mais il déclara avec un serment horrible qu'il ne se rendrait jamais à un Anglais, attendu que les gens de cette nation étaient des traîtres envers leur roi légitime. A ces mots, un soldat de l'armée royale s'élança sur le comte, et, lui perçant la tête par l'ouverture de son heaume, il en fit jaillir la cervelle : ce qui fut d'autant mieux mérité, dit Matthieu Paris [1], que le malheureux avait souvent juré et menti par cette partie du corps. Les Français, voyant que le plus grand nombre d'entre eux avait mordu la poussière, prirent la fuite, cavaliers comme fantassins; mais ce ne fut pas sans difficulté et sans perte, car le fléau de la porte du nord par laquelle ils s'échappèrent, fléau placé en travers, gêna beaucoup les fuyards : toutes les fois qu'un survenant, pressé de sortir, se présentait, il lui fallait descendre de cheval et ouvrir la porte, qui, par suite de la chute du fléau, se refermait immédiatement derrière lui. Après avoir défait les barons, les troupes royales se mirent à les poursuivre;

et ad modum tonitrus vel terræmotus totam terram roboare ex congressu confligentium. Page 296, ligne 20.

[1] Page 296, ligne 30.

plusieurs furent pris, mais cette poursuite ne fut pas sérieuse ; car le sentiment de la communauté d'origine, ce sentiment qui se manifeste dans les occasions extrêmes, se réveilla alors dans les cœurs ; autrement pas un n'eût échappé. Ceux des barons qui commandaient et qui tombèrent entre les mains de l'ennemi, furent Saher, comte de Winchester, et son fils Robert, Henri de Bohun, comte de Hereford, le comte Gilbert de Gant que Louis venait de faire comte de Lincoln ; quant aux simples barons faits prisonniers, les historiens[1] nomment Robert Fitzwalter, Richard de Montfichet, Guillaume de Mowbray, Guillaume de Beauchamp, Guillaume Mandut, Olivier de Harcourt, Roger de Cressi, Guillaume de Coleville, Guillaume de Ros, Robert de Ropesle, Raoul Cheinduit, Guillaume de Dodinfeuille, Gilbert de Clare, et une foule d'autres qu'il serait trop long d'énumérer ici. A ces seigneurs il faut ajouter quatre cents chevaliers, sans compter les soldats à pied ou à cheval, dont il n'est pas facile de déterminer le nombre. Le comte du Perche fut enseveli dans l'enceinte d'un hôpital, hors de la ville. On eut encore à regretter la perte de Réginald surnommé *Safran*, brave chevalier de la famille de Fauque, qui fut honorablement enterré dans l'abbaye de Cokesden. Le parti des barons perdit aussi dans ce combat un soldat que personne ne connaissait ; il fut, comme excommunié, enterré hors de la ville, dans un carrefour. Ce furent les seuls qui périrent dans cette occasion.[2]

[1] Matth. Paris, page 296, ligne 49. Voyez aussi notre texte, page 94, ligne 27.

[2] Il y a dans l'*Archæologia*, volume VIII, page 208, un mémoire curieux du Rév. Samuel Pegge, intitulé *a circumstantial Detail of the Battle of Lincoln, A. D.* 1217, Henry III. Dans le volume XXII, page 426-428, de la même collection, on trouve la gravure du sceau de Louis et une charte latine de ce prince, datée du siége d'Hertford,

Après le combat, l'armée royale fit main basse sur les bagages et les richesses que les barons et les Français avaient traînés à leur suite; mais ils n'en restèrent pas là : ils pillèrent la ville entière, puis s'attaquant aux églises, ils brisèrent à coups de haches et de maillets tous les coffres et toutes les armoires qui s'y trouvaient, et s'emparèrent de l'or, de l'argent, des étoffes de diverses couleurs, des vêtements de femme, des anneaux d'or, des coupes et des pierres précieuses qu'ils renfermaient. La cathédrale elle-même ne fut pas à l'abri de ces spoliations; car le légat avait recommandé aux soldats de traiter tous les chanoines en excommuniés, et, comme tels, en ennemis de l'Église romaine et du roi son vassal depuis le commencement de la guerre. Mais il suffisait pour eux qu'il y eût quelque chose à emporter. Enfin, ayant fait partout place nette, ils revinrent l'un après l'autre chargés de butin auprès de leurs seigneurs, et la paix du roi Henri ayant été proclamée par toute la ville, ils se livrèrent à la joie et aux plaisirs de la table. Ce combat, qu'en dérision de Louis et des barons on appelle *le jour de marché* (nundinas), eut lieu le 14 [1] des calendes de juin, c'est-à-dire le vendredi de la semaine de la Pentecôte; il commença entre la première et la troisième heure; mais

le 21 novembre 1216, par laquelle il donne à William de Huntingfeld, pour son hommage et service, la ville de Grimesby, dans le comté de Lincoln.

M. Thomas Wright a publié sur la prise de cette ville un petit poëme latin fort remarquable, dans son livre intitulé *The political Songs of England, from the Reign of John to that of Edward II.* London : printed for the Camden Society, by John Bowyer Nichols and son, Parliament street. M. DCCC. XXXIX, in-4°, pages 19-27.

[1] Matthieu de Westminster dit le 13, et c'est la bonne leçon. Voyez page 277, ligne 49. Quant à notre texte, le ms. 455 porte « la velle de la Pentecouste, » et celui du fonds de Saint-Germain « la velle de la Trinité. » Voyez page 194, ligne 21.

les choses furent si bien menées que tout fut fini avant la neuvième. Après la victoire, Guillaume le maréchal signifia à tous les châtelains qu'ils eussent à s'en retourner dans leurs foyers avec leurs prisonniers, et à les tenir sous les verroux jusqu'à ce que le roi leur fît connaître sa volonté; puis le même jour cet officier se rendit auprès du roi, et l'informa en présence du légat, de tout ce qui venait de se passer. Ceux-ci, rendirent grâces à Dieu en pleurant, et la joie fit aussitôt place aux larmes.

Quand le matin fut venu, il arriva au roi des messagers qui lui dirent que la garnison de Mount Sorrel avait abandonné ce château et pris la fuite : alors Henri donna au vicomte de Nottingham l'ordre de se rendre en personne au château et de le raser.

Après que le comte du Perche eut été tué, toute l'armée des barons, cavaliers comme fantassins, s'enfuit du côté de Londres, ayant à sa tête le maréchal de France avec le châtelain d'Arras et une foule de Français; mais il en périt un grand nombre, et les fantassins principalement furent tués presque tous avant d'arriver auprès de Louis [1], car, à leur approche, les habitants des villages par où ils fuyaient sortaient armés d'épées et de bâtons. Deux cents chevaliers environ parvinrent jusqu'à Londres et se présentèrent à Louis, auquel ils annoncèrent ces tristes nouvelles ; mais, au lieu de les consoler, le prince leur dit en les raillant sur leur lâcheté, que leur fuite avait perdu leurs compagnons; car, s'ils n'eussent pas lâché pied, ils eussent pu se sauver eux et ceux qui étaient restés aux mains de l'ennemi.

[1] Louis se trouvait alors au siége de Douvres, si nous en croyons notre texte, et il apprit la nouvelle de la bataille de Lincoln le jeudi après la semaine de la Pentecôte. Voyez page 195, ligne 15.

C'est alors que Louis, désespéré du désastre de Lincoln et craignant de ne pouvoir mener à fin son entreprise, s'adressa à son père et à sa femme pour avoir du renfort; mais laissons parler ici une chronique qui contient à ce sujet une anecdote trop belle pour que nous ne penchions pas à la croire vraie.

« Avint que mes sires Loyes ot despendu tout le sien, et li failli argens, et manda à son père que il li aidast et envoiast deniers. Et li rois dist que par la lance saint Jacques il n'en feroit noient, ne jà, por li, ne seroit escumeniés. Quant ma dame Blance le sot, si vint au roy et li dist : « Coument, sire! lairés-vos dont vostre fils morir en estranges terres? Sire, pour Dieu! il doit estre iretiers après vous : envoiés-li çou que mestiers li est, au moins les issues de son patremoine. — Ciertes, Blance, dist li rois, je n'en ferai noient. — Non, sire? dist la dame. — Non voir, dist li rois. — Et je sai bien, dist la dame, que j'en ferai. — Qu'en ferés-vos dont? dist li rois. — Par la beneoite Mère Dieu, j'ai biaus enfans de mon signour : je les meterai en gages, et bien trouverai qui me prestera sous aus. » A tant se parti dou roi ainsi come dervée; et quant li rois la vit ainsi aler, si quida que ele desist verité : si la fist rapieler et dist : « Blance, je vous donrai de mon tresor tant come vous vorrés, et en faites çou que vous volés et çou que vous quidiés que boin soit. — Sire, dist ma dame Blance, vous dites bien. » Et lors fu delivrés li grans tresors à ma dame Blance, et ele l'envoia à son signour [1]. »

---

[1] Ce morceau, extrait de la Chronique de Reims, a été publié par mon ami Paulin Paris, dans le *Romancero françois*, Paris, Techener, 1833, page 200; puis, avec la totalité de l'ouvrage dont il fait partie, par M. Louis Paris. Nous le redonnons ici d'après le manuscrit du fonds de Sorbonne, n° 454.

INTRODUCTION.

Blanche envoya à son époux trois cents braves chevaliers bien exercés au métier des armes, avec un grand nombre de soldats. Mais tout cela ne pouvait rester ignoré du roi d'Angleterre, qui, s'étant déjà remis à la tête de ses forces, gardait avec une armée imposante les côtes méridionales de l'Océan, et avait résolu de faire le siége de Londres. En conséquence le roi, d'après le conseil du maréchal, donna ordre à Philippe d'Aubigny et à Jean le maréchal, en même temps qu'aux Cinq-Ports et à un grand nombre de gens armés, de surveiller attentivement les côtes, afin de prévenir l'arrivée des Français.

Le jour de Saint-Barthélemy (le 24 août 1217), la flotte française fut confiée à Eustache le Moine, afin qu'il la conduisît sans malencontre à Londres, et la remît en bon état au prince Louis. Les chevaliers qui la montaient s'étant donc mis en mer eurent un vent arrière qui les poussa violemment vers l'Angleterre; mais ils ignoraient complétement les embûches qu'on leur avait dressées. Ils avaient donc parcouru une grande partie de leur route, lorsqu'ils rencontrèrent les corsaires du roi d'Angleterre qui venaient obliquement. Ceux-ci voyant que leurs adversaires avaient quatre grands navires et un nombre plus considérable de petits et de barques armées, redoutèrent d'engager un combat naval avec si peu de forces, car le nombre de leurs vaisseaux et barques, tout bien compté, n'excédait pas quarante; mais enfin, animés par le souvenir de ce qui était arrivé à Lincoln, où un petit nombre avait triomphé d'un plus grand, ils s'élancèrent hardiment sur les derrières de l'ennemi. Les Français, à leur aspect, coururent aux armes et résistèrent à leurs adversaires, sinon avec avantage, tout au moins avec valeur. Philippe d'Aubigny et les arbalétriers avec les archers, lançant la mort dans les rangs des

Français, firent en peu de temps un grand carnage. Les Anglais avaient en outre des barques armées d'un éperon de fer avec lequel ils perforaient les navires de leurs adversaires; de cette manière ils en coulèrent bas un grand nombre. Ils avaient en outre de la chaux vive réduite en poudre fine, qu'ils lançaient en l'air et que le vent portait dans les yeux des Français. La mêlée devint très-chaude; mais ceux des Français qui n'avaient point l'habitude de se battre en mer furent bientôt mis hors de combat, car les Anglais, exercés comme ils l'ont toujours été à se battre sur terre et sur mer, les accablaient de traits et de flèches, les transperçaient à coups de lances, les égorgeaient avec leurs poignards et leurs épées, ou crevaient et submergeaient les nefs ennemies. Ces malheureux étaient en outre aveuglés par la chaux et n'avaient ni l'espoir d'être secourus ni la possibilité de fuir. C'est ce qui fit que plusieurs, craignant de tomber vivants entre les mains de leurs ennemis, se précipitèrent de leur propre mouvement dans la mer, aimant mieux mourir que de rester à la merci de leurs vainqueurs. Tous les plus nobles des Français qui survécurent ayant été pris, les Anglais attachèrent les vaisseaux conquis avec des câbles, et revinrent à Douvres pleins de joie, en chantant les louanges de Dieu. Les soldats du château vinrent à leur rencontre et serrèrent de liens plus étroits les malheureux Français. Après beaucoup de recherches, on trouva à fond de cale et dans la sentine d'un navire, Eustache le Moine que l'on désirait fort trouver. Quand il se vit pris, il offrit une somme énorme pour racheter sa vie et ses membres et promit une fidélité inviolable au roi d'Angleterre; mais Richard, bâtard de Jean-Sans-Terre, le saisit et lui dit : « Jamais, traître pervers, tu ne décevras désormais qui que ce soit par tes promesses menteuses. » Après ces mots, il tira son glaive et coupa la tête à Eustache le Moine [1]. Les dépouilles de la flotte tant en or et en argent, qu'en étoffes de soie, furent recueillies par les gens du roi. Le premier soin de Philippe d'Aubigny fut de mettre les prisonniers en lieu sûr, puis il manda à Henri ce qui venait de se passer. Quant à Louis, il s'affligea de cet événement beaucoup plus que du désastre de Lincoln.

Le maréchal, gouverneur du roi et du royaume, rassembla une nombreuse armée, et se porta en forces sur la ville de Londres, qu'il assiégea à la fois par terre et par mer ; par là coupant les vivres à ceux qui défendaient la place, il voulait les amener à se rendre. C'est alors que Louis, réduit à la dernière extrémité, fit savoir au légat aussi bien qu'au maréchal qu'il était prêt à en passer par tout ce qu'ils lui imposeraient, pour obtenir une paix honorable. Ceux-ci, de qui tout dépendait et qui désiraient vivement la délivrance de Louis en considération de la couronne de France, rédigèrent un projet de paix et le remirent au prince ; ils lui mandèrent que, s'il consentait à l'adopter, ils s'engageaient à lui faire donner un sauf-conduit, à lui et à tous ses partisans, pour quitter l'Angleterre, bien qu'une foule de personnes s'opposassent ouvertement et de toutes leurs forces à ce qu'on usât de miséricorde à son égard ; ils ajoutèrent qu'autrement ils feraient tous leurs efforts pour amener sa ruine et le couvrir de confusion. Louis et ses conseillers, ayant examiné ce projet, approuvèrent fort le parti de quitter l'Angleterre, où toutefois ils eussent trouvé plus

---

[1] Nous avons emprunté la presque totalité de ce récit à la grande Chronique de Matthieu Paris, page 298, ligne 49 ; mais il existe un grand nombre d'autres relations de cet événement : on peut les lire dans notre Notice sur le Roman d'Eustache le Moine, page xiij-xxij. Voyez aussi notre texte, p. 200-202.

doux de rester. En conséquence, le prince fit demander au légat et au grand-maréchal de fixer un lieu et une heure pour mettre promptement à exécution les arrangements qui venaient d'être conclus. Les parties s'étant entendues à cet égard, on ménagea une entrevue auprès de Kingston, dans une île de la Tamise, pour y conclure la paix; d'une part se trouvait le roi Henri avec le légat, le grand-maréchal et beaucoup d'autres personnages; de l'autre, Louis, accompagné des barons et du reste de ses partisans. Là, le traité de paix fut arrêté le 3 des ides de septembre (le lundi 11), d'après les bases suivantes.

Louis jura, et tous les excommuniés ses adhérents jurèrent avec lui, la main sur les saints Évangiles, qu'ils s'en tiendraient au jugement de l'Église et que, du reste, ils seraient fidèles au pape et à l'Église romaine; il jura encore qu'il viderait incontinent, lui et les siens, le territoire anglais et n'y reviendrait jamais de sa vie avec de mauvaises intentions; qu'il ferait tous ses efforts pour amener Philippe-Auguste, son père, à rendre au roi Henri tout ce qu'il revendiquait de l'autre côté du détroit, et que, monté lui-même sur le trône, il opérerait cette restitution; enfin qu'il rendrait sur-le-champ au roi et aux siens tous les châteaux et toutes les terres dont il s'était rendu maître par la force des armes. De son côté, le roi d'Angleterre, également la main sur l'Évangile, jura, avec le légat et le maréchal, de rendre aux barons de l'Angleterre et à tous ceux du royaume tous leurs droits et héritages, avec toutes les libertés précédemment demandées, qui avaient été un sujet de discorde entre le roi Jean et les barons. Personne ne pourrait recevoir ni dommage ni blâme pour avoir appartenu à l'un ou à l'autre des deux partis. En outre, tous les prisonniers qui s'étaient rachetés avant la conclusion de cette paix,

INTRODUCTION.

ou qui avaient déjà payé une partie de la somme stipulée pour leur rançon, ne devaient pas rentrer dans leur argent; mais s'il leur restait quelque chose à solder, ils étaient tenus quittes. Tous les prisonniers faits à Lincoln ou dans le combat naval de Douvres, soit du côté du roi, soit du côté de Louis, en quelque lieu qu'ils fussent, devaient être mis immédiatement en liberté sans difficulté ni rançon[1]. Ces choses terminées, Louis et tous ses partisans reçurent l'absolution avec les cérémonies de l'Église usitées en pareil cas[2]; et ensuite ils coururent tous se donner le baiser de paix; mais plus d'un couvrait une tristesse réelle sous le semblant d'une joie hypocrite. Puis le prince retourna à Londres, où, vu son dénuement, il reçut des bourgeois, à titre de prêt, cinq mille livres sterling. De cette ville, il gagna la mer en toute hâte sous la conduite de Guillaume le maréchal, et revint en France couvert de honte[3]. On exclut du bénéfice de cette paix et de cette absolution les évêques, les abbés, les prieurs, les chanoines réguliers, les clercs nombreux qui avaient prêté à Louis et aux barons l'appui de leurs conseils et de leur influence, et surtout maître Simon de Langton ainsi que maître Gervais de Hobrugge, qui avaient porté l'obstination au point de faire célébrer les divins mys-

[1] Matth. Paris, p. 299, lig. 36; Matth. Westmonast., p. 278, lig. 3. Rymer a donné le texte entier de ce traité, qui est daté de Lambeth, le 11 septembre 1217. Voyez son *Fœdera, conventiones, literæ et cujuscunque generis Acta publica....* Tomi I. Pars I. et II. Hagæ Comitis, apud Joannem Neaulme. MDCCXLV, in-fol., pag. 74, col. 1 et 2.

[2] Suivant notre texte, cela eut lieu le lendemain du jour du traité, qui aurait été conclu un mardi; voyez page 205, ligne 3. Quant à Matthieu de Westminster, il rapporte que le traité se fit après l'absolution de Louis.

[3] *Et cum opprobrio sempiterno ad Gallias transfretavit.* Matth. Paris, page 299, ligne 41.

tères pour Louis et les barons excommuniés, par des prêtres également excommuniés : ils furent dépouillés par le légat de tous leurs bénéfices, et forcés d'aller à Rome [1]. Car aussitôt que Louis eut évacué l'Angleterre, le légat envoya dans tous les comtés des commissaires chargés de rechercher tous ceux qui se seraient rendus coupables même de la plus légère adhésion au parti de la révolte, quel que fût leur ordre religieux ou leur rang dans la hiérarchie ecclésiastique; les inquisiteurs les suspendirent et les envoyèrent au légat, qui les dépouilla de tous leurs bénéfices, et en fit des largesses à ses clercs, enrichissant ainsi les siens des dépouilles des autres. Hugues, évêque de Lincoln, à son arrivée en Angleterre, compta mille marcs au pape pour recouvrer son évêché, et cent marcs à Gualo. Cet exemple fut suivi par un grand nombre de personnes, tant prélats qu'autres gens d'Église, qui gagnèrent les bonnes grâces du légat à beaux deniers comptants. La bourse des clercs et des chanoines réguliers fut pareillement mise à sec par son insatiable avidité ; moissonnant ce qu'il n'avait pas semé, il forma une somme énorme d'un grand nombre de petites sommes recueillies çà et là.

C'est ainsi que se termina une expédition que Louis avait commencée sous de si heureux auspices, et qui, conduite avec plus d'habileté, aurait, plus encore que la conquête normande, changé la face de l'Angleterre et, par suite, de l'Europe et du monde entier.

Revenons maintenant à notre chronique. Nous en avons tiré le texte du manuscrit de la Bibliothèque du roi coté supplément français, n° 455, qui est excellent sous le double rapport de la langue et de l'écriture, et dont la description a été donnée par notre ami M. Paulin Paris, dans une

---

[1] Voyez notre texte, page 197, ligne 29.

INTRODUCTION. xlv

des précédentes publications de la société de l'Histoire de France [1]. Quant aux variantes, nous les avons relevées dans un manuscrit de la même Bibliothèque, coté 2168-1513 dans le fonds de Saint-Germain, qui se trouve décrit, avec plusieurs autres relatifs à l'histoire de la Normandie, dans la préface des Chroniques que nous avons publiées l'année dernière, à Rouen, en un petit volume in-4°[2]. La même préface rend un compte détaillé d'un troisième manuscrit de cet ouvrage, qui se conserve dans la Bibliothèque publique de Lille; mais comme il est comparativement moderne, sur papier, et d'un fort mauvais langage, nous n'avons pas cru devoir nous en servir.

Les nombreux détails que donne notre chronique sur la noblesse du nord de la France, nous ont décidé à les compléter par la publication du Roman de Ham, dont la composition remonte à 1278, si l'on en croit M. l'abbé de La Rue, qui en a parlé le premier dans ses *Essais historiques sur les bardes, les jongleurs et les trouvères normands et anglo-normands*[3]. Cet auteur ajoute : « C'est l'histoire d'un tournoi qu'il (l'auteur, Sarrazin) suppose avoir eu lieu dans la ville du Ham en Picardie. Il fait dans son prologue un grand éloge du roi Henri I[er][4], et il est évident qu'en prenant la plume, il n'avait d'autre dessein que de critiquer

---

[1] *La Conqueste de Constantinoble*, par Jeoffroi de Villehardouin et Henri de Valenciennes, page xxxvij de l'Introduction, art. IV.

[2] Page lxv.

[3] Tome III, page 146. M. de La Rue s'est trompé, comme cela lui arrive si souvent. Cette date est, non celle de la composition du poème de Sarrazin, mais l'époque du tournoi auquel assista le roi Philippe le Hardi, et qui eut lieu *à Compiègne ou à Creel*. Voyez page 216, 217 de ce volume. F. M.

[4] M. de La Rue veut sans doute parler de Charles d'Anjou, dont en effet Sarrazin fait l'éloge, page 213-215 de ce volume. Il n'y est nullement question d'un roi Henri. F. M.

xlvj   INTRODUCTION.

la conduite d'un roi qu'il ne désigne qu'en disant qu'on le nommait Louis, et que son père portait le même nom [1]. Alors on voit que c'est saint Louis dont il attaque l'ordonnance contre les tournois [2]. Son premier motif est le tort qu'elle

---

[1] Il suffit de renvoyer aux pages 216, 217, de ce volume pour faire apercevoir une nouvelle inexactitude de M. de La Rue. Sarrazin y parle, non de Louis IX et de Louis VIII, mais de Philippe le Hardi et de Louis IX son père.

> Li rois Phelippes à un jour
> Vint à Compiegne ou à Creel.
> . . . .
> Fix fu le bon roi Looy;
> Icil rois dont je vous recort,
> Ou fust à droit ou fust à tort,
> Il desfendi le tournoiier.

[2] Guillaume de Nangis écrit que Saint Louis ayant reçu du pape, en l'an 1260, les nouvelles de la défaite des chrétiens dans la Terre-Sainte et dans l'Arménie, par les infidèles, fit faire des prières publiques, défendit les tournois pour deux ans et ne voulut point que l'on s'adonnât à d'autres jeux qu'à l'exercice de l'arc et de l'arbalète. Voyez *Gesta S. Ludovici noni Francorum regis descripta per fratrem Guillelmum de Nangiaco* (apud Du Chesne, *Historiæ Francorum Scriptores*, vol. V. page 371, C.). Cette défense fut renouvelée plusieurs fois par les successeurs de Louis IX. Voyez la sixième dissertation de Du Cange placée à la suite de son *Histoire de S. Louys*, page 172; et les *Ordonnances des Roys de France*, édition du Louvre, vol. I, pages 329, 420, 421, 434, 510, 559, 643.

Il paraît que l'ordonnance de Louis IX causa une grande sensation dans le temps, car on y fait souvent allusion. Voici un passage où, si je ne me trompe, il en est question :

> Je vos dirai coment s'avint.
> Li chevalier poures devint,
> Il n'avoit ne vignes ne terres,
> En tornoiemens et en guerres
> Iert trestoute son ateudance :
> Il savoit bien ferir de lance,
> Hardis estoit et combatans,
> Ens grans besoingnes embatans;

fait aux jongleurs, qui gagnaient leur vie en allant amuser les chevaliers par leurs chants ou par leurs récits romanesques, lorsqu'ils étaient blessés dans les tournois; il se plaint ensuite des pertes qu'éprouvaient par cette ordonnance les selliers, les fourbisseurs, les maréchaux et autres marchands et ouvriers qui vivaient par la dépense des seigneurs qui allaient se signaler dans ces combats. Enfin il déplore les suites fâcheuses que la défense du roi devait amener pour les mœurs; il prétend qu'il n'y aura plus ni vaillance ni chevalerie. Il fait tenir par la Courtoisie un discours où elle se plaint de ne plus habiter parmi les nobles et surtout

> Mais li tornoi sont deffendu,
> Tout a mangié et despendu.
>> (*Le Chevalier qui faisoit parler*, etc. — *Fabliaux et Contes des poëtes françois des* XII, XIII, XIV *et* XVes *Siècles*, édition de Barbazan, tome III, page 86, v. 17.)

> Si vos dirai com il avint.
> Li chevaliers poures devint
> Ainz que il fust de grant aaige,
> Por quant se l' tenoit l'on à saige.
> Mais n'avoit ne vignes ne terres,
> Eu tornoiemens et en guerres
> Estoit trestote s'atendance,
> Quar bien savoit ferir de lance;
> Hardis estoit et combatanz,
> Et en granz estors embatanz.
> Adonc avint en cel tempoire,
> Si com lisant truis en l'estoire,
> Que les guerres par tot failloient;
> Nule gent ne s'entr'assailloient,
> Et li tornoi sont defendu,
> Si ot le sien tot despendu.
>> (Id., v. 23. — *Fabliaux et Contes*, édition de Méon, tome III, page 410.)

Il y a dans le recueil italien intitulé : *Libro di novelle e di bel parlar gentil*, un récit qui roule principalement sur cette suppression des tournois. Voyez le *Romancero françois*, pages 121, 122.   F. M.

parmi les jeunes gens ; elle leur rappelle le temps heureux des chevaliers de la Table-Ronde, et les envoie aux ouvrages de Chrétien de Troyes pour y prendre des leçons d'urbanité et des autres vertus qui conviennent à des chevaliers [1].

« C'est d'après ces préliminaires que l'auteur, malgré l'ordonnance, fait indiquer par madame Courtoise un tournoi solennel au château du Ham. Les sires de Longueval

---

[1] Voyez page 230, v. 21. Cet extrait d'une dédicace à la comtesse Blanche, fille de Sanche VI le Sage, et femme de Thibaut III, comte de Champagne (vers l'an 1200), prouve que tout le monde n'était pas du même avis que Sarrazin, sur le mérite des romans de la Table-Ronde, et sur celui de Perceval en particulier.

<blockquote>
Gentis contesse de Champaigne,
Fille au bon roy Sanse d'Espaigne.
Je n'ai mie en moi grant science;
Et non porquant vostre excellence
Qui ne fait pas à corrocier,
Me fist ceste œvre commancier.
Par vos encommenci ceste œvre
Por cuers de crestiens esmuevre
A bien panser et à bien faire
Et por eauz de pechié retraire.
Les autres dames de cest mont,
Qui plus pensent qu'aval qu'amont,
Si font les mençonges rimer
Et les paroles alinier
Por les cuers miauz curoillier
Et por honesté avillier.
Dame, de ce n'avez-vos cure;
De mençonge qui cuers oscure
Et corrumpent la clarté d'ame,
N'en aiez cure, douce dame;
Laissiez Cligès et Perceval,
Qui les cuers perce et trait aval,
Et les romanz de vanité.
Assez troveroiz verité.
</blockquote>

(Bibliothèque publique de la ville de Lyon, ms. n° 773 olim, ou 698.)

F. M.

et de Bazentin sont chargés de le publier dans toutes les provinces de France et à l'étranger. La reine Genièvre, femme du roi Arthur, vient d'Angleterre avec une suite de sept cents personnes, tant demoiselles que chevaliers, pour présider ce tournoi, qui dure trois jours, et où se distinguent par leur valeur le chevalier au Lion, messire Yvains et plusieurs chevaliers de la Table-Ronde. Mais, par une bizarrerie inconcevable, le poëte fait briller avec ces êtres imaginaires plusieurs des grands seigneurs de France, et surtout des chevaliers normands et anglo-normands : les sires de Harcourt, de Montague, de Neville, de Ver, de Bailleul, de Tesson, de Hangest, de Blosseville, de Carbonel, de Ferrières, d'Esneval, de Trie, etc. Il fait principalement l'éloge d'Enguerrand de Bailleul..... »

Nous avons déjà relevé des inexactitudes dans les lignes que nous venons de rapporter; nous craignons bien d'avoir à signaler une autre erreur dans l'une des dernières phrases de ce morceau; en effet, quelque obscures que soient les expressions du trouvère [1], il semble cependant qu'il ne faut pas les prendre à la lettre et croire qu'il ait prétendu faire figurer dans le tournoi de Ham les véritables héros de la cour d'Arthur. Il veut dire, à notre avis, que des chevaliers et des dames d'Angleterre passèrent le détroit pour se rendre à la fête annoncée, et que, pour la rendre plus piquante, ils prirent les noms, costumes et attributs des personnages des romans du cycle breton. Nous nous arrêtons d'autant plus volontiers à cette idée qu'elle nous reporte à la p. 559 de l'*Histoire de Charles VII roy de France*, par *Iean Chartier*, etc., édition de Denys Godefroy, où il est

---

[1] Voyez page 251, v. 15, de ce volume.

INTRODUCTION.

question d'un tournoi donné à Saumur, dans lequel, dit Matthieu de Coucy, les chevaliers semblaient vouloir imiter les chevaliers de la Table-Ronde. Quant à la question de savoir ce que pouvait être le Lion qui accompagnait l'un d'eux, nous répondrons qu'il est permis de supposer toute espèce d'animal apprivoisé décoré de ce nom, et que nos ancêtres n'y regardaient pas de si près, comme le savent bien ceux qui se sont occupés de recherches relatives à la mise en scène des anciens mystères.

Le Roman de Ham se trouve à la Bibliothèque du Roi dans le manuscrit 7609 [2], dont nous avons donné une notice détaillée dans la préface du *Roman de la Manekine* par Philippe de Reims. [1]

Des ouvrages de la nature de ceux que nous publions ici, ont besoin plus que tout autre de notes et de commentaires : si nous nous sommes abstenu de compléter ainsi notre travail, ce n'est faute ni de bonne volonté ni de recherches, mais d'espace; car, tel qu'il est, le présent volume se trouve assez considérable déjà, et un commentaire, tel que nous l'entendons, l'eût augmenté d'un tiers en sus [2] : nous terminerons donc cette préface en priant le lecteur de

---

[1] Imprimé à Paris pour le Bannatyne Club par Maulde et Renou, M DCCC XL, in-4°, page IV et suivantes.

[2] Nous croyons, cependant, devoir tenter d'expliquer l'allusion que présente la page 32, ligne 17, en rapportant ces trois vers de la *Chanson des Saxons*, Guiteclin, dit Jean Bodel,

> Va ferir Karlemaine qi se fu relevez,
> Sor l'eaume qi à Nobles fu jadis conquestez,
> Quant Karles en bataille conqist le roi *Forrez*.

(Volume II, page 81, couplet CXCVII.)

INTRODUCTION. lj

nous tenir compte de notre intention ; nous n'avons rien négligé d'ailleurs pour rendre ce livre digne des savants et des philologues auxquels il s'adresse, aussi bien que de la Société au zèle éclairé de laquelle ils en doivent la publication.

FRANCISQUE MICHEL.

Bordeaux, ce 15 mai 1840.

HISTOIRE
DES
DUCS DE NORMANDIE
ET
DES ROIS D'ANGLETERRE.

Par la devision que li anciien home fisent dou monde, savons-nous que toute la tierre est enclose de la grant mer, ke on apiele *Occean*, qui entre par bras dedens la tierre et la devise en .iij. principaus parties, dont la [1] maistre est apielée Ayse por chou qu'ele tient en soi la moitié del monde; li autre est apielée Aufrike; la tierce ù nos sommes si est apielée Europe, qui por la plenté des douces aighes est abitée de moult de gens. En iceste Europe fu anciienement Germanie, qui ore est apielée Alemaigne; là sourt uns flueves qui est apielés Hyster et court en Sassoigne, qui est apielés et açains de moult d'autres flueves [2], tant qu'il chiet en la Dynoe [3], qui chiet en la mer outre Constantinoble. Priès de Danemarche est l'ille d'Escauce et Aliene et Getheie. La gent de cele tierre se donnoit anciiene-

[1] Dont la plus. — [2] S. et est acreus.... aigues. — [3] Dunoe.

ment à luxure, et cascuns avoit tant de femes comme il li plaisoit; sans loy vivoient; si moultepliierent tant et crurent que la gent de la tierre convint escillier, por la petitece de la tierre qui soustenir ne les pooit : por chou jeterent lor sors ke il les damoisiaus en menroient[1] fors de la tierre, conquerre[2] encontre les estrangens gens et les[3] estranges regions. Il estoient apielé Danois por chou que Danaus, qui [fu] fill Anthenor, quant il fu eschapés de la destruction de Troie, s'en ala là endroit et si fu sires de cel païs. Encore estoient-il apielé Normant por une autre chose, por chou que [en] lor langages *nor* chou est byse en françois et *man* chou est hom; et quant ces deus sillebes sont ajoustées[4], si sonne li mos autant[5] en lor langage comme en françois *hom de byse*. Hastens ot chil à non qui fors de la tierre les mena. Par mer s'en issirent, si vinrent en France, et[6] destruisent abbeyes et moustiers et[7] gens de relegion; sor toz les autres lius[8] Noion destruisent, si ocisent l'evesque et les chanonnes, si escillierent Saint-Quentin et Saint-Maart; puis destruisent Saint-Denis en France et Sainte-Genevieve[9] defors les murs de Paris, et puis Mont-Leheri; puis repairierent à lor nés et syglerent par devant Normendie. A Fescamp[10] destruisent une abbeye, et fisent mainte gent vilenie; à Gemeges[11] destruisent l'abbeye Saint-Piere, ù il avoit en covent .ix^c. moines. Puis

[1] Cil qui les d. enmenoient. — [2] Por c. — [3] G. ès. — [4] Quant c. d. s. s. a. *manquent dans le ms. de Saint-Germain.* — [5] Et si s. autretant Norman. — [6] En l'an del incarnation .dccc. xlix, si. — [7] Et les. — [8] Autres *manque dans le ms. S.-G.* — [9] Geneviere. — [10] Fescans. — [11] Guimeges.

charga Hastens ses nés, et dist qu'il s'en iroit à Rome
et se feroit empereour. Que vous diroie-jou? Il monta
sor mer et s'en ala syglant par devant Constentin et par
devant Bretaigne et par devant Poitau, par devant Gas-
coigne et par devant Espaigne ; si se mist ès destrois de
Morroc[1] qui sont entre Espaigne et Aufrique. Illuec[2]
monta par devant la tierre d'Arragon et par devant Pro-
vence[3] et par devant Marselle[4] et par devant Geneves[5]
et par devant Pise, tant que sor la marine en Ythalie[6]
vit une cité de molt grant apparell; Lune estoit apie-
lée. Chil de la ville, quant il virent la navie, s'appa-
rellierent de[7] desfendre, et misent as murs lor escus et
lor pignonciaus : par coi Hastens cuidoit ciertainement
que che fust Rome. Hastens se desespera, et si cuida
bien que il par force ne le peust jà[8] conquerre. Il en-
voia au conte de la ville et à l'evesque ses messages, ki
moult dechevaument lor disent leur message : « Has-
tens nostre sires, qui nés est de Danemarce et par sort
nous a chi amenés, qui en France avons esté et tant i
avons fait que par force l'avons prise et destruite, or
nous[9] en voloit remener[10] là dont nous venimes; mais
Dex ne le vaut soufrir, car li vent et li oré nos furent
contraire[11], qui par tempieste et à[12] grans paours et
moult grans travaus et à moult grans angoisses nos
ont arrivés en[13] vostre tierre. Nous n'i venons pas pour
mal faire, ains volons pais et moult le requerons. Ama-
ladis est nostres maistres, qui encore est Sarrazins :

---

[1] Marroc. — [2] Si s'en. — [3] Prouvence. — [4] Marseille. — [5] Genues. —
[6] Ithaile. — [7] Por. — [8] Ne la porroit pas. — [9] Ariere nous. — [10] Mener.
— [11] Eucontre. — [12] Et à molt. — [13] Nos arivé en ceste.

or vous requiert en carité que vous le levés de fons, car morir veut crestiens; et, se il muert chi, il veut estre enfouis entre vous. »

Quant li evesques et li cuens de la ville oïrent ces novieles, moult furent lié, & volentiers lor otriierent et donnerent congié à toz d'aler et de yenir et d'acater chou que mestiers lor estoit. Hastens se fist porter au moustier, et li evesques le leva, et li cuens le tint as fons; puis fu raportez à ses nés, et faisoit samblant d'iestre moult malades. La nuit après se fist mort, et si compaignon faisoient tel duel que chil de la ville cuidierent pour voir[1] que il fust mors. Hastens fist armer sa gent desous leur capes, et se fist porter en biere dedens la mere-eglyse; et li evesques de la ville se fu reviestus[2] pour la messe canter. Hastens, quant il sot que il furent tout assamblé, se leva toz armés de la biere, puis si ocist tout avant l'evesque et puis le conte et toz ses autres parins[3] que il pot trouver el moustier[4]. Ensi fu la ville prise et destruite, et Hastens demeua grant joie por chou que il cuida ciertainement que il evust Rome conquise; mais quant il sot la verité, que che n'estojt mie Rome, si fu moult dolans, et dist à ses homes que il destruiroit la ville. Et il si fist, si comme encore est aparant; car encore est cele cités sans habiteours. Puis se remisent Danois en mer et si n'oserent avant aler, que chil de Rome ne seuussent ceste trahi-

[1] Certainnement. — [2] Li quens de la vile se fu revestus moult noblement, li vesques de la vile s'aparella. — [3] Et s. a. parens. — [4] En l'église; si chevalier, qui bien estoient armé, ocisent çà et là quanqu'il porent ataindre par la vile.

son. Hastens s'en revint en France, ù Charles li Simples li donna tierre entre lui et ses compaignons la contrée de Chartres.

Puis montepliierent tant li Danois en la tierre de Danemarche que derechief les couvint jeter en ¹ escil. En la tierre avoit eu novielement mort .j. haut home qui avoit à non Bier Coste-Fierrée. Dens fils avoit : Rolle ² et Burin, as quels li jovenenciel dou païs vinrent et disent que, se il voloient, par lor aïe se desfenderoient bien dou roi de la tierre. Quant Rolles et Burins oïrent chou, moult lor vint à gré et moult en merciierent les jovenenciaus. Ils s'assemblerent adonc et vinrent sor le roi à ost, et destruisent moult de sa tierre. Li rois, quant il vit çou, assambla grans gens, et vint sour eus; mais desconfis fu, et .v. ans après cele desconfiture pais firent entre els. Et puis r'avint d'aventure ³ que la guerre recommencha entre els ⁴. Si se rassamblerent derechief, et se combatirent ensamble. Si furent li frere desconfi, et Burins i fu ocis; et Rolles s'enfui à la mer, si entra en ses nés ; mais petite fu sa navie, car il n'i ot que .vi. nés; o ces .vi. nés, sans plus ⁵, s'en vint en l'ille d'Escauce, ù li jovenenciel de la tierre, qui escillié estoient venoient à lui. Rolles se pourpensa que il feroit vengier soi et son frere dou roi; car il iroit, o tant de gens comme il avoit, conquerre estranges nations. Lors ⁶ li vint une avisions par nuit, d'une vois qui li dist : « Lieve sus ⁷, et va as Englois. Là oras comment en

---

¹ Lor covint j. — ² Rou. — ³ Aventure. — ⁴ E. e. *manquent dans le ms. S.-G.* — ⁵ Tant seulement. — ⁶ Là. — ⁷ Lie-toi sus.

ton païs poras repairier. » Quant il s'esvella, si conta
s'avision à ses gens; et li dist uns sages hom : « ¹ Là
oras nouvieles de baptesme par coi tu auras paradis,
qui est drois païs à tous. » Quant Rolles oï chou, il
apparella ses nés de gens et de vitaille et d'armes,
et s'en ala en Engletierre. Là vainqui-il les Englois
par ² .ij. fois. Puis li vint une avisions par nuit, si li
estoit avis que il estoit en France sour une haute mon-
taigne, et tout entour ³ le mont sourgoit une moult
clere fontaine. Il estoit lieprous, si se baignoit dedens
la fontaine, si garissoit de la liepre. Encore veoit-il
entour la fontaine oisiaus qui avoient les seniestres
eles pointes de divierses coulours ⁴ ; puis faisoient lor
nis et mengoient ensamble, quant il estoient baignié
en cele fontaine ⁵ par concorde; et puis ⁶ faisoient le
commandement Rollé. Après cele avision, Rolles apiela
toz les sages homes qui illuec estoient, et lor conta
l'avision. Un Englès i ot prison, qui clers estoit; si li
dist : « Sire, ore entendés à moi. Li mons de France
est sainte Eglyse, qui moult est en France honnerée;
la fontaine est li baptesmes ù tu seras lavés ⁷ ; li
liepre dont tu estoies plains, che sont ti pechié dont
tu ies plains, qui par le baptesme seront osté de toi;
li oisiel as seniestres eles pointes, che sont ti chevalier
qui à lor seniestres lés portent lor escus qui sont point,
ki o toi se feront baptisier; li ni que il refereront sont
les eglyses qui par la guerre Hastens sont destruites;

¹ En Engletiere iras. — ² En cham par. — ³ En son. — ⁴ C., et si
baingnoient en cele fontaine. — ⁵ Quant.... fontaine *manquent dans
le ms. S.-G.* — ⁶ Tuit. — ⁷ *Ces quatre mots manquent dans le ms. S.-G.*

che que il mengierent ensi ensamble, chou serra que il seront à la toie volenté obeissant. » Molt ot grant mervelle Rolles de cele avision et grant joie, por chou qu'ele li ert si bien aviertie. Il aquita tantost celui de sa raençon, et li donna tant dou sien que chil s'en dut bien loer se il n'ot tort.

En cel tans estoit Antiaumes rois d'Engletierre, qui moult se fist bien de Rolle, et tant li donna et proumist que il furent ami juré ensamble et que li uns aideroit à l'autre à son besoing. Après l'yvier, au biel tans, se mist Rolles en mer comme chil ki[1] cuidoit sygler là où il avoit empensé, si le[2] prist une tempieste que onques si grans ne fu veue. Il voloit venir en France; mais il ne pot por la tempieste. Che faisoit li deables[3], qui dolans estoit de chou que il devoit venir à la fontaine de baptesme. Tant furent en desesperance de lor viés que Rous se choucha en orisons el fons de la nef, et si dist : « Dex qui tout creas, Dex qui tout gouviernes, ciel et tierre, air et mer, sueffre-moi venir à la loy crestiene, et moi et mes homes[4] crestiens morir. » Quant il ot faite s'orison, por la boine entention k'il ot de venir à la loi crestiene Dex oï s'orison et[5] fist ciesser la tempieste. Rolles se drecha en piés, si vit la mer en pais; et après arriva tost en une ille que on apiele Waucres. Chil de la tierre, quant il les virent, alerent à la mer[6] por gaagnier; si les assaillirent; mais li Danois se combatirent à eus, si les desconfirent. Et quant Antiaumes, li rois d'Engleterre, oï dire que

---

[1] Si comme il. — [2] Se li. — [3] C. f. deables. — [4] Et les miens et... — [5] Sa proiere, si. — [6] A la m. vers les neis.

Rolles avoit esté assaillis en l'ille de Waucres, si li envoia .xij. nés cargies de vitaille et autretant cargies de chevaliers. Quant Rolles vit le secours que li rois li envoiot, si l'en sot moult boin gré, et moult l'en merchia par ses messages et par ses lettres, et moult li proumist encore à gueredonner. Chil de Waucres cremirent que Rolles ne demourast en la tierre, si apielerent en lor aïue Renier Lonc-Col, le duc de Haynau[1], et Radiel Bolert[2], le roi de Frise. Rolles se combati à eus, si les vencui, et ocist lor gent; il se combati as Frisons sous l'aighe d'Almere[3]. Tant lor couvint ensamble que il donnerent trives li .j. as autres[4]. Puis s'en retorna sor Renier, si se combati à lui sor l'aighe del Escaut[5], si le desconfi; et fu pris Reniers, qui avoit une feme moult vaillant, qui tantost vint à Rolle; si li cria merci por son mari; si li vaut rendre .xij. prisons danois por son segnour[6] r'avoir. Rolles ne le vaut faire, se il n'avoit pas deseure tout chou[7] la raençon de sa tierre. Quant elle oï chou, si li otria moult en haste; et quant Rolles vit qu'ele ot tele amour viers son segnor, si li pardonna la moitié de sa raençon. Puis devint Reniers ses hom. Lors se mist Rolles en mer, et por acomplir[8] chou que li clers li avoit despondu de l'avision; et tant sigla par devant Flandres, par devant Poitau[9], par devant Normendie que il entra en Saine, et tant ala amont Saine que il

---

[1] Hainou. — [2] Radebolt. — [3] Del Almere. — [4] Q. il li d. t. et il els. — [5] Eschaut. — [6] Mari. — [7] *Ces quatre mots manquent dans le ms. S.-G.* — [8] Rous se remist en la mer pour faire. — [9] Et par devant Pontiu et.

vint à l'abbeye de Gemeges; sains lius li sambla, si n'i vaut¹ mal faire. De l'autre part de Saine, arriva à la chapelete Saint-Vincent en l'an .ix.c.² et .lxxvi.; là mist une vierge que il aporta d'Engletierre, qui estoit apielée sainte Almetrus. Là vint à Rolle li archevesques de Ruem, qui Fouques estoit apielés. Il parla³ à Rolle, et fist tant que tout le païs mist desoz lui par⁴ tréu. Puis ala Rolles amont l'aighe jusques au Pont-de-l'Arche, et illueques issi-il fors de l'aighe. Là vint Renaus⁵ li mareschaus de Champaigne⁶ et Hastens⁷ encontre lui. Hastens, soi tierc, ala parler à lui, et⁸ li demanda qui il estoit⁹; Rolles li respondi: « Danois sommes, si sommes venu por France conquerre. Nous n'avons nul segnor, per sommes en segnorrie. » Hastens li¹⁰ demanda: « Oïstes-vous onques parler de Hastens? » — « Oïl, dist Rolles; boin commencement ot et mauvais definement. » — « Volriés-vous, dist Hastens, estre sozmis au roi de France? » — « Nenil, che dist Rolles; jà segnour n'aurons, ne autru don ne prenderons; mais moult nous plaira chou que nous porons à force prendre et conquerre. Mais fuiiés-vous-ent¹¹ de chi, et plus ne nos en enquerés; car tost le comperriés. » Hastens s'en parti, et a tout raconté au duc Renaut¹² chou que il avoit oï. Li dus demanda consel de combatre soi as Danois. Hastens li desloa; et Rollans¹³, qui portoit la baniere au duc, dist¹⁴:

¹ Si ne li volt. — ² .dccc. — ³ Il s'apaisa. — ⁴ Mist à son. — ⁵ Renols. — ⁶ De France. — ⁷ H. od grant ost. — ⁸ A Rou si. — ⁹ E. et que il queroit, et de ses compaingnons qui il estoient et que queroient, et qui estoit lor sire. — ¹⁰ Lor. — ¹¹ Et fuiés tost. — ¹² R. et dit au duc Renolt. — ¹³ D. R. — ¹⁴ Li dist.

« Sire, ainc ne veïstes leu prendre .i. autre leu, ne gourpil prendre .i. ¹ autre gourpil. Et che disoit-il por chou que Hastens et Rolles estoient Danois. Hastens en ot honte, si dist que jamais n'en parleroit. Lors oïrent François messe à Saint-Germain, et puis s'armerent, si assaillirent les Danois. Al premier chief, fu ocis Rollans qui portoit ² la baniere, et François furent desconfit. Renaus li mareschaus s'en torna en fuies. Puis porsiui Rolles les François jusques à Melant, et ala amont Laiche et assist Paris, et i fu tant que viande li fali. Essrerent le païs, et envoierent à la cité de Biauvais ³ por la proie. Chil de Biauvais prisent .i. Danois mot haut home, que on apieloit Bothon, et por lui rendre orent-il trives jusques à .i. an. Quant li ans fu passés, Rolles laissa le siege de Paris, et s'en ala à Biauvais et si le prist, et envoia la proie et les prisons à Paris. Une damoisiele, jentill feme, i prist Rolles, qui estoit apielée Pepe. De li ot Rolles .i. fill qui ⁴ fu apielés Guillaumes. Puis envoia ⁵ Rolles grant gent, qui prisent Evreus ⁶ et amenerent au siege à Paris les prisons. Li evesques Ebar eschapa de la ville ⁷. Par cele aventure qui là avint as Danois, se sozmist grans partie des François ⁸ à Rolle et li rendirent tréus.

Quant Englois sorent que Rolles avoit assés en lui-meismes à entendre et que il ne poroit faire secours au roi Antiaume d'Engleterre, si le commencerent à

---

¹ Ne .i. goupil .i. — ² Qui aportoit. — ³ Baieuwes; *ainsi, plus loin*. — ⁴ Qui par non. — ⁵ Renvoia. — ⁶ Evrewes; *ainsi, plus loin*. — ⁷ De la vile s'en escapa. — ⁸ De France.

guerroiier¹, tant que par destrece envoia li rois à Paris por Rolle; et Rolles se mist en l'aighe à toute sa gent, et² s'en ala aidier au roi englois. Tant fist Rolles en Engletierre que il fist venir³ les anemis le roi à sa volenté et lor fist faire quanques li rois vaut, et boins ostages en donnerent. Li rois cuida que Rolles vausist demorer en la tierre, si li nouma les païs et les contrées et les cités et les castiaus que il li voloit donner por partie de tierre de son regne⁴, et moult li pria ke il se fesist baptisier et que il vesquissent boinement⁵ ensamble. Rolles, qui toz jors avoit eu en⁶ memore s'avision, ne li vaut otriier; mais il proia le roi que il li otriast qu'il en peust mener toz chiaus de sa tierre⁷ ki⁸ s'en vaurroient aler: boinement li otria li rois, et moult li donna de son avoir. Rolles devisa ses os et atira por aler⁹ en France par trois lius: par l'aighe de Saine, par l'aighe de Loire et par l'aighe de Gironde. Ensi fu fait comme il le devisa. Rolles ala par l'aighe de Saine¹⁰ jusques à Sens, destruisant la tierre, et amont Yone jusques à Auçoirre. Là arriesta jusques à¹¹ tant que chil de s'autre ost vinrent à lui, si se tinrent¹² par devers Clermont en Auviergne; et chil de le tierce ost alerent tant par l'aighe de Loire que il vinrent à Saint-Beneoit-sor-Loire. Là vint Rolles à eus, et illuec s'assemblerent les .iij. os; et quant Rolles vit le liu tant saint, si ne li vaut¹³ mal faire ne à tout le païs¹⁴ saint Beneoit.

¹ Si c. à g. le roi. — ² Et il et toute sa gent, si. — ³ Que par force fist revenir. — ⁴ P. p. del regne. — ⁵ B. ami. — ⁶ Avoit en. — ⁷ De sa terre tous cels. — ⁸ Qui od lui. — ⁹ A entrer. — ¹⁰ S. à Paris. — ¹¹ Aucuerre. Si s'i ariesta. — ¹² A l., qui s'en vinrent. — ¹³ Se n'i volt. — ¹⁴ Ne al p. por.

Puis vinrent ensamble, destruisant la tierre, jusques à Estampes. Il voloient venir à Paris ; mais François furent assamblé, si les porsiuirent. [Rous s'en aperciut par la poudriere que il vit, si s'en retorna sor els, et se combati à els et les desconfist et ocist.] Puis ala, destruisant la tierre, jusques à Chartres, que il assailli. Wanteniaumes[1] estoit evesques de la cité et cuens de la ville. Il manda Richart, duc de Normendie et de Bourgoigne, et Baliert[2], le conte de Poitiers, que il pour Diu[3] le secourussent. Chil vinrent en s'aïe et assaillirent l'ost des Danois. Li evesques toz reviestis comme por canter la messe (et portoit en une main la chemise Nostre-Dame et en l'autre la vraie crois) s'en issi fors de la ville, et sa gens toute armée, si se combatirent à Rolle, et furent li Danois desconfi. Rolles s'en fui jusques en l'aighe d'Eure, et une partie de sa gent s'en fui jusques[4] à .i. mont que on apiele d'Eves[5], près de la cité. Là furent la nuit assailli des François, si que il s'en eschaperent à[6] grans paines ; mais quant il furent venu à Rolle, il en orent moult grant joie.

Apriès chou ne troverent Danois home crestiien, feme ne enfant, petit ne grant, ne oisiel volant[7], que il n'oceissent, et que il n'arsissent maisons[8], tant que Charles li Simples prist consel à ses gens ; et par son conselle[9] envoia à Rolle Franque, l'archevesque de Ruem, si li manda que il li donroit Gille[10] sa fille et[11]

---

[1] Antiaumes. — [2] Ebalt. — [3] Por l'amor de Dieu. — [4] D'E., une partie s'en fui. — [5] Leues. — [6] Es François à. — [7] Ne beste vivant ne oisel. — [8] Ne maisons que il n'arsissent, et tout destruisent. — [9] Et par lor conseil. — [10] Ghisle. — [11] Od.

toute la tierre qui est dès l'aighe d'Andele jusques à la mer, et cele tierre que on apieloit adont Neustrie, qui ore est apielée Normendie; mais Rolles ne le vaut pas faire, s'il n'avoit¹ tout la tierre dès l'eve d'Ethe dès chi en la mer; et por chou que Normendie estoit destruite de ses² autres guerres, li restorast³ une autre tierre por lui⁴ aidier tant que il fust restorés, et en franc-fief et en franc-alués, sans siervice faire. Et quant che fut fait et otroié d'une part et d'autre, et que cis afaires fu bien creantés, si fu pris chis⁵ parlemens sour l'aighe d'Ethe à Saint-Cler⁶. Là fu amenés Rolles devant le roi, si disent li François que bien resambloit hom de grant pooir et de grant sens et de grant consel. Li rois li vaut donner à⁷ Normendie Flandres; mais il n'en ot cure por les palus, dont trop i avoit : dont li otria li rois Bretaigne, ki marcissoit à Normendie. Par le loement as barons de France mist ses mains entre les mains le roi, et ses piés entre ses piés⁸ (que onques haus⁹ hom de son linage n'avoit fait à autre), et ensi¹⁰ le saisi de Normendie et de Bretaigne et de sa fille¹¹. Rolles ne l'en vaut baisier le pié, et¹² François disent ki tel don rechevoit¹³ bien l'en devoit baisier le pié. Rolles a respondu : « Jà devant home ne m'agenoillerai ne pié¹⁴ ne baiserai. » Tant li disent li François que il commanda à .i. sien chevalier normant ke il baisast le pié le roi pour lui; chil prist le pié le roi por

---

¹ Se il n'eust. — ² Des. — ³ Li otroiast. — ⁴ A lui. — ⁵ Li. — ⁶ De çà Saint-Cler. — ⁷ Od. — ⁸ E. les m. al r. de France.... piés le roi. — ⁹ Haus *manque*. — ¹⁰ Et li rois issi. — ¹¹ F. Ghille. — ¹² Et li. — ¹³ R. del roi. — ¹⁴ Ne pié d'oume.

Rolle tout en estant, et l'aporta pour baisier à sa bouche, si¹ que il fist cheir le roi tout enviers, dont moult fu ris et gabé² par la ville. Puis jura li rois³ et li evesque et li baron de France à tenir cel don pardurablement et à Rolle⁴ feuté à porter si comme en couvent li avoient. Li rois et li baron s'en alerent, et Robiers li mareschaus de France et li archevesques de Ruem enmenerent Rolle et la fille le roi ; si fu Rolles baptisiés, et ot à non Robiers contre⁵ le duch Robiert, qui le tint as fons. Puis fist toutes ses gens baptisier.

Apriès toutes ches choses⁶ il apiela l'archevesque de Ruem et li demanda moult ententivement lesquelles eglyses de sa tierre estoient de gregnour auctorité. « Sire, dist li archevesques, cele de ceste ville, cele de Bayoes, cele d'Evreus sont faites el non de la glorieuse Mere Diu. Defors les murs de ceste ville est li abbeye de Saint-Piere ; là soloit estre li cors saint Denise, le confessour, qui por la paour de vous fu portés en France. A Gemeges⁷ est l'eglyse saint Piere le portier de paradis. En le marche de Normendie et de Bretaigne est l'eglyse dou boin euré archangele saint Michiel el peril de la mer ; cestes sont les eglyses de sa⁸ tierre de gregnor auctorité. » — « Sire, che dist Rolles, liquels est li sains de ceste tierre⁹ de gregnor auctorité ? » Il respondi : « Sains Denis de France, qui la loy que nous tenons de Jhesu-Crist nous aporta dechà les

---

¹ Si durement. — ² Gabé et ris des François. — ³ Li r. et li arcevesque. — ⁴ P. à Rou et. — ⁵ Socntre. — ⁶ A. chou. — ⁷ Gieneges. — ⁸ De vostre. — ⁹ En ceste t. de çà les mons qui est et doit estre.

mons¹. » Rolles dist lors à l'archevesque : « Sire, ançois que je devise² tierre à mes homes, voel-jou par vostre consel donner de ma tierre à ces³ eglyses. » — « Dex, dist li archevesques, lious⁴ a donné che consel. » Le premerain jor donna-il à l'eglyse de Ruem les provendes k'ele a encore sor le riviere d'Alne; l'autre jor après donna-il à l'eglyse de Bayoes⁵, au quart jor donna-il à Saint-Pierre et à Saint-Aychadre⁶ de Gemeges, au siste jor donna-il à l'abbeye don Mont-Saint-Michiel, au .vij. isme jor donna-il Bierneval sour la mer à⁷ Saint-Denis en France, et au witisme jor fu desaubés; si donna tierre à ses chevaliers. Puis espousa-il sa feme et fist ses noeces, et fist crier ferme païs par toute sa tierre, et que nus ne fust tant hardis sour sa vie k'il⁸ emblast ne tolist ne revesist nulle riens à autrui, ne qui bieste de charrue gardast por crieme de larron ne ki à charrue meffesist. Por la fiance de che commandement lassa uns vilains .j. jour ses fiers à sa karrue, et ala mangier. Sa feme le laidi por chou moult de parole, tant qu'il le feri; elle li donna à mangier, puis ala en larrechin, et si embla à son segnor les fiers de sa karue et si les repust. Quant li vilains ot mangié, il ala à sa karrue; et quant il ne trouva ses fiers, si en fu moult dolans. Il repaira à son hostel, si le dist à sa feme. « Or alés, dist-elle, au duc, si verrés quel droit il vos en fera. » Chil ala à Rolle, si li conta com-

---

¹ *Le ms. S.-G. ajoute :* Et nostre avoés est enviers nostre Segnor. — ² Doingne. — ³ En aumosne à. — ⁴ Vos. — ⁵ Il de B. et puis apriés à celi d'Evrewes. — ⁶ Aiquadre. — ⁷ Od toutes les apartenances à. — ⁸ Qui.

ment il avoit pierdus ses fiers à sa karrue. Li dus li fist donner .v. sous, et apriès fist porter le feu del jayse à tout le païs por le larron trouver, et tout furent sauf.

Quant[1] li dus vit chou, si apiela l'archevesque Franque[2], si li demanda comment chou estoit que il estoient ensi[3] tout eschapé. « Sire, dist li archevesques, por chou que li feus n'a pas trouvé le larron. » Puis fist porter li dus à tout le remanant de la gent le feu, et tout furent sauvé. Li dus, quant il vit chou, manda le vilain, et il i vint, et il li demanda se nus savoit ù il aroit. « Oïl, sire, dist li vilains : ma feme. » Li dus fist metre à destroit la feme au vilain, qui tout connut comment elle avoit esploitié. Lors apiela li dus le vilain, et li demanda se il savoit ke sa feme fust larnesse. « Oïl, sire », dist li vilains. Li dus li dist : « Tu seras pendus avoec li par .ij. jugemens : li uns si est por chou que tu ies ses chiés, si ne le castioies pas; et li autres por chou que tu estoies consentans de son larrecin. » Ensi fu li vilains pendus, et sa feme pendue. Puis avint que li rois de France envoia .ij. chevaliers à Gillain[4] sa fille; mais li livres ne dist pas por coi ne pour quel raison[5]; mais li livres dist que la dame les cela longhement en sa chambre, et tant que il furent encusé au duc. Il les fist prendre et mener en mi le marchié de Ruem et destruire. De[6] chou fu-il moult mellés au roi. Quant li dus Robiers de France sot et connut que il iert mellés au roi, il li aidast[7] comme à son filloel que il li aidast et il chaceroit le roi del regne.

[1] Après q. — [2] Fouque. — [3] Si faitement. — [4] Ghille. — [5] Ne por quel essoinne. — [6] R., si les fist d. Par. — [7] Manda.

Li dus respondi as messages : « Je voel bien ke il li toille de ses possessions ; mais à faire honte à la couronne ne donroie-je pas assens. » Lors commencha la guerre entre le duc et le roi. Rolles estoit de grant aage, si n'avoit nul enfant de Gillain[1] la fille le roi : à Guillaume, son fill que il avoit de Pepe, donna-il tout son hiretage; si fist à toz les[2] barons de Bretaigne et de Normendie et de sa tierre toute[3] ses homes devenir et jurer feuté. Puis que il l'ot fait duc, vescui-il .v. ans. Mors, qui nullui n'espargne, au kief de ces .v. ans prist le boin duc Rolle ; si fu enfouis, quant il fu mors, en le mere-eglyse de Ruem par devers le Magdelaine.

Guillaumes, ses fils, fu en s'enfance balliés[4] à garder al conte Boton, qui Danois estoit. Moult ama Diu[5], et tint droites lois et fist loiaus jugemens ; toz jours faisoit boines oevres, et si avoit en propos de devenir moines à Gemeges ; mais si home, ki che sorent, li desenorterent de tout leur pooir, et il en crei adont lor consel[6]. Brethon se vaurrent oster de sa signorrie ; mais li dus, qui chou sot et entendi, ala sour aus et si passa l'aighe de Coisnon, et li Breton s'en fuirent chà et là et s'en alerent as bois. Quant li dus ot alé par toute Bretaigne, si s'en repaira à Ruem ; et li Breton, quant il furent repairié[7], s'assamblerent et s'en alerent[8] sour Normendie et s'en vinrent droit à la cité de Bayoes. Li dus Guillaumes, qui dire l'oï, prist ses gens et assambla ses

---

[1] Ghille. — [2] Ses. — [3] *Les cinq mots précédents manquent dans le ms. S.-G.* — [4] Cargiés. — [5] D. et cremi. — [6] Le conseil de ses homes. — [7] S'en fu repairiés. — [8] Et alerent.

os, et si ala sour eus et lor fu à l'adevancier¹ ; si les desconfi et ocist moult de leur gent, et² entra en la tierre et le destruist. Quant li cuens Alains et li cuens Berengiers virent que il ne porent durer à lui, il manderent pais au duc et li crierent mierchi, et si disent que quant k'il avoient fait au pere feroient-il au fill. Li dus pardonna au conte Berengier son mesfait ; mais le conte Alain ne vaut-il pardonner le sien, ains l'escilla et l'enchaça en Engletierre; car il avoit faite toute la guerre, che disoit li dus. Puis espousa li dus une damoisiele dou linage des François. Hues li mareschaus de France et li cuens Herbiers, por avoir s'amour, s'aliierent à lui par sairement ; mais puis li fausserent-il. Riols del Mans ala à lui o³ grant plenté des barons de Normendie, si fisent conjuracion contre le duc, et si li manderent à Ruem que il jà ne seroient ami⁴, se il en boine pais et sans noise ne lor lassoit tenir toute⁵ la tierre de la Risle. Quant li dus oï cel mandement, mervelle en ot, si respondi : « Chou que il me demandent n'est pas à moi à donner ; mais prengent mon or et mon argent et mes chevaus⁶ ; et si soient segnour de moi et mi ami. » Quant Riols ot oï che mandement⁷, si dist à ses compaignons : « Moult autre chose pense k'il ne respont ; mais alons sor lui, si li tolons la tierre, car il n'i doit avoir iretage. Voist⁸ s'ent en Danemarche à ses parens. » Ensi s'en alerent sour le duc Guillaume, si assisent Ruem par devers

¹ Et les adevança, si lor coru sus. — ² Et puis. — ³ Riouls del M. apiela à soi. — ⁴ Si ami. — ⁵ L. toute. — ⁶ Et m. ch. et mes armes. — ⁷ Cel renoncement. — ⁸ Mais voist.

Saint-Gervais el camp de la bataille. Quant li dus vit che, il lor manda que il s'en alassent, et il lor otrieroit[1] toute la tierre jusques à l'aighe de Saine. Chil ne le vorrent faire, qui bien cuidierent avoir la force. Li dus, quant il vit k'il ne vauroient che faire, issi[2] de la ville et ala à Mont-Sainte-Katerine, si esgarda l'ost de ses anemis; car savoir voloit[3] se il à els se poroit combatre. Moult vit grande lor ost, si apiela à soi le conte Biertran, si li dist : « Je voel aler à Senslis au conte Biernart, mon segneur et mon serouge, por aïe querre et consel[4]. » Li cuens Biertrans li respondi : « Nos destruisimes les François et lor peres et lor ancissours : sachiés que jà li François ne nos amerout; nos lor t[o]lismes quanques nos avons. Or voi-je[5] bien ke nos sommes sans segneur : arriere en Danemarche nous en convenra raler. Vous ne resamblés pas vostre boin pere, le duc Rolle.» Quant li dus ot oïe[6] la parole que li cuens Biernars li avoit dite, si respondi : « Verité avés dit[7]; mais che sachiés-vous que je serai li premerains qui contre mes anemis s'en istera chà fors; et or verrai-jou qui o moi s'en istera.» Li dus nombra cels qui o lui voloient[8] issir, et puis jura sor sains et lor[9] fist jurer ke[10] jà ne li fauroient; si furent .iij^c. bien armé chil qui li jurerent[11]. O ceus s'en issi li cuens encontre[12] ses anemis, si lor avint si biele aventure que il les troverent toz desarmés. Tant ferirent à destre et

---

[1] Otrioit. — [2] Que il chou ne voldrent f., si s'en i. — [3] A. : savoir. — [4] Et c. *manquent dans le ms.* S.-G. — [5] Or veons-nous. — [6] D. oï. — [7] D. : « Verité a. dite, dist li dus. — [8] S'en voldrent. — [9] Et puis lor. — [10] Sor sains ke. — [11] Qui j. — [12] Li dus contre.

à seniestre que moult en ocisent, et grant partie en i ot de noiiés¹, et li autre partie s'en fui ès bois. Riols s'en fui au bois, si ne pot estre trouvés.

Quant li dus en après la bataille ot ses chevaliers nombrés, si trova que il n'en avoit nul² pierdu : dont rendi moult grans grasses à Diu. Et ançois k'il venist en la ville li dist uns messages³ que il avoit .j. fill de sa femme, qu'il avoit envoïe à l'abbeye de Fescamp sor la mer por che ke, s'ele oïst mauvaise noviele, elle s'en alast en Engletierre. Il envoia l'evesque de Bayoes et Bothon, qui cuens estoit, à Fescamp sor la mer, qui leverent l'enfant de fons; si ot non Richars⁴. Puis cele eure fu li dus en pais; et si ne fu puis nus hom qui guerre li feist, puis que il oïst de lui parler : tant estoit doutés! En cel tans vinrent à lui Hues li Grans et li cuens Herbiers et Guillaumes li dus de Poitiers. Moult les rechut liement⁵ li dus, et toz tans furent puis boin ami ensemble. Puis espousa li cuens de Poitiers la serour au duc. Quant Antiaumes li rois d'Engletierre oï dire que li dus estoit tant poissans, il li manda por Diu et por misericorde que il feist por Diu et por misericorde⁶ rapieler Looys, qui fu fils Charlon le Simple, que li François en avoient chacié. Chil Charles li Simples estoit jà mors en la prison le conte Herbiert de⁷ Viermendois. Et si manda encore li rois au duc que il, por Diu, pardonnast au conte Alain de Bretaigne son mautalent. Par le consel et par le pourchas au duc fu

---

¹ Ot noiés. — ² Si vit q. il onques n'en i avoit .i. — ³ Li vint u. m. qui li dist. — ⁴ Richiers. — ⁵ Belement. — ⁶ M. feist as François. — ⁷ Le c. de.

Looys rapielés des François, si fu rois; et li cuens Alains fu mius dou duc que devant par¹ la proiere le roi d'Engletierre. Et après le couronnement celui Looys se revelerent² li François contre lui : par coi li rois s'en ala en Normendie au roi³ querre consel et aïe. Il le trova à Bayoes; mais li dus l'en amena à Roem à grant joie, et illuec prisent .i. parlement d'aler au roi Henri d'outre le Rin. Ensi fu fait comme il deviserent, si se misent tout ensamble à la voie et s'en alerent à cel parlement que il orent devisé. Hues li Grans et li cuens Herbiers se misent à la voie por aler avoec eus; mais por chou que mellée ne soursist entre lor gent par aucune aventure, s'en alerent devant li rois et li dus une jornée, et chil s'en alerent après.

Li rois Henris estoit à Osaing⁴ outre le Rin sour Muese : là vinrent à lui li rois Looys et li dus; et tant firent à cel parlement que li doi roi, par le pouchas⁵ au duc, furent juré en une amour et que li uns aideroit⁶ l'autre à son besoing. A cel parlement fu loés li dus sor toz homes. Li dus mena à cel parlement .v⁣ᶜ. chevaliers; puis prisent congié de repairier. Si comme il revinrent priès de Monloon, uns messages vint encontre le roi, ki⁷ li dist que il avoit .i. fill de la roine sa feme. Quant li rois oï ceste noviele, si requist au duc que il levast son enfant⁸. Li dus li otria moult deboinairement. Lendemain, defors la ville, en .i. liu que on apiele Ebrax⁹, ot moult grant porciession

---

¹ Por. — ² L. revelerent. — ³ Al duc. — ⁴ Wosengue. — ⁵ Porchas. — ⁶ A. al. — ⁷ Si. — ⁸ Le d. qu'il tenist s. e. as fons. — ⁹ Hebrax.

d'evesques¹ et dou clergié; et li dus Guillaumes² leva l'enfant de fons, si fu apielés Lohiers. En apriès chou prist li dus congié au roi, si s'en repaira en Normendie et s'en vint à Ruem, où il fu recheus à moult grant³ joie. Puis ne demoura gaires que il s'en ala à l'abbeye de Gemeges. Martins estoit en cel tans apelés li abbés. Li dus, qui en pensé avoit d'i[e]stre moines, le traist à⁴ une part, si li enquist comment c'estoit ke sainte Eglyse estoit de tant de⁵ manieres de gens, de clers, de lays, de⁶ religion et sans relegion, et se tout auroient ywel desierte. Li abbés li respondi : « Qui plus fera, plus aura. Cascuns selonc sa desierte⁷ rechevra son loiier. » Des .ij. vies de cest siecle li conta li abbés comment li une est aspre, cele qui plus desiert; et li autre est larghe, cele qui plus aquiert. Pour cele parole que li abbés dist au duc, vaut li dus tantost moines devenir. Et quant li dus⁸ l'oï, grant mervelle en ot et grant paour; si li dist que boins moines estoit chil qui en droites loys tenoit tierre, et si li moustra par bieles raisons comment Normendie seroit destruite et desconsellie et cheu en grant perill, se il devenoit moines. Moult li desammonesta; mais onques⁹ ne le pot oster de son penser, por chose nulle que il¹⁰ seust dire. Et quant il orent assés ensamble consellié, li dus issi¹¹ del parloir; et li moine li chairent as piés, si li proierent por Diu que il presist la charité de laiens¹² au disner. Il estoit courechiés par l'abbé qui son

¹ Des e. — ² G. *manque dans le ms. S.-G.* — ³ A g. — ⁴ A conseil d'. — ⁵ Faite de tantes. — ⁶ Od. — ⁷ Son travail. — ⁸ Li abés. — ⁹ Mais il. — ¹⁰ Por chose qu'il. — ¹¹ S'en issi. — ¹² De la maison.

plaisir li refusa¹, si refusa lor carité et s'en ala à Ruem. Cele nuit meismes li prist maladie en son lit, et il cuida certainement ke che fust por le pechié de che qu'il avoit refusé le carité as moines. Quant il fu garis, il apiela toz ses baron, et si lor dist son pensé et en quel maniere il voloit devenir moines; mais si baron, qui moult en furent dolant, li desamonnesterent moult; mais il n'i porent metre fin. Lors fist li dus à toz ses barons jurer feuté à Richart son fill, et tous les fist ses homes devenir. En cel tans avint, par le consel al deable qui toz tans destourbe le bien à faire, que guerre esmut² entre les barons de France. En Flandres estoit li cuens Arnous³, qui toli al conte Herluin⁴ Mousteroel; chil ala querre aïe à Huon le Grant. Chil li respondi que li cuens Arnous estoit ses amis, si⁵ ne li aideroit pas encontre lui. Chil, quant il oï chou, s'en vint au duc Guillaume en Normendie, si li conta⁶ son besoing moult humlement : par coi li dus prist Normans et Bretons et ala sor le conte Arnoul; et quant il vint si priès dou castiel qu'il le pot bien veir, si apiela Constentinois et lor dist que il alassent et li aportassent à grant plenté des quarriaus del mur de la ville qui estoient en la costiere devers lui. Cil le fisent tout si faitement que il l'ot commandé, si prisent la ville et li amenerent les⁷ prisons que il prisent à⁸ l'encontre. Adont en cele nuit meismes se herbrega li dus dedens le castiel. Lendemain le rendi au conte Herluin et li fist moult bien garnir, et li proumist s'aïe et son con-

¹ Qui l'avoit refusé. — ² Que il escommut. — ³ Ernols. — ⁴ Herlewin. — ⁵ En tant que il. — ⁶ Dist. — ⁷ Tous les. — ⁸ En la vile à.

sel à toz jors contre toz homes. Puis s'en repaira li dus
en Normendie. Li cuens Arnous de Flandre, quant il
vit chou que li dus li ot fait, si fu moult dolans ; et
pensa comment il poroit trahir le duc le[1] segnor de
Normendie. Une mervelleuse trahison porpensa : il li
envoia .i. messagier, si li manda salus comme à son
segnor, et si li manda que il tant estoit souspris de la
maladie de liepre que il ne pooit mais tierre tenir, et
manda que par son consel vorroit-il[2] estre apaisiés au
conte Herluin, et il[3] meismes devisast la pais[4], et il se
tenroit à che que li dus esgarderoit. Li dus en prist consel
au conte Herluin ; et li cuens li loa bien, qui garde ne
s'en donnoit de nulle trahison. Li parlemens fu pris ;
li dus i ala, si s'en vint droit à la cité d'Amiens, et li
cuens Arnous s'en vint de l'autre part à Corbie. Lors
envoia li cuens au duc[5], et si li pria que il s'en alast
jusques à Pikegny[6], si que li aighe de Somme[7] fust
entre aus deus. Li dus le fist volentiers, si s'en ala là
tout droit ; et quant il i vint, li cuens Arnous s'estoit
fais porter, lui quart, en une illete ; si manda au duc
que il se fesist amener[8] lui .xij.isme en cele yllette.
Ensi le fist li dus ; et quant il fu arrivés, li cuens
Arnous se leva et vint encontre lui doutant, si le
baisa, et cria merchi que il tout à sa volenté me-
sist pais entre lui et le conte Herluin. Si li dist moult
humlement : « Sire, soiés mes escus, soiés mes
desfendemens. A vous, dist-il, renc-jou moi et

---

[1] Le boen. — [2] Par le conseil al duc chou manda-il voloit-il. — [3] Et
que li dus. — [4] Lor terres et le païs. — [5] Si e. al duc. — [6] Tressi qu'à
Pinkegni. — [7] Soume. — [8] F. porter en une nef.

ma tierre; et après moi en soiés sires, car ainsi le voel-jou. »

Li dus, quant il oï chou que li cuens dist, cuida que ses cuers respondist à sa bouche et que loiauté desist; si fist la pais entre aus deus; et quant elle fu jurée à tenir, si prisent consel[1] et s'en departirent. Li dus entra toz seus en .i. batiel, et si .xij. compaignon en .i. autre. Li dus si comme il s'en aloit en son[2] batiel et si compaignon en l'autre, si que[3] vous avés oï, s'en vinrent lors ester sour la rive li troi compaignon au conte Arnoul, ki ensi orent à non comme vous orés : Hervius[4] ot non li uns, et Baudes[5] li Cors li autres, et Robiers Riols li tiers; si commencierent à apieler le duc et à dire[6] : « Sire[7], encore veut mesires parler à vous, et si vous dira tel chose ki plus vous plaira ke quankes il vous a dit. » Voirs est que de trahison ne se puet nus garder : li dus s'en retorna arriere; et si comme il fu à la rive, chil, qui armé desoz lor capes estoient, saillirent et l'ocisent voiant sa gent, qui ne li porent aidier. Flamenc s'en alerent, et Normant prisent le cors de lor segnor et l'aporterent tout plourant et lamentant[8] à Roem, ù li deus en fu grans. A son brayoel ot trové une clef d'argent, qui gardoit en .i. escrin toz les aornemens dont il devoit devenir moines. Ançois que il fust enfouis, rechut Richars les feutés et les homages[9] des barons; et en apriès l'en-

---

[1] Congiet. — [2] En l'un. — [3] Con. — [4] Eurius. — [5] Baisses. — [6] *Ces trois mots manquent dans le ms. S.-G.* — [7] « Sire, sire, tornés arriere, car. — [8] Gaimentant sor leur cors. — [9] Ricars ses fils tous les h. et les feeltés.

tierement fu fais dus en l'eglyse¹. Berengiers et Alains, li doi conte de Bretaigne, li fisent en celui jor meismes houmage.

Quant Normant et Brethon orent fait Richart duc de Normendie, li rois² de France, qui novieles avoit oïes de la mort le duc, qui par si grant trahison avoit esté³ ocis, se fist par samblant moult dolant de sa mort, et dist que jamais li trahitres s'amour n'aura. Moult grant plenté de gent manda, si s'en vint à Roem, et demanda consel comment il vengeroit la mort le duc; puis fist li rois le petit duc venir devant lui, moult le baisa et fist biel samblant et le retint au mengier avoec lui. L'autre jor après chil ki le gardoient l'en vaurrent mener por baignier⁴; mais li rois ne lor lassa. Ensement l'autre jor après lor desfendi li rois et bien dist⁵ que il ne l'enmenroient pas, tant ke chil de la ville disent k'à force le voloit li rois tenir. La menue gent de la ville s'arma toute, si s'en alerent as maisons des .iij. contes de la ville, et si disent ke vendu et trahi orent lor segnor, Richart le petit duc, si comme il avoient fait son pere; mais jà li rois ne il meïsmes n'en eschaperoient⁶. Li cuens Bernars lor dist : « Sonnés la commugne. » Et il si fisent tantost, et la ville fu lués estourmie. Et li rois demanda quels noise c'estoit⁷. Sur che li⁸ dist li cuens Bernars : « La commugne de ceste ville vos vient assaillir por chou que vous à force tenés lor segnor Richart⁹, chou dient.

¹ En la mere e. — ² Li r. Loeys — ³ Estoit. — ⁴ B. en une maison.
— ⁵ Deffendoit.... disoit. — ⁶ Escaperont. — ⁷ Chou estoit qu'il ooit.
— ⁸ Sire. — ⁹ A. por lor segnor l'enfant, car à force le tenés.

Jà de lor mains n'escaperés ; car moult sont felon et cruel, et s'est la force ore leur. » Et li rois demanda moult en haste comment il poroit eschaper. Li cuens Bernars li dist : « Sire, alés et si prendés l'enfant entre vos bras et si lor rendés, et jurés et affremés que vous n'aviés vers lui mauvais pensé ne mauvaise volenté. » Li rois prist l'enfant, et lor porta entre ses bras, et lor dist : « Biau segnor[1], véés chi vo segneur : je[2] ne le vous voel pas tolir ; mais je estoie venus en ceste ville prendre consel à vous comment je poroie vengier la mort son pere, qui me rapiela d'Engletiere. Il me fist roi, il me fist avoir l'amour le roi d'Alemaigne, il leva men fil de fons, il me fist toz les biens, et jou en renderai au fill le guerredon, se je puis. » Li rois fist aporter les saintuaires de l'eglyse ; et jura feauté à l'enfant, voiant la gent de la ville, que[3] il li porteroit foi si comme sires devoit faire à son home ; et à toz les chevaliers de la tierre fist jurer feuté à l'enfant. Puis ala li rois à Evreus, et puis s'en revint apriès à Ruem, et si dist as Normans : « Jou m'en vois à Mont-Loon : apparelliés-vous, quant je vous manderai ; car je voel vengier la mort le duc si durement que je destruirai toute Flandres, ne jamais chil ki che fisent n'aront ma pais[4] ; et se vos voliés soufrir que chius enfès fust norris en mon palais, plus en seroit sages et mius vaillans. » Par ches paroles furent Normant decheu, et en laissierent al roi mener l'enfant à Mont-Loon.

Quant li rois fu venus à Mont-Loon, li cuens de Flandres l'oï dire, qui grant paour ot de lui. Il manda

[1] P. et si d. : S. — [2] S. tenés-le ; jou. — [3] Et que. — [4] M'amour.

salus au roi et siervice, et si li envoia .x. livres d'or,
et li manda que par juyse de feu se venroit escondire
que il ne fu parçouniers de la mort le duc, et toz cels
qu[i] le murdre fisent[1] avoit-il escilliés, et si li prou-
mist avoec tout che que cascun an li renderoit[2] tréhu.
Et li rois, par la covoitise qu'il ot de la promesse,
pardonna au conte son mautalent, et si fist destroite-
ment garder l'enfant. Osmons, qui l'enfant ensegnoit,
l'en mena .i. jor en riviere; et, quant il revint, la
roine Engebierge[3] dist que, se il jamais l'enmenoit
fors des murs, elle li feroit les ielx crever[4], et al en-
fant les jarès rostir. Quant Osmons oï chou, il manda
as Normans et as Bretons que ensi tenoit-on lor se-
gnour en prison. Moult en furent dolant, si en firent
proieres et orisons et porciessions, et si i envoient .iij.
fois la semaine; et estoient .iij. jors le mois li haut
home viestu de sas, et si gisoient ès cendres et prioient
à Diu que il[5] ostast lor segnor des mains le roi de
France. Dex en oï lor proieres. Or oiiés comment il[6]
fu delivrés. Li enfès se fist malade par le consel Os-
mont son maistre, et tant que chil qui gardoient l'en-
fant[7] se desespererent de sa vie et que la noviele en fu
moult grans par[8] la cité de Mont-Loon que li enfès se
moroit. Une eure avint, si que li rois mangoit, que
toutes les gardes s'estoient parties de l'enfant. Osmons
le prist moult povrement viestu, et si le lia en .i. tour-
siel d'ierbe, et s'en ala ausi faitement comme s'il vau-

---

[1] Qui le f. — [2] R. Flandres. — [3] Gerberge li. — [4] *Le reste de la phrase manque dans le ms. S.-G.* — [5] Ès c., que Dex lor ostast. — [6] C. li enfès. — [7] Qui le g. — [8] G. tout aval.

sist donner son¹ cheval à mangier ; si mist la siele et
prist l'enfant devant lui et s'en issi de la ville et tant
erra k'il vint au castiel de Couci². Là lassa l'enfant en
la garde le castelain ; si s'en vint poignant à Senslis,
au cont Bernart, qui estoit oncles à l'enfant. Li cuens
Biernars fu moult liés quant il oï ses nouvieles, si
monta tantost et s'en ala à Paris à Huon le Grant ; si li
conta comment ses niés estoit delivrés, et puis li re-
quist por Diu que il³ li aidast. Puis⁴ s'en ala li cuens
Bernars à Couchi por son neveu, si l'envoia à Senslis.

Li rois fu moult dolans⁵ de la pierte à l'enfant, et
manda à Huon le Grant ke il li fesist l'enfant r'avoir.
Hues respondi as messages que il n'estoit pas aaisiés de
guerroier Senslis ne Creel⁶ ne Couchi ne les castiaus
le conte Bernart. Chil de Normendie furent moult lié
quant il sorent⁷ la delivrance de lor segnor. Li rois et
li cuens Ernous, qui avoient grant paour, furent moult
dolant, et s'en alerent à Paris, à Huon le Grant. Li rois
li promist toute la tierre d'outre Saine par si que il li
aidast, et li rois auroit Ruem et celi pardeçà. Hues li
Grans fu decheus par la covoitise qui li entra ou cuer,
si oublia le sairement que il avoit fait à l'enfant, et fist
au roi sairement contre l'enfant et contre⁸ Normendie ;
si en fu li cuens de Senslis moult dolans. Quant il sot
ces novieles, si s'en ala⁹ à Paris à Huon le Grant, et li
dist : « Ha! nobles dus, ki sairement avoies fait à l'en-

---

¹ A son. — ² Couchi. — ³ Que il por Dieu. — ⁴ Hues li Grans li
jura sor sains que il en boinne foi aideroit al enfant. Lors. — ⁵ Iriés.
— ⁶ Creeil. — ⁷ Il oïrent. — ⁸ Sor l'e. et sour. — ⁹ Si en a. après ces
noveles.

fant et à moi que tu li aideroies¹, et je l'avoie mandé as mes neveus et as Normans et as Bretons, et ore as fait par covoitise² autres sairemens encontre celui, comment seras-tu mais creus? comment se pora-on mais fier en toi? Ta boine renommée serra³ malement depechie. » Hues li Grans se porpensa, si dist : « Ciertes, vous dites voir; mais or vaurroie-jou⁴ par aucun engien ke vous peuussiés desfaire la couvenence qui est entre moi et le roi. » Quant li cuens Bernars oï chou, il en fu moult liés et l'en mierchia, et li dist : « Sire, je en trairai moult bien à chief. » Et quant les os furen[t] appareillies d'aler sour Normendie, li cuens de Senslis manda à chiaus de Ruem que il ne tenissent pas la ville contre le roi, ançois le recheussent à joie et à pourciession, et si li desissent que il jamais ne tenroient tierre de nullui fors de lui; et si lor manda que il blasmassent le roi de chou que il avoit Normendie partie à Huon le Grant. Li rois s'en ala o toutes ses os à Ruem, et Hues li Grans s'en ala par delà Saine o la soië gent. Chil de Ruem vinrent encontre le roi, si li fisent grant joie, et li disent : « Sire, moult sommes lié de vostre venue, et sachiés que nous n'avons cure de la signorie à l'enfant ki tolue nous⁵ est. Ceste tierre doit iestre toute del⁶ regne, et à tort est del regne departie, et par droit doit au regne repairier; mais grant mervelle avés faite quant toute en pais le poés avoir, et⁷ vous l'avés partie; la mellëur gent as armes et la plus

¹ M'avoies f. que tu a. à moi et à mon neveu. — ² P. c. al roi. — ³ As. — ⁴ J. moult volentiers. — ⁵ Qui tolois vos. — ⁶ Estre del. — ⁷ Que.

hardie avés partie ¹ à Huon le Grant. Par Coustentinois alastes-vous parler au roi d'outre le Rin. Et sachiés que tant li avés donné que cremir ne vous puet mais; et assés vos puet faire mal, se il veut. Sire, pardonnés-li toute la tierre, puis ke vous tel partie l'en avés donnée. Et nos prenderons tout ² congié, si nous en rirons en Danemarche là dont nous venismes; car jà Normendie de .ij. segneurs ne tenrons. »

Par les paroles que chil li disent canga li rois sa pensée isnielement ³; si manda à Huon le Grant que il se departesist de Normendie et tost s'en alast, car riens n'i avoit; car li ⁴ rois l'avoit tout entierement donnée à Rolle, et au regne repaierroit entierement. Hues li Grans s'en repaira en France, et li cuens Bernars s'en repaira à lui et li dist : « Sire, or poés-vous veir la foi que li rois vous a portée⁵. Or aidiés l'enfant. »—« Comment, dist Hues, li poroie-jou aidier? Li rois de France a toz les Normans à sa volenté. »—« Sire, dist li cuens Bernars, vous verrés bien comment la chose s'en ⁶ prendra. » Et li rois de France fu en Normendie, et fist de tout à son talent. Uns François li dist .i. jour : « Sire, donnés-nous les tierres et les fremetés à ces Danois, et il s'en revoisent là dont il vinrent. » Li rois ne lor respondi pas; mais Normant l'oïrent, et noterent bien ceste parole. Puis s'en repaira li rois en France ; et li Normant envoiierent en Danemarche au roi Ayglot⁷, ke il secourust au duc son cousin, ki Normendie avoit pierdue. Ayglos⁸ apparella grant navie,

¹ Otroïe. — ² Tuit à vos. — ³ Vilainnement. — ⁴ A. : li. — ⁵ R. de France porte viers vos. — ⁶ Se. — ⁷ Aigrolert. — ⁸ Aigrolers.

si s'en vint en Normendie, et arriva à Salines-Corbuin là ù Dive chiet en mer; là vinrent à lui Coustentinois et des Danois grans partie. Hermans li cuens de Ruem commanda¹ .i. messagier que il alast au roi de France et li desist que il secourust Normendie, car li Danois i estoient arrivé. Li rois de France prist² ses os, et amena o lui le conte Herluin et Lambiert son frere, si s'en vint à Roem à grant ost, et ala contre le roi³ Ayglot à parlement. Si vinrent tant priès à priès li doi roi que les deus os furent li une d'une part [Dive], et li autre d'autre⁴. Bernars de Roem dist au roi de France⁵ : « Sire, ne menés pas le conte Herluin au parlement : il⁶ fu ocoisons de la mort le⁷ duc Guillaume, ke Normant n'aront auen oubliée. » Uns François respondi moult folement : « Jà li rois ne laira [por Danois] à mener ses gens ù il vaurra. Quant li Normant poront vengier Fourré, si le vengeront. » Li doi roi vinrent ensemble. Li cuens Herluin demanda à .i. chevalier de Constentin [,que il connoissoit,] comment il le faisoit : « Bien, dist chils; à vous ch'ataint? »—« Qi est chil? » dist uns autres. « Chou est, dist-il, li cuens Herluins, par cui li dus Guillaumes fu ocis. » Et par chou prisent ocoison de mellée li François et li Normant, et li Danois enviers les François, et ocisent tantost le conte Herluin. François, por chou que il le vaurrent vengier, s'armerent, et se combatirent as Normans et as Danois. Que vous diroie-je? plus de .xviij. contes françois que il i eut⁸ uns seus n'en eschapa. Li rois

¹ C. à. — ² Li r. p. — ³ Et ala à. — ⁴ Del autre part. — ⁵ Au r. Looys. — ⁶ Car il. — ⁷ Au. — ⁸ Qui i furent.

Ayglos prist le roi Looys, si le carga à garder à .i. chevalier, de cui garde il eschapa; et quant il fu eschapés, moult s'en fuioit grant aleure, tant que uns autres Normans ki là estoit le connut et le prist; et li rois li promist[1] tant comme chil qui sauver se voloit, que chil l'en[2] mena jouste Ruem à .j. manoir k'il avoit, et le repust en une ille de Saine.

Quant la bataille fu finée et li rois Looys ne pot estre trouvés, moult en furent Danois et Normant dolent et courechié[3]. Il envoierent par tout as pors de mer et[4] de Saine, por chou que il i fust retenus, se il i venist. Bernars li cuens s'en vint à Roem poignant, si[5] que il i vint plus tost ke chil qui le roi aportoit à son manoir; et[6] Bernars fist tant et[7] sus et jus enquerre del roi que il li fu encusés et que li chevaliers l'en avoit aconduit. Li cuens Bernars le fist tantost prendre et sa feme, et ses enfans avoec lui, et tant les destrainst que li chevaliers connut par fine force comment il en avoit amené le roi et li ensegna là ù il l'avoit repus. Ensi fu chil delivrés, et li rois fu pris et menés en prison à Ruem. Puis manda li cuens Bernars au conte de Senslis comment li rois estoit desconfis et pris et retenus. Li cuens de Senslis, comme chil qui en fu moult liés, s'en ala tantost à Paris et conta à Huon le Grant l'aventure comment li Normant avoient desconfi le roi et pris; et li cuens Hues en fu moult liés et en fist grant joie, et dist que bien

---

[1] P., à qui li r. p. — [2] Le v. le. — [3] Irié. — [4] *Ces trois mots manquent dans le ms. S.-G.* — [5] Si durement. — [6] Amenoit ne feist à s. m.; et li quens. — [7] Tantost.

avoit li rois trouvé chou k'il chaçoit. Et quant la roine Gierbierge oï les nouvieles dou roi son segnor, moult en fu dolante. Ele ala au roi Henri son pere et à Othon son frere cuerre aïe, et il li¹ falirent dou tout; et li disent que il ne s'en melleroient jà, car à boin droit avoit li rois Looys cele honte; car desloiaument avoit ouvré enviers l'enfant, qui ses hom estoit. La roine s'en repaira en France, si s'en vint à Paris à Huon le Grant, si li requist moult durement entre lui et sa gent que il, por Diu, le roi son segnor delivrast, se il peust. Chil apiela le conte Bernart de Senslis et si manda ses barons et les contes et les archevesques et les evesques de France; et, quant il furent venu, il manderent à cels de Roem parlement à Saint-[Cler-]sus-Ethe. Tant i ot fait à che parlement que li rois Looys fu rendus; et Lôhiers ses fils fu mis en hostages por lui, et Heudoiers li evesques de Biauvais et Guis li evesques de Soissons; si ot assés autres barons. Et li rois s'en ala à Monloon sa cité. Il remest ensi jusques à².i. tierme que li rois assembla toz ses barons de son³ regne, et jurerent à Richart le duc de Normendie le tenure de sa tierre franquement, sans noise et sans estrif, à garantir et à desfendre de⁴ tout lor pooir; et non porquant si estoit jà mors Lohiers, li fils le roi, à Ruem, ù il fu en ostages. Puis fu amenés li enfès Richars à Roem à grant joie, et fu recheus à pourciession. Et⁵ apriès chou tint-il toz jors puis⁶ justice sor les mesfais de sa tierre. Il escilla .i. haut

¹ A., qui li. — ² Tressi qu'à. — ³ Del. — ⁴ Od. — ⁵ En. — ⁶ Ces trois mots manquent dans le ms. S.-G.

baron de la ville, ki avoit non Raous li Torte¹; et chil s'en ala à Paris à l'evesque, ki ses fils estoit. Puis proiierent li baron de France pour lui le duc; mais ne li porent riens aidier : par còi li autre douterent moult puis à mesfaire au duc. En apriès chou fist Hues li Grans venir à lui le conte Biernart de Roem et le conte Bernart de Senslis, et ² lor conta moult atraitement³ que li François se vengeroient moult volentiers de la honte et dou lait que li Normant leur fisent⁴ : « Segneur, dist-il, Richars tient terre comme rois. [Il n'a ne segnor ne ami qui garandir les puissent.] Quel consel a-il ore de feme prendre? » — « Ciertes, dist li cuens de Senslis, mius ameroie⁵ qu'il presist vostre fille que la fille le roi. » Et Hues li Grans respondi⁶ : « Se il ma fille voloit prendre, et soufrist que je le fesisse chevalier, je li aideroie puis moult boinement et feroie quanques il vaudroit, et puis ne seroit nus qui contre lui presist guerre, ne puis ne li convenroit home cremir. Or i metés consel, je vous en pri⁷. » Tant parlerent ensamble⁸ que li doi conte jurent la fille Huon le Grant avoec⁹ le duc Richart.

Quant li rois Looys de France oï¹⁰ ces nouvieles, il manda le conte de Flandres à parlement; et quant il furent assamblé, il deviserent comment il poroient le mariage abatre; car il savoient bien ke moult seroient efforcié li un de l'autre : si en avoient grant

¹ Qui estoit apelés Raols Torte. — ² Et le conte Bernart de Ruem, si. — ³ Atraianment que moult avoit oï parler. — ⁴ Lor avoient fait. — ⁵ Plus voldroie. — ⁶ Lor dist. — ⁷ *Ces quatre derniers mots ne sont pas dans le ms. S.-G.* — ⁸ Entr' eus. — ⁹ Al. — ¹⁰ L. de F. *manquent.*

doute. Lors manda li rois, par le consel au conte de
Flandres, à Othon de Sassoigne, qui estoit emperères
et ses serouges [1], que il li aidast encontre Huon le
Grant et encontre Richart le duc de Normendie; et il
li donroit Loheraine [2], que ses peres avoit promise al
sien. Cest messages porta li cuens Arnous de Flandres,
et tant fist li cuens à [3] Othon que il vint en France,
destruisant la tierre au mareschal. Et li rois li vint à
l'encontre, et tant [4] fisent et disent entre eus deus que
il vinrent à Paris et l'assisent; mais il ne le porent pas
prendre : li païs estoit jà [5] toz destruis, si que il ne
savoient ù [6] il peussent aler en fuerre. Puis dist li
cuens Arnous à l'empereour : « Sire, la cités de Ruem
est assés priès de chi : entrés en Normendie; car [7],
ançois que vous soiés entré en [8] la tierre, vous aportera-on les clés de Ruem. » Li empereres l'en créi, si
lassa le siege de Paris et tourna sour Normendie; et
quant il furent venu à [9] Saint-Cler-sous-Epte, li empereres demanda au conte de Flandres se les clés [10] li
estoient encore aportées : « Sire, che dist li cuens, la
cités de Ruem est encore lonc de chi; mais alés encore
de chi à [11] l'aighe d'Andele, et là vous aportera-on
les clés de Ruem. » Lendemain vinrent sor Andele.
Lors [12] rapiela li empereres le conte Arnoul, si li demanda se les clés de Ruem li estoient aportées. « Sire,
dist li cuens, chil de Ruem sont moult orghelleus;
mais alés de chi [13] devant la ville, si sarés ki la ville

[1] Serorges. — [2] Lohorainne — [3] A l'empereor. — [4] A la encontre lui.
Tant. — [5] Fu. — [6] Preu ù. — [7] Car *manque*. — [8] S. dedens. — [9] F. à.
— [10] C. de Ruem. — [11] Tresi qu'à. — [12] Dont. — [13] Tressi que.

vous rendera ¹. » Li empereres l'en créi, et ala toz armés sor son cheval jusques devant la ville par le consel le conte; mais il envoia son neveut avant o grant gent. Chil de Ruem s'en issirent encontre lui et assamblerent à lui, et avint aventure que li niés l'empereour fu ocis et sa gens o lui. Puis se remisent en la ville li Normant, et li empereres et li rois assisent la ville et i assaillirent ² souvent.

Quant li empereres i ot assés sis et il ³ vit que prendre ne le poroit ne que Normant ne lassoient pas à entrer ne à issir por aus en la ville ⁴; il vit bien que d'asseoir ville que on ne puet prendre n'est mie grans hounours, et si voit que chil qui sont par dedens la ville sont si desfensable que il lor font tante ruiste saillie et ke il soz le pont de Saine se reponnent souvent en lor batiaus, et gaitent tant que il voient lor liu de grever cels de l'ost et que il les damagent moult pa[r] cel engien et par autres ⁵ : il demanda trives à cels de la ville por aler à Saint-Cain en pelerinage, et li dus Richars li otria. Li empereres entra en la ville ⁶ et fist ses orisons. Et puis s'assist ⁷ et apiela deus de ses compaignons qui o lui estoient là, et si lor dist que par le conte de Flandres estoient-il ⁸ là venu; mais il le feroit prendre et l'envoieroit au duc, puis se vengast bien de ⁹ la mort son pere, se sa volentés i estoit. Che voloit faire li empereres; mais si compaignon li

---

¹ La v., qui est assés près de ci, et si verrés qui la v. vos tenra. — ² Et a. — ³ Q. il assés i orent sis et li empereres. — ⁴ A e. dedens la vile ne à issir. — ⁵ Les a. — ⁶ En l'eglise. — ⁷ S'i s'asist. — ⁸ Estoit-il. — ⁹ Al d. de Normendie et en v. en lui li dus.

desloerent, et disent que che seroit trahisons. Li empereres s'en r'ala à ses tentes; mais¹ li cuens Arnous, qui ot oïes ces novieles, s'en fui la nuit. Par la noise que ses gens fisent au² deslogier s'esfreerent chil de l'ost, et cuidierent que Normant s'en³ ississent de la ville; il alumerent leur loges et guerpirent le siege et s'en fuirent chà et là comme chil ki ne savoient pas les voies. Et li Normant les porsiuirent; mais li dus rement en la ville, car il ne vaurrent soufrir que li dus s'en issist o els. Al bois de Malpietruis s'en alerent por adevancier les Alemans. Là⁴ se combatirent à els, et furent li Alemant desconfi par deus fois. Tout perdirent et furent li Alemant⁵ chacié jusques à Amiens. Puis se repairierent li Normant moult lié à Ruem, et donnerent tout lor gaain à lor segnor, et merchiierent Diu moult durement de lor aventure.

Li dus Richars fu moult preudom; il fu force des foibles, desfendemens des veves⁶ et des orphenins⁷, confors as caitis, apaisieres des maus, bastons as avugles, releveres de sainte Eglyse, lumiere as non veans⁸, hautece des clers, aidieres⁹ as soufraiteus, honnours as evesques, ameres de pais, cultiveres de viertus, esperance as desconfortés¹⁰, pitiés as dolours, aliance d'amour, sieges de¹¹ lois, pastours des povres¹², examples des princes, droituriers en justice, veritables en parler, en consel porveans, en

---

¹ Et. — ² A son. — ³ S'en *manque*. — ⁴ Mal-Partus estoient al adevancie as Alemans et as François, ù il. — ⁵ Li A. *manquent*. — ⁶ Deffenderes des foibles. — ⁷ O et des veves. — ⁸ As avugles. — ⁹ Salus. — ¹⁰ As suens. — ¹¹ Des. — ¹² *A la suite de* lois, *on lit* gouver *dans le ms.* S.-G., *et deux feuillets qui contenaient la suite ne s'y trouvent plus.*

jugement loiaus, en toute honnesté, de boines meurs reluisans, et toutes les autres boines teches avoit herbregies en soi. En cel tans fu amaladis Hues li Grans, et commanda sa tierre et sa gent en la garde le duc Richart. Longhement i furent Normant; et quant la fille Huon le Grant fu en aage, par l'assentement des barons l'espousa li dus et l'enmena à Roem en sa sale, et de chou pesa moult à pluiseurs des François. Puis avint, par le consel au deable et par envie, que li cuens Thiebaus de Chartres ala à la roine Gerberge et à son fill Lohier et si lor demanda qu'il poroient faire; car grant honte pooient avoir, quant si estoient aclin François et Bourgegnon et toutes tierres al duc Richart de Normendie et as Normans. Il consella Lohier comment il se poroit vengier des hontes que Normant li avoient faites; mais che fu si privéement ke nus ne le sot, fors li rois et la roine sa mere. Par cel consel que li cuens donna envoia la roine Gerberge por Brunof l'archevesque de Couloigne, qui ses oncles estoit, qui par trahison manda le duc Richart à parlement à Amiens et dist que pardurable amour meteroit entre lui et son neveu le roi. Ensi le voloit-il atraire et faire ocire. Li dus s'en ala de si que à Biauvais. Là vinrent à lui doi siergant de la gent le conte Thiebaut, et disent au duc en consel : « Sire, le quel amésvous mius u à estre sires et dus de Normendie, u à estre paistres de brebis et chaciés fors de vostre tierre? » Li dus pensa à chou que il disent, et sot bien ke il voloient dire : « A cui estes-vous? » dist-il. Chil respondirent : « Sire, che poés-vous bien savoir que nos sommes à vous. » Li dus les honnera moult : à l'un donna une espée dont li pumiaus et l'esheu d'eure pesoient .iiij. livres d'or, et à l'autre une nosche d'or qui autretant pesoit ; et tantost s'en repaira en Normendie. Li archevesques li remanda que, s'il voloit venir à parlement à lui, il venroient jusques sour l'aighe d'Ethe. Li dus li remanda que jà son parlement n'aroit. Cele trahisons fu seue par toute Normendie et par tout le roiaume de France.

Lonc tans apriès chou, revint li cuens Thiebaus à Lohier et si li dist par moult mauvaises enortances que il fesist le duc venir à soi par force. Par son consel manda li rois le duc que il venist à parlement à lui sor l'aighe d'Ethe ; et tant fu la chose aprochie que li cuens Thiebaus et li rois et li cuens Joffrois d'Ango et li cuens de Flandres, qui tout estoient anemis le duc, furent sour l'aighe d'Ethe. Li dus s'en ala au parlement ; et si anemi vinrent tout armé, por lui prendre, sor l'aighe d'Ethe ; et i ot grant desconfiture ; mais li dus eschapa, si s'en vint à Roem. Et fu esgardé par cele trahison que li dus de Normendie venroit mais à tout espée à parlement, et François tout desarmé. Et puis refist tant li cuens Thiebaus que li rois manda ses os et assambla tout son pooir, et ala asseoir Evreus, et tant fist devant que il le prist ; et quant il l'ot prise, si le donna au conte Thiebaut. Li dus en fu molt dolans, et fist crier .i. ban par toutes ses cités que tout fussent aparellié por lui aidier. Molt assambla grant ost ; et quant il ot toute sa gent assemblée et son pooir mis ensamble, qui grans fu, et vit les Bretons et les Normans entour lui, il s'en ala tantost et destruist la tierre le conte de Chartres. Puis s'en repaira en Wimois, ù li cuens Thiebaus fu desconfis; et s'en fui jusques à Chartres moult dolans et moult iriés. Et ses fils i fu ocis o .vij^c. de ses homes : dont li dus ot pitié; si les fist enfoir. Puis envoia li dus en Danemarche por secours as Danois, et il vinrent à lui. Li dus les envoia ardoir le conte de chi à Ginosse. Il ocisent quanques il ataindre porent, homes et femes, enfans et biestes et oisiaus, et arsent par tout le païs.

Quant li evesque de France virent cele destruction, il s'assamblerent; si fisent .i. concile, et manderent le conte Thiebaut et si li disent que il fesist pais au duc. Li cuens envoia .i. moine au duc, et li manda que volentiers seroit ses amis. Li moines s'en ala au duc, et si li dist : « Sire, li cuens de Chartres vous mande que, se vos volentés i est, il venra à vous, à Roem, et droit vous fera par tout; et Evreus vostre cité vos rendera, et vous amendera quanques il a vers vous mespris, et veut que ferme pais soit entre vous affremée. » Ensi l'otria li dus, et li cuens Thebaus vint à Ruem o les mellieurs de ses homes, et fu entre eus la pais jurée et affremée. Li cuens s'en r'ala, et rendi au duc la cité bien garnie de vitaille. Puis ala li dus à Guiosse o ses Danois. Là vinrent à lui li evesque de France de par le roi Lohier por faire pais entre els, et li disent que toute la guerre et li trahisons qui entre els avoit esté pourparlée avoit faite li cuens Thiebaus, qui ore estoit ses amis; et si li proierent por Diu ke il li membrast de chou, que il n'est cose que Dex aint tant comme pais; et toz chiaus ki pais aiment, Dex les aime. Li dux lor respondi : « Toz tans ai pais desirée, ne onques avoir ne le poi. Onques au roi ne mesfis, par coi il me deust trahir; mais, puisque vous me dites ke tout li baron de France me voelent pais jurer et ma tierre laissier tenir franquement si comme elle fu donnée à mon ayoul, jou assaierai se jà je les Danois poroie mener à che assentir. » Lors parla à ses Danois; et par deus jors dura li consaus entre le duc et aus, qui à chou acorder ne se voloient; ains disoient que il conquerroient la tierre de France, et, se li dus ne le voloit, il le tenroient. Li dus, quant il oï chou, lor dist : « Segneur, vous estes Sarrazin, ne pas n'avés nostre creance : vous creés que vos ames doient morir avoec les cors, et nós creons qu'eles ne muerent pas avoec les cors ; ançois vit l'ame après le mort dou cors, et troeve chou qu'ele a fait en sa vie u le bien u le mal. » Là lor conta comment Adans fu fais et de coi, et por monter au ciel dont li deable estoient keu, et là monteront tout li crestien ki le desierviront. « Qi che ne croit, saciés k'il est pierdus. » A che respondirent Danois : « Sire, nos ne savons nient plus que biestes des gueredons que ta loys donne; mais fais de cest afaire chou que il te plaist, et à nous donne consel autresi que nos puissons vivre pardurablement. » — « Jou vous ferai, dist li dus, baptisier, et assés vous donrai, se Diu plaist, par coi vou porés vivre. » Moult i ot de cels qui l'otrierent, et moult de chiaus qui otrier ne le vaurrent por nulle chose que il lor deist.

Puis furent prises trives entre François et Normans, et si i ot pris .i. parlement à Saint-Cler-sus-Ethe. Là

vint li rois Looys o sa grant gent, et li dus Richars o
la soie; et fu cele pais confremée entre les barons, des
evesques et des archevesques, à tenir pardurablement.
Si faitement s'en r'ala li rois, et li dus revint à Roem
o ses barons et ses Danois. Cels fist baptisier qui crestien
voloient estre, et cels ki ne se vorrent crestiener fist
conduire par mer et conquerre tierre en Espaigne o ses
Constentinois. En cele voie conquisent-il .ix. cités.
Puis s'assamblerent chil de la tierre et se combatirent
as Danois, que il trouverent moult durs. Desconfi et
ocis furent li Espaignol, qui estoient ausi noir comme
Ethiopien; et, au tierc jor, furent trové blanc comme
nois. Dex, qui tout set et ki tout fait, set bien comment
che fu. En cel tans moru Emme, la feme le duc, sans
enfant. Li dus manda à Huon le duc de France que il
feist la partie des castiaus la ducoise departir à raison,
et il si fist. Puis après ot li dus en soingnentage une
feme danoise dont il ot une fille, ki Gomor ot à non,
et .ij. fils, Godefroi et Guillaume. Et puis espousa li
dus cele feme meismes; si en ot Richart et Robiert et
Emme, qui puis fu roine d'Engletierre, et Hauy et
Mehaut. En après chou fist li dus maint grant bien as
eglyses, comme chil ki bien le savoit faire, nomméement à Saint-Owain de Roem et au Mont-Saint-Michiel
qui siet vers Bretaigne. .I. jour vint à Fescamp sor
mer ù sa chambre estoit et ù il fu nés et levés de fons
beneois. Là estoit une eure à l'entrée de la sale et esgarda l'eglyse de Sainte-Trinité, qui mendre estoit et
mains haute de sa sale; il apiela tantost machons et cels
k'il savoit qui estoient sage de tel chose, si lor dist :

« La maisons Diu nostre creatour doit estre haute et aparoir sor toutes autres, si comme cele que Dex retient à soi et ù nous sommes baptisié et ù nos rechevons nostre creance et confiession et eslavement de nos pechiés. Sainte Eglyse est portel del ciel. De ceste maison dist David li prophetes : *Mons Dei, mons pinguis;* li mons de Diu est habondans, et là ù il li plaist à habiter. Chis est li mons que Rolles mes ayoels vit en s'avision, ù il se baignoit et garissoit de la liepre. Alés, dist-il, querre de la piere vistement, et si faites le maison Diu biele et boine à son plaisir et plus haute que les moies maisons. » Cil fisent si comme li dux ot commandé; et fisent l'eglyse, ù li dux donna dras de soie et aournemens de crois d'or, de calisses, de candelabres et d'encensiers et de presieus viestimens; et i mist canonnes por servir à Diu nostre Segneur molt honneréement. Et en cel tans moru Hues li archevesques de Ruem, et Robiers li fils le duc fu archevesques.

Puis cel tans vesqui li dus en boine païs moult moult[1] saintement. En cel tans fu li cuens Arnous de Flandres mellés au roi Looys. Li rois ala sor la tierre le conte, et prist Aarras et toute la tierre le conte jusques à le Lys. Li cuens Arnous s'en vint en Normendie querre aïe au boin duc Richart. Li dus fist tant ke li rois rendi Aarras au conte, et sa tierre ke tolue li avoit. En cel tans conquist Hues Capès, que Hues li Grans avoit engenré, le regne de France, et vaut aler sor Aubert le conte de Vermendois; mais li cuens Aubiers, par l'aïe le duc Richart, fist païs à Huon Capet.

[1] *Sic ms.* 455.

Et apriès chou, li dus Richars esliut Fescamp à estre maison de sa sepulture, et i fist faire .i. sarcu; et cascun venredi le fist emplir de forment, et che donnoit-on as povres, et, par desus che, .v. sols de deniers d'argent. Et si tenoit demi-mui de forment li sarcus, che tiesmoignoit-hon. Quant il le faisoit faire, en cel tans li dist une vois : *Tu qui fecisti tanta palatia, turres, quam facis ex multis, hec erit una tibi.* C'est-à-dire en françois : « Tu qui as faites tantes choses, tans palais, tantes tours, ceste ke tu fais ore ert toie de moult de choses. » En apriès chou ert li dux une fois à Bayoes, si amaladi tant durement[1] que il del tout desespera de sa vie; il se fist porter à Fescamp. Illueques li demanda Raous ses freres et si baron lequel de ses enfans il esliroit à estre son hoir. « Jou voel, dist-il, que Richars mes fils soit mes hoirs; et à lui soit ma tierre donnée, et la feutés de mes barons[2] asseurée, et de lui faites duc. » Adont se leva li dus nus piés[3] et s'ala apoiant d'un baston jusques en l'eglyse. A l'entrée de l'eglyse, li demanda ses freres ù il voloit estre enfouis. « Il n'est pas drois, dist-il, que je soie enfouis dedens[4] l'eglyse, car trop sui pechieres malement; mais fors de l'eglyse el degoutail commanc-jou et voel[5] estre enfouis el despit de ma char. En mi le cuer, en oiant des[6] canonnes, se fist confiés et la nuit apriès morut. Moult i ot riche service, et fu enfouis là ù il devisa. La dolours de sa mort fu moult

---

[1] *Le ms. de Saint-Germain recommence, folio* 79 *recto, à la troisième lettre du mot* durement. — [2] Des b. — [3] Em piés. — [4] En. — [5] D. voel-jou. — [6] C., oiant les.

plourée par toute sa¹ tierre. Au tierc jor le fist li archevesques Robiers ses fils desfouir por chou qu'il n'i avoit pas esté, et le trova ausi biel comme s'il vesquist et moult souef flairant. Et puis² fisent sor lu[i] une chapiele de saint Thumas l'apostle. Mors fu en l'an de l'Incarnation .m.³ ans et .xxvi. S'en cestui Richart ot eu preudome et s'il ot esté boins et loiaus, Richars ses fils mist paine de tout son pooir⁴ d'iestre hoirs son pere en toutes boines oevres. Chil qui gardes estoient de sa tierre et de ses castiaus à premiers le guerroierent molt ; mais par force il et li cuens Raous ses oncles les fisent venir en sa mierchi⁵. Li dus donna à Guillaume son frere la conté de Deu⁶, qui apriès chou commencha son frere à guerroier ; mais li dus et ses oncles le prisent et le misent en la tour de Roem en prison : par coi si anemi furent moult espœnté de lui. Puis avint que chil Guillaume s'avala⁷ par une corde, de la tour, par le consentement d'aucun⁸ ; et quant il fu à la tierre, il se porpensa k'il feroit, u il iroit querre aïe au roi de France, u il iroit à son frere querre⁹ mierchi. A son frere s'en ala ; à Verviel¹⁰ le trova. Là li chaï as piés et li cria merchi. Li dus li pardonna son mautalent par le consel Raoul son oncle, et si li donna li dus la conté de Wissemois¹¹ et Liesseline, la fille le roi Torqueti¹², dont il ot .iij. fils : Robiert, qui fu ses fils oirs¹³ ; Guillaume, qui

¹ Pleniere par. — ² Et moult boinne odours issi de la fosse. P. — ³ .ix°. — ⁴ A t. p. — ⁵ Revenir à sa main. — ⁶ La c. d'Eu. — ⁷ Que G. avala. — ⁸ Par consentance. — ⁹ A t.... u querre.... u aler.... crier. — ¹⁰ Vervueil. — ¹¹ Wismois. — ¹² Torquetil à feme. — ¹³ Ses hoirs.

fu cuens de Soissons ; et Huon, qui fu evesques de Liesies [1].

En cel tans avint que Heudres li rois d'Engletierre, ki Emme sa serour avoit à feme, semonst ses os et commanda à cels ki les os devoient guier ke il alassent à navie sor Normendie et le destruisissent toute fors le mont Saint-Michiel, et li amenassent en loiiens [2] le duc Richart. Quant il [3] furent venu en Normendie, Nigel, li dus de Constentin, vint encontre aus [4] ; et se combati à eus en tel maniere que onques Englès n'en eschapa, fors uns seus ki ala dire as gardes des nés comment il [5] estoit avenu. Quant chil oïrent cele noviele, il se misent en .iij. nés et s'en alerent en Engletierre et conterent au roi lor aventure ; et quant li rois reconnut [6] son mesfait, si en fu dolans et repentans. Et quant Joffrois li cuens de Bretaigne vit le duc tant poissant, il vint à lui et se prist à lui par Hauy [7] sa serour que il li donna à feme ; et il en ot .ij. fils : Alain et Oedon, ki après lui tinrent Bretaigne en bone pais. En cel tans avint que li rois Heudres d'Engletierre fist destruire Danois et paiens, as quels il avoit donné tierre et congié de sejorner en Engletierre. Toz les fist ocirre, homes [8] et femes et enfans, fors ne sai quans ki en une nef se misent et s'en alerent aval Tamise en mer. Tant fisent que il vinrent en [9] Danemarche ; et quant il furent arrivé, il conterent au roi de Danemarche, qui Suavis [10] avoit à non, cele dolour

[1] Liesewies. — [2] En prison. — [3] Cil. — [4] E. od toute s'ost. — [5] Con faitement il lor. — [6] Se recorda de. — [7] Haewi. — [8] *Ce mot manque dans le ms. S.-G.* — [9] Il furent. — [10] Suains.

que li Englois lor avoient faite. Li rois, quant il oï
chou, entra en mer à tous ses Danois, si arriva en
Engletierre à Sauwis¹. Là laissa li rois ses gens, et
à tout une partie s'en ala en Normendie² al duc Ri-
chart. Li dus, por la felonnie que li rois Heudres li ot
faite, et por l'amour as Danois, donna boinement
congié as Danois de guerroier en Engletierre, et si
que chou ke il conquerroient envoiassent seurement
vendre as Normans et lor navrés garir³. Ensi s'en ala
li rois, et sozmist tantost le contrée de Sauwis à lui.
Puis s'en vint à Chantorbire⁴, et le prist et le païs
tout; puis s'en ala à Londres, et prist la cité et le
contrée tout ensement. Quant li rois vit chou, il prist
par paour sa feme et Evrart⁵ son fill et ses autres en-
fans à Douvre et son tresor, et s'en vint au duc Ri-
chart; et li dus le reçut, qui ne regarda pas à son
mesfait. Quant li rois Suains ot le regne conquesté⁶,
il ne demora puis gaires k'il moru; et li Danois l'em-
porterent en Danemarche enfouir, et laissierent Engle-
tierre. Chenus, li fils cestui Suain, prist le regne de
Danemarche après le mort⁷ son pere; puis apiela en
s'aïe Lacynan⁸, le roi de Suave, et Olein, le roi
d'Orkanie⁹.

Heudres, ki estoit o le duc Richart, quant il sot¹⁰ la
verité de la mort Suain le roi¹¹, il s'en rala en¹² En-
gletierre et r'ot son regne; mais les enfans n'en mena-il

¹ Il prist ses Danois, si entra en mer et s'en vint en E., si ariva à
Sanwis. — ² S'en vint en N., à Ruem. — ³ A g. — ⁴ Cantorbire. —
⁵ Ewart. — ⁶ *Ce mot manque dans le ms. S.-G.* — ⁷ En a. — ⁸ L.
manque. — ⁹ D'Orquenie. — ¹⁰ Oï. — ¹¹ Le roi Snain. — ¹² Od sa
feme en.

pas, ains les lassa en Normendie en la main et en [1]
la garde le duc, qui l'en avoit proié. Et li rois Che-
nus o toute s'ost et o toute sa [2] grant navie s'en vint
en Engletierre, et sormonta [3] Thamise, et assist Lon-
dres et le roi Heudré et sa feme dedens. Li rois
Heudrés amaladi et moru; et li rois Chenus à la loy
crestiene prist Emme la roine à feme, et por li avoir
dona son pois d'or. Puis ot-il de li Mardocheum [4],
ki fu rois de Danemarche apriès lui; et si en ot une
fille, Gounil [5], ki puis fu emperreis de Rome et feme
l'emp[er]eour Henri. En cel tans avint que li cuens
Oedes de Chartres prist à feme la serour le duc
Richart, et li dus li donna en douaire de mariage
Pont-Ourson et Torquais et la tierre qui est sor l'aighe
d'Arve. Cele dame morut sans oir, et li dus vaut ra-
voir [6] sa tierre que donnée li avoit. Chil ne li vaut
laissier: et li dus prist ses Normans et ses Bretons et
ala sour l'aighe d'Arve, et i frema .i. castiel que il
apiela Tiulieres [7], et le garni moult bien, et i laissa
Ingel le conte de Coustances et Raoul de Roem [8] et
Rogier son fill, qui le garderent o autres chevaliers. Et
quant li dus s'en fu repairiés [9], li cuens Oedes apiela à soi
le conte del [10] Mans et le conte Galerant de Muelant
et lor chevaliers, et alerent par nuit preer et asseoir
Tiulieres. Chil qui dedens estoient, le sorent bien par
les gaites, et alerent [11] encontre eus à [12] bataille. Que
vous en diroie-je plus? tant fisent la gens le duc que

[1] N. en. — [2] Et od son. — [3] Et amonta. — [4] Mardechenu. — [5] Gon-
nil. — [6] Revolt avoir. — [7] Tieuslieres. — [8] Coeni. — [9] C. Quant re-
pairiés fu. — [10] Huon del. — [11] Issirent. — [12] En.

chil de l'autre partie furent desconfi. Partie en i ot
ocis, partie en i ot navrés, et partie s'en repust [1]. Li
cuens Oedes et li cuens Galerans s'en alerent fuiant à
Pont-Ourson, et [2] li cuens Hues descendi del cheval
sor coi il seoit, et s'en entra en .i. biercil [3], et osta
son haubierc et se kauces [4], et prist .i. mouton sor son
col, et issi à tout del bierchil, et aloit criant [5] :
« Alés, alés, jà les arés! » Tant ala à pié que il vint
au tierc jour al Mans. Apriès chou manda li dus Ri-
chars [6] au roi Olein [7] d'Orkanie et à Lacinari [8] le roi
de Souave, et il vinrent à lui et arriverent en Bre-
taigne. Là desconfirent-il les Bretons, ki les assailli-
rent; ils assisent Dol et destruisent, et puis se misent
en Saine [9], et vinrent par Saine à Roem. Honneréé-
ment furent recheu dou duc Richart. Li rois Robiers
de France, quant il oï la nouviele [10] des .ij. rois,
paour en ot; et manda le duc Richart por chou à par-
lement et le conte Huedon, et les concorda par si que
li cuens Huedes auroit le castiel de Torquais [11] et li dus
auroit toute l'autre tierre et seroit apendans au castiel
de Tiulieres. Quant la pais fu faite, li dus vint à ses
gens et fist faire le roi Olein [12] crestien de l'archeves-
que Robiert de Ruem. Il fu puis martyriiés en son
païs, quant repairiés i fu; et encore fait Dex miracles
por lui. Et apriès chou prist li dus Richars feme la
fille le conte Joffroi [13] de Bretaigne, por avoir lignie;

[1] Partie navrés, partie se repusent. — [2] Al Pont d'Orson. — [3] Ber-
gil. — [4] Et ses cauces de fer. — [5] Et disoit as Normans. — [6] Li d.
aïe. — [7] Olenis. — [8] Laciman. — [9] En mer. — [10] La venue. — [11] Dor-
kais. — [12] Li rois Olenis se fist faire. — [13] Joifroi.

Juete ot à non; molt fu vaillans dame. Trois fils en ot : Richart et Robert, ki furent andoi duc; et Guillaume, ki fu moines à Fescamp. Trois filles en ot : Aelis[1], qui fu donnée au conte Renaut[2] de Bourgoigne; l'autre fu donnée à Bauduin, le conte de Flandres; la tierce moru virgene, et gist à Fescamp joste son pere. Et apriès chou avint que li cuens Joffrois de Champaigne[3] s'en ala en la sainte tierre de Jherusalem, et lassa ses .ij. fils, Alain et Oedon, en la garde le duc. Chil cuens Joffrois fu mors entre voies en[4] son repairier : dont moult fu grans damages[5].

En cel tans li cuens Bouchars[6] de Meleun estoit o le roi de France, ù il demouroit sovent bien longhement; et uns[7] chevaliers, qui Gautiers avoit non, li trahi son castiel[8] et le bailla au conte Oedon. Quant li rois le sot, il vint au conte Oedon, et li proia que il rendist au conte Bouchart son castiel. Chil ne le vaut rendre pour le roi : par coi li rois semonst s'ost; et si manda le duc de Normendie et ses autres haus barons, si ala asseoir le castiel. Li rois fu d'une part de Saine logié, et li dus d'autre[9]. Tant fist li dus par force que li castiaus li fu rendus, et il le rendi au roi, et li rois le rendi au conte Bouchart; et chil Gautiers, ki trahi l'avoit, et sa feme[10] furent pendu devant la porte dou castiel. Au tans de cestui Richart

---

[1] Aalis. — [2] Rainnaut. — [3] Bretaingne. — [4] A. — [5] *Ces cinq mots manquent dans le ms. S.-G.* — [6] Brouchars. — [7] Et uns siens. — [8] C. que il gardoit. — [9] Del a. — [10] Et cil G. et sa feme qui le chastel avoient traï.

duc de Normendie, furent Normant preu et hardi, si que il onques à lor anemis lor dos ne tournerent. Trois ans apriès che moru Henris li dus de Bourgoigne sans hoir, et laissa sa duchée au roi Robiert de France. Li Bourgegnon fisent lor segnor dou conte Landri de Naviers[1], et li saisirent la[2] duchée. Li rois Robiers, quant il che sot, prist le duc de Normendie et ses autres homes; si s'en alerent asseoir Auçoirre[3], et le prisent et le conte Landri dedens. Puis prisent Avalon et gasterent la tierre. Quant li Bourghegnon virent que li dus avoit tel force[4], lor se sozmisent à lui tout chil de la tierre. Puis s'en repairierent li rois et li[5] baron. Hues li cuens de Chalon prist en cele ost le conte Renaut d'Outre-Soone, qui avoit à feme la fille le duc Richart. Li dus li manda k'il li rendist tout quite, et il li remanda ke por la soie amour le tenroit plus destroitement.

Pour cel fol remant que li cuens Hues fist, carga li dus ses os à Richart son fill, et si li commanda ke il alast vengier cel outrage[6]; et chil si fist moult vighereusement. Il se parti de son pere, si ala sour Bourgoigne à grans effors, et destruist le[7] conte, et assist et prist le castiel de la Mirmande. D'illuec s'en ala asseoir Chalon, la tierre oudant[8]. Por la paour que li cuens ot de lui, de chou que il ne li destruisist toute sa tierre[9], s'en issi-il encontre lui; et si portoit une siele à cheval sour son chief, et li cria mierchi, et li

[1] Nevers. — [2] Le s. de la. — [3] Auçuerre. — [4] Pooir. — [5] Si. — [6] O. par cele foi que il li devoit. — [7] La terre le. — [8] Ardant. — [9] Li tolist t. la conté.

rendi son serouge, et si li jura qu'il venroit à Ruem faire droit au duc Richart son pere. Puis s'en repairierent li Normant en la tierre, et li dus Richars vesqui puis moult saintement et moult en pais; et puis au daarrains amaladi, si se fist porter à Fescamp, et fist à lui venir l'archevesque Robert sen frere, si se fist confiès voiant¹ toz les moines. Mors fu et enfouis en l'eglyse ù il avoit establis moines, qui par devant les chanoines estoient. Moult furent dolant li Normant²; et che fu drois et raisons, car moult avoit esté preudom. Et che fu l'an de l'Incarnation M. et .xxxvi³. Richars ses fils remest ses hoirs; boins chevaliers fu, et moult ama⁴ pais; mais deables, qui toz jors engigne comment il poroit nuire au monde, esmut Robiert son frere à guerroier encontre lui. Il⁵ se mist dedens le castiel de Faloise, et le garni encontre son frere et son segnor; mais ses⁶ freres s'en ala o grant ost sor lui, si l'assist dedens. Quant moult i ot assailli, Robiers se repenti de sa folie, et cria merchi à son frere; et ses freres li pardonna son mautalent, et lors se concorderent en boine pais. Cil dus Richars ot .i. fill, [qui Nicholes ot à non,] ki de primes fu moines à Fescamp, et puis abbés de Saint-Owain à⁷ Ruem; et si fist faire l'eglyse, et moult l'amenda et crut. Puis moru, et fu enfouis devant le maistre-autel. Ne demoura gaires apriès la concorde ke li dus avoit faite à son frere que il s'en vint à Ruem et moru là, et si fu enfouis jouste son fill el moustier Saint-Oain; et si dist-on

¹ Oiant. — ² N. de sa mort. — ³ P. Anno Incarnationis millesimo .xx°.vi°. — ⁴ C. M. amoit. — ⁵ Qui. — ⁶ Li. — ⁷ Saint-Oain de.

que il fu envenimés en l'an de l'Incarnation .M. et xxxvij. ans. Et¹ Robiers ses freres fu fais dux apriès lui. Moult fu vaillans et preus et ama Diu moult durement; mais de primes crei-il le consel des jouenes gens : par coi il assist² l'archevesque Robiert dedens Evreus; et puis l'enchaça-il en France, ù il s'en ala au roi, et si mist Normendie en entredit³. Ne demoura gaires apriès que li dus le rapiela, et si li rendi quanques il li sot demander, et puis fu-il toz jors ses conselliers. Guillaumes, ki cuens estoit de Blois, tenoit lors le castiel de Lanson, que il voloit oster de la segnorrie le duc; et moult s'en pena. Li dus ala sor lui à ost et l'assist, et tant le destrainst que il issi nus piés de la ville, une siele portant sor son chief; et si faitement vint au duc crier mie[r]chi : li dus li pardonna son mautalent, si li rendi le castiel; et quant li dus s'en fu repairiés en sa tierre, ne demoura gaires apriès que li cuens envoia grant ost sor Normendie. Et en cele chevauchie envoia ses .ij. fils, dont li uns avoit non Robiers, et li autres Fouques. Li dus, qui lor venue sot, ne fu mie esbahis; ains manda ses chevaliers et ses haus homes, si lor vint à l'encontre; et tant avint que il se combatirent à Bonent⁴. Tant dura la bataille que Fouques i fu ocis, et à grant paine eschapa Robiers à poi de gent : par coi li cuens Guillaumes s'anmuçonna⁵ et morut de duel. Puis avint que Hues, li fils au conte Raoul, ki evesques estoit de Biauvais⁶, ala à Evreus et garni le castiel por chou que il le voloit tenir encontre

¹ E. .M°.xx°.viij°. — ² A. son oncle. — ³ N. entredit. — ⁴ Bovent. — ⁵ Sanmesla. — ⁶ Baieuwes

le duc; et si s'en ala en France querre chevaliers qui li aidassent à guerroiier.

Li dus, qui chou sot, prist sa gent et ala la ville asseoir, si que li evesques ne pot entrer en la ville quant il repaira. Quant li evesques vit chou, moult fu angoisseus et destrois por sa gent ki estoit dedens, et manda pais au duc dès chi qu'il en seroient issu et k'il[1] les en feroit issir. Il li otria, et puis ot li dus le castiel tout garni. En cel tans requist li cuens Bauduins de Flandres le roi Robiert de France que il li donnast sa fille avoec[2] Bauduin son fill, et li rois li otria, et li cuens[3] l'enmena petite en bierc en Flandres. Quant elle fu grande, li enfès l'espousa, et puis chaça-il son pere fors de la tierre; et li peres, quant il vit che que ses fils li faisoit, il vint crier merchi au duc Robiert por avoir s'aïe. Li dus en ot pitié; si prist ses gens et assambla toute s'ost et son pooir, et ala Flandres destruire. Tant ala destruisant et ardant que il vint à .j. castiel que on apieloit par non Chiot[4]: il l'arst et toz cels qui dedens estoient. Quant Flamenc virent chou, il lassierent le fill par force. Puis manda li fils au duc et proia que il le concordast au pere, et li dus si fist; et quant il ot mise pais entre els, si s'en repaira en sa tierre. En cel tans moru Robiers, li rois de France : Henris ses fils fu rois apriès lui. La roine sa mere Constance le haoit; si voloit que Robiers[5], qui dus estoit de Borgoigne, fust rois : et por chou ala li rois[6] à Fescamp-sor-la-Mer por avoir l'aïe dou duc

---

[1] Et il. — [2] A oés. — [3] Et il li donna, et cil. — [4] Chioc. — [5] R., ses autres fils. — [6] Li r. Henris.

Robiert. O .xij. chevaliers tant seulement ala li rois
parler al duc Robiert; moult piteusement li requist
que par la foi que il li devoit ke il li aidast encontre
Robiert sen [1] frere et encontre sa mere, qui deshireter
le voloient. Li dus envoia au conte Maughier de Cor-
bie por avoir son consel; il estoit ses oncles. Si li
manda li dus que il arsist et destruisist toute la tierre
à cels qui encontre le roi seroient, et ki aideroient au
frere et à la mere. Li dus entra en France et fist tant
ke, maugré le frere et la mere, repairierent tout [2] à
la volenté le roi. Puis avint que li dus [3] Alains de Bre-
taigne vaut guerroiier le duc; mais li dus ala sour lui,
et fist .i. castiel sor l'aighe de Coisnon, que on apiele
Caroges. Puis arst et destruist la tierre au duc, et s'en
repaira. Li dus Alains s'en vint [4] sour Normendie;
mais Ingel de Coustent et sa gent [5] li furent à l'en-
contre sour l'aighe de Coisnon. Tant i ot ocis des Bre-
tons comme se che fussent brebis.

Li dus Robiers manda à Olein [6] le roi d'Engletierre
que il lassast le regne d'Engletierre à ses cousins,
qui droit hoir en estoient, Alvré et Heudré et Evrart [7],
que il moult amoit; car il les avoit tenus entor lui à
ausi grant hounour comme se il fussent si frere u si
fill, apriès le mort lor pere : si ne lor poroit falir. Li
rois respondi que il n'en feroit riens. Quant li dus oï
chou, il fist aparellier grant navie, et s'en ala à Fes-
camp-sor-Mer o toute s'ost et o tout son pooir. Quant
la navie fu aparellie, il vaut aler sor Engletierre; mais

[1] E. son. — [2] Suut tuit repairié. — [3] Li quens. — [4] Li quens A. re-
vint. — [5] Et Alvrés. — [6] Chenu. — [7] Euwart.

tormente leva trop grans : par coi il ne porent passer;
et si les chaça ès illes de Gemesies, et à moult grant
paour arriverent. Che faisoit Dex por Evrart, car il [1]
voloit ke il euust le regne sans bataille. Là demou-
rerent lonc tans; mais quant li dus vit que il ne po-
roient avoir tans por passer, si [2] s'en repaira et arriva
dejouste le mont Saint-Michiel. Lors commencha à
assaillir Bretaigne de .ij. parties; mais li cuens Alains,
quant il vit chou, il apiela l'archevesque Maughier,
qui oncles estoit à l'un et à l'autre : chil les concorda,
et si jura sor sains li cuens Alains que il et si hoir se-
roient dès ore mais à le volenté le duc; puis s'en re-
paira li dus en Normendie. Si ne demoura gaires apriès
que li rois Chenus d'Engletierre li manda que, par
amors et par concorde, donroit la moitié del regne
as .ij. fils Heudré [3]. A cele fois ne s'en pot li dus entre-
metre, car en pensé avoit d'aler ançois en Jherusalem.
Il apiela l'archevesque Maugier son oncle, et li conta
son afaire; et, par son consel, fist-il de Guillaume son
fill, qui bastars estoit, son hoir; et si li fist jurer feuté
de toz les barons de la tierre et de toz ses autres homes,
ki moult estoient dolant de son proposement. Li dus
enprist son oirre, et lassa celui Guillaume duc de
Normendie, qui jouenes estoit; mais, selonc son aage,
moult estoit preus et vaillans. Nus ne sauroit dire les
biens que li dus fist en la voie de Jherusalem. Quant
parvenus fu au Saint-Sepulcre, .viij. jors i demoura;
et cascun jour aloit orer devant le Saint-Sepulcre et
plouroit de moult boin cuer, tout adiès [4] la moitié del

[1] Euwart, qui. — [2] T., si. — [3] Le roi H. — [4] A. priès de.

jor disoit en plourant ses orisons. En son repairement s'en vint à une cité qui est apielée Niche[1] : là li prist maladie, si moru et fu enfouis en la tierre, en[2] la mere-eglyse. Moult fu plains de là mer et de chà, si dut-il bien estre. Dex li face merchi ! *Amen !* En l'an de l'Incarnation .m. et .xlv. ans.

Ses fils Guillaumes tint la tierre apriès lui[3]. Dès primes ot grant travail et grant paine : ses lignages le guerroia, qui grant desdaing[4] avoit de chou que il estoit dus et bastars. Li baron s'entre-guerroierent, et fremerent castiaus li .i. encontre les autres : dont il avint que Hues de Mont-Fort et Jakelins de Ferrieres s'entr'ocisent de guerre. Puis refu ocis li cuens de Deu[5] qui Gillebers avoit non, et puis Teroldes[6] qui maistres estoit de l'enfant. Puis refu ocis Obiers[7] ki plus grans maistres estoit à l'enfant; et fu ocis el val de Rueil en dormant, de Guillaume le fill Rogier de Montegny[8]. Chil Obiers estoit fils del frere la contesse Gomor[9]. Puis crut moult durement et la guerre et li maus; tant monteplia la guerre que li rois Henris de France manda au duc Guillaume que jà à lui n'aroit amour ne pais tant comme Tiulieres tenist en estant. Li rois l'assist, et puis prist parlement au duc ; et li dus li otria à abatre le castiel, par si que il ne fust refais devant .iiij. ans. Puis ne demoura gaires que li rois par l'enortement as Normans entra en Normendie, et arst Argentuel[10], et refist Tiulieres encontre son

---

[1] Nique. — [2] E. en. — [3] T. terre, *seulement*. — [4] Qui d. — [5] Li quens d'Eu. — [6] Theroldes. — [7] Osbers. — [8] Mont-Gomerin. — [9] Gonnor. — [10] Argentuem.

couvenant, et s'en rala en France à toute sa grant gent.

Constans d'Englos [1], li cuens des Coustentinois, se torna encontre le duc, et si garni de chevaliers françois Faloise. Et li dus le [2] prist et escilla Constant [3]; mais il le racorda au duc Richars ses fils, qui moult loiaument l'avoit siervi, et si li fu rendue sa tierre. Li archevesques Robiers moru, et Maughiers li freres le duc Robiert fu archevesques, qui oncles estoit au duc Guillaume; car li secons Richars, li freres Gommor [4], quant Juete sa feme fu morte, prist Pavie, de cui il ot cestui Maughier et Guillaume d'Arches. A celui Guillaume donna li dus Guillaumes la conté de Thalou; et il apriès che s'enorguelli et desdaigna à siervir, et fist en son le mont de Boisart .i. castiel et le garni des chevaliers de France. Li dus Guillaumes fist faire au pié del mont .i. autre castiel, qui tant destraignoit l'autre ke il n'osoient fors issir, et tant les destrainst que vitaille leur failli. Li rois Henris vint de chi à [5] Saint-Aubin, et la gens le duc fisent .i. embuschement priès de Saint-Aubin, ù il ocisent Engherran le conte d'Abbeville; et si i fu pris Hues Bardous et grans partie de la gent le roi. Li rois mist viande el castiel, et pui[s] s'en ala; mais puis rendi chil Guillaumes le castiel par famine; et s'en fui escilliés, o sa feme, qui estoit suer le conte Guion de Pontiu; et si s'en ala en Boulenois à Wistasse [6] le conte de Bouloigne, ki sires estoit del païs; et puis fu-il de la maisnie le duc [7]

---

[1] Tostains de Glos. — [2] L'assist et. — [3] Tostain. — [4] Gonnor. — [5] Tressi qu'à. — [6] Ustasse. — [7] Le conte.

jusques à tant que il morut. En cel tans morut Chenus li rois d'Engletierre; Heraus ses fils, que il ot de soignant, ot le regne. Evrars, quant il chou sot, s'en ala à Norantonne¹, ù li Englois se combatirent à lui; et il arst et prea chou k'il trova sor la marine, et puis s'en repaira en Normendie. Puis s'en ala Alvrés ses freres en Engletierre, et si passa à Wissant² en Engletierre. Li cuens Gomes l'en mena à grant joie herbregier, et si li fist grant hounor et samblant³ de grant amour : Judas fu; car la nuit le prist et si le lia, et lui et sa gent, et les envoia à Londres au roi Heraut. Li rois fist toz ses compaignons ocirre, et si fist Alvré mener à Hely, et il li fist les ielx crever, par coi il moru.

Assés tot apriès che moru li rois, et Mardocheus⁴ ses freres fu rois. Chil fist de Normendie venir à soi Evrart, ki estoit ses freres de par son pere; et partirent entre els le regne. [Puis assés tost morut Mardechenus, et Euwars ot tout le regne.] Cil Evrars par consel pardonna au conte Come⁵ son mautalent, et si prist à feme Ydain sa fille; mais onques à lui ne jut. Un jor demanda li cuens à sa fille por coi elle n'ençaintoit, et elle respondi⁶ à son pere : « Sire, che seroit mervelle, car je ne sai que hom set⁷ faire, ne onques ne le soi. » Li cuens, quant il oï chou, si cuida bien ke li rois le haïst por l'amour de lui et por la mort⁸ Alvré son frere. .I. jor, apriès chou, avint que li rois et li cuens chevauçoient coste à coste, et uns garçons errans à pié⁹

---

¹ Od grant gent à Hantone. — ² De Winsant. — ³ Et si li f. s. — ⁴ Mardecenus. — ⁵ Gome. — ⁶ R. tantost. — ⁷ Puet. — ⁸ L'amor. — ⁹ Esroit devant els, qui.

s'abuissa de l'un de ses piés et a poi k'il ne chaï ; mais il se retint de l'autre. Li cuens Gommes, ki le vit, dist tantost : « Ore ot mestier li uns piés[1] à l'autre. » Li rois, quant il l'oï, si dist après che : « Ausi m'eust Alvrés mes freres mestier, se il vesquist. » Et quant li cuens oï chou, puis ne sonna mot, dès que il furent herbregié ; et quant il se sisent al mangier, li rois et li cuens Gomes, li cuens prist .i. morsiel, si dist au roi : « Sire, vous me mescreés de la mort vostre frere ; mais si puissé-jou passer cest morsiel, que jou en sa mort coupes n'oi ! » Il mist le morsiel en sa bouche, si estrangla et moru ; puis fu cuens Heraus ses fius. En cel tans prist li dus Guillaumes à feme la fille le conte Bauduin de Flandres, la niece le roi Henri de France ; et si en ot .iiij. fius : Guillaume, Robiert, Richart et Henri, et .iiij. filles. En cele boine pais ù Normendie estoit adont fu sainte Eglyse en grant hounour, et faisoient li haut home eglyses et abbeyes, et donnoient rentes à cels qui le siervice Diu faisoient. Li dus Guillaumes fonda l'abbeye de Saint-Vigor de Cerisy et Saint-Estievene de Caam, et Mehaus sa feme celi de Sainte-Trenité. Ces .ij. abbeyes fist li dus par le consel l'apostole, pour chou que il ne se departesist de sa feme, qui sa cousine estoit. Guillaumes li fils Robert fonda Lyre et Cormellyes[2]. Rogier de Biaumont li fils Henri[3] de Wieles fonda à Praiaus, en sa tierre, une abbeye de moines et une autre de nonnains. Rogiers de Mongomeri en fist une autre à Sains[4]

[1] Frere. — [2] Fist Lire et Cormeilles. — [3] Hainfroi. — [4] Mont-Gomeri, une à Sais.

dehors les murs, et une autre en sa tierre à Touart [1], et une autre de nonnains à Ammanetes [2]. Lieceline la contesse d'Eu fonda [3] Saint-Pierre sor Dive, et une abbeye de nonnains defors la cité de Liesies [4]; Robers li cuens de Deu [5], Saint-Michiel des .iij. Pors; Rogiers de Mortemer, Saint-Victor; Richars li cuens d'Evreus, Saint-Sauveour à Evreus; et à Ruem, Sainte-Trenité-el-Mont; Robiers, li cuens de Moretuel, Cresteguy [6]; Hues, qui puis fu cuens de Ciestre, Saint-Sever; Bauduins de Rivieres, celi de Montebroc; Nigel, li viscuens de Coustentin, fist Saint-Sauveour; Guillaumes Talevas li premiers, Sainte-Marie de Lunloy; Raous Tassons et Herviux [7], Saint-Estievene de Fontenoy; Raous de Trovi, Saint-Estievene de [8] Castellon. Rolles, qui la tierre conquist, donna à Ruem et à Evreus et à Bayeus et à Saint-Oain de Ruem et à Saint-Pierre de Gemeges et au Mont-Saint-Michiel et as sains [9] de France grans rentes. Richars li fils Guillaume, fonda l'abbeye de Fescamp. Li secons Richars fist l'abbeye de Saint-Wandrille. Ludis sa feme celi de Bernai. [Li tiers Richars morut jouenes.] Robiers ses freres s'en ala en Jherusalem; mais ançois commencha-il l'abbeye de Cyrai. Robiers de Grente-Maisnill [10] et Hues ses freres et Guillaumes refisent l'abbeye de Saint-Evrolert.

Li rois Henris de France, quant il sot que Guillaumes d'Arches avoit le castel rendu et qu'il s'en

---

[1] Troart. — [2] Aumanethes. — [3] F. *manque*. — [4] Liesewies. — [5] Li quens d'Éu. — [6] Gresteigni. — [7] Heriveus. — [8] Tooni, Saint-Piere del. — [9] Et à Saint-Denis. — [10] Grentes-Maisnil.

estoit fuis, il ala ¹ en Normendie o grant ost o Joffroi Matel ²; mais sa gens fu desconfite à Bremule-lès-Mortemer. Puis frema li dus Bretuel encontre Tiulieres, que li rois de France li avoit tolu³, et si le bailla à garder à Guillaume le fill Obert. Chil Guillaumes li fils Obert estoit preudom et loiaus, et moult aida le duc encontre les Englois : par coi il ot la conté le conte de Hierefort et grant partie d'Engletierre. Pus fu-il ocis en Flandres, de Robert le Frison. Euras⁴ li rois d'Engletierre n'ot nul enfant, si establi son hoir dou duc Guillaume par l'archevesque Robiert de Cantorbyre, ke il i envoia. Et puis⁵ envoia-il por sa feuté jurer Heraut le plus poissant des Englois [; et por chou qu'il estoit li plus poissans des Englois li envoia-il]. Et chil Heraus dont je vos di estoit fils Godin, que li cuens Guis d'Abbeville prist en Pontiu ù il arriva; mais il le rendi au duc. Lors jura le duc la feauté de la couronne li cuens Heraus⁶ sor les reliques de sainte Cande, et si li bailla Hunaut son frere en hostages; puis s'en rala en Engletierre, et li rois Evrars moru assés tost aprièss⁷. Heraus encontre son sairement se fist couronner, et si fist garder les pors. Li dus Guillaumes s'apparella d'aler en Engletierre; mais Conains li dus de Bretaigne aparella grant ost, et si manda au duc Guillaume que il voloit avoir Normendie comme son hiretage; car li dus n'i avoit droit. Li cuens Connains assist Castiel-Gontier en Ango; illueques fu envenimés d'un sien sergant : par coi il

---

¹ Il entra. — ² Joifroi Martel. — ³ Toloite. — ⁴ Ewars. — ⁵ Et p. i. — ⁶ C. H. — ⁷ A. *manque.*

moru. Lors ala li dus Guillaumes en Engletierre o
ses Normans et o toz cels ke il pot avoir. Quant il
sot que li cuens Connains estoit mors, il se parti de
Saint-Waleri, si arriva à Penevesel. Là fist-il .i. cas-
tiel et .i. autre à Hastingues, ù li rois Heraus se com-
bati à lui par .i. semmedi; et sachiés ke li rois He-
raus fu desconfis en cele bataille; si ne sot-on que
il devint, se par diaines non. Moult pierdi de sa
gent, et li remanans des Englois s'en fui; et li dus
les porsiui tant ke, quant li dus[1] repaira el camp,
il fu mienuis. Et après chou, s'en ala-il à Waulin-
gefort[2]. Li Englois qui dedens estoient s'en issirent
encontre lui à bataille, si en i ot moult d'ocis. Puis
s'en repairierent li Londrois, et si fu li dus cou-
ronnés à Londres le jour dou Noel. Et après che,
fist-il une abbeye de Saint-Martin là ù la bataille
ot esté.

Puis s'en repaira Guillaumes li noviaus rois en Nor-
mendie, et si en fist duc Robiert son fill; et puis s'en
rala en Engletierre, ù il escilla[3] une compaignie d'ul-
laghes qui ocirre le voloient. En cel tans moru Ma-
rilles[4], li archevesques de Ruem, et Jehans fu arche-
vesques. Estievenes li cuens de Bouloigne passa en
Engletierre par nuit par le consel des Englois, et si
assist Douvre; mais chil dedens s'en issirent et se com-
batirent à lui, si le desconfirent et partirent del siege.
Et après chou, li rois Guillaumes s'en vint en Nor-
mendie, si moru à Ruem; et fu portés enfouir à
Caam, à l'abbeye Saint-Estievene que il avoit faite;

[1] Quant il s'en. — [2] Walingefort. — [3] Et e. — [4] Maurilles.

et sachiés ke il fu enfouis moult richement. Henris ses fils fu à sa mort, et Guillaumes ses ainsnés fils fu à son entierement; et puis passa mer, si vint en Engletierre et se fist couronner à roi. Robiers, qui dux fu de Normendie, donna à[1] son frere le contée de Constentin; mais puis li retoli-il[2]. Li Mansiel ne vaurrent plus iestre soz le pooir as Normans, si fisent lor segnor de Liede[3] de la Fleke, et si li fisent prendre une niece le conte Robert[4] del Mans. Li dus Robers de Normendie s'en ala en Jherusalem; et la ducoise engaga au roi Guillaume son frere, ki rois estoit d'Engletierre et ki lors ert en la Marche, le castel de Gysors. Et li dus Robiers, ki outre mer ala, le[5] fist moult bien à la conqueste d'Anthioce et de Jherusalem, là ù il fu. Chil rois Guillaumes, ki lors estoit rois d'Engletierre, estoit[6] rous de poil : par coi on l'apieloit le roi Rous. Il fist defors Londres, dejouste l'abbeye de Wemoustier[7], une des plus rices sales del monde.Ançois k'ele fust parfaite, le vint veoir, si le blasma moult durement; ses gens li demanderent por coi il le blasmoit, s'ele li sambloit estre trop grans. « Par Diu! dist li rois, chou n'est nulle chose : elle est trop grans à chambre, et trop petite[8] à sale. » Puis après chou, prist talens au roi de tenir une grant court à une Pentecouste en sa nouviele sale; bien vist k'ele ne poroit estre couvierte devant la Pentecouste. Or oiiés que il fist : toutes les escarlates de Londres fist prendre, si en fist

[1] R. fu d. de N., qui d. à Henri. — [2] M. il li r. — [3] Helie. — [4] Herbert. — [5] Li d. le. — [6] Fu. — [7] Waimoustier sor l'aigue de Tamise. — [8] Et t. par est p. et estroite.

couvrir sa sale; et tant comme la fieste dura, fu-elle
couvierte d'escarlate. Moult fu chil rois larges et vail-
lans; mais trop deshiretoit volentiers la gent : de chou
ert-il trop mal entechiés. Il fist maint mal à sainte
Eglyse et as clers, et meismement as abbeyes, que il
apetisoit de lor tierres et de lor rentes. Une nuit li
avint une avisions, si li sambloit k'il ert en une cha-
piele toz seus et si veoit .i. crucefix jesir sour l'autel.
Il avoit tel faim, che li sambloit, que il ne savoit que
il peust faire; et si avoit moult grant talent de
mengier .i. des piés au crucefix. Lors venoit au cru-
cefix ke il veoit là jesir, si comme il li sambloit, si
li mangoit un des piés; et apriès chou, avoit-il en-
core gregnor fain : si li mangoit l'autre pié; et apriès
chou, avoit-il encore gregnor fain que devant : si li
mangoit une main, et encore n'estoit pas sa famine
estanchie¹ : si li voloit mangier l'autre main; mais
li crucefix hauçoit cele main, che li sambloit; si le
feroit en mi les dens, si ke deus l'en abatoit. Li rois
s'esvella, si se trova tout sanglent; et ses .ij. dens, si
comme il le songa, trova cheus.

Lendemain conta li rois cele avision à l'evesque de
Winciestre, son confiessour, ki li esponst en tel ma-
niere com vous orés. «La capiele, dist li evesques,
est sainte Eglyse; li crucefix qui estoit² sour l'autel
est Jhesu-Crix qui cascun jour i est couciés et levés, sa
mors et sa passions i est recordée³ quant la messe est
dite⁴; cui menbres tu mangues, quant tu ses clercs et

---
¹ Estainte. — ² Gisoit. — ³ I. est sor l'auteil mis et c. et l. — ⁴ I est
chantée, sa m. et.... recordée.

ses amis¹ qui son siervice font apetises de lor tierres et
de lor rentes, quant tu o eus vas prendre conrois et
herbregement; mais, se tu ne t'i regardes², ta vie ape-
tisera, qui par les dens que tu as pierdus est enten-
due. » Et quant li rois oï parler l'evesque ensi faite-
ment, il le torna gas et dist que il estoit cousins as
clers. Et apriès chou, ne demoura gaires que li rois
chaçoit en une noeve foriest que il avoit fait faire³ de
.xviij. parroces ke il destruites en avoit. Là fu li rois
ocis par mesaventure, d'une sajete dont Tyreus⁴ de
Pois, ki o lui estoit, cuida ferir une bieste; si failli à
la bieste et si feri le roi, qui outre la bieste estoit.
Ensi moru li rois, comme vous avés oï. Et en cele fo-
riest meismes si hurta ensi faitement Richars ses freres
à .i. arbre que il en moru. Et de chou dist-on molt
que Dex le fist pour chou que il avoit les perroches
ensi destruites et essorbées⁵.

*Comment Henris li freres le roi Guillaume fu
couronnés à Londres⁶.*

Henris li freres le roi Guillaume fist le cors dou
roi son frere porter à Winciestre. Là fu-il entierés el
moustier Saint-Piere de la Hyde devant le maistre-
autel. Puis s'en ala à Londres et fu couronnés à roi de
l'archevesque Antiaume⁷ de Chantorbire. Et puis prist-
il à feme la fille le roi d'Escoce, ki Mehaus avoit non;

---

¹ C. et ses evesques et ses abés et ses moinnes. — ² T'en gardes. —
³ Il meismes avoit faite. — ⁴ Tirels. — ⁵ Et chou dist-on moult en plui-
sors lius que ce fu por le pecié des parroces que il avoit destruites.
— ⁶ *Cette rubrique manque dans le ms. de S.-G.* — ⁷ Ansiaume.

dont il ot .i. fill, Guillaume, et une fille, Mehaut, ki puis fu marie à l'empereur d'Alemaigne ki Henris avoit non. Ele fu couronné à .i.¹ jour de le fieste Saint-Jehan à Maience, de l'archevesque de Couloigne. Et puis avint que Guillaumes, li fils au roi Henri², s'en vint à Barbeflue; car il voloit passer le mer et aler en Engletierre. Et tormente le prist, si fu noiiés et devourés des pissons de mer³, et moult d'autres qui o lui s'en aloient⁴ : dont grans damages fu et grans pitiés⁵. Et en lui fu averée la prophecie Merlin, ki .v⁶. ans devant et plus ot esté dite; car il dist ensi : « Li chaiel au lyon des illes seront mué en poissons de mer. » Il apieloit le roi Henri *lyon*, et bien i ot raison; car à son tans ne fu nus plus fors rois de lui, plus poissans ne plus doutés.

Puis repaira li dus Robiers de Jherusalem assés tost apriès le couronnement son frere, et si refusa la couronne de Surie. Quant il fu revenus en sa tierre, assés tost apriès passa la mer; si vint en Engletierre pour tolir à son frere la tierre; mais il se concorderent en tele maniere que li rois Henris donroit cascun an à son frere .iiij^m. mars d'esterlins⁶. Li dus Robiers s'en repaira apriès chou en Normendie; si ne demoura pas grantment que il s'apparella comme por guerroiier son frere; mais li rois, qui dire l'oï, passa la mer et s'en vint à toute s'ost et à tout son pooir⁷ en Normen-

---

¹ A empeerris le. — ² Li fils le roi. — ³ *Les six mots précédents manquent dans le ms. S.-G.* — ⁴ S'en alerent. — ⁵ *Le reste du paragraphe manque dans le ms. S.-G.* — ⁶ M. d'argent. — ⁷ S'en v. od t. son p.

die, et prist moult tost la cité de Bayoes¹ et Caam. Puis assist li rois le castiel de Mortemer; et quant il l'ot pris, si s'en ala vers Tenecbray², ù li dus Robiers assambla à lui. Et avint ensi en³ cele bataille que li dus i fu desconfis et pris; ne onques li rois home n'i perdi, et de l'autre part i ot ocis .lx^m. homes. Lors ot li rois⁴ toute Normendie, et le prist et tint⁵ en sen demaine; si s'en ala en Engletierre arriere, et i envoia⁶ ses prisons, et les tint tant que il en sa prison morurent. Li dus Robiers moru à Bristou en la prison le conte Robiert de Glouciestre son neveu, à cui li rois l'avoit cargié à garder; et si fu enfouis, quant il fu mors, en l'eglyse Saint-Piere. Quant li empereres Henris d'Alemaigne fu mors, li rois Henris d'Engletierre envoia por Mehaut sa fille, et li fist jurer feuté et homage des⁷ barons d'Engletierre et de Normendie; puis le donna-il à feme à Joffroi Marchel⁸ le conte, ki fu fils le conte Fouque d'Anjou, qui de li ot .iij. fils : Joffroi, Henri et Guillaume. Li rois Henris, quant la roine Mehaus fu morte, prist à feme Aalis, la fille Godefroi le duc de Louvaing, la cousine Wistasse⁹ de Bouloigne; mais n'en ot nul enfant. Si ot-il de bas .vj. fils et .vij. filles. Li ainsnés des bastars fu Robiers, à qui il donna Sebile, ki fu hoirs de tierre, et fu fille le conte Robiert Haymon¹⁰ et niece Robiert de Montgomeri, et si estoit li chiés de son linage. Ses hiretages fu Thoenis et la Marche de Beessin. Et si

¹ Bealvais. — ² Tenerchebrai. — ³ De. — ⁴ Li r. Henris. — ⁵ Et le t. — ⁶ A., si enmena. — ⁷ Feelté as. — ⁸ Martel. — ⁹ Le conte Ustascie. — ¹⁰ Hamon.

donna encore li rois à cestui Robiert la tierre Haymon le Despensier, l'oncle sa feme, et la conté de Leecestre. Guillaumes fu li secons des bastars; Richars fu li tiers, qui fu noiiés o son frere. Renaus[1], Robiers et Gillebiers furent sans tierre Mehaus sa fille bastarde fu donnée au conte del Perche, l'autre[2] à Connain le conte de Bretaigne; la tierce, qui ot non Julyane[3], fu donnée à Guillaume[4] de Paci; la quarte à Guillaume Gayet; la quinte au visconte de Biaumont; la siste au fill Bouchart[5] de Monmorenci. La .vij.isme ot-il d'Isabiel, le serour le conte Galerant de Muellant[6], et cele ne fu onques donnée à signour.

Henris li rois d'Engletierre fist en Engletierre pluisours castiaus; et en Normendie fist-il le Noef-Castel-sour-Dyeppe, que on apiele de Riencort, et Vernuel et Nuelcort et Buesmolins et Coulemont et Pont-Ourson[7] et encore autres. Il fonda en Engletierre l'abbeye de Radinghes, et si i mist moines de Clygni[8]; et à Cicestre[9] une de Saint-Jehan; et en Normendie Sainte-Marie-del-Pré, que sa mere avoit commencie. Il aida moult à faire l'abbeye de Clygni, et Saint-Martin-des-Chans de Paris; et si fist faire l'ospital Saint-Bernart des Mons-de-Mongeu[10], et i donna rentes. Al Temple donna-il une ville Ruem[11], que on apiele Ville-de-Diu. Il refist l'eglyse d'Evreus, ki avoit esté arse de sa guerre et de le guerre le conte Amaurri.

---

[1] Rainnaut. — [2] La seconde des filles fu donnée. — [3] La t., Juliane. — [4] Ustasse. — [5] Boscart. — [6] Meulent. — [7] Driencourt, et Verneil et Nonencort et B. et Colemont et Pont-Orson. — [8] Cluingni. — [9] Ciestre. — [10] Mongiu. — [11] En Evrecin.

Cil rois Henris moru en la foriest de Lyons à le Saint-
Denis¹; et si fu portés en Engletierre enfouir en² l'ab-
beye ma dame Sainte-Marie de Radinghes, que il avoit
faite. Il moru sans fill de loial espouse³, mais Joffrois
li cuens d'Ango, ki moult estoit fel et crueus, avoit à
feme Mehaut sa fille, ki emperreis d'Alemaigne avoit⁴
esté; et cele estoit ses drois hoirs. Quant li rois Henris
fu mors, li baron d'Engletierre envoierent en Ango à
Mehaut l'emperreis, si li manderent que ses peres es-
toit mors, et, s'ele voloit venir en Engletierre sans le
conte son segnor, il le rechevroient à dame et li don-
roient la couronne; mais le conte son segnor ne reche-
veroient-il⁵ en nulle maniere⁶, car trop estoit fel et
crueus : si ne se vaurroient pas metre en sa subjection.
La roine⁷ respondi as messages k'ele jà sans son segnor
n'i porteroit les piés ne jà roine ne seroit se ses sires
n'estoit rois. Et quant li message oïrent la response
l'emperreis, il s'en repairierent en Engletierre, et
conterent as barons sa response. Estievenes ses niés, li
cuens de Moretuel et de Bouloigne, quant il oï les
novieles de sen ayoul qui mors estoit, et que s'ante
l'emperreis n'i voloit aler sans le conte son segnor, et
li Englois ne li voloient tenir⁸ à segnor en nulle ma-
niere, auques par la volenté des Englois et par lor
mandement s'en vint-il à Wissant⁹; si entra en une
nef et ses gens en autres pluisors, si passa la mer et
arriva à Douvre, si entra en Engletierre et si se saisi

¹ A S.-D. — ² A. — ³ D'espouse. — ⁴ Qii e. a. — ⁵ Le c. ne r.-il à
segnor. — ⁶ Fin. — ⁷ L'empeerris. — ⁸ Et que li E. ne v. le conte re-
cevoir. — ⁹ Winsant.

de la tierre, et se fist coronner à roi par la force de
son frere l'evesque[1] de Winciestre et par la volenté
des barons, qui li otriierent la couronne par tel con-
vent que il lor tenist lor chartres que li rois Henris
ses ayoes lor avoit données et que il lor renouvelast.
Savés-vous quels chartres che furent? Quant li dus
Robiers de Jherusalem repaira, et li rois Henris ses
freres l'oï dire, si en ot paour por chou que li dus[2]
estoit ainsnés de lui et plus drois hoirs del regne : il
proia et requist as barons d'Engletierre que il li aidas-
sent en boine maniere[3] encontre son frere, par tel
couvent que il devisassent quels loys il voloient avoir[4].
Li baron, comme faus, li otriierent; si fisent escrire
tels chartres comme il vaurrent, et li rois lor fist
saieler ; mais onques ne lor tint, puis que ses freres
fu mors. Et ches meismes chartres vaurrent li Englois
que li rois Estievenes[5] lor tenist et que il lor renou-
velast, et il si fist par si que il soufrissent que il fust
rois et que il li aidassent envers toz cels qui le regne[6]
vaurroient calengier. D'ambes .ij. pars fu otroïe cele
chose.

Mehaus l'emperreis qui drois hoirs estoit d'Engle-
tierre, estoit[7] en Ango avoec son segnor, qui poi
vescui après. Quant elle oï dire que li cuens Estie-
venes, ses niés, après la mort son pere avoit saisi le
regne d'Engletierre, elle entra en Normendie, et ot tost
Dantfront en Passois et Argentuem et les castiaus de

[1] L'e. Henri. — [2] Li d. ses freres. — [3] *Ces trois mots manquent dans
le ms. S.-G.* — [4] A., et il lor conferneroit. — [5] Stievenes. — [6] R. li.
— [7] Fu lors.

Wimois, et si donna grant tierre à Joiel del Maine
pour avoir s'aïe à son hiretage conquerre. En cel
point moru Joffrois li cuens d'Anjo, et Henris ses fius
s'en ala au roi de France Looys; si li fist homage de
sa ¹ tierre, qui fourmorte li estoit de par son pere.
Mehaus li emperreis remest veve, et moult fu dolante
de la mort son segnor; mais por chou ne se targa-elle
onques de guerroiier ne de metre paine à tout son
pooir de ² reconquerre son hiretage. Estievenes li rois
d'Engletierre, quant il oï dire que s'ante li faisoit
guerre ³ en Normendie, il assembla s'ost et passa mer;
si vint en Normendie, et ot si grant gent, que d'En-
glois ⁴ que il amena, ke d'autre gent, que si anemi
ne l'oserent ⁵ atendre en camp. Il chevauçoit par tout
ù il voloit defors forterece. Tant ala li afaires que il
assist le castiel Robiert Bertrau, ke li emperreis te-
noit, ki se tenoit contre ⁶ lui. Par un jor que li rois
dormoit ⁷, avint que doi escuier, dont li uns estoit
Normans et li autres Boulenissiens, commençierent
à estriver li uns à l'autre ⁸ por .i. fier de cheval. Tant
durerent les tences ke il s'entre-ferirent et escuier
commencierent à venir d'une part et d'autre à la mel-
lée. Tant fisent que li chevalier s'en commencierent
à meller et que moult en i ot d'armes, de chevaus
couviers, et d'omes ocis et navrés d'une part et d'autre ⁹;
mais li Normant, ki la force avoient, menoient les

¹ La. — ² A. — ³ Tel g. — ⁴ Que des E. — ⁵ Ne l'osoient nul liu.
— ⁶ B., qui se tenoit devers l'empeerris encontre. — ⁷ D. sa meriane.
— ⁸ A tencier et à e. ensamble. — ⁹ A la mellée.... d'autre *manquent
dans le ms. S.-G.*

Boulenisiens moult malement; car trop avoient plus gent. Li rois, qui dormoit[1], s'esvella pour la noise; si demanda à ses chamberlens quels noise chou estoit. « Sire, che li dist uns siens chamberlens, li Normant ocient toz vos Boulenisiens là fors. » Quant li rois oï chou, il demanda ses armes, si s'arma et fist son cheval couvrir et monta sus, si s'en vint à la mellée; et tantost comme il i vint, si feri-il le cheval à .i. Normant par mi les flans, et puis entra en la mellée, si commencha à ferir et à crier : « Tués, tués toz les Normans, les trahitours! mar en[2] eschapera uns seus. » Li Normant, quant il reconnurent le roi et il oïrent chou que il dist et il virent che ke il faisoit, il se partirent de la mellée; car pas ne se vaurrent à lui combatre. Et s'en repairierent[3] à lor tentes, molt enflé et molt irié. Li baceler normant, qui à la mellée orent esté, conterent as haus barons de Normendie le honte et le despit que li rois lor ot fait[4]. Quant li baron l'oïrent, si le prisent moult en gros, et s'entre-manderent errant par toute l'ost[5], et vinrent ensamble à parlement. La fins dou parlement fu que il se partiroient dou siervice le roi ne ke jamais lor sires ne seroit. Tout ensamble s'en vinrent à la tente le roi, si li disent : « Sire, mius vaut folie lassie ke folie maintenue. Nous vos avons tenu une piece à segnour par mauvais consel et par mauvais pourpens : se vous nos en blasmés, vous n'avés pas tort. Vos avés nos gens batues et laidengies et clamés trahitours. Ciertes,

---

[1] Q. d. *manque dans le ms. S.-G.* — [2] S'en. — [3] Si s'en partirent à lor loges. — [4] Lor ot dite et faite. — [5] S'e. tantost.

nous connissons bien ke chou est trahisons de falir son droit segnour¹ por estrange home : nous nos sommes tenu avoec vous encontre no droituriere dame l'emperreis : dont nos sommes molt dolant et molt repentant, car bien savons que nos en sommes molt blasmé à Diu et au siecle ; mais nos ne volons plus manoir en cest pechié ne en cest blasme : si vos disons² tout maintenant sans nul alongement que vos montés³ et widiés l'ost ; car nous ne souferriesmes en nulle fin que vous plus demourissiés en la tierre, se par la volenté de nostre dame l'emperreis⁴ n'estoit. » Li rois, quant il oï che, fu moult iriés ; si respondi ausi que par desdaing : « Si ferés viaus hui ; mais m'i souferrés-vous jusk'à le matin. » Et il jurerent Diu que non feroient ; et, se il plus tant ne quant aloit delaiant, il seroit pis. Li rois vit bien que la force estoit lor ; et si ot grant doute de chou que il ne le presissent et livrassent à l'emperreis s'antain, ki moult le haoit, se il plus i demouroit sour lor pois. Il s'arma et fist armer toz ses Boulenisiens et toz cels qui o lui s'en vaurrent aler, qui armes avoient. Puis monta, et sa gens o lui, et se partirent de l'ost.

Li baron de Normendie firent crier⁵ par toute l'ost que nus des Normans fust⁶ tant hardis qui⁷ au roi ne à sa gent fesist ne desist⁸ lait. Puis monterent et convoiierent le roi jusques à la riviere de Blangi ; et

¹ Segnorage. — ² Si vos d. que vous. — ³ A. m. — ⁴ Se par l'e. — ⁵ C. lor bans. — ⁶ Ne fust. — ⁷ Que il. — ⁸ Feissent ne deissent.

quant li rois ot passé¹ la riviere, il vinrent à lui, si li rendirent tout ensamble lor homages; après s'en repairierent². Quant li rois s'en fu alés, il prisent³ lor message, si l'envoiierent à l'emperreis; et si li manderent k'ele s'en venist tout seurement en la tierre, car il le recheveroient à dame. Mehaus l'emperreis, quant ele oï ces nouvieles, en fu moult lie; ele s'en vint en Normendie, ù elle fu recheue à grant joie des Normans; elle prist les homages de toz les barons de la tierre et de toz les fievés. Li rois Estievenes ses niés, quant il se fu partis des Normans, s'en vint moult en haste en Boulenois; mais là ne fist-il pas⁴ grant demorée, ains apparella sa navie⁵, et vint en Engletierre, et fist moult bien garnir ses castiaus et ses fortereces⁶; car il se doutoit moult des Normans et de s'antain⁷. Li rois Davis d'Escoce estoit oncles l'emperreis Mehaut; freres fu sa mere. Il et li cuens de Leuciestre⁸ envoierent à li lor messages en Normendie, et li manderent qu'ele en venist en Engletierre; car il li aideroient tant qu'ele auroit la couronne, ki ses drois estoit.

Mehaus l'emperreis, quant elle oï ces novieles, s'aparella moult tost de passer mer comme preus et vallans; mais ançois fist-elle de Henri son fil duc de Normendie, et si li fist faire homage au roi Looys de

---

¹ Fu passés la r. et il virent que il estoit fors de la ducée de Normendie. — ² H.; et puis le deffierent, si s'en repairierent arriere. Li Normant. — ³ A., p. — ⁴ Onques. — ⁵ N., si passa mer. — ⁶ M. tost g. toutes les f. — ⁷ *Le ms. S.-G. ajoute* : L'empeerris et de Henri son fil, qui bien estoient enparenté en Engletierre. — ⁸ Leicestre.

France. Henris fils Mehaut[1], quant elle ot fait son homage au roi Looys, por avoir s'aïe en tel maniere que tout chil de sa tierre ki o lui por sa proiere s'en vaurroient aler en Engletierre por lui aidier son hiretage à reconquerre, et por chou que[2] il soufrist que il i alassent, li proumist-il Gisors et Lyons. Li rois li otria, et li doi casticl furent mis en la main des[3] Templiers. Puis s'en repaira li dus à sa mere, ki l'atendoit sour la mer. L'emperreis, quant ses fils [fu] venus, ne s'atarga plus[4]; ains entra en mer et passa en Engletierre o ses Normans et o ses Angevins, si arriva à Brustou[5]. Là vinrent à li li rois d'Escoce et li cuens de Leeciestre et maint autre baron, si li fisent homage et sairement. Mehaus l'emperreis, quant elle ot recheus les houmages de cels qui à li estoient venu, elle se parti de Bristou et chevaucha par la tierre, et guerroia moult durement le roi Estievenon son neveu et le cousin son fill. Tous dis chevauçoit l'emperreis avoec l'ost, et donnoit les mellours consaus et les plus haus; en toute l'ost n'avoit baron si artillant ne si uiseus de guerre comme elle estoit, si en estoit moult grans parole par toute Engletierre. Tant dura la guerre entre li et son neveu que les deus os s'entre-contrerent à Nichole. Là se combatirent tant que li rois fu[6] desconfis et par force retenus et pris[7], et pierdi tout. Por ceste chose dist-on encore, quant uns hom piert auques, que il piert autant ke li rois pierdi à Nicole; car il pierdi tout, et si fu menés à Bristou en prison.

[1] M. l'empeerris. — [2] A r., que. — [3] As. — [4] Pas granment. — [5] Bristou. — [6] I fu. — [7] Et pris par force.

La roine Mehaus, la boine dame¹, la feme le roi Estievenon, qui moult estoit boine² et simple, ne onques de la guerre ne s'estoit mellée; ains s'estoit tenue en ses chambres moult simplement et moult coiement, quant ele oï les nouvieles de son segnor qui pris estoit, molt en fu dolente; mais elle ne moustra pas tout son doel en plors et en larmes, ains ala au tresor son son³ segnor que il avoit grant, si le departi larghement. Et manda chevaliers par toutes tierres là ù elle les pot avoir, si assambla si grant ost k'ele assist l'emperreis et Henri son fill et le roi d'Escoce et le conte de Leicestre et maint autre haut baron toz ensamble dedens la cité de Vinciestre. Moult li aida à guerroier Henris li evesques de Winciestre, li freres son segnor le roi; chil fu adiès ses maistres conselliers. .xj. semaines sist la roine devant la cité, ne onques dedens ces .xj. semaines ne passa uns seus jors que il n'eust poigneis de guerre à cascune des .iiij. portes de la cité⁴. Un jour avint que il i ot poigneis; si i fu pris li cuens de Leiciestre, et amenés devant la roine en sa tente. Quant li cuens vit la roine, si ot moult grant paour, et li cria mierchi et li chaï as piés moult humlement.

Quant la roine vit le conte ki à ses piés estoit chaüs et qui li crioit merchi, elle commencha à rire; si li dist : « Sire cuens, par vostre consel vint l'emperreis en ceste tierre, et par vostre aïe est me sires pris. Vous avés esté moult sages et moult uiseus de nous grever et

¹ Ces trois mots manquent. — ² B. dame. — ³ Sic ms. 455. — ⁴ G. as .iiij. p.

d'aidier l'emperreis : or soiiés sages d'aidier vous-meismes ; car, par cele foi que je doi mon segnour (et si le me doinst¹ Dex reveir à ma volenté!), vous ne mangerés jamais ne buverés devant ke je r'aie mon segnor u que je soie bien seurs dou² r'avoir. » Quant li cuens oï che sairement que la dame fist, moult ot grant paour. Par la congié la roine envoia en la cité à l'emperreis et à Henri son fill et au roi d'Eschoce, si lor manda de cel³ afaire ; et fist tant che jor meismes que il ot⁴ parlement, et fist-on la roine bien seure de r'avoir son segnor : par coi li cuens ot congié de megnier⁵. Mehaus l'emperreis et ses fils⁶ envoierent tantost à Bristou par le roi Estievenon, si fu tous quites et delivrés par le conte de Leiciestre. Lors recommencha la guerre derechief moult crueus, et la roine Mehaus retourna en ses chambres ; ne onques ains puis ne s'en vaut meller de la guerre, ains en lassa bien son segneur couvenir, puis que il fu delivrés. Moult guerroia durement Mehaus l'emperreis au roi Estievenon son neveu ; souvent fu au deseure et souvent au desous ; mais tant saciés-vous bien k'ele avoit assés mellour guerre au roi qu'ele n'eust à la roine. Mehaus l'emperreis, quant elle vit que la guerre duroit tant, otria toute la droiture k'ele avoit en la tierre à Henri son fill, et toz ses houmages k'ele avoit recheus li fist-ele rechevoir ; et si li dist ke li⁷ conquesist la couronne, se il peust, et si⁸ fust rois. Henris fils Mehaut l'emperreis rechut toz les houmages des barons

¹ Laist. — ² De lui. — ³ M. cel a. — ⁴ I ot. — ⁵ Mangier. — ⁶ Consauls. — ⁷ Que il. — ⁸ P., si.

qui devers lui se tenoient[1], par le commandement sa
mere; mais por chou ne vaut-il onques faire riens qui
à grant chose tornast se par son consel non. Molt
l'ama puis tous dis et honnera, ne onques puis en ses
chartres ne en ses lettres ne en ses bans[2] ne se vaut faire
apieler fors Henri fill Mehaut l'emperreis. Tant dura la
guerre des .ij.[3] cousins que il furent une fois tout appa-
rellié de combatre devant Walingefort; mais li eves-
que et li abbé et autre preudome qui là estoient alerent
entre deus, et fisent tant que il les concorderent en tele
maniere ke li rois Estievenes seroit rois toute sa vie, et
apriès[4] auroit Henris fils Mehaut l'emperreis le regne et
si hoir apriès lui. Encore fu-il devisé que Guillaumes, li
cuens de Mortuel, li fils le roi Estievenon, aroit en Nor-
mendie Mortuel et Luideboue[5] et autres grans tierres,
et en Engletierre la quarte part de l'eskiechier. Chis
Guillaumes estoit cuens de Boloigne. Encore fu-il devisé
à la concorde que Henris seroit seneschaus del regne,
et par lui seroit justice tenue, et de toutes les rentes
et les eschaances renderoit-il conte à l'eskiechier. Ensi
furent-il puis boin ami tant comme il vesquirent.
Chil rois Estievenes fu moult dous et moult deboin-
naires et moult piteus[6] : par coi il ne tenoit pas ferme
justice. .xviij. ans tint le regne, et puis moru; et fu
enfouis en une abbeye k'il avoit faite, qui estoit ape-
lée Farversent, ki siet sor .i. havene de mer à .vij. liues
de Chantorbire, priès del chemin qui va de Chantor-
bire à Rouveciestre[7] et à Londres, et là priès siet uns

[1] L. estoient. — [2] B. que il faisoit crier. — [3] Entre les deus. — [4] Et
en apriès sa mort. — [5] Lindebone. — [6] Prous. — [7] Rovecestre.

boins passages qui est apielés Espringes. La roine
Mehaus gist delés lui desous .i. autre marbre.

 Henris fils Mehaut l'emperreis, si com vous avés
oï chi devant, se fist couronner à roi sans estrif, et
ot la tierre en boine pais. Il s'en vint en pais en Nor-
mendie, et moult se fist bien de son segnor le roi de
France Looys; et quant li plaisoit, il aloit en deduit
à Paris. En cel tans, avint que li rois Looys se parti
de sa feme Alienor par parentage. Cele dame estoit
hoirs de la duchée d'Aquitaigne : li Poitevin, si home,
vinrent por lui al departement à Estampes, et l'en-
menerent en sa tierre; et si avoit-elle jà eu del roi
son segneur [1] .ij. filles, dont li une fu donnée et ma-
riée au conte de Champaigne, et li autre au conte
Thiebaut de Chartres le frere [2] le conte de Cham-
paigne. Et quant la roine Alienor s'en fu alée en sa
tierre, li rois Henris d'Engletierre le prist et espousa,
et fu saisis de toute la tierre la dame, et de Poitau et
de Gascoigne et d'Auviergne. Toutes ces tierres prist-
il avoeques li, et s'ot [3] li rois de li .v. fius et trois filles.
Li primerains ot à non Guillaumes, ki moru enfès; li
secons Henris, ki au vivant son pere fu rois, et prist
à feme Margherite la fille le roi Looys de France, que
il avoit eue d'une autre feme, la serour le roi d'Es-
paigne, que il espousa quant il fu departis de sa feme
la roine Alienor. Encore ot li rois une autre fille de
cele feme meismes, qui fu jurée à Richart le tierc fill
le roi d'Engletierre, ki puis fu rois moult poissans. Li
jouenes rois Henris, quant il moru, n'ot nul enfant de

[1] De son segnor le r. de France. — [2] Qui freres estoit. — [3] Puis ot.

sa feme; mais avant que il morust, guerria-il son pere
por tierre avoir par le consel dou roi de France, et si
avint que li rois Looys et li jouenes rois Henris[1] assisent
Ruem. Li rois Henris au Court-Mantiel, li peres le
jouene roi Henri, quant il oï les nouvieles de son fill ki
le guerrioit por tierre avoir, il s'en vint en Normen-
die; et puis fist tant que il vint à Ruem. Et puis apriès,
quant il vint[2] à Ruem, fist concorde au roi de France
et à son fill par si que cascun jor li donroit .c. livres
de tournois à despendre. [Issi se parti li rois del siege.]
Chil rois Henris li jouenes estoit boins chevaliers, et
moult ama boins chevaliers[3]; larghes estoit sour toz
homes, et si estoit moult biaus[4]. Il mena les Normans
à Senslis, quant li cuens de Flandres destruisi la tierre
le roi Phelippe de France, ki estoit ses serouges; et,
por la paour de lui, se concorda li cuens de Flandres
au roi Phelippe de France.

Vous devés savoir que, quant li rois Looys ot ses
.ij. filles otroïes as deus fils le roi Henri, et sa feme,
de cui il les ot eues, fu morte, il prist encore la tierce
feme la serour as deus contes, celui de Champaigne
et celui de Blois, qui ot à non Ale. A ces .ij. contes
ot-il données ses .ij. premeraines filles, que il avoit eues
de la roine Alienor. De cele Ale ot-il Phelippe, son
fill, et une fille qui fu donnée à l'empereour de Con-
stantinoble. Li jouenes rois Henris d'Engletierre[5] moru
à Martiaus, ù il estoit[6] entruès que il guerrioit son

[1] H. et li François. — [2] Il i fu venus. — [3] Estoit moult buens c. — [4] *Le ms. S.-G. ajoute :* Les tornoiemens antoit et amoit. — [5] *Ce mot manque dans le ms. S.-G.* — [6] Marteaus viles tout.

pere, et si se fist porter à Ruem enfouir. Richars, qui fu nés apriès lui, ot la duchée d'Aquitaine, la tierre sa mere la roine Alienor. Gofrois, ki fu li quars des freres, prist en après la fille le conte Connain de Bretaigne, et si fu sires de la tierre; et ot de li .i. fill, Artu, et une fille, Alienor. Il s'en ala au roi Phelippe de France et fu[1] senescaus de France, et moult bien dou roi; mais assés tost moru, et fu enfouis à Paris en le mere-eglyse. Li quins des fils le roi Henri fu Jehans, ki sans tierre fu longhement; mais puis li fist ses peres espouser la fille le conte de Gloeciestre, et ot la contée, et en Normendie li donna li rois[2] la contée de Mortuel. Des .iij. filles que li rois ot fu la premiere donnée au duc de Sassoigne, qui Henris avoit non, ki de li ot .iij. fils et une fille. Li ainsnés des fils fu[3] Henris, ki fu dus apriès le mort le pere; li secons des fils ot non Othes, qui puis fu empereres de Rome; li tiers fils ot à non Willaumes de Winciestre. La fille fu donnée au conte del Perche. L'autre fille le roi Henri fu donnée[4] au roi d'Espaigne, ki en ot fils et filles. L'une des filles fu ma dame Blance, ki puis fu mariée à Looys le fill le roi[5] de France. La tierce fille le roi Henri fu mariée au roi Guillaume de Sezille; mais li rois moru sans hoir avoir de li; et elle fu puis mariée au conte Raimon de Saint-Gille, dont ele ot Raimon sen fill. Et puis moru-ele à Ruem d'enfant, et fu enfouie eu le mere-eglyse de Ruem; mais ele n'i gist ore pas, car ele fu puis desfouie et portée à Frontevraut,

[1] Et fu ses. — [2] Li donna-il. — [3] Ot à non. — [4] Mariée. — [5] Le r. Phelippe.

ù ses peres et se mere gisent et li rois Richars ses freres. [Cele dame ot à non Jehane.]

Li rois Phelippes de France guerroia moult encontre le roi Henri, car il avoit toutes voies aucuns des fils le roi Henri en s'aïe et moult d'autres gens por l'amour de lui[1]. Quant li jouenes rois Henris vivoit, il li aidoit por chou que il voloit avoir la tierre de chà mer. Et apriès celui, Richars, qui[2] estoit cuens de Poitiers et ki outre toz les boins estoit preus et vaillans, refu o le roi Phelippe encontre son pere, pour chou que il voloit avoir la tierre de chà mer, la duchée de Normendie et toute l'autre tierre. Tant guerroierent le roi Henri li rois Phelippes et li cuens Richars que il prisent le Mans, ke li rois Henris fist ardoir à sa gent meismement. Li rois, quant la ville fu arse, s'en vint poignant à Chinon entre lui et sa gent. Cel jor meismes que li rois vint à Chinon amaladi-il, car il avoit eu trop chaut, et si avoit beu aighe froide : par coi il moru. Li autre dient que il fu sancmellés. Moult fu povres à sa mort, et si fu enfouis à Frontevraut. Richars ses fils fu de premiers bien dou roi Phelippe de France, et si fu tantost apriès la mort son pere dux de Normendie; et puis passa en Normendie[3], si fu couronnés à roi ; mais savoir poés que au tans son pere avoit eu descorde[4] entre les .ij. rois ; et par concorde prisent les crois entre le roi Phelippe et le roi Richart[5] pour aller secourre le sainte tierre de

[1] Celui. — [2] En apriès la mort de celui, li rois Ricars qui lors. — [3] En Engleterre. — [4] S. devés que il à la vie al pere avoit eu guerre. — [5] *Les huit mots précédents manquent dans le ms. S.-G.*

Surie, que Salehadins avoit novielement conquise contre¹ crestiens. Et apriès le couronnement le roi Richart s'en repaira li rois en Normendie; et tantost apparellierent lor oirre ambedui li roi, et si jurerent à partir lor conqueste et lor aventures. Li rois Richars et li² baron qui avoec lui en aloient prisent lor escherpes et lor bourdons, si s'esmurent, et passerent par Provence, et entrerent en mer à Marselle, et syglerent tant que il vinrent en Sezile. En cel tans fu mors li rois Guillaumes de Sezile, qui avoit .i. neveu, Tancre³, qui par l'aïe le roi Richart se fist hoir de la tierre; et si achata à la roine Jehane, la serour le roi Richart, son douaire. Li rois Guillaumes avoit une serour ki avoit non Coustance, ke Henris li empereres de Rome avoit espousée, ki estoit li plus drois hoirs de Sezile. En cele voie furent anemi li doi roi par molt d'ocoisons⁴. La premieres ocoisons si fu que, entruès qu'il sejornoient à Miessines, li rois de France, il et sa gent, furent dedens la ville, et li rois Richars par dehors. Chil dedens, par une mellée qui sourst entre els, veerent la vitaille à cels de l'ost⁵ par le commandement dou roi Phelippe, qui moult haoit les Normans et le roi. Li rois Richars, quant il vit chou que li François li avoient fait, il fist sa gent armer, et assailli⁶ le ville, et le prist sor François : dont il orent grant desdaing. Autre ocoison i ot; car li rois Richars⁷

¹ Sor. — ² Et tuit li. — ³ Tanquere. — ⁴ En c. v. par moltes aventures que deables, qui tous jors s'entremet de metre les males semences el monde, f. a. li dui roi. — ⁵ De fors. — ⁶ Assallir. — ⁷ I ot de chou que li r. R. qui.

avoit jurée la serour le roi Phelippe à feme, manda la fille le roi de Navare[1] avoir à feme, et le fist à lui venir à Miessines, et si l'espousa. Autre ocoison i ot encore; car[2] li rois Richars prist par force Margerit, qui estoit rois de la mer et estoit hom le roi de France, si ne voloit faire houmage au roi Richart; si li fist[3] crever .i. oel : dont chil plus n'en avoit. Autre ocoison i ot, quant il passerent outre Acre, li rois Richars torna o sa gent sor l'ille de Cypre et prist l'empereour et sa feme et sa fille ; car il deveoient[4] la vitaille à l'ost d'Acre. Li rois Richars lassa garde de Cypre Gerart de Calebot[5], et en mena l'empereour prison à Acre. [Onques de cel gaaing ne volt faire partie al roi de France.] Autre ocoison i ot, car quant il furent assamblé à Acre, li cuens Henris de Campaigne, qui le siege avoit maintenu .i. an et plus et estoit niés as .ij. rois, vint au roi de France et si le requist comme à segnor que il l'aquitast, car il avoit tout despendu. Li rois li falli : par coi il ala au roi Richart, qui ses oncles estoit de par sa mere, qui par tout l'acuita et le retint, lui centisme de chevaliers, de sa maisnie ; et de chou pesa moult au roi de France, et grant envie en ot.

Quant la cités d'Acre fu prise, ne demoura gaires apriès ke li rois de France amaladi, et[6] s'en vaut repairier. Li roi parlerent ensamble, et ot en couvent li rois Phelippes au roi Richart que il li garderoit sa tierre de chà la mer comme la soie, et en nulle ma-

---

[1] N. por. — [2] I ot que. — [3] Fist li rois. — [4] Devoit. — [5] Girart Talebot. — [6] A. : par quoi il.

niere ne le ¹ guerroieroit, se il demouroit ; et, se por sa maladie ne fust, il ² demourast volentiers. Ensi s'en vint li rois de France à poi de gent, et lassa le roi Richart à poute ³ s'ost à Acre ; mais malement tint covenant li rois Phelippes au roi Richart ; car il ne demoura gaires, apriès chou que il fu retornés ⁴ en sa tierre, que il commencha à guerroiier Normendie, et li fu rendus Gisors et Lyons et Vernons et pluiseur autre castiel. Et quant li rois Richars oï outremer, là ù il estoit, la noviele que li rois de France guerrioit si faitement sa tierre, il se mist en mer por repairier ; et arriva par dechà à Brandis, et illuec oï-il dire que li empereres Henris qui le haoit et li rois Phelippes qui gaires ne l'amoit le faisoient gaitier par toute la marine : par coi li rois se remist en mer ; et tormente le prist et l'enchaça entre Aquilée et Nequise ⁵. La roine Berengiere, la feme le roi Richart, et la roine Jehane, la suer le roi, s'en vinrent ⁶ par Rome. La nés le roi Richart brisa al arriver, si que por .i. poi li rois ne perilla à toute sa gent. Tant fist k'à grans paines eschapa de la nef, soi .xvi.isme de compaignons. Puis s'en vaut venir en tapinage par Sassoigne ; mais en la tierre le duc d'Osterrice fu apercheus à un castiel que on apiele par non Firsac ⁷, qui est en l'archeveschié de Sanseborc ⁸. Là le prist li dus, et le tint grant piece en prison ; et ⁹ le rendi à l'empereour Henri, qui longhement le tint en

¹ La. — ² N'estoit, il-meismes. — ³ Od toute. — ⁴ Que il vint. — ⁵ Venisse. — ⁶ Semondrent. — ⁷ Stisac. — ⁸ Sauseborc. — ⁹ Tant en p. que il.

sa prison, que par la haine k'il avoit à lui, ke par la roine et[1] par la proiere le roi de France, que par chou que il raiembre le voloit et avoir de ses deniers. Hues li cuens de Saint-Pol le vit en la prison[2], ù il estoit molt empiriés.

Tous tans guerrioit li rois de France sor Normendie, si assist Ruem par deus fois, et prist le conte de Leiciestre. Assés prist des castiaus le roi Richart; Vrenuel[3] assist .ij. fois. Tant fist li rois Richars en la prison o la grant aïe que il ot des Alemans, ki en la prison meismes devinrent si home, que .c. et .l. mars donna de sa raençon, estre les dons et les[4] despens; et laissa en gages Othon son neveu et Bauduin de Biethune, cui il fist puis conte d'Aubemalle par Havi[5] le contesse, que il li donna à feme. Cele Havis avoit esté feme le conte de Mandeville, qui Guillaumes estoit apelés, et[6] n'en ot nul enfant. Quant li cuens fu mors, si le donna li rois à Guillaume de Fors, qui en ot .i. fill, qui ot à non Guillaumes; et apriès[7] Guillaume de Fors, la donna li rois à Bauduin de Biethune. Celui Bauduin lassa-il en ostages por lui, avoec Othon son neveu et autres haus homes de sa tierre assés. Puis s'en ala aval le Rin, tant que il entra en la mer, et de la mer entra en une aighe que on apiele l'Escaut; si arriva à .i. castiel le duc de Louvain, qui estoit apielés Haubiers[8]. Là li fisent mainte hounour

---

[1] *Ces quatre mots manquent dans le ms. S.-G.* — [2] *Le reste de la phrase manque dans le ms. S.-G.* — [3] Vernocil. — [4] Et son. — [5] D'Aubemarle par Hauwi. — [6] Le c. Guillaume de M., qui. — [7] Et a. la mort. — [8] Anwiers.

li dus et li ¹ baron, et autresi fisent li haut baron ² de
Flandres. Là vint encontre lui la roine Alienor, sa
mere, qui en Engletierre avoit maintenue la guerre
contre Jehan sen fil, qui avoit saisis les castiaus le roi
Richart et les voloit tenir ; mais elle l'avoit mis au
desoz de la guerre. Li rois, quant il ot une piece se-
jorné en Anwiers, il passa mer et arriva en Engle-
tierre, ù il encore avoit guerre; mais Jehans ses freres
vint à sa merchi, et il li pardonna son mautalent. Li
rois, quant il ot apaisié la guerre, s'en vint en Nor-
mendie sour le roi de France, qui avoit assis Vrenuel;
mais li rois de France, quant il oï parler de sa venue,
lassa le siege ; et li rois Richars s'en ala à Louches ³,
ke il prist. Tant alerent guerroiant de chà et de là
que li rois de France par force prist consel et con-
corde ⁴ au roi Richart devant Issoudun, et li rendi
le castiel d'Arches et le Noef-Castiel de Driencourt et
Nonencourt, que li rois de France tint en gages. Puis
ravint⁵ que la guerre fu grans entre els. Tant dura que
li rois de France devant Gisors perdi .iiij^{xx}. et .xvi.⁶
chevaliers, et il-meismes ot grant paour, et entra en
fuiant en la ville, et sa gens closent les portes. Puis
ravint⁷ une autre aventure, que li rois Richars che-
vauçoit devant Biauvais, ù il prist l'evesque et grant
plenté de gent o lui ; puis s'en repaira en Normendie
o ses prisons. Li rois Richars fist à force Castel-
Gaillart et desous le castiel de l'Isle, et fist Othon son
neveu chevalier et conte de Poitiers. En cel tans

¹ Si. — ² Home. — ³ A Lochikes. — ⁴ P. concorde. — ⁵ Avint.
— ⁶ .xv. — ⁷ Avint.

moru Henris li empereres d'Alemaigne, et li Alemant eslirent le roi à empereour par ¹ sa bonté ; mais il ne le vaut prendre, ançois manda as Alemans que plus en estoit dignes Othes ses niés. Par cel mandement et por l'amour dou roi Richart, firent li Alemant puis de celui Othon empereour de Rome. Apriès avint que li rois Richars, en une trive qui fu entre lui et le roi de France, s'en ala sour le visconte de Lymoges, qui mesfais li estoit. Là fu navrés à .i. assaut, d'un arbalestrier ² d'un quariel el pis. Pluisour disent que il fu ferus par mi le gros dou brach, et s'i feri mauvais maus : si ³ moru ; mais che fu gas : il ⁴ fu navrés el pis entre l'espaule et le mamiele, si li fu li quariaus trais⁵, et il remest mors de la plaie ; mais, avant que il fust mors, fist-il à toz ses barons jurer feuté à Jehan son frere et que il de lui feroient roi. Puis morut li boins rois Jehans⁶, et fu enfouis à Frontevraut, la boine abbeye de nonnains que il avoit tant ⁷ amée. Il fu enfouis as piés son pere, et ses cuers fu portés à Ruem en la mere-eglyse.

Jehans ses freres, ki cuens estoit de Mortuel, se fist moult en haste duc de Normendie, por le roi de France ki commencha à guerroier en Normendie ; et ala en grant haste en Normendie ⁸, et se fist roi. Puis rapassa la mer en grant haste por la guerre le roi de France ; si ne demoura gaires que il fisent ⁹ entre eus une pais par si que Looys, li fils le roi de Francé,

¹ Por. — ² A. et fu ferus. — ³ Si en. — ⁴ Il ne fu pas navrés el brac, ains. — ⁵ Trais li q. fors. — ⁶ Richars. — ⁷ Que il moult avoit. — ⁸ En Engletiere. — ⁹ G. après que il fu faite.

prenderoit à feme le niece le roi Jehan, la fille le roi d'Espaigne, et si auroit en bonne pais la[1] tierre de Veuguessin le Normant que li rois Phelippes avoit prise sor Normendie, quant li rois Richars fu en prison en Alemaigne. Quant les espousalles furent faites devant le castiel de Boutavant, endementiers se mist li rois Jehans en hostages pour le fill le roi Phelippe, qui estoit entre la gent le roi Jehan. Et apriès les espousailles fu la pais entre les .ij. rois; mais ne demoura pas grantment[2] que guerre refu entre els. Un jor ala[3] li rois Jehans par grant amour en deduit à Paris. Là fist li rois de France demander au roi Jehan, par ma[4] dame Blanche sa niece, qui feme estoit Looys le fill le roi de France, toute la tierre dès chi à l'aighe d'Andele. Par paour li otria li rois Jehans, et confrema par sa chartre; et par ceste ocoison ke li rois Jehans, quant il fu repairiés, ne vaut otriier che ke il ot là fait par paour au roi de France à Paris, recommencha la guerre entre els. Li rois Jehans lassa sa feme la contesse de Glouciestre, si prist la fille le conte d'Engoliesme, qui drois hoirs estoit d'Engonnois, et si l'avoit Hughes li Bruns, li cuens de la Marche, afiée; mais li rois le prist, et si le toli au conte. Par cel afaire se tornerent priesque tout li Poitevin encontre le roi.

Artus, qui drois hoirs estoit de Bretaigne, li fils au conte Joffroi, estoit à Paris o Looys le fill le roi de France; car il avoit afiée la fille le roi, que il avoit eue de la fille le duc de Merane. Li rois de France, en cel esté que li croisié s'en alerent, ki concuisent Constan-

[1] Cele. — [2] Longement. — [3] Car li r. J. ala. — [4] J. ma

tinoble, entra en Normendie et i prist pluisours castiaus; il prist Goslain[1]-Fontainne et la Freté-em-Bray, qui estoient castel Huon de Gornay, qui mainte trahison fist en cele guerre : par coi il fu chaciés de la tierre l'un roi et l'autre; si s'en fui à Cambray, une cité qui est de l'empire d'Alemaigne. En cel tans estoit evesques de cele cité Jehans ki fu fils Robiert l'avoé de Biethune et freres l'avoé Guillaume, qui s'en estoit alés en la voie Diu o les autres croisiés. Li evesques ot o lui .i. bourgois qui moult dist .i. boin mot : Un jor chevauçoit Hues de Gornay en deduit defors la ville as cans o l'evesque et o le bourgois[2], si regarda la cité et si dist : « Ciertes, moult a biele cité en Cambray. » Et li bourgois qui là estoit li respondi : « Ciertes, sire, vous dites voir : moult est biele cités et boine; mais elle a une trop mauvaise coustume. » — « Quels est la mauvaise coustume? » dist Hues de Gornay. « Sire, dist li bourgois[3], sous ciel n'a larron ne trahitour k'ele ne recet. » De cele parole fu moult ris en pluisers lius; car li preudom, ki[4] estoit simples hom, n'i entendi se bien non; ne pour nul mal ne le dist, ains cuida moult bien dire.

En l'autre esté après fist li rois Phelippes chevalier Artu, le conte de Bretaigne, qui sa fille avoit afiée; si l'envoia as Poitevins et si li commanda que il avoec eus en ces parties[5] feist guerre encontre son oncle[6], et il-meismes li feroit guerre deviers Nor-

[1] Goislain. — [2] *Les six mots précédents manquent dans le ms. S.-G.* — [3] Dist-il. — [4] Qui moult. — [5] P. là. — [6] G. devers Normendie.

mendie¹. Chil Artus calengoit sor son oncle le contée
de Poitau et² d'Ango. Il se parti del roi de France,
si s'en vint en Poitau ; et li Poitevin le rechurent à
grant joie, si en fisent lor chievetain. Lors commen-
cierent tout ensamble à guerroier moult durement. Li
rois de France entra en Normendie, et assist le castiel
d'Arches, ki bien se tint. En cel point vint Artus, li
cuens de Bretaigne, o les Poitevins devant .i. castel
que on apiele Mirabiel, ù la roine Alienor, qui mere
estoit au roi Jehan et ayoule Artu, estoit dedens. Quant
Artus et li Poitevin vinrent devant le castiel, tantost
lor fu la ville rendue ; mais l[i] castiaus se tint. Artus
fist tant que il parla à s'ayole, si li requist qu'ele s'en
issist dou castiel et si emportast toutes ses choses, et
s'en alast en boine pais quel part k'ele vorroit aler ;
car à son cors ne vaurroit-il faire s'ounor non. La
roine respondi qu'elle ne s'en istroit pas ; mais, s'il
faisoit que courtois, il se partiroit d'illuec ; car
assés troveroit castiaus que il poroit assaillir, autres
que celui ù elle estoit dedens, et molt li venoit à
grant mervelle que il asseoit castiel ù il savoit qu'ele
estoit, ne il ne li Poitevin ki si home lige devoient
estre. Artus ne li Poitevin ne s'en vaurrent partir,
ains assaillirent le castiel ; mais pas ne le prisent. Il se
herbregierent en la ville, si i furent ne sai quans jors.

　Guillaumes des Roces, qui boins chevaliers estoit,
nés iert d'Anjo, povres bacelers ot esté ; mais par sa
proece avoit-il à feme la dame de Sabluel : par coi il
estoit riches ber. Chil Guillaumes estoit hom liges Artu

¹ G. ausi. — ² O. le roi Jehan le conté.

le conte de Bretaigne encontre toz homes fors encontre
le roi Jehan. Quant il oï nouvieles[1] de che siege, il
s'en vint moult en haste au Mans, ù li rois Jehans
estoit; si li dist : « Sire, se vous me creantés loiaument
comme rois et comme mes sires liges que vous
d'Artu vostre neveu, ki me[2] sires liges est vers toz
homes fors vers vous, vous esploiterés par mon consel,
jou le vous ferai prendre et toz les Poitevins o lui. » Li
rois Jehans, qui moult grant joie ot de cele parole, li
otria moult en haste, et si li creanta loiaument comme
rois; et, o tout chou, li creanta par foi que il par son
consel en esploiteroit volentiers. Tantost s'esmut li
rois o toute sa gent, si s'en ala grant[3] aleure viers
Mirabiel. Guillaumes des Roces s'en aloit devant, qui
les menoit; si vinrent si tost à Mirabiel que pour
.i. poi qu'il ne perdirent toutes lor chevaucheures. Si
sorprisent si les Poitevins que il onques garde ne s'en
donnerent devant che qu'il vinrent à meismes d'eus.
Chil ki gaitoient, quant il les virent venir, commencierent
à crier : « As armes, as armes ! » et li Poitevin
coururent as armes. Joffrois de Lesegnon[4] se seoit au
mangier, qui moult estoit boins chevaliers et mainte
proece avoit faite dechà mer et delà, et atendoit .i. mès
de pigons. Quant la noviele li vint ke on veoit venir
grant gent, si avoit-on doute ke che ne fust des gens
le roi Jehan, si feroit bien se il se levoit[5] dou mangier
et s'armast, et il jura la tieste Diu que il jà ne s'en leveroit[6],
si aroit mangié de ses pigons. Pour chou s'as-

[1] Ches'n. — [2] R. et comme. — [3] Moult g. — [4] Leseignon. — [5] Se
voloit lever. — [6] Se leveroit del mangier.

seurerent tant que li roial entrerent de toutes pars ès
rues. Hughes li Bruns et Raous d'Issodun ses freres,
ki de par sa feme tenoit le conte d'Eu, et Andrius de
Kavegni¹, qui de par sa feme ausi tenoit le tierroir²
de Castiel-Raoul, et maint haut baron s'armerent et
monterent sour lor chevaus et coururent as portes;
mais Guillaumes des Roces vint si tost que il entra
en la porte ançois que li Poitevin le peussent clore.
Si porta en son venir Huon le Brun o son cheval à
tierre en mi la rue. Lors entrerent de toutes pars li
roial ès portes, et li rois meismes i entra; et au pre-
mier cop que il feri, caupa-il le puing .i. chevalier tout
armé de s'espée. Moult fu grans la mellée tout aval la
ville. Que vous diroie-je plus? tout furent desconfi li
Poitevin, et Artus fu pris et³ tout li Poitevin; onques
uns seus des haus homes n'en eschapa. Quant li rois ot
fait son fait, il s'en repaira vers Ruem; si enmena toz
ses prisons, fors seulement Andriu de Chavegny : celui
en lassa-il aler sour sa fiance. Et quant li rois de
France sot ces novieles au siege d'Arches, ù il estoit,
il lassa le siege, si se traist arriere. Li rois Jehans,
quant il fu venus à Ruem, il mist Artu son neveu
en prison en la tour, ù il moru. Guillaumes de Roces,
quant il vit qu'il⁴ avoit mis son neveu Artu en prison
en la tour, il vint à lui; si li requist k'il li tenist son cou-
venant, car il li avoit en couvenent que il d'Artu es-
ploiteroit par son consel, et ses cousaus estoit que il
boine seurté presist de lui ke il dès ore mais loiaument
le sierviroit, et Artus l'en donroit assés des fils as haus

¹ De Chaveigni. — ² La terre. — ³ Et priés. — ⁴ Que li rois.

homes de sa tierre en hostages, et sor chou l'en lassast aler. Li rois ne le vaut faire : par coi Guillaumes des Roces se parti de son siervice; et s'en ala au roi de France, ki puis li donna la senescaucie d'Ango. Puis servi-il moult bien le roi de France et greva moult le roi d'Engletierre. Li rois Jehans envoia Savari de Maulyon[1] en Engletierre, si fu mis en prison el castiel del Corf[2]; mais des autres ot-il merchi, ki moult douchement[3] li fisent requerre ke il por Diu euust merchi d'eus, et il dès ore mais seroient à sa volenté et loiaument à son siervice. Li rois les crei, si s'en ala avoec aus en Poitau por prendre seurté[4] de chou tenir. Assés l'en firent de seurtés comme de sairemens et de fiances, que il mauvaisement tinrent; car tot autresi tost que il en[5] fu repairiés en Normendie se tornerent-il encontre lui tout à .i. fais, autresi comme devant. Li cuens Robiers d'Alençon, ki tenoit la cité de Sains[6], se torna autresi encontre le roi Jehan et devint hom le roi de France.

Li rois de France, ki grant joie ot de cele retornée, s'en retorna[7] en Normendie et prist Arches, et puis assist le castiel de Radepont. Quant li rois Jehans le sot, il ala cele part o toute s'ost; et vint el bois deseure Radepont, et si fist sonner ses trompes. Quant li rois de France oï les trompes le roi d'Engletierre, il se parti de Radepont et lassa le siege, si assist tout ensamble Castiel-Gaillart [et l'ille d'Andelis, qui desous seoit en une isle de Sainne. En dementiers que il sist

---

[1] Marlion. — [2] Cor. — [3] Humlement. — [4] Lor seurtés. — [5] S'en. — [6] Sais. — [7] S'en rentra.

là, fist-il faire .i. fossé tout entor Castel-Gaillart] por chou que vitaille n'i peust entrer et que chil fussent asseur cui il i vaurroit ¹ laissier. Il prist l'ille d'Andelis, puis s'en parti et lassa une partie de sa gent devant Castiel-Gaillart; si assist le val de Ruel, que Robiers li fils Gautier et Sohiers de Quinci, doi Englois, avoient à garder, qui trop tost le rendirent : dont il furent molt blasmé, et dont li Englois furent moult abaubi por chou que il soloient dire que li Englois renderoient moult à envis les castiaus que il auroient à garder en tel maniere que li Normant faisoient. Li rois de France, quant il ot le val de Ruel, il s'en ala au Pont-de-l'Arche, ù 'il ne trova nul defois; puis assist Radepont, si le prist. Lors se ² tornerent grans partie des Normans deviers lui : par coi li rois Jehans n'osa plus demourer en Normendie, ains s'en parti et lassa Pieron de Praiaus ³ garde de la cité de Ruem; si li commanda que il del tout ouvrast par le consel l'archevesque de Ruem. Puis passa mer, et vint en Engletierre; et enmena o lui Bauduin de Biethune, qui cuens estoit d'Aubemalle ⁴, et Guillaume d'Aubemalle ⁵, ki cuens estoit de Pembourc : ces deus amoit-il moult et creoit, car il estoient preudome. Encontre l'ivier se traist li rois de France arriere, et departi ses os; à l'esté après, remanda-il sa gent, si assambla moult grant ost, et en entra en Normendie, et derechief⁶ passa Ruem; et vint à Cam, si le prist. En cel jour⁷ conquist-il le castiel Audemer et le castiel de Buene-

¹ Voldroient. — ² S'en. — ³ Piniaus. — ⁴ Aubemarle. — ⁵ G. le mareschal. — ⁶ N. derecief et. — ⁷ Voic.

Ville[1]-sor-Touke et le castiel de Liesewies[2] et la cité de Constances. Il assist le castiel de Faloise, qui moult ert fors; si le prist. Les clés de Donfort[3] en Passois li furent aportées à l'encontre. Moult fist de ses volentés par la tierre, puis s'en repaira arriere, et[4] assist Ruem entre l'aighe et le bois. En cel point que il sist devant la cité, fist-il parler à Pieron des Praiaus; si coururent tant les paroles, que li rois li promist .ij^m. livrées de tierre, par si que il li rendist la cité de Ruem; et Pieres des Praiaus fist tant por cele promesse que trives furent prises entre cels de Ruem et le roi de France. Si devoient envoier au roi d'Engletierre et[5] mander que il les secourust dedens .i. terme ki fu mis entre eus et le roi de France; et, se il ne les secouroit dedens cel termie, il lor convenroit la cité rendre. A che consel s'acorda li archevesques de Ruem, si que Pieres des Praiaus en ot ses lettres pendans. Ensi comme il fu devisé, envoierent chil de Ruem au roi Jehan en Engletierre, ù il estoit, si li manderent cel afaire; mais il ne 's secouru pas : par coi la cités[6] fu rendue au roi de France et li castiaus de Praiaus et tout li castiel de Normendie à .i. mot, fors seulement Castiaus-Gaillars, ù les gens le roi de France seoient devant; et lonc tans i avoient sis. Li connestables de Ciestre estoit dedens, qui moult loiaument le garda. Il fu connestables dou castiel, que li[7] rois Jehans li ot baillié à garder.

[1] Boinne-Ville. — [2] Et la cité de L. et la cité de Baiewes. — [3] Denfront. — [4] R.; autresi. — [5] Et il li devoient. — [6] La c. de Ruem. — [7] C.; li.

Quant la cités de Ruem fu rendue, Pieres des Praiaus vint au roi de France, si li requist que il li tenist son couvenant des .ij^m. livrées de tierre que il li devoit donner. Li rois de France respondi que si feroit-il volentiers; lors commanda tout en audience à ses clers que il feissent chartre à Pieron des Praiaus de .ij^m. livrées de tierre, que il li devoit por la cité de Ruem son lige-segnor, que il li avoit rendue. Pieres des Praiaus, quant il oï la fourme de la chartre, si ne le vaut prendre; ains passa en Engletierre, et vint au roi Jehan, si li cria merchi et li requist moult humlement que il por Diu ne se courechast à lui de la cité de Ruem qui rendue estoit, car canques il avoit fait fist-il par le consel l'archevesque de Ruem, par cui consel li rois li avoit commandé à ouvrer de toutes ces choses[1], et ses letres pendans en avoit. Li rois Jehans, qui grant maugré l'en savoit de cel afaire, li pardonna son mautalent par cel escondit; mais grant duel ot de sa pierte et grant ire. Quant li baron d'Engletierre qui lor tierres avoient pierdues en Normendie oïrent les nouvieles del roi de France, comment il conqueroit toutes lor tierres[2], et il virent[3] le roi d'Engletierre qui si mauvais samblant faisoit de lui desfendre, il parlerent ensamble et puis vinrent devant le roi, si li requisent que il soufrist por Diu que[4] il lor tierres qu'il avoient perdues en Normendie peuussent requerre au roi de France[5]; car che seust-il bien ke, jà fust che cose que lor cors fussent deviers le roi de

[1] T. c. — [2] Conqueroient toute la terre. — [3] Vinrent. — [4] Que se. — [5] F. que il les requesissent.

France, si seroient li cuer adiès ¹ deviers lui. Li rois dist que il en parleroit. Un jor assambla tout son consel, si lor moustra les requestes que si baron li faisoient, et lor en demanda consel. Bauduins de Biethune, li cuens d'Aubemalle, qui moult estoit preudom et loiaus et boins chevaliers; mais si estoit mehaigniés de la goute artetyque ² que il ne pooit aler .i. pas, ains le couvenoit porter; et de chou pooit moult peser au roi Jehan, car moult l'avoit adiès ³ trouvé loial et feel. Chil parla premierement devant toz, et dist au roi : « Comment, sire, vos requisent-il ⁴ que vous lor donnés ⁵ congié d'aler au roi de France requerre lor tierres que pierdues ont en Normendie, et ke lor cors soient deviers le roi de France encontre vous, et lor cuer soient deviers vous? » — « Oïl, dist li rois, che me requierent-il. » — « Ciertes, che dist li cuens, je ne sai que vous en ferés; mais, se jou estoie comme de vous, et ⁶ lor cors fussent contre moi et lor cuer deviers moi, se jou les cuers dont li cors seroient contre moi tenoie en mes mains, je les jeteroie toz en une orde longagne. » De cele parole fu moult ris, et si ne fu pas adont cele chose sommée, por la parole que li cuens dist; mais puis donna li rois au conte de Warende, son cousin, la ville d'Estanfort, qui molt est boine, par eschange de sa terre ke perdue avoit.

Savaris de Maulyon ⁷, qui en cel point estoit en prison el castiel del Corf, il avoit o lui .iiij. homes qui le gardoient. Un jor lor donna tant à boire que il les

---

¹ Tous jors. — ² D'artetique. — ³ Tous dis. — ⁴ Requierent-il. — ⁵ Doingniés. — ⁶ C. vos, se — ⁷ Marlion.

enyvra, si que il s'en dormirent. Quant il les vit toz
.iiij. dormans, il prist une quignie, si les ocist toz
quatre; puis se mist en la maistre-forterece, et s'osta des
fiers. Cele nouviele, quant elle fu seue, fu tost contée au
roi Jehan, ki estoit priès d'illuec à une jornée. Lende-
main vint li rois devant le castiel, si vaut faire assaillir
Savari; mais par la proiere Hubert Gautier, qui arche-
vesques estoit de Chantorbire, moult vaillans clers et
moult larges et moult courtois, en ot-il merchi; et
Savaris li jura sour sains que il dès ore mais le siervi-
roit loiaument, et si l'en bailla en ostages sa feme et
sa mere. Lors se parti Savaris del roi Jehan, et vint
en Poitau, et le siervi puis moult bien. Il requist[1] le
castiel de Nyors[2], qui se tenoit adont deviers le roi
de France[3], par grant engien. Chil de Niors avoient
acoustumé que cascun an, le premier jor de may,
aloient por lor may à .i. bois qui estoit une liue loing
de la ville. Savaris, ki bien savoit cele coustume, en
avrill devant, se traist arriere pour eus laissier asseu-
rer; et quant che vint encontre le jour de la mayole,
il s'en repaira si en haste viers Nyors que il se mist le
jour de la fieste par matin[4] entre la ville et les bour-
gois, qui au bois estoient alé, si que onques garde
ne s'en donnerent. Il fu toz couviers de may, et tout
chil qui avoec lui estoient[5], autresi : par coi chil qui
as portes estoient[6] furent decheu, car il cuidierent
que che fussent lor bourgois ki repairassent del bois;
si les laissierent ens entrer. Quant Savaris fu dedens la

[1] Il reconquist. — [2] Nior. — [3] Qui d. le r. de Fr. estoit. — [4] P. m.
encontre la vile. — [5] Furent. — [6] E. en.

ville, si s'en ala moult en haste au castiel, que il trova tout desgarni; si le prist et le garni moult bien. Ensi fu li castiaus pris et la ville conquise. Puis s'en issi Savaris de la ville encontre les bourgois, qui au bois estoient; si les prist toz à sa volenté; mais il ne les mist pas en male prison; ains prist ostages d'eus, et lor sairemens que il dès ore mais seroient à la volenté[1] le roi d'Engletierre loiaument, et par tant orent pais.

Hughes li Bruns et li cuens d'Eu ses freres et Hughes de Surgieres ses freres, qui viscuens estoit del Castel-Eraut, et Joffrois de Lesegnon ses oncles et li viscuens de Touart[2], qui moult estoit riches hom, et Guillaumes de Maulyon li oncles Savari, qui sires estoit de Maulyon et de Chalemont[3], et Hughes l'archevesques, qui sires estoit de Partenay, et Tiebaus de Biaumont, qui sires estoit de Bierchieres[4], et maint autre haut baron que je ne puis pas toz noumer, quant il oïrent ces nouvieles, il s'entre-manderent de toutes pars et assamblerent grant ost, et vinrent devant Niors, et assaillirent Savari dedens. Longhement i sissent; mais riens n'i firent fors tant que moult ot faites de bieles chevaleries à che siege. Un jor i ot .i. poingneis, ù Savaris porta Hugon de Surgieres à tierre o tout le cheval en mi les rues del fourbourc; et puis s'en rentra en la ville. Et li rois Phelippes de France, ki s'estoit partis del Castiel-Gaillart, qu'il avoit pris à force sour cels dedens, qui tout estoient affamé, car il avoient toz lor chevaus mangiés par disete[5], si

[1] Au service. — [2] Toart. — [3] Talemont. — [4] Bercieres. — [5] Destrece.

qu'il ne se pooient mais aidier. Li connestables de Ciestre, li loiaus chevaliers, qui toz jors soloit dire, quant on li requerroit del castel rendre, que il jà ne le renderoit se on ne l'en trainoit hors par le pié, fu trovés el castel si affamés que il ne se pooit ¹ mais aidier; si fu hors trais ² par le pié, si comme il avoit devisé. Quant li rois de France sot ceste noviele, de Savari de Maulion qui li avoit en tel maniere le castiel de Niors soustrait ³, et que li Poitevin l'avoient assis, il assambla ses os, si vint à la cité de Tours; et puis passa outre jusques au castiel de Chinon, ù ses gens seoient devant. Hubiers de Bours, qui puis fu justice d'Engletierre, ot en garde le castiel. Quant li rois fu venus à Chinon, grant plenté fist drecier de perrieres et de mangonniaus, dont il depecha malement ⁴ les murs. Tant i sist et tant le fist assaillir, et tant empira les murs de ses perrieres et de ses mangouniaus et de ses mineours que li castiaus fu à force pris, et Hubiers de Bours dedens; si fu livrés à garder à Renaut de Dant-Martin ⁵, qui cuens estoit de Bouloigne. [Puis] que li castiaus fu pris, remest li rois une grant pieche toz cois logiés devant le castiel; en dementiers atira-il la garnison dou castiel, et si devisa en quel maniere il voloit le castel refremer ⁶. El castiel avoit une des plus bieles chapieles del monde, qui estoit apielée la chapiele del Castiel-Roufet ⁷.

Li Poitevin ki seoient devant Niors, quant il virent

---

¹ Pot. — ² Si fu t. fors del castel. — ³ Emblé. — ⁴ Moult m. — ⁵ Rainnaut de Dan-Martin. — ⁶ Que li castiaus fust refremés. — ⁷ De Castel-Rouset.

que il riens n'i esploiteroient, il se partirent del siege et alerent parler au roi de France à Chinon, là ù il estoit, qui assés lor fist mauvais samblant. Quant li rois ot parlé as Poitevins, et il ot devisée la forterece del castiel, et il i ot laissié tel garnison comme lui plot, il se parti d'illuec et s'en repaira en France. En cel tans vinrent les novieles en France de Bauduin l'empereour de Constantinoble, qui avoit esté cuens de Flandres et de Haynau, que Johanisses¹ li Blas avoit pris et desconfit, et que li cuens Looys, ki sires estoit de Chartres et de Blois, estoit ocis en la bataille, et que li cuens Hues de Saint-Pol estoit mors de sa mort en la cité de Constantinoble, et que Guillaumes li avoés de Biethune s'en revenoit, et Bauduins d'Aubegni avoec lui, ki moult estoit boins chevaliers. Quant la noviele vint au roi Jehan en Engletierre, là ù il estoit, que il avoit perdu son castiel de Chinon, et ke Hubers de Bours estoit dedens pris à force, je ne sai quel duel il en ot au cuer; mais moult en fist poi de samblant. Toute tourna s'entente en deduit de chiens et d'oisiaus et à conjoïr la roine sa feme, que il moult amoit; et nonporquant si li disoit-elle mainte retraite et mainte felenesse parole. Une fois, à une noviele ki vint au roi de je ne sai quel perte ke il avoit faite, dist à la roine : « Oés, dame : tout che ai-je perdu por vous. » Elle respondi tantost : « Sire, ausi ai-jou le mellour chevalier dou monde perdu por vous. » A une autre noviele li dist-il : « Dame, ne vous caut ; car, par la foi que je doi vous, encore

¹ Q. Jou Jehans.

sai-jou .i. tel angle ù vous n'ariés[1] garde del roi de France devant .x. ans, ne de tout son pooir. » — « Ciertes, sire, dist-elle, je croi bien ke vous estes moult desirans à estre rois qui soit matés en l'angle. » Teus paroles li disoit-elle souvent : por coi elle ot puis moult de maus. Mol[t] mal homme ot el roi Jehan : crueus estoit sor toz homes ; de bieles femes estoit trop couvoiteus ; mainte honte en fist as haus homes de la tierre : par coi il fu moult haïs. Jà voir ne deist son voel. Ses barons melloit ensamble quanques il pooit ; moult estoit liés quant il veoit[2] haine entre els. Toz les preudomes haoit par envie ; moult li desplaisoit quant il veoit nullui bien faire. Trop estoit plains de males teces ; mais de grant despens estoit : moult donnoit à mangier et larghement et volentiers ; jà sa porte ne li huis de sa sale ne fussent gardé[3] au mangier : tout chil mangoient à sa court qui mangier i voloient. As .iii. nataus[4] donnoit volentiers grant plenté de reubes as chevaliers : de chou fu-il bien entechiés.

En un yvier encontre .i. Noel avint que[5] Hubiers Gautiers, li bons archevesques de Chantorbire, qui moult estoit larghes et vaillans et de grant afaire, vint au roi Jehan ; et si[6] li requist que il au Noel fust o lui à sa court à Chantorbire, que il voloit tenir moult grant. Li rois l'avoit sour cuer por sa bonté, dont grant envie avoit ; mais nonporquant il li otria, si vint au Noel à Cantorbire. A cele court ot[7] moult grans gens, molt fu la cours riche et pleniere, et

[1] Nos n'auriens. — [2] V. que il avoit. — [3] Ne gardast-on. — [4] Ataus. — [5] Vint al roi Jehan. — [6] Afaire, si. — [7] A la cort od.

mervelles i ot biel servi. .iij. jors i demoura li rois; et quant che vint que il s'en dut partir, si apiela l'archevesque, si li dist : « Sire archevesques, savés-vous por coi j'ai tant demouré chi ? » — « Por choi, dist li archevesques, fors que por moi hounour faire ? » — « Par les dens Diu[1] ! dist li rois, autrement vait la chose : vous estes si larghes, si vaillans et de si grant despens que nus ne vous poroit ataindre ; vous volés avoir par vous seus tout le beubant d'Engletierre ; mais, la merchi Diu, je vos ai ore si mené que jamais ne vos porés aidier ne jamais n'aurés que mangier. » Et quant l'archevesques oï cele parole, molt li greva ; si respondi[2] au roi : « Comment cuidiesmes-vous por tant avoir destruit ? Non avés ; je ne sui pas si legiers à destruire. Puis que vous avés che dit, dites-moi ù vous serés à la Pasque. » — « A vous k'ataint ? » dist li rois. « Par saint Julien ! dist li archevesques, vous ne le me porés celer. Savés-vos por coi je le vous demandai ? por chou que jou vaurrai estre là ù vos serés ; et se la ville n'est tant grans que mes gens et les vostres ne s'i puissent herbregier dedens, je me logerai dehors ; et si m'aatis bien que je tenrai plus biele court ke vos ne ferés, et si i ferai plus grant despens et plus i donrai de robers[3] et plus i ferai de noviaus chevaliers et plus i ferai de toz biens que vous ne ferés[4]; et à la Pentecouste ferai-jou tout ensi, se jou vif adont ; et encore aura Hubiers Gautiers à mangier. »

Quant cele aatine fu faite, li rois se parti d'illuec ;

---

[1] Bieu. — [2] R. tantost. — [3] Reubes. — [4] *Les quatre mots précédents manquent dans le ms. S.-G.*

et quant che vint à la Pasque, li archevesques tint bien son convenant au roi ; car il fu logiés defors la ville ù li rois estoit, et si tint plus[1] biele court que li rois ne feist, et plus i fist grant despens et plus i donna reubes et plus i fist de nouviaus chevaliers, si comme il s'estoit aatis. A la Pentecouste apriès, s'estoit-il bien aatis que il feroit tout ensement; mais il ne pot, por le roi ki en cel point assambla ses os et apparella sa[2] navie por passer en Poitau : par coi il ne li rois ne porent court tenir. A Portesmues fu li navies apparellies. Là vint li rois à toutes ses os; là sourst une mellée entre les gens l'archevesque et les gens le conte de Winciestre[3], si que li archevesques se courecha, si que il en jura saint Juliien que il cousteroit ançois .x^m. mars à l'archevesché que il ne fust amendé[4]. Lors manda ses gens de toutes pars, et li cuens de Winciestre[5] les soies. Quant li rois sot cel afaire, il monta sor .i. cheval et vint à l'archevesque, si descendi del cheval devant lui à tierre, et li pria[6] merchi que il por Diu en che point ne commenchast mellée. Quant li archevesques vit le roi descendu, il descendi de l'autre part et fist quanques il vaut[7] ; mais moult soufri dolans sa honte comme chil qui[8] estoit de grant cuer. Li rois et si baron entrerent ès nés, et passerent mer, et arriverent à le Rociele. Là vinrent à lui Savaris de Maulyon et li autre Poitevin ki devers lui se tenoient. Li viscuens de Thoart[9] vint là à lui,

---

[1] Moult plus. — [2] Son. — [3] Cestre. — [4] Que chele chose ne f. amendée. — [5] Cestre. — [6] Cria. — [7] Q. li rois volt. — [8] Qui moult. — [9] Toart.

qui deviers le roi de France avoit esté ; mais il s'en estoit partis¹ et revint à son droiturier segneur, le roi d'Engletierre, à cui il fu moult bien venus et qui grant fieste fist de lui et li ot puis grant mestier.

Assés tost sot li rois Phelippes l'arrivement le roi Jehan, ki tantost s'en vint à Chinon ; mais il n'i demoura gaires, ains s'en torna assés tost, et lassa à Chinon le duc de Bourgoigne et le conte de Poitau² sen serouge. Et li rois d'Engletierre, quant il ot parlé au visconte de Toart et à Savari de Maulyon son chier ami et as³ autres Poitevins, il se parti de le Rociele et chevaucha par la tierre ; et s'en vint à la cité d'Angiers, ù la fieste estoit adont toute plaine. Si prist tantost la ville, et ses gens i gaaignierent mervelleus avoir. Puis passa outre jusques à Bourdiaus-sor-Gironde, regardant ses tierres et prendant ses houmage⁴. Quant il ot fait ses afaires en la tierre de Bourdiaus, il s'en rala arriere vers Poitau. Bien tost après puis que il s'en commencha à repairier, sot li dus de Bourgoigne [, qui à Chinon estoit,] sa revenue ; si manda⁵ au roi de France que il s'en revenist⁶ tost cele part ; car li rois, qui à Bourdiaus avoit esté, s'en revenoit arriere vers Poitau, et si li manda avoec que bien seust-il que il ne voloit pas iestre offins⁷, ne onques mais dus de Bourgoigne n'avoit tant esté en garnison comme il avoit : si li grevoit moult ; et bien seust-il que se il⁸ ne s'en revenoit, que il n'i manroit plus.

¹ Mais il s'en partirent, il et se gent. — ² Pontiu. — ³ Et à ses. — ⁴ Tenses. — ⁵ Si m. tantost. — ⁶ Venist. — ⁷ Assis. — ⁸ Il tost.

Par cel mant que li dus manda au roi, semonst li dus¹ ses os, si s'en vint à Chinon ; et puis passa l'aighe de Viane et entra en Poitau, si s'en ala droit vers Thoart, ù li rois d'Engletierre estoit jà venus. Li rois de France chevaucha jusques devant la ville, ardant la tierre; mais li rois d'Engletierre n'issi pas contre lui fors, ne onques home n'en lassa issir ; et nonporquant si n'avoit-il pas maint de gent que li rois de France avoit. Li rois de France arst chou que lui plot defors forterece, puis s'en repaira arriere ; et li rois Jehans s'en revint en la Rociele, et entra en mer, et rapassa en Engletierre, ù il fist puis molt² de maus.

Or oiiés quel vie li rois Jehans mena, puis que il fu repairiés en Engletierre. Toute s'entente torna à deduire son cors : bois et rivieres antoit, et moult l'en plaisoit li deduis. Tant se fist douter par sa tierre ke toutes les gens tiesmoignoient que puis le tans le roi Artu n'avoit eu roi en Engletierre qui tant fust doutés en Engletierre, en Gales, en Eschoce ne en Yrlande, comme il estoit. Les bestes sauvages avoient tel pais k'eles passoient³ par les chans ausi priveement comme se che fussent brebis. Quant les gens erroient par les chemins, et il les veoient paistre delés eus, et il poingnoient vers elles, ne s'en daignoient-elles fuir plus grant alure del trot u des petis galos ; et quant chil qui les chaçoient arriestoient, elles arriestoient ausi. Bauduins li cuens d'Aubemalle avoit une fille de Havy⁴ la contesse sa feme, qui Aalis⁵ estoit apielée ; plus

¹ Li rois. — ² Assés. — ³ Paissoient. — ⁴ Haewi. — ⁵ Aelis.

n'avoit d'enfans : celi donna-il à feme à Guillemin, le frere Guillaume le mareschal, le conte de Pembroc, ù il le maria moult bien.

En cel tans moru Hubers Gautiers, li boins archevesques de Chantorbire ; et li rois vint as moines de Sainte-Trinité, si lor dist que li archevesques de Chantorbire devoit estre li tiers de son consel si hautement que, s'il conselloit à .i. home, il se pooit sus embatre sans mesfait ; et puis qu'il avoit tel dignité à son consel, il voloit avoir la premiere vois à l'election[1]. Li moine li otriierent, et il nomma l'evesque de Norewis. Li pluisour des moines li otriierent, et li pluisour ne li vaurrent otriier ; mais la plus grans partie de couvent se tint devers le roi. Por cele descorde qui fu entre les moines atirerent li moigne qui devers le roi se tenoient .xij. de lor compaignons[2] qui à Rome s'en devoient aler por achiever cele besoigne, dont li rois lor avoit priié. Cil .xij. moigne s'en alerent à Rome sour le coust le roi ; et quant il i vinrent, malement li tinrent couvent ; car onques ne se penerent de sa besoigne avancier ; ains esliurent, encontre chou que il li avoient en couvent, à archevesque .i. clerc d'Engletierre qui estoit apielés maistre Estievenes de Langethone ; del consel l'apostole estoit, boins clers ert et de haute clergie. A Paris avoit grant piece escole tenue, et avoit esté uns des plus renommés clers de[3] la cité. Cele noviele desplot m[ou]lt au roi d'Engletierre, quant il le sot ; tantost[4] prist l'archeveschié en sa main et saisi toute la terre as moines, et toz les enchacha

[1] Del e. — [2] Moinnes. — [3] De toute. — [4] T. vint en Kent et.

fors de la tierre : par coi li apostoles Innocens li tiers, qui adont estoit, mist Engletierre en entredit¹ qui dura .v. ans. Li entredis vint au quaresme ; et à la Saint-Mikiel devant s'estoit la roine, la feme le roi, cele qui fille fu le conte d'Engolesme, delivrée d'un fill qui fu apielés Henris, qui puis fu rois. Apriès ² l'entredit se delivra-elle d'un autre fill, qui fu apielés ³ Richars. Dedens cel entredit vinrent novieles au roi Jehan que chil d'Yrlande s'estoient revelé : par coi il aparella sa⁴ navie pour aler⁵ en Yrlande ; mais il s'en ala ançois sour .i. haut home de le marce de Gales, qui mellés estoit à lui. Chil haus hom estoit apielés Guillaumes de Brayouse. Cil Guillaumes de Brayouse avoit une moult vaillant dame à feme, qui fu née de la tierre le roi de France ; fille fu Bernart de Saint-Waleri, le boin chevalier, Mehaus estoit apielée ; biele dame estoit, moult sage et moult preus et moult vighereuse. Il n'estoit nulle parole de sen baron aviers chou qu'il estoit de li ; elle maintenoit toute la guerre encontre les Galois, sor cui elle conquist moult. Maint biel service fist au roi Jehan, qu'ele malement emploia, et maint biel present li fist. Une fois presenta-elle à la roine .iijᶜ. vaces et .i. tor, ki toutes estoient blances, fors les ⁶ orelles qu'eles avoient rouges. Cele dame se vanta une fois à Bauduin le conte d'Aubemalle son neveu qu'ele avoit bien .xijᵐ. ⁷ vaces à lait ; et se vanta encore qu'ele avoit tant de froumages que, se cent des plus vighereus home d'Engletierre estoient assis en .i. cas-

¹ Mist e. en E. — ² Apriès. Dedens. — ³ Qui ot à non. — ⁴ Son. — ⁵ Passer. — ⁶ Des. — ⁷ .xiij. mile.

tiel, il se poroient desfendre de ses froumages .i. mois, par si encore que il jà lasser ne se peuussent et toz jors trovassent les froumages aparelliés por jeter[1] hors.

Mehaus de Braiouse et Guillaumes ses maris, quant il oïrent les novieles que li rois venoit sor eus, il ne l'oserent pas atendre, ains s'en fuirent fors de la tierre. Guillaumes de Braiouse s'en ala en France, mais che fu par conduit; et Mehaus sa feme et Guillaumes ses fils s'en fuirent en Yrlande à Huon de Lachi, qui estoit Guillaumes[2] de Braiouse. Li rois saisi lor tierre; puis entra en mer et passa en Yrlande, et vint à la cité de Dovelinne[3], ù il fu recheus à grant joie. Puis chevaucha par la tierre, si virent entre lui et sa gent mainte grant mervelle qui moult seroient mal creables, ki vous les raconteroit. Li rois de Counoc vint à son siervice, uns des plus riches rois d'Yrlande; moult amena grans gens; mais tout furent à pié et moult mervelleusement atorné. Li rois meismes fu moult povrement montés et atornés à lor guise. Li rois Jehans li fist presenter .i. moult rice destrier et moult richement ensielé et enfrené. Li rois de Counoc l'en merchia; puis fist oster la siele et monta sus tout à ars[4], car il ne savoit chevaucier à tout siele; et si faitement chevaucha-il une grant piece delés le roi Jehan, qui grant fieste en ot; autresi orent les[5] gens. Li rois Jehans assist le castiel de Cracfergu, ki moult estoit fors. Hues de Lachi et Mehaus de Bayouse et Guillaumes ses fils avoient esté dedens; mais quant il

[1] Ruer. — [2] Laci, qui e. parens Guilliaume. — [3] Duveline. — [4] Aas. — [5] O. toutes.

oïrent parler de la venue le roi, il ne l'oserent pas atendre, ains entrerent en mer et s'en fuirent en l'ille de Man, ù il furent .iiij. jors; puis passerent outre en la tierre de Gauvoie. Là furent pris entre Mehaut de Brayouse et Guillaume sen fill; si furent [renvoié] arriere en Yrlande au roi Jehan qui estoit sires [1], qui encore seoit devant le castiel de Cracfergu. Hues de Lachi ne fu pas pris avoec els; ains eschapa, si s'en fui en Eschoce. Au siege de Cracfergu, ù li rois Jehans seoit, vint à son siervice li rois de Kanelyon [2], uns autres rois d'Irlande; mais chil ne parvint pas jusques à l'ost, ains se loga à une liue priès en une praierie. Li rois Jehans, quant il sot sa venue, ala encontre lui, et quant il vint si priès de l'ost le roi que il le pot veoir, moult le regarda volentiers; car il estoient logié en si poi de liu que il sambloit que .ij^m. home ne s'i peussent pas aaisier, et si avoit bien en l'ost .xl^m. homes. Li rois de Kenelyon, quant il vit venir le roi d'Engletierre, il ala encontre lui tout à pié o toute une partie de sa gent. Quant li rois Jehans le vit venir, il descendi à pié et l'ala saluer et baisier, et moult li fist biel samblant. Puis fist venir son drughemant, et li fist requerre que il ses hom devenist et que cascun an li rendist tréhu de sa tierre. Li rois de Kanelyon dist que il en parleroit : il se traist d'une part o la gent, et ot moult tost conseillié; puis revint arriere ses drughemans et dist au roi Jehan : « Sire, me sires respont que il li plaist moult chou que vous li avés requis, et moult desirans est d'estre vostre hom et de

---

[1] Ces trois mots manquent dans le ms. S.-G. — [2] Kenelion.

faire vostre volenté dou tout; mais il vous prie comme
à son¹ segnor que vous anuit mais l'en donnés respit;
car ses consaus n'est encore pas tous venus, qui doit en-
core anuit toz venir; et demain, quant il en aura parlé,
vous en respondera², et fera moult volentiers toute
vostre volenté. » Li rois Jehans jura les dens Diu³ que il
disoit bien, et moult volentiers⁴ li donna le respit;
puis prist congié, si s'en repaira à s'ost, et li rois de
Kenelyon à la soie. Lendemain bien par matin li rois
de Kenelion courut seure les fouriers et cels qui apor-
toient le vitaille à l'ost, si reuba grant plenté de bués
et de vaces et de moutons et de brebis et de palefrois⁵
et de roncis. Si prist grant masse d'escuiers et de gar-
çons et de vilains, si ala à tout ès montaignes, ù il
estoit⁶ gardé de cels de l'ost. Puis manda au roi Jehan
que il là li envoiast por son tréu, se biel li estoit. Si
faitement perdi li rois Jehans le service de cel roi par
sa couvoitise, dont plains estoit. Li rois Jehans prist
le castel de Cracfergu, si assist les baillius par la
tierre⁷; puis s'en repaira en Engletierre. Quant il fu
arrivés en Engletierre, il mist en prison Mehaut de
Braiouse et Guillaume son fill el castiel del Corf, si fist
metre avoec els une garbe d'avaine et .i. bacon cru;
onques plus de viande n'i lassa metre. A l'onzisme
jour fu la mere trovée morte entre les jambes le fill,
toute droite seans, fors tant qu'ele clinoit arriere sour
le pis son fill, comme morte feme. Li fils, ki mors estoit
autresi, seoit toz drois, fors tant que il clinoit deviers⁸

¹ C. s. — ² V. r. — ³ Bieu. — ⁴ Et v. — ⁵ Cevals. — ⁶ M., là ù n'ot.
— ⁷ Les terres. — ⁸ Arriere encontre.

la paroi comme uns mors hom; si li avoit la mere par destrece toutes¹ les joes mangies.

Quant Guillaumes de Braiouse, qui à Paris estoit, sot ces nouvieles, il moru tost apriès; si tiesmoignent² pluiseur que che fu de duel. L'evesques de Herefort ses fils le mist en tierre, à cui li rois rendi puis la tierre son pere. Bauduins de Biethune, li cuens d'Aubemalle, moru en cel an meismes à Brostewic, un sien manoir qui siet en Heudrenesse³; si fu enfouis à Meause⁴, une abbeie de l'ordre de Cistiaus. Il fu moines rendus, et ot les dras viestus ains k'il morust⁵. Havis la contesse sa feme donna .vᵐ. livres d'estrelins au roi Jehan por chou que il jamais ne le peust marier, se sa volentés n'i estoit, et non fist-il; ele ne vescui gaires puis, ains moru assés tost apriès. A cel tans estoit justice d'Engletierre Joffrois li fius Pierre, uns sages chevaliers; mais n'estoit mie de grant linage. Il avoit à feme la contesse d'Assesse : par coi il estoit moult rices hom. Et por chou k'il estoit justice d'Engletierre, s'estoit-il moult acreus de grans tierres et de haus mariages : par coi il avoit moult grant⁶ pooir. Il avoit de sa feme fils et filles; deus fils en ot, qui puis furent andoi conte. Li ainsnés de ces fils ot à non Joffrois de Mandeville, souentre ses ancissours de par sa mere; et li mainsnés ot à non Guillaumes. Joffrois li ainsnés ot à feme la fille Robiert [le fil] Gautier, qui estoit uns des plus haus homes d'Engletierre et uns des plus poissans. Moult estoit bien emparentés et moult amés de

---

¹ La m. t. — ² Si tiesmoingnierent. — ³ Heudernesse. — ⁴ Meausse, en. — ⁵ V., il fu moinnes rendus. — ⁶ Il a. gr.

ses parens. Li rois se courecha à la justice pour deus choses : l'une fu por chou que il le doutoit por sa poissance ; l'autre si fu por chou que il avoit couvoitise d'avoir de ses deniers, dont il ' avoit assés : par coi il le raienst, et li fist puis assés de maus. Avant che que il le raiensist dist-il une mervelleuse parole. Là ù il chevauçoit tout son chemin, il apiela .i. clerc de Flandres, qui estoit apielés Gautiers ; prouvos estoit de Saint-Omer et cousins ² germains le castelain. Li rois l'apiela et li dist : « Veés-vous chelui-là ? » Si li moustra la justice. « Oïl, sire, » dist li prouvos. « Ciertes, dist li rois, vous ne veistes onques mais hom ki tant se gaitast d'autre comme il se gaite de moi, que je n'aie de son avoir ; mais autretant comme il se paine del gaitier, me paine-jou comment j'en puisse avoir. » Quant cele parole fu finée, et li provos se fu partis del roi, la justice l'apiela, si li dist : « Sire provos, jou oï ore bien chou que li rois vous dist ; et puis k'il a tel talent d'avoir de mes deniers, il ne puet estre qu'il n'en ait ; mais che sachiés-vous et il meismes le sace bien, que je li brasserai tel plait dont il se sentira moult dolereusement maint jour après ma mort. » Cele parole remest à tant ; mais puis raienst li rois la justice de .x^m. mars : par coi il le haï moult et li pourchaça puis assés de maus.

Une fois s'en aloit li rois viers Mierlebierge³, si avoit en sa route assés des haus homes d'Engletierre ; il i estoit Joffrois de Mandeville, li fils la justice, qui ses siergans envoia avant à Mierelebierge. Li sergant, quant

---

¹ Cil. — ² Et freres. — ³ Merleberge.

il vinrent en la ville, il troverent .i. moult biel hostel, si entrerent ens; mais li siergant Guillaume Bruuierre¹ entrerent en l'ostel, et en jeterent à force les siergans Joffroi. En che point que chou avint, entra Joffrois en la ville. Quant il vint devant l'ostel, si siergant vinrent à lui, si li disent : « Sire, veés chi les siergans mon segneur Guillaume Bruiere, ki nos ont chaciés de² l'ostel que nous aviesmes pris à vostre oés. » Joffrois vint tantost as siergans Guillaume Bruuiere, si lor requist que il widassent son hostel; mais il ne le vaurrent faire : par coi mellée commencha entre eus. Si ocist Joffrois tantost le plus maistre d'aus³. Quant Joffrois ot le sergant ocis, il se douta del roi, qui le haoit pour l'amour de son pere; si fist tantost toutes ses gens monter et tout sen harnois tourser, si s'en fui. Et quant Guillaumes Bruuiere oï les nouvieles de son siergant qui estoit ocis, il s'en vint au roi, si se plainst à lui. Quant li rois l'oï, moult fu iriés; si jura les dens Diu que, s'il le pooit tenir, il le feroit pendre. Et Joffrois, quant il fu issus de Merleberge, erra tant que il vint à Robiert le fill Gautier, cui fille il avoit; si li conta che k'avenu li estoit. Robiers li fils Gautier, quant il oï chele nouviele, moult li desplot; mais nonporquant il s'en ala assés tost après le⁴ roi, et li requist que il por Diu euust merchi de Joffroi qui sa fille avoit. Li rois jura les dens Diu que non auroit, ains le feroit pendre, se il le pooit tenir. « Vous feriés pendre, dist Robiers Gautiers, ce-

¹ Briwerre. — ² Fors del. — ³ M. sergant. — ⁴ Al.

lui qui ma fille a! Par *corpus Domini*, non ferés! ains en verriés .ij^m. hiaumes laciés en vostre tierre, que chil fust pendus qui ma fille a. » — « Voire, dist li rois, vous aatissiés-vous à moi? » — « Je non, dist Robiers li fils Gautier, ne m'aatis pas à vous, car vous estes me sire liges; mais de tant m'aatis-je bien ke jà hom qui ma fille ait ne serra pendus en Engletierre tant comme je vive; mais metés jour à Joffroi, et je le vous amenrai : si vous adrecerai[1] si hautement chou que il a mespris enviers vous que vostre hounours serra del prendre. » Li rois, ki à autre chose pensoit que il ne li desist, respondi que si feroit-il volentiers; lors li mist jour à Notinghehen. Robiers li fils Gautier, ki le roi connissoit à moult gaignart, ne vaut pas venir à court desgarnis; ains amena o lui bien .v^e. chevaliers à toutes lor armes. Quant li rois vit qu'il estoit venus si garnis, il vit bien ke il ne poroit pas faire sa volenté de Joffroi : moult li greva, si ne vaut adont plus faire de cele chose, ne parole oïr de pais; si lor mist jour à une autre fois. A l'autre[2] jour derechief revint Robiers li fils Gautier si garnis à court que li rois n'ot pooir de lui ne de Joffroi mal faire. Quant li rois vit chou, molt fu iriés, et moult commencha à haïr Robiert le fill Gautier, et molt se commencha à pourpenser comment il li peust mal faire. Il manda privéement[3] à ses bourgois de Londres, qui se faisoient apieler baron, ke si chier comme il avoient s'amour à avoir, qu'il abatissent le castiel Robiert le fill Gautier,

---

[1] Adrecera. — [2] M. .i. autre jor. Altre. — [3] Tout p.

qui dedens Londres estoit, que on apieloit Castiel-Baignart[1]. Quant li bourgois oïrent che que li rois lor mandoit, il n'oserent trespasser son commandement, ains s'assamblerent et vinrent devant le castiel, si l'abatirent. Cele felenie fist li rois Jehans, ki mainte en fist tant comme il vescui.

Bien s'apierchut Robiers li fils Gautier que che fu par le commandement le roi que chil de Londres li abatirent son castiel ; il pensa bien que puis k'il li avoit ceste chose faite, qu'il li feroit encore pis, s'il pooit : si n'osa sour chou demourer en la tierre, ains prist sa feme et ses enfans, si s'en fui à tout fors de la tierre. Il avoit .ij. filles et .i. fill ; li ainsnée des filles, si comme vous avés oï, fu mariée à Joffroi de Mandeville, et l'autre fu encore petite puciele ; mais puis fu-elle mariée à Guillaume de Mandeville, qui freres fu Joffroi ; mais puisnés[2] estoit de lui. Quant Robiers li fils Gautier ot mer passée, il fist à entendre par tout que li rois Jehans voloit sa fille ainsnée, qui feme estoit Joffroi de Mandeville, avoir à force à amie, et por chou que il ne le vaut soufrir, l'avoit-il chacié de sa tierre et tout le sien tolut. Il s'en vint à la cité d'Arras : là lassa-il sa feme et ses enfans, si passa outre et ala parler au roi de France. Chi conte l'estore d'une mervelleuse chose qui avint au roi de France, ançois que Robiers li fils Gautier venist à lui.

Il avint que li rois Phelippes de France[3] se dormoit une nuit en son lit, si sailli sus autresi comme toz esma-

[1] Baingnart. — [2] Ains neis. — [3] *Les sept mots précédents manquent dans le ms. S.-G.*

ris et dist : « Dex! k'atenc-jou, qui ne vois Engletierre conquerre? » Si¹ chambrelenc, ki devant lui gisoient, s'en esmervellierent moult; mais il n'en oserent parler. Tantost commanda li rois que il li fesissent venir frere Garin, .i. hospitalier qui moult estoit maistres de son consel, et Biertremiu de Roie, .i. chevalier qui moult estoit bien de lui, et Henri le mareschal, .i. petit chevalier ki moult l'avoit bien siervi et cui il amoit moult et maint bien li avoit fait; en Normendie avoit-il Argentuel² et autres grans tierres. Ces .iij. fisent li chamberlenc venir au roi, et pluisours autres qui de son consel estoient. Li rois commanda à eus que il envoiassent tost par toute sa terre as pors de mer, si fesissent retenir toutes les nés que il trouveroient, et des nouvieles fesissent³ à grant plenté; car il voloit passer en Engletierre et le regne conquerre. Chil fisent son commandement; si envoierent tantost as pors de mer, si fisent retenir toutes les nés que il trouverent; et puis cuisent carpentiers, et en fisent assés faire de novieles. Li ro[i]s manda toz les haus barons de sa tierre à parlement, si lor requist que il venissent o lui en Engletierre pour le regne conquerre. Tout li otriierent, fors li cuens de Flandres, qui ne li vaut otriier se il ne li rendoit Saint-Omer et Aire, que ses fils Looys li avoit tolu. Par cel escondit fu puis li cuens toz destruis, et jetés en prison à Paris en la tour dou Louvre. En cel point que li rois assambloit ses os et apparelloit sa navie, vint Robiers li fils Gautier à lui; et quant li rois le vit venir,

¹ Si que si. — ² Argentuem. — ³ Feissent faire.

il le salua moult hautement, et li demanda dont il venoit et quels besoins l'amenoit en France. « Sire, dist Robiers, grans besoins m'i amaine ; car li rois m'a chacié[1] d'Engletierre, et toute ma tierre tolue. » — « Por quele ocoison? » dist li rois. « Ciertes, sire, dist li rois[2], l'ocoison vous dirai-jou : il voloit à force jesir à une moie fille, que Joffrois de Mandeville a espousée ; et por chou que je ne le vauch soufrir, m'a-il destruit et chacié de ma[3] tierre : si vous pri pour Diu que de moi vous prenge pités, comme d'un home deshireté à tort. » — « Par la lance saint Jaque ! dist li rois, chis maus vous est avenus en bon point, car je dois passer en Engletierre ; et se je puis la tierre conquerre, vostre paine[4] sera bien restorée. » — « Sire, chou dist Robiers, jou ai bien oï la nouviele que vous devés passer en Engletierre, si en sui moult liés ; et sachiés, se vous me voliés bailler de vos chevaliers .iiij^c. et .v^c.[5], jou passeroie avant et arriveroie en la tierre maugré le roi, et i demouerroie legierement[6] .i. mois par la force de mon linage ; si vous atenderiesmes en la tierre, et vous-meismes poriés lors passer plus seurement. » — « Par le chief saint Denise ! dist li rois, Robiert, jà uns seus de mes chevaliers n'i passera avant moi, et vous-meismes m'atenderés et passerés avoec moi. » — « Sire, dist Robiers, je ferai chou qu'il vous plaira[7]. » Devant cest afaire avint que li rois d'Engletierre envoia Savari de Maulyon au conte Raimon de Thoulouse, son serouge, que il siervi une

[1] Caciet fors. — [2] Robers. — [3] Sa. — [4] Perte vos. — [5] Trois cens u quatre cens. — [6] Plenierement. — [7] P. moult volentiers.

grant piece, tant que il entendi ke li cuens estoit escumeniiés de l'apostole pour les mescreans d'Aubegois que il soustenoit, et de lui-meismes tiesmoignoit-on que il estoit de mauvaise creance : par coi il fu fourjugiés en la court de Rome. Savaris, quant il chou sot, ne vaut plus demourer en son service; ains s'en parti, et il le requist que il li paiast ses soldées, et li cuens ne li vaut paier : par coi il prist puis Raimont son fill, qui niés estoit le roi d'Engletierre son segneur, fils de sa serour la roine Jehane, si le raienst de .x^m. livres. Lors fu noncié à Savari que li rois d'Engletierre li savoit si mauvais gré[1] de son neveu, ke raient avoit, que, se il le pooit tenir, il li feroit anui : par coi il cuist sa pais au roi de France, et s'aparella de passer o lui en Engletierre.

En cel tans avint une mervelle en Engletierre, d'un home qui se faisoit devin; Pierres de Pont-Frait estoit apielés. Mainte chose dist que on vit avenir; dou roi meismes dist-il que il devoit bien prendre garde de lui-meismes, car il ne seroit pas rois de si à l'Assention. Cele cose fu contée au roi, qui moult s'en courecha; si manda[2] tantost que on li feist celui venir. Amenés li fu, et li rois li demanda s'il avoit che dit. Chil respondi que voirement l'avoit-il dit et bien le disoit encore. Li rois le fist tantost prendre, et si jura les dens Diu[3] que, se il li disoit voir, il n'auroit garde; et, s'il li mentoit, il le feroit pendre, ne jà n'en auroit[4] raençon. Lors fu chil jetés en prison, et uns siens fils avoec lui; mais onques en la prison ne se despera,

[1] Si grant malgré. — [2] Commanda. — [3] Bieu. — [4] N'en prendroit.

au samblant qu'il faisoit, ne tant ne quant. Fiere paour ot li rois Jehans de la parole que chil ot dite, car¹ il estoit en mauvais point de maintes choses : il veoit qu'il estoit escumeniiés; de l'autre part il veoit que tout chil de sa tierre le haoient; de l'autre part, il savoit que li rois de France venoit sour lui, qui tant estoit fors et poissans que² il savoit bien³, s'il pooit arriver en la tierre, il ne se poroit pas desfendre à lui ; car trop amenroit de boins chevaliers avoec lui. En mainte maniere se commencha à pourpenser, et bien vit que, se par l'apostole rescous n'estoit, jà rescous ne seroit. Tantost envoia ses messages à Rome, si manda à l'apostole que il pour Diu euust merchi de lui, et li proia que il l[i] envoiast un de ses clers que il creist, et il par le consel de lui amenderoit⁴ entirement quanques il mespris aroit⁵ vers sainte Eglyse; et bien seust-il que ore poroit-il estre bien sires del regne d'Engletiere, qui si longhement avoit encontre lui esté.

Quant li apostoles oï cele nouviele, moult li plot; si i envoia tantost .i. de ses clers, qui estoit apelés Pandoufles. Chil clers passa les mons, si s'en vint en France; et de France vint à la mer, ù li fils le roi, qui Looys estoit apielés⁶, estoit jà venus, et les os s'assambloient⁷ durement; mais li rois n'i estoit encore pas venus. A Wissant⁸ entra en mer, si arriva à Douvre. Li rois Jehans estoit⁹ en che point defors Douvre à une maison del Temple, pour le roi de France qui sour lui devoit venir. Moult avoit grant ost li rois,

¹ Dite, il vit bien que. — ² P.; il. — ³ B. que. — ⁴ A. tot. — ⁵ Avoit. — ⁶ U Loeys li f. le r. — ⁷ S'i a. — ⁸ Winsant. — ⁹ Li r. estoit.

bien esmoit-on ses chevaliers à .xij^m. Quant li rois sot la venue dou clerc l'apostole, il s'en vint tantost¹ en la ville de Douvre, si le rechut moult biel. Tant parlerent ensamble entre le roi et le clerc que la pais fu devisée entre eus, en tel maniere que li rois rechevroit Engletierre² par .vi^c.³ mars de tréu cascun an, et Yrlande par .iij^c., et as clers cui il avoit le lor tolu restoerroit lor piertes, par le consel le clerc; et par tant⁴ seroit pais, et r'auroit sa crestienté. Ensi fu li rois rassaus et ot sa pais, et si prist le signe de la crois. Et quant la noviele vint à⁵ l'ost que li rois estoit rassaus et que on r'avoit la crestienté, moult veissiés par tout les Englois esbaudis; moult les oïssiés entre els aatir et afficier que jà la tierre ne pierderoient, puis que on r'avoit la crestienté, qui assés mauvais semblant faisoient devant che⁶ que cele nouviele venist; mais puis furent-il moult baut. Pandoufles li clers s'en entra en mer, et passa outre; si ala parler au roi de France, ki jà estoit venus à Gravelinghes; si li desfendi que il ne passast pas en Engletierre pour mal faire, car tous li regnes d'Engletierre estoit del fief l'apostole; et, se il i passoit, bien seust-il que li apostoles feroit justice de lui et de sa tierre. Par ceste desfense ne passa pas li rois; ains se parti de Gravelinghes moult iriés, si s'en ala sour la tierre le conte de Flandres, qui li avoit escondit l'aler en Engletierre; si fist toutes ses nés aler au Dan, et bien les garni. Et Robiers li fils Gautier, quant il sot cele noviele, ançois

---

¹ T. à lui. — ² E. del apostole. — ³ .vij^c. — ⁴ Et p. tout. — ⁵ Aval. — ⁶ F. anchois.

que li rois se partesist¹ vint-il à Pandoufle le clerc ; et li dist que il² s'estoit partis d'Engletierre por le roi qui escumeniiés estoit, car il ne voloit pas estre en la compaignie des escumeniiés : et por chou li avoit li rois toute sa terre tolue ; mais, puis que li rois estoit assaus et il avoit sa pais, il li requeroit que il l'en remenast o lui³ en Engletierre, et li fesist sa pais au roi, et sa tierre li fesist r'avoir. Par la requeste que Robiers li fils Gautier fist à Pandoufle, l'en remena-il en Engletierre, et li fist sa pais au roi, et toute sa tierre li fist r'avoir. Lors ot pris .i. parlement à Radingues⁴ entre le roi et le clergié ; si donna li rois à l'archevesque de Chantorbire .xvᵐ. mars por les damages ke fais li avoit, et à l'autre clergié fist-il pais par le consel Pandoufle le clerc. En che tans moru Joffrois li fius Pierre, qui ot esté justice d'Engletierre ; puis fist li rois justice de Hubiert de Bours⁵, qui ses chamberlens ot esté.

Quant li jours de l'Assention fu passés, li rois se pourpensa de la parole que Pieres de Pont-Frait li ot dite ; si envoia tantost au castiel ù il estoit en prison⁶, por lui faire pendre. Ançois que chil qui le gardoient en seussent les noveles, lor dist-il : « Segnor, li rois a envoié en ceste ville por faire pendre moi et mon fill. Jou serai pendus, car bien le sai⁷ ; mais che serra à tort, car li rois a recheu son regne de l'apostole très tierc jour devant l'Assention : et puis que il tient son

---

¹ Se p. de Gravelinghes. — ² K'il que il, *ms.* 455. — ³ Menast od lui arriere. — ⁴ Radinges. — ⁵ Bors. — ⁶ En p. *manquent dans le ms. S.-G.* — ⁷ Por m. f. p. Jou sai bien que jou s. p.

regne de nul home mortel, dont¹ n'est-il pas rois. »
Ne targa gaires² apriès que li message le roi vinrent as
gardes, si lor disent chou que li rois lor mandoit. Chil
fisent le commandement le roi : si fu Pieres pendus,
et ses fils o lui.

Grant ire et grant courous ot à son cuer li rois de
France, pour l'apostole qui li avoit tolue le voie d'En-
gletierre; il s'en ala sour le conte de Flandres, ensi
comme vous avés oï. Quant il vint devant Ypre, li
cuens vint à lui et li cria merchi; mais riens n'i es-
ploita, et pour .i. poi que on ne li fist grant honte.
Lors se parti li cuens del roi, si s'en passa par mi
Ypre; et dist as bourgois que il ne tenissent pas la ville
encontre le roi, ains li rendissent; puis s'en ala, si
manda de toutes pars ses homes là ù il les pot avoir.
Li rois, quant li cuens se fu partis de lui, s'en vint à
Ypre; si li fu tantost la ville rendue, et il prist des
bourgois hostages et sairemens. Puis chevaucha par
la tierre de Flandres, si fu à Bruges et à Gant, et si
prist des bourgois ostages et sairemens³. Li cuens de
Flandres, quant il vit que il ne poroit trover merchi
au roi, il parla à ses homes et lor demanda consel. Si
home li loerent que il envoiast en Engletierre au roi
Jehan et s'en plainsist⁴ à lui, et si manda⁵ as cheva-
liers de sa tierre que il por Diu mesissent consel en⁶
son afaire et li aidassent à lor pooirs enviers le roi. A
cel message fu esleus uns chevaliers⁷, Bauduins de⁸

---

¹ M., puis. — ² Puis. — ³ *Cette phrase manque en entier dans le ms. S.-G.* — ⁴ Presist. — ⁵ Mandast. — ⁶ A. — ⁷ C., qui estoit apelés. — ⁸ Del.

Nuef-Port. Cil cuens de Flandres dont je vous di estoit apielés Ferrans, fils[1] le roi de Portygal[2]; la contée de Flandres tenoit de par sa feme, la contesse Jehane, qui fu fille l'empereour Bauduin de Constantinoble et la boine contesse Marie. De cel mariage li aida une soie ante, qui fu feme le boin conte Phelippe de Flandres; car elle donna au roi de France .l. mile livres de paresis pour le mariage faire, et moult li cousta as conselliers le roi. Cele dame ot moult grant douaire: elle tenoit en ses mains Douay et Lille et Bailluel[3] en Flandres et Cassiel[4]-sour-le-Mont et Bourbourc[5]-sour-le-Mer et quanques il apendoit à ces castiaus. A Furnes estoit lors fuie[6] pour la guerre.

Bauduins de Nuef-Port, qui fu eslius à aler ou message le conte en Engletierre, entra en mer et s'en ala syglant; si arriva à Sauwis tout par nuit. Cele chose qu[e] je ore vous conte avint devant le parlement de Radingues, ù li rois Jehans fist sa pais au clergié. Por chou que il m'estuet conter de .ij. estores, de celi d'Engletierre et de celi de Flandres, ne vous puis-jou pas toutes les choses conter en ordre. En cel point que Bauduins de Nuef-Port arriva à Sauwis, estoit li rois d'Engletierre defors Douvre, ù il avoit faite sa pais à Pandoufle le clerc l'apostole, si comme vous avés oï. Quant Bauduins fu arrivés, il monta errant[7] sor son palefroi et s'en vint à l'ost; si ala parler as chevaliers de Flandres qui en l'ost [estoient, qui] gisoient [encore] en lor lis. Tout droit à l'ajornée vint-il à eus,

[1] Fils fu. — [2] Portingal. — [3] Bailloel. — [4] Cassel. — [5] Borborc. — [6] E. f. — [7] Tantost.

et les esvella et parla à eus : .vi. haus homes de Flandres i avoit et pluisors autres bacelers. Des .vi. haus homes estoit li uns Robiers de Biethune, li ainsnés des fils l'avoué Guillaume, fors .i. qui Danois[1] estoit apielés, qui s'en estoit alés vers Constantinoble ; li secons fu Guillaumes de Saint-Omer, freres le castelain ; li tiers fu Gilles Biertaus[2], li cambrelens de Gremines ; li quars fu Adans Chieres, li chastelains de Bierghes ; li quins fu Henris de Bailluel ; li sixtes fu Gales de le Coupiele. Bauduins de Nuef-Port parla à ces .vi. homes et as[3] bacelers de Flandres qui là estoient ; si lor conta comment li rois de France avoit toute saisie la tierre de Flandres, et le conte en avoit chacié et ne li voloit faire droit ne loi, ne merchi n'en voloit avoir. Si lor mandoit li cuens que il pour Diu parlassent au roi d'Engletierre et li priassent que il mesist consel en lor afaire ; et, se il metre ne li voloit, que il s'en revenissent à lui. Quant li chevalier de Flandres oïrent cele nouviele, moult lor desplot : si em parlerent ensamble. Robiers de Biethune, cui je nommai premierement, estoit mauvaisement dou conte de Flandres, pour la roine de Portygal s'antain, cui il avoit guerroié por chou qu'ele faisoit tort à son pere. Cele roine de Portygal fu cele dame meismes dont je vous dis devant[4], qui ante estoit au conte Ferrant et qui fu feme au conte Phelippe. Por chou qu'ele fu fille à roi l'apiela-on[5] roine, ne onques le non de roine ne perdi por le non de contesse. Robiers de Biethune,

---

[1] Daniels. — [2] Bertaus. — [3] Sis haus h. et as autres. — [4] Ci-d. — [5] L'a.-on tous dis.

comme vaillans chevaliers [1], ne vaut onques por chou laissier que il estoit mauvaisement dou conte que il ne se penast de tout son pooir [2] de se besoigne avancier. Il meismes fu eslius à moustrer la parole devant le roi. Quant il oren[t] parlé ensamble, et Robiers ot enchargié la parole à dire, il s'en vinrent devant le roi; et tantost que li rois les vit venir, si lor dist : « Souffrés-vous .i. poi. Je sai bien que vous volés, si en parlerai à mon consel [3]. » Lors se traisent cil arriere, et li rois apiela à son consel Guillaume Longhe-Espée son frere, qui sires [4] estoit de Salesbieres [5], et l'evesque de Winciestre et pluisours des autres conselliers.

Au consell le roi furent apielé li cuens de Bouloigne et Hues de Bove, qui andoi estoient chacié de France, et toutes lor tierres lor avoit li rois tolues. Li rois se consella à ceus que je vous ai chi nommés, si ot moult tost consellié. Puis remanda les Flamens et lor dist : « Segnour, je sai bien que vous voliés orains : vous me voliés prier que je mesisse consel à l'afaire le conte de Flandres, vostre segneur, et je li meterai [6] moult volentiers. Jou voel bien ke vous alés à lui, et jou-meismes i envoierai o vous le conte de Salesbieres mon frere, qui chi est, et de mes autres chevaliers et de mon avoir, par si que vous revegniés o moi tantost ke je mestier en aurai. » Quant chil oïrent la parole que li rois dist, molt l'en merchierent ; et si li disent ke, se il devoient à no par mi la

[1] Bacelers. — [2] P. à son. — [3] *Ces trois derniers mots manquent dans le ms. S.-G.* — [4] Quens. — [5] Salesbires. — [6] M. conseil.

mer revenir, si revenroient-il tantost que il orroient
son besong. « Grans mierchis, dist li rois. Or alés as
nés. » Lors monterent li chevalier, si s'en alerent
moult en haste à Douvre, et fisent tantost lor chevaus
entrer[1] ès nés. Li rois meismes les envoia[2] jusques
à Douvre, si bailla au conte de Salesbieres son frere
une soie nef qu'il ot faite faire, qui si estoit biele et
grans et bien faite que tout chil qui le veoient disoient
que il onques plus biele n'avoient veue; n'onques en la
mer d'Engletierre n'en fu nulle faite qui de la moitié
fust tant grans. Li cuens de Bouloigne et Hues de
Bove s'en alerent en cel estore o les autres, et Jehans
fils Huon, uns des consellers le roi. Devant la Pen-
tecouste monterent sour mer; mais petit vent orent,
si ne porent pas si tost arriver[3] comme il vaurrent.
Cel jour et cele nuit furent en mer, et lendemain au-
tresi et la nuit apriès. Le joesdi vinrent devant la Mue,
qui siet à .ij. liues del Dan. Lors s'armerent chil qui
armé n'estoient, si issirent des nés et entrerent ès
batiaus, et coururent seure l'estore le roi de[4] France,
que il là trouverent; si le desconfirent : toutes
gaegnierent les nés que il trouverent en flote, bien
en gaegnierent quatre cens. Puis alerent assallir les
grans nés, qui estoient plus priès de la ville del
Dan; mais elles estoient à sec sor la tierre traites,
si n'i pooient riens faire. Quant il che virent, il se
traisent arriere et s'en repairierent à lor nés à tout
lor gaaing.

 Lendemain au venredi vint li cuens de Flandres,

[1] Cargier. — [2] Convoia. — [3] Aler. — [4] L'estoire de.

qui lor venue sot, sor le rivage parler à eus à poi de gent : il n'amena pas plus de .xl. chevaliers o lui. Quant chil des nés le virent venir[1], il entrerent en lor batiaus et alerent parler à lui sour tierre, si li requisent que il s'aloiast[2] au roi d'Engletierre ; et il lor respondi[3] qu'il estoit hom liges le roi de France, si n'oseroit chou faire se si home ne li looient [Si home li disent que il bien le pooit faire. Encore dont ne la volt-il faire, se il ne li looient] par conjurement. Lors les conjura que il li donnassent consel par la foi que il li devoient [, se il sans blasmer le pooit faire;] et il disent[4] que il le pooit bien faire sans blasme, sour chou que li rois avoit esploitié viers[5] lui. Lors fu faite l'emprise, si jura li cuens sour sains que il dès ore mais aideroit en boine foi le roi d'Engletierre, ne jamais ne li faurroit ne pais ne feroit sans lui ne sans le conte de Bouloigne. Et chil qui de par le roi d'Engletierre furent là venu jurerent al conte[6] cel sairement meismes de par le roi, et li cuens de Bouloigne le jura de par lui-meismes et de par le roi autresi. Ensi fu faite l'emprise. Lors vint avant Robiers de Biethune de par le conte, si fu tantost faite la pais entre aus. Lors firent li chevalier de Flandres, qui ès nés estoient venu, lor chevaus traire fors des nés à grant esploit, si se herbregierent la nuit sour tiere. Lendemain fu la velle de la Pentecouste. Li cuens de Flandres et li cuens de Bouloigne et li au-

---

[1] V. manque dans le ms. S.-G. — [2] S'en preist. — [3] D'E. Il r. — [4] Si home prisent sor la foi que il li devoient. — [5] Sor. — [6] Là vinrent al conte et j.

tre chevalier qui sou tierre estoient se leverent bien¹ matin, si alerent oïr messe ; et puis s'armerent et monterent sor lor² chevaus, si s'eslongierent des nés et s'aprocierent de la ville del Dan³. A demie-liue priès de la ville s'arriesterent, et prisent consel de quel part il feroit mellour assaillir la ville ne les nés. Robiers de Biethune et Gautiers de Gistiele⁴ se partirent d'eus, et s'en alerent jusques outre la riviere⁵ del Dan; si vinrent sor une aighe que on apiele la Roie; cele aighe vait de Bruges au Dan. Quant il vinrent sor la riviere⁶ de l'aighe, il regarderent viers Male une maison le conte, qui siet defors Bruges, que il pooient bien d'illuec veoir. Si virent que grans gens s'i logoient. Bien cuidierent que che fussent li bourgois de Bruges qui de la ville fussent issu por venir encontre lor segnor. En che point vint acourant une feme vers eus, qui bien connissoit Gautier de Gistiele ; si li dist : « Mesire Gautier, que faites-vous ichi? Li rois de France est repairiés o toute s'ost en cest païs, et che sont ses gens que vous veés là logier. » Et quant Robiers et Gautiers oïrent cele nouviele, il s'en repairierent tantost viers lor gens; si conterent as .ij. contes cele nouviele. Li cuens de Bouloigne dist au conte de Flandres : « Sire, traions-nous arriere : chi ne fait mie boin demourer. » Lors se traisent arriere le pas; si proierent à Robiert de Biethune que il alast as nés, si lor fesist venir le conte de Salesbieres et Huon de Bove et Jehan le fill Huon, por parler⁷ à eus sour le

¹ B. par. — ² Les. — ³ Dam. — ⁴ Ghistiele. — ⁵ La vile. — ⁶ Rive. — ⁷ Huc parler.

rivage. Robiers lor otria, si descendi de son cheval et monta sour .i. palefroi. Si comme il s'en devoit aler, il oï grant noise commencier derriere lui; il se regarda, et vit que doi arbalestrier des gens le roi de France estoient venu traire à lor gent. Et quant il vit chou, il descendi de son ' palefroi et remonta arriere sour son cheval.

Ansiaus de Rouslers et Lambekins de Rosebreche², uns siens compains, laissierent courre vers les³ arbalestriers; si les porterent, en lor venir, à tierre. Tantost furent pris ambedoi li arbalestrier. Lors coisa la noise une piece. Puis revinrent .v. arbalestrier, si commencierent à hardoiier as gens le conte. Apriès les .viij.⁴ en revinrent .viij., puis en revinrent⁵ une grans masse, puis commencierent à venir siergant à cheval, puis vinrent chevalier à grant plenté. Tant i vint grans force des gens le roi que les gens le conte ne les porent soufrir, ains se traisent arriere; si i ot grant desconfiture. Là fu pris Gautiers de Fourmesieles⁶ et Jehans ses freres et Gautiers d'Anies⁷ et Guillaumes d'Ypre et Tumas Chieres⁸ et Giselins de Havescierque⁹ et Hues de la Bretaigne, uns cousins Robert de Biethune, qui nouviaus chevaliers estoit. Jusques à .xxij. chevaliers ot pris à cele desconfiture, et pluisours siergans à cheval. Lors entrerent ès nés li cuens de Flandres et li cuens de Bouloigne et tout li haut home, fors seulement Gilles Biertaus, li chamberlens de Gremines, et Rogiers de Gistiele et Gautiers

---

¹ Del. — ² Rosebecke. — ³ Les deus. — ⁴ .v. — ⁵ Revint. — ⁶ Formesclcs. — ⁷ D'Aiunes. — ⁸ Cieres. — ⁹ Ghiselins de Havesquerke.

ses freres et Herbers de Furnes, qui maistres estoit de
Blavetins¹, et Robiers de Biethune, qui le conte de
Flandres fist entrer en une nef ; ne onques ne se vaut
partir del rivage devant chou que li cuens fu en la nef.
Puis s'en ala², si enmena le cheval le conte à sauveté,
por chou que il ne vaut pas que li François l'euussent.
Li cuens de Flandres et li cuens de Bouloigne et li cuens
de Salesbieres, qui en la grant nef le roi d'Engletierre
estoit, s'en alerent en l'ille de Waucres sauvement, et
Hues de Bove et Jehans li fils Huon et toute la grans na-
vie s'en repairierent en Engletierre ; si orent si grant
tormente que à paines² qu'il ne furent tout perellié. Chil
qui demourent à terre s'eslongierent des François, car³
il cuidierent estre à garant. Gilles Biertaus, li chamber-
lens de Gremines, s'en ala à Ardembourc⁴, dont il estoit
castelains ; et Rogiers de Gistiele et Gautiers ses freres
s'en alerent à Gistiele, et Hierbiers de Furnes s'en ala
en son⁵ païs, et Robiers de Biethune s'en ala vers
Noef-Port. Et en cel point s'estoient li baron de Flan-
dres assemblé à Courtray, et chil de Haynau à Aude-
narde ; molt avoient grans gens, que des lor, que des
gens le conte. Quant il oïrent parler de la desconfi-
ture del Dan, il en lassierent tantost lor menues gens
aler, si eslurent .iij. haus homes por aler querre le
conte. De ces .iij. fu li uns Arnous⁶ de Landast, qui
estoit uns des barons de Flandres ; des autres deus fu
li uns Phelippes li castelains de Maudenghien⁷, et li

¹ Blavotins. — ² Que por .i. poi. — ³ F. et s'en alerent là u. — ⁴ Au-
dembourt. — ⁵ F. et H. de F. s'en alerent en lor. — ⁶ Ernols. — ⁷ Mal-
deughien.

autre Phelippes de la Gastine. Chil .iij. s'emurent et vinrent à ¹ Noef-Port, ù il troverent Robiert de Biethune o .lx.² chevaliers.Ançois que il venissent en la ville, i fu venus Thumas Cheres³, qui pris avoit esté en la desconfiture ; mais delivrés fu par l'aïe de ses amis qui en l'ost estoient, ançois que li rois le seust. Le lundi en la Pentecouste, par matin, vint Thumas Cheres à Nuef-Port ; si conta à Robiert de Biethune [se il savoit nule noviele de chou] que li rois de France avoit toutes ses nés arses et que il s'estoit retrais arriere viers Gant.

Chil troi haut home dont je vos ai conté vinrent au port que je vous ai dit⁴ cel jour meismes, si demanderent à Robiert de Biethune se il savoit nulle noviele del conte. Robiers lor dist que uns pescieres li avoit dit k'il avoit laissié le conte en l'ille de Waucres, et le conte de Bouloigne et le conte de Salesbieres o lui, et bien cuidoit que li cuens Willekins de Hollande i fust. Quant il lor ot chou dit, il descendirent ; si parlerent ensamble tout quatre, si deviserent que il iroient lendemain par matin en l'ille de Waucres querre le conte ; ensi comme il le deviserent le firent : lendemain par matin s'en entrerent⁵ tout quatre en une pescheresse, si s'en alerent vers Waucres. Si comme il s'en aloient syglant, il coisirent en mer le conte de Salesbieres ; si s'en repairierent⁶ en Engletierre o tout .vij. nés. Bien les⁷ reconnurent par la grant nef le roi. Cele nuit jurent en une ville⁸ que on apiele Wilpes⁹.

¹ Au. — ² .xl. — ³ Chieres. — ⁴ Au Noef-Port. — ⁵ L. e. — ⁶ Qui s'en repairoit. — ⁷ Le. — ⁸ Isle. — ⁹ Wlpes.

Lendemain arriverent en Waucres; si trouverent le conte à Midlebourc¹, une boine ville qui siet en Waucres, et le conte de Bouloigne o lui et le conte Willekin de Hollande, qui toutes ses commugnes ot assamblées² por aidier le conte. Grant joie fist li cuens Ferrans de ces³ quatre haus homes, quant il furent arrivé. Il parlerent ensamble et trouverent à lor consel que lendemain s'en iroient viers le Dan; et quant che vint lendemain, il entrerent en lor nés et s'en repairierent viers Flandres. Quant il furent arrivé au Dan, il ne troverent en la ville nul defois, car il n'i avoit nullui remés de par le roi. Il issirent des nés, si se herbregierent en la ville. Lors envoia li cuens ses messages à Bruges, si manda as bourgois que il li rendissent la ville. Li bourgois se douterent de rendre la ville au conte por les hostages que li rois avoit deviers lui, si i mist contredit à premiers. Tant coururent les paroles d'une part et d'autre que toutes voies rendirent li bourgois la ville au conte, si le rechurent à grant joie comme lor segneur. Li chevalier del païs, quant il sorent l'arrivement le conte, il s'assamblerent de toutes pars et vinrent à lui, et ensi croissoit de jour en jour la force le conte. Et quant li cuens ot sa volenté de la ville de Bruges, et li chevalier del païs vinrent⁴ à lui, lors⁵ s'en ala droit à Gant, si li fu assés tost la ville rendue. Là oï-il la nouviele que li rois⁶ avoit esté à Lille et à Douay, et avoit prises ansdeus les villes, et avoit mise sa garnison en la tour de Douay,

¹ Le c. Andelbourc. — ² I ot amenées. — ³ Des. — ⁴ Furent venu. — ⁵ Il. — ⁶ La n. del roi qui.

si s'en repairoit en France; mais il avoit laissié Looys son fill à Lille et Gautier de Chastellon, qui cuens estoit de Saint-Pol, o lui, et Henri le mareschal et pluiseurs autres haus homes.

Cel jour meismes revint noviele au conte que Looys s'en devoit venir ardoir le ville de Courtray. Li cuens de Bouloigne dist tantost : « Or tost, segneur! armons-nous et montons sour nos chevaus, si nos metons dedens Courtray; car se nos estiemes dedens, nos le desfenderiesmes bien qu'ele ne seroit pas arse. » Lors s'armerent à grant esploit li Flamenc et li cuens[1] meismes; et quant il furent armé et monté sor lor chevaus, il s'en alerent par une ville que on apiele Tronchieires[2], por chou qu'il voloient que l'eve de la Lys fust entre eus et les gens Looys. Quant il vinrent à une autre ville que on apiele Donse, ù il a souvent eu grant plenté de toiles, il coisirent les fumées de Courtray, qui jà ardoit. Quant ils orrent .i. poi avant alé, il encontrerent les païsans qui les voires nouvieles lor conterent de la ville de Courtray, qui jà estoit arse, et que Daniaus de Maalines[3] et Phelippes de la Gastine estoient pris dedens, et que Looys s'en estoit repairiés[4] o toute sa gent. Por cele noviele, qui moult desplot au conte, guerpi-il le chemin de Courtray; si s'en ala à Ypre, et entra en la ville : onques li bourgois n'i misent contredit, ains le rechurent à grant joie. Quant li cuens et si home furent dedens Ypre, moult sorent boin gré as bourgois de lor boin samblant que il fait lor avoient;

[1] Et li quens Ferrans. — [2] Troncieres. — [3] Markelines. — [4] R. à Lille.

il deviserent que il là arriesteroient, et fremeroient la ville, et là seroit lor repaires de la guerre. Moult i fisent boins fossés et riches, et boine soif à hyreçon et boines portes de fust et boins pons et boines barbacanes et boines touretes de fust¹ entour la ville. Quant il orent la ville fremée, il alerent asseoir une forte maison que li cuens² avoit garnie : cele maisons estoit apielée Herkinghehen³ ; si l'avoit li castelains de Lille, Jehans, fremée sour le Lys. Bien sisent .xv. jours devant; mais riens n'i esploitierent, car la riviere de la Lys couroit entre eus et la forterece. Quant il virent que il riens n'i esploiteroient⁴, il s'en partirent et s'en alerent viers Ypre. Puis s'esmurent derechief et s'en alerent viers Lille⁵, si l'assissent et⁶ furent .iiij. jors devant; mais pas ne le porent prendre, car moult avoit boine garnison dedens : bien i avoit mis li rois .ij^c. chevaliers. Li bourgois de la ville fisent moult boin sairement et moult⁷ boin samblant de desfendre; et quant li cuens vit chou, il lassa le siege et se traist⁸ arriere. Chil de la ville issirent fors des portes à son deslogier, et assamblerent as ses gens. Si fu Boisars de Bourghiele⁹ pris ès rues, et menés en la ville en prison. Et puis rassambla li cuens grans os; si s'en ala à la cité de Tournay, ki gaires ne se tint; et quant il l'ot prise, li bourgois¹⁰ li donnerent .xxij^m. livres por chou k'il ne destruisist la cité. Puis après chou grant piece trouva li cuens à son consel qu'il

---

¹ F. tout. — ² Rois. — ³ Erkinghehem. — ⁴ Feroient. — ⁵ Puis reprisent lor consel, si s'e. d. et alerent à Lisle. — ⁶ Et i. — ⁷ F. m. — ⁸ S., si se mist. — ⁹ Borgicle. — ¹⁰ Li b. de la vile.

s'en iroit viers Lille; car li rois, por le boin samblant que li borgois li avoient fait, en avoit toutes ses gens ostées, fors .j. peu de gent, que il avoit fait entrer dedens une forte maison, que on apiele Deregnau[1], qui siet à meisme des murs de la ville. Cele maison avoit li rois si atournée que on pooit par là entrer dedens la ville et issir.

Li cuens vint devant Lille, si comme il le trova à son consell; si i fu tant que la ville li fu rendue, que li bourgois li rendirent assés tost, qui[2] ne fisent pas si boin samblant dou desfendre à cele fois que il avoient fait à l'autre[3]. Puis assist li cuens le castiel que on apele Deregnau[4], et les gens le roi dedens. Assés tost sot li rois cele noviele, qui tantost assambla ses os; si s'en vint vers Flandres. En che point ke li rois venoit, gisoit li cuens si malades k'il ne se pooit lever de son lit; mais il ne l'osa pas atendre por le castiel Deregnau[5], par ù on pooit en la ville entrer et issir; si se fist porter en[6] litiere fors de la ville, et s'en ala en la parfonde Flandres. Et li rois s'en vint[7] à Lille, si l'arst et destruist toute; puis fist abatre le castiel Deregnau[8] et le castiel de Cassiel, si s'en repaira en France.

En l'ivier après passa li cuens en Engletierre, si mena o lui Arnoul d'Audenarde et Rasson de Gaure et Gillebiert de Bourghiele et Gerart de Sotenghien et autres chevaliers pluiseurs; mais ançois i estoient alé

---

[1] Dercignau. — [2] Qu'il. — [3] D. com il orent f. à l'a. fois. — [4] Le c. de D. — [5] De D. — [6] En une. — [7] R. v. — [8] De D. et le castel d'Erkinghehem.

autre, si comme Robiers[1] de Biethune et Bauduins
d'Aire. Li cuens arriva à Sauwis tout sans chevaus;
mais les gens le roi, qui estoient à Douvre et à Can-
torbire, l'en envoiierent assés, sour coi il viunt[2] jus-
ques à Cantorbire. Moult sot tost li rois la nouviele de
la venue le conte. Il estoit en che point à Windesores,
que la noviele li vint : tantost manda Robert de Bie-
thune et Bauduin d'Aire, si lor dist : « [3] Vostre sires,
li cuens de Flandres, est arrivés en ceste tierre. » —
« Et k'atendés-vous dont, dist Robers, que tantost n'alés
à lui ? » — « Oés, dist li rois, del Flamenc ! il cuide
bien que che soit une grans chose de son segnour le
conte de Flandres. » — « Par saint Jake ! dist Robiers,
je ai droit[4], ke si est chou. » Li rois commencha lors
à[5] rire, si lor[6] dist : « Mandés tost vos chevaus, car
je m'en vois maintenant vers lui. » Lors demanderent
entre Robert et Bauduin lor chevaus moult en haste;
si monterent o le roi, qui s'en ala si grant aleure viers
Chantorbire que le plus de ses gens convint remanoir
par voie, por lor chevaus qui estançoient por le tost
aler. Quant li rois vint à Cantorbire, il s'en ala droit
à l'ostel le conte; et li cuens vint encontre lui jusques
en la rue. Li rois descendi, si l'ala saluer et baisier.
Puis entra en l'ostel, et i fu une piece; si fist molt
biel samblant au conte et à toutes ses gens autresi.
Puis prist congié, si proia le conte que il lendemain
mangast avoec lui. Li cuens li otria, si manga lende-
main o lui, et li fist houmage de la tierre ke il devoit

[1] A. entre Robiert. — [2] Vint. — [3] D. : « Segnor. — [4] D., se jou le
quit. — [5] C. à. — [6] Li.

avoir en Engletierre. Là fu l'emprise confremée et parfaite entre le roi d'Engletierre et le conte de Flandres. Puis prist li cuens congié au roi, si s'en repaira en Flandres. Lor[s] vinrent novieles au conte, quant il fu arrivés en Flandres, que Looys li fils le roi de France avoit ars Bailluel en Flandres et Estanfort et moult de la tierre ¹ s'antain : dont il ot grant ire. Au quaresme apriès fisent entre le conte de Bouloigne et le conte de Salesbieres et Huon de Bove et Robiert de Biethune une chevauchie moult biele : il chevaucierent par devant Saint-Omer, si ² entrerent en la tierre le conte de Gisnes ³, si alerent ardoir les fourbors de Gisnes. Li viscuens de Meleun, qui avoit en garde en che point la tierre Looys, assambla grant gent; si le porsiui tant k'il fu entre Gisnes et Colewide ⁴ si près de l'arrere-garde que Robiers de Biethune faisoit que il fust bien à eus assamblés, se il vausist; mais il n'i assambla pas. Et li Flamenc alerent ardoir la ville de Colewide, et d'illuec s'en alerent gesir à Gravelinghes, et puis s'en repairierent vers Ypre. Et apriès la Pasque rassambla li cuens ses os, si s'en ala asseoir le castiel de Bonehem, si le prist et abati. Puis entra en la tierre de Gisnes, si l'arst et destruist moult durement. Robiers de Biethune prist el castiel ⁵ la contesse, qui sa cousine germaine estoit, que li cuens i avoit emprisonnée, si l'en mena en Flandres.

En cel tans moru Guillaumes li avoués de Biethune et li viscuens de Meleun, qui le castiel de Biethune

¹ La t. la roïne. — ² Puis. — ³ Ghines. — ⁴ C. et fu. — ⁵ El c. de Ghines.

avoit saisi por ¹ Looys le fil le roi de France; et le
rendi à l'avoueresse Mehaut, qui feme fu à l'avoué
Guillaume et mere Robiert de Biethune; et ele main-
tint puis le castiel et la tierre jusques à tant que Da-
niaus ses fils revint d'outre mer. Cele noviele de la
mort l'avoué vint à Robiert son fill en la tierre de
Gisnes en cel point que la chevauchie i fu, qui grant
duel en ot. D'illuec endroit s'en repairierent en Flan-
dres. Puis refist li cuens une chevauchie molt biele : il
chevaucha si parfont en la tierre Looys que il arst
Soucies², une ville qui est à .iij. liues³ de le cité
d'Arras; si vint une nuit devant le castiel de Lens. Puis
s'en ala ardoir la ville de Houdaing et la bele maison
autresi [qui estoit] Sohier le castelain de Gant. D'il-
luec endroit s'en ala asseoir le castiel d'Aire, ù il sist
priès de .iij. semaines; si i ot .i. moult boin⁴ poin-
gneis devant la porte. Quant li rois en sot les nouvieles,
il assambla ses os et s'en ala cele part por dessegier le
castiel. Li cuens, quant il sot sa venue, ne l'atendi
pas, ains se traist arriere en Flandres. Puis s'en ala
encontre Othon l'empereour de Rome, qui li venoit
aidier. Poi amena li empereres de gent; mais nonpor-
quant grant fieste fist li cuens de lui, et tout si home
ensement; si l'en amena⁵ à Valencienes à grant joie,
ù il furent⁶ une pieche.

Chi vous lairons ester de l'empereour et dou conte;
si vos dirons del roi d'Engletierre, qui à l'entrée de
cel esté dont je vous ai conté aparella grant navie, si

¹ De par. — ² Souchie. — ³ L. priès. — ⁴ Si ot .i. b. — ⁵ Amenerent.
— ⁶ Fu.

passa en Poitau. Savaris de Maulyon¹ fist tant que il
ot sa pais à lui, si revint en² son service. Apriès chou,
s'en ala à toute s'ost vers la cité de Nantes, qui estoit
au conte de Bretaigne. En cel tans estoit cuens de Bre-
taigne Pieres li fius au conte Robiert de Dreues³. Chil
Pieres n'estoit pas li ainsnés des fils au conte Robiert,
ains en i ot .i. autre qui ainsnés estoit, que on apieloit
Robiert. Chil Robiers estoit dedens la cité de Nantes
[en cel point que li rois vint devant. Li rois vint en
teil maniere devant Nantes], que li aighe de Loire
couroit entre lui et la cité. Robiers de Dreues passa le
pont entre lui et⁴ les gens le roi, si s'arriesta devant
le barbacane del pont. Tant i fu que les gens le roi se
commencierent moult à aprocier de lui. Il, ki moult
estoit de grant cuer, comme jouenes hom, en ot
engaigne; si lor couru seure, et s'embati trop fole-
ment en⁵ eus : si i remest pris. Et quant li rois ot fait
son fait, il se traist arriere; si enmena Robiert de
Dreues, ki ses prisons estoit. Il s'en ala asseoir .i. cas-
tiel que on apiele le Roche-as-Moines⁶. Looys, li fils
le roi⁷ de France, estoit en che point à Chinon :
quant il sot les nouvieles del siege, il le lassa savoir à
son pere; et ses peres li remanda que il chevauchast
viers le roi d'Engletierre, si le fesist partir del siege,
se il peust, car lui-meismes convenoit-il aler viers
Flandres contre l'empereour de Rome, qui estoit
venus en l'aïe⁸ le conte de Flandres⁹. Looys, li fils le
roi, quant il oï le mandement son pere, il s'aparella

---

¹ Mal-Lion. — ² A. — ³ Dreuwes. — ⁴ P. encontre. — ⁵ Entre.
— ⁶ Monnies. — ⁷ L., li rois. — ⁸ Eu la terre. — ⁹ F. en s'aiue.

de chevaucier, et Henris li mareschaus o lui; si s'en alerent grant aleure viers le Roce-as-Moines[1]. Et quant li rois d'Engletierre sot lor venue, il ne les atendi pas, ains se parti del siege; si perdi de ses pavellons, que li François gaagnierent. Un poi apriès chou que li rois Jehans se[2] fu partis del siege, li vinrent nouvieles de l'empereour Othon son neveu, que li rois de France avoit desconfi en camp, et que li cuens de Salesbieres ses freres et li cuens de Flandres et li cuens de Bouloigne et maint autre haut baron estoient pris en la bataille; mais l'empereres estoit eschapés. Cele bataille avoit esté entre le castiel de Lille et la cité de Tournay, en .i. liu que on apiele Bouvines[3], ù il a .i. pont et un moustier priès del pont. Molt fu li rois Jehans, quant il oï ces novieles, iriés et destrois et durement desconselliés; mais ne targa gaires apriès chou que uns clers d'Engletierre, qui cardonnaus estoit de Rome et estoit apielés maistres Robiers de Corçon, vint en France. Si prist trives entre les .ij. rois .v. ans de par l'apostole. La triu fu prise en Gayn[4], si devoit durer de la Pasque qui apriès vint[5], en .v. ans. Quant la trive fu prise, li rois d'Engletierre s'en vint à la mer; si repassa en Engletierre, si en mena Robiert de Dreues avoec lui; mais onques male prison ne li fist, ans le fist garder moult honnerablement. En bois et en riviere le faisoit mener, et en toz les deduis qui li plaisoient[6]. Puis le delivra-il por le conte de Salesbieres son frere, que li

[1] Monnes. — [2] R. se. — [3] Bovines. — [4] En Wain. — [5] Venoit. — [6] Que lui plaisoit.

cuens Robiers de Dreues li peres, dont je vous ai dit, avoit en prison; car li rois de France li avoit donné por son fils delivrer.

Comment li baron d'Engletierre s'aloierent encontre le roi Jehan [1].

Ki ore vaurroit oïr l'ocoison de la guerre dont li rois Jehans moru deshiretés de la plus grant partie d'Engletierre, bien le poroit oïr en cest escrit. Il ne demoura gaires après chou que li rois fu arrivés en Engletierre puis la desconfiture de Bouvines, que chil baron que je vous nommerai, Robiers li fils Gautier, Sohiers de Quinchi, qui cuens estoit de Winciestre, Gillebiers li fils au conte de Clare, Joffrois de Mandeville, ki cuens estoit d'Assesse [2], et maint autre des barons [3] parlerent ensamble. De cels que on apiele [4] Norois, por chou que lor tierres estoient [5] viers le Nort, en ot-il [6] grant plenté à che consell; si vous en nommerai partie de cels qui i furent : Robers de Ros, Eustasses de Vesci [7], Richars dou Pierche [8], Guillaumes de Moubray, qui estoit autresi petis comme uns nains; mais moult estoit larges et vaillans. Rogiers de Mongobori [9] fu avoec, et pluisor autre. Tout chil que je vous ai chi nommés [10] vinrent ensamble à parlement; si deviserent que il demanderoient al roi que

[1] *Cette rubrique manque dans le ms. S.-G.* — [2] D'Assese. — [3] D. b. *manquent dans le ms. S.-G.* — [4] Des barons que on apeloit. — [5] Seoient. — [6] N. ot-il à. — [7] Ustascies de Vessi. — [8] De Perci. — [9] Mongomboi. — [10] Devisé.

il lor tenist les chartres que li rois Henris[1] qui fu ayous son pere avoit données à lor ancissours et que li rois Estievenes lor avoit confremées ; et se il faire ne le voloit, il le desfieroient tout ensamble, et le guerroieroient tant que il par force le feroit. Puis fisent aporter les sains ; si jurerent tout ensamble cele[2] chose, et s'emprisent tout[3] encontre le roi. Il troverent à leur consel k'il envoieroient au roi un de lor messages,ançois que il-meismes i alassent, et li manderoient cel afaire. .I. clerc i envoierent, ki moult bien dist au roi quanques il li encargierent. Durement s'aïra li rois, quant il oï cele nouviele, et tant li greva que por[4] poi que il ne fist grant honte au clerc ; si ne li vaut faire nul biel respons. Puis envoierent[5] lor messages à lui derechief, si li manderent[6] che que il li requerroient. Li rois, ki bien savoit l'emprise, se douta d'eus : si ne lor osa si plainement escondire comme il ot fait à l'autre fois, ains lor mist jour à Norantone[7]. Li baron s'aparellierent tout de venir à armes[8] ; et orent si grant gent que li rois n'osa le jour atendre[9], ains lor contremanda et lor mist .i. autre jour. A l'autre jor revinrent derechief si apareillié d'armes et de chevaus et de grans gens que li rois lor contremanda[10] che jour et lor mist .i. autre[11]. Tant ala chis afaires de jour en jor que il orent .i.[12] parlement au roi, ù il parlerent à lui bouche à bouche ; si n'i pot avoir pais, ains se partirent par mal de lui. Apriès

[1] H. li Viels. — [2] T. c. — [3] Tuit ensamble. — [4] Por .i. — [5] P. renvoierent li baron. — [6] M. moult. — [7] Norhanstonne. — [8] A a. à celui jor. — [9] Tenir. — [10] Recontremanda. — [11] .I. a. jor. — [12] Une fois.

che parlement s'assamblerent li baron, si alerent asseoir le castiel de Norantonne; mais il ne le ¹ prisent pas. D'illuec endroit s'en alerent à Londres, si troverent les portes fremées; mais il ne troverent nullui au defors ². Il descendirent de lor chevals, si alerent coper les flaiaus des portes et entrerent en la ville sans contredit. Puis prisent la seurté des citaains, et se herbregierent par la cité.

En che point que li baron entrerent en Londres, estoient venu en la tierre Robiers de Biethune et Guillaumes ³ ses freres et Bauduins d'Aire et autre chevalier pluiseur avoec els. Cil Guillaumes dont je vous di, qui freres fu Robiert de Biethune, estoit adonques nouviaus chevaliers. Chil haut home, dont je vous ai dit, qui venu estoient en Engletierre por aler au siervice le roi, avoient, cel jour meismes que li baron entrerent en Londres, lor siergans envoiés avant en la ville de Londres por prendre lor hosteus et por atorner lor viande. Si durent estre pris lor ⁴ siergant; mais il s'en fuirent ⁵ en .i. moustier, ù il furent puis longhement. Lor segnor sorent les novieles des barons qui en la ville estoient entré ançois que il i venissent, si n'i oserent entrer; ains laissierent la ville ⁶ à destre, si alerent jesir à Windesores. Puis s'en alerent à Froi-Mantiel ⁷, une maison qui siet sor un tiertre et au cor d'une foriest, ù il trouverent le roi, de ⁸ cui il furent ⁹ bien venu et ki grant joie lor fist. Ne targa gaires apriès que novieles vinrent au roi que

---

¹ La. — ² Al defois. — ³ Entre Robert.... Guilliaume. — ⁴ Li. — ⁵ Il escaperent. — ⁶ A. le l. — ⁷ Froit-Mantel. — ⁸ A. — ⁹ F. moult.

li Norois avoient assise la ¹ cité de Eciestre ² : lors commanda li rois au conte de Salesbieres son frere et as Flamens que il les alassent ³ dessegier. Li cuens de Salesbieres o les Flamens et o les autres que li rois li bailla s'esmut, si s'en alerent grant aleure vers Eciestre, si vinrent à .i. castiel que on apiele Sireborne. Là lor vinrent novieles des Norois, ki ⁴ avoient si grant gent que tout seroient pris, se plus ⁵ avant aloient ; et si avoient fait .i. plasseis d'un bois qui sor le chemin estoit, si avoient mis dedens de lor chevaliers ⁶ et de lor siergans et de lor archiers ⁷ et de lor Galois : si ne poroient eschaper, se il là s'embatoient. Lors n'osa li cuens avant aler ; ains s'en retorna ⁸, par le consel de ses gens, arriere vers son frere le roi, ke il trouva à Winciestre, ki moult fu iriés de lor venue ⁹ et lor dist par ramprosne que il n'esteroient ¹⁰ pas boin por plasseis prendre. De cele parole furent moult honteus ¹¹ li Flamenc. Et un poi apriès chou reprist li rois consel, et recommanda derechief au conte de Salesbieres son frere et as Flamens que il s'en alassent ¹² vers Eciestre, ù li Norois estoient encore ; si les en fesissent aler. Chil s'esmurent derechief, si s'en vinrent à Sireborne, et là lor revinrent nouvieles que li Norois avoient assés plus gent que il n'avoient ¹³ eu à l'autre fois. Quant li cuens oï che, chi prist consel à ses gens que il feroit. Li Englois li loerent que il s'en repairast arriere. Lors parla Robers de Biethune, et lor

¹ Sa. — ² De Ecestre. — ³ L'alassent. — ⁴ Que il. — ⁵ Se il. — ⁶ Cevaliers. — ⁷ Et de lor chevaliers. — ⁸ S'en repaira. — ⁹ Revenue. — ¹⁰ N'estoient. — ¹¹ M. h. durement. — ¹² S'en ralassent. — ¹³ N'eussent.

dist : « Segneur, quels chose est chou que vous loés au conte? Ne set bien ¹ li cuens que li rois dist à nous l'autre fois, quant nos repairasmes, que nos n'estiemes pas boin pour plasseis prendre? Bien sot li rois, quant nous partismes de lui, quels gens nos aviesmes et ² quels gens il avoient. Ciertes, je lo mius que nous nos metons en aventure, u de morir u de vaintre, que nous si vilainnement nos en repairons. » Por la parole que Robers dist, s'abouterent tout et Englois et Flamenc d'aler avant; si s'armerent par matin et monterent sour lor chevaus et s'en alerent vers Eciestre. Quant li Norois sorent lor venue, il ne les atendirent pas, ains se partirent de la ville et se traisent arriere; et nonporquant si avoient-il bien .x. homes à cascun home que les gens le roi avoient. Les gens le roi vinrent à la cité de Eciestre, si entrerent ens et i furent bien .iiij. jors; et puis [s'en partirent et] s'en repairierent viers le roi.

Fiere chose poés ore oïr ³. En cel point que il se furent parti del roi, vint li archevesques de Chantorbire parler au roi de la pais entre lui et les barons. Tant mena les paroles, qu'il ot pris .i. parlement à Estanes entre lui ⁴ et les barons. Li rois i ala, si li couvint là ⁵ tel pais faire comme li baron vaurrent; onques n'i atendi le consel de son frere ne des Flamens. Là li couvint-il avoir en couvent à force que jamais feme ne marieroit ou ⁶ liu ù elle fust desparagie. Chou fu la miudre couvenence que il lor fist ⁷, s'elle fust bien

¹ Dont ne set pas. — ² Et bien savoit-il. — ³ P. o. — ⁴ E. le roi. — ⁵ B. Là covint li rois. — ⁶ En. — ⁷ Qu'il lor eust faite.

tenue. O tout chou li couvint-il avoir en couvent ke jamais ne feroit pierdre home menbre ne vie por bieste sauvage k'il presist; mais raiembre le pooit : ces deus choses pooit-on bien soufrir. Les rachas des tierres, qui trop grant estoient[1], li couvint metre à tel fuer comme il vaurrent deviser[2]. Toutes hautes justices vaurrent-il avoir en lor tierres. Mainte autre chose lor[3] requisent ù assés ot de raison[4], que je ne vous sai pas nommer[5]. Desus tout chou vorrent-il que .xxv. baron fussent esliut, et par le jugement de ces .xxv. les menast li rois de toutes choses, et toz les tors que il lor feroit lor adreçast par eus, et il autresi de l'autre part li adreceroient toz les[6] tors que il li feroient par eus. Et si vorrent encore avoec tout chou que li rois ne peust jamais metre en sa tierre bailliu, se par les .xxv. non. Tout chou couvint le roi otriier à force. De cele pais tenir donna li rois sa chartre as barons, comme chil qui amender ne le pot; et lors primes furent delivré li escuier as Flamens, qui el moustier estoient à Londres.

Grant ire orent li Flamenc quant il oïrent les nouvieles de la vilaine pais que li rois avoit faite. Il[7] vinrent à lui; mais il ne li fisent[8] pas si boin samblant comme il avoient[9] fait devant; nonporquant il s'en alerent o lui jusques à Mierlebierge[10]. Là fist-il une grant vilonnie; car il fist une grant masse de son tresor oster fors de la tour, si le fist porter en ses cham-

[1] G. lor sambloient. — [2] Il deviserent. — [3] Li. — [4] De desraison. — [5] Pas tout raconter. — [6] A. les. — [7] Il s'en. — [8] Ne lor fist. — [9] Il ot. — [10] Merleberghe.

bres, voiant les ielx as chevaliers de Flandres, ne onques riens[1] ne lor en donna. Apriès cele vilenie que li rois fist, prisent li Flamenc congié à lui, si s'en repairierent en Flandres. Molt fu dolans[2] li rois d'Engletierre de la vilaine pais que il ot faite, et avoec[3] toute la vilaine pais li moustroient-il tel orguel que tous li mons en deust avoir pitié. Il voloient que il moult bien lor tenist chou que en couvent lor avoit; mais chou que il avoient en covent à lor homes avant ne voloient-il tenir. Un jor furent venu li .xxv. baron en la court le roi por .i. jugement faire. Li rois se gisoit en che point malades en son lit, de ses piés, si qu'il ne pooit [venir ne] aler; si manda as .xxv. que il venissent en sa cambre le jugement rendre, car il ne pooit aler à eus. Il li remanderent que il n'iroient pas, car che seroit encontre lor droiture; mais, s'il ne pooit aler, si se fesist aporter. Li rois, qui amender ne le pot, se fist porter devant les .xxv. là ù il estoient, qui pas ne se drecerent encontre lui; car che fu lor dis que, se[4] il drecié se fussent, il eussent fait encontre lor droiture. De teus orgheus et de teus outrages li faisoient-il à grant plenté. Honteus et iriés fu moult li rois de l'orguel k'il vit mener à ses homes; il se commencha à porpenser comment il se porroit vengier d'els. Bien vit que jà ne s'en vengeroit, se par la force l'apostole n'estoit. Lors prist ses messages moult celéement, si les envoia moult en haste à Rome; si manda à l'apostole, si comme il estoit [se sire], k'il

[1] O. nule rien. — [2] M. ot grant ire à son cuer. — [3] F., car od. — [4] D. se.

euust de lui merchi por Diu et mesist consel en son afaire, car en tel maniere le menoient si home et tel pais li avoient fait faire à force comme il pooit veir en cel escrit et comme si message li diroient bien.

Li apostoles, quant il ot veu l'escrit et il ot parlé as messagiers, remanda tantost au roi que il cele pais ne tenist pas; car ele n'iert ne boine ne loiaus à tenir, et toz cels qui le tenroient il les escumenioit. As barons manda-il que le roi lassassent tenir sa tierre en tel point et en tel maniere¹ comme li rois Henris ses peres et li rois Richars ses freres l'avoient² tenue et comme il-meismes tenoit en cel point que il se croisa et k'il rechut sa tierre de Rome; et, se il chou ne voloent faire, il les escumenioit, et toz cels qui o eus³ seroient; et tous cels qui en l'aïe le roi seroient, il les absoloit.

Mout furent irié⁴ li baron, quant il oïrent cel mandement. Il s'entre-manderent de toutes pars; si alerent querre le roi là ù il le cuidierent trover, tout entalenté de lui mal faire. Et quant li rois sot lor venue, il ne les osa pas atendre; ains mist la roine sa feme el castiel del Corf et Henri son ainsné fill o li, et Richart son puisné fill retint o lui; si s'en vint à tout à Sushantonne⁵. En che point avoit o le roi .i. chevalier de Flandres, que on apieloit Boidin de Haveskerque; celui bailla li rois grant plenté de ses lettres, si li proia li rois que il⁶ les portast en Flandres à Robiert de Biethune⁷ et as autres chevaliers ù elles

¹ Teneure. — ² F. a. — ³ Qui en lor aïe. — ⁴ Rié f. moult. — ⁵ A Suhanstonne. — ⁶ Proia qu'il. — ⁷ Betune.

aloient. Chil prist les lettres, si les mist en .ij. ba-
risiaus, k'il fist .i. escuier tourser derriere lui; si s'en
vint à tout jusques à Douvre; si faisoit à entendre as
gens que c'estoient lamproies k'il portoit en ces ba-
risiaus. Quant il vint à Douvre, il n'i [1] demoura
gaires; ains entra en mer et passa outre, si arriva
en Flandres. Puis vint à Robiert de Biethune, si li
bailla les lettres le roi, et les autres lettres envoia
par tout as autres barons ù elles aloient[2]. Robers de
Biethune fist frossier la cyre del saiel le roi, si fist
lire les lettres. Or oiiés que les lettres disoient. Li rois
d'Engletierre saluoit Robiert de Biethune comme son
très chier ami et son home, si li mandoit que il con-
nissoit que il s'estoit[3] mesfait enviers lui; mais pour
Diu ne presist garde à son mesfait, ains euust pité et
merchi de lui et de la couronne; car il vaurroit d'ore
en avant del tout ouvrer par son consel. Quant Ro-
biers ot les lettres oïes, mlt[4] en eut grant pitié; il ne
prist pas garde au mesfait le roi, ains se pena quan-
ques il pot de querre gent et d'avancier le besoigne le
roi à son pooir.

Al roi d'Engletierre[5] me convient repairier. Quant
Boidins de Haveskerque se fu partis de lui, il s'en
vint à Sushantonne[6]; si entra en mer, car il n'osoit
demourer sour tierre. Si fist o lui entrer en mer Sa-
vari de Maulyon et Huon de Bove, si s'en ala par mer
jusques à Douvre. Là issi fors de la[7] nef et entra en son
castiel, si envoia Huon de Bove en Flandres pour

---

[1] Ne. — [2] As cevaliers à qui li rois les envoioit. — [3] Il c. moult.
— [4] Sic ms. 454. — [5] Al r. — [6] Suhantone. — [7] Sa.

querre chevaliers. Grant masse li donna de son tresor, et li pria por Diu que il mesist tout son pooir à querre chevaliers et larghement donnast de son tresor ; car che voloit-il volentiers. Lors¹ passa Hues de Bove la mer, si arriva devant la Mue. Là fist-il jeter ses ancres et demoura en sa nef, comme chil qui n'osoit entrer en Flandres por le roi de France ; mais il envoia ses messages et les letres le roi et les soies par Flandres et par Braibant et par² tout, si assambla grant masse de gent³. Le quart jour apriès la fieste mon segneur saint Mahiu l'ewangeliste, par .i. joesdi, s'esmut Hues de Bove o grant plenté de nés et o grant chevalerie de la Mue ; si s'en repaira en Englet[ier]re. En cel estore fu Gautiers Biertaus, uns des plus haus homes de Braybant ; apriès le duc n'en i ot nul plus haut ; freres germains estoit Gillon⁴ Bertaut, le chambrelenc de Gremines ; mais ainsnés estoit de lui. Gautiers de Sotheughien⁵, fu avoec en cele estore, fius⁶ au boin chevalier Gautier de Sotenghien, qui moru en che point que li dus de Louvaing roba la cité de Liege⁷ ; freres fu Arnoul⁸ d'Audenarde de par sa mere ma dame Rikaut⁹. O lui fu Evrars Radous ses freres, qui freres estoit germains Arnoul d'Audenarde, et uns autres siens¹⁰ freres germains qui enfès estoit ; Bauduins estoit apielés. Autres haus homes i ot et moult bacelers ; mais Robiers de Biethune n'i fu pas, car il n'estoit pas encore entré en mer. Le venredi lor leva

---

¹ L. *manque dans le ms. S.-G.* — ² B. par. — ³ Si en a. g. m. — ⁴ Gillion. — ⁵ S., uns jouenes bacelers. — ⁶ Fils fu. — ⁷ R. L. — ⁸ Ernoul. — ⁹ Richaut. — ¹⁰ Et u. s.

une tourmente, qui moult les esmaia ; car elle ne s'apaisa onques ne le jour ne le nuit. Le semedi, la velle des¹ .ij. beneois martyrs saint Cosme et saint Damien, parfu la tempieste tant grans ke nus hom ne² sot roi de lui-meisme, ne nul maronniers n'i sot roi de lui³ consellier, car trop fu grans la tourmente.

Devant Donewis à .i. banc se hurta la nés Huon de Bove si durement qu'ele froissa toute ; si fu noiiés et tout chil qui o lui furent, si que onques nus de la nef n'eschapa⁴ [; si ot .xxxvi. chevaliers en la nef]. A cel banc meismes se hurta la nés Gautier de Sotenghien, si remest seant tout à sec sour le sablon, car la mers estoit retraite ; mais au hurter k'ele fist en vola une ais, si i ot .i. trau si grant que uns levriers s'en issi fors par mi le trau. Chil de la nef s'aperçurent del trau par le levrier qui en⁵ estoit issus ; lors furent⁶ plus esmaié que devant. Il issirent tantost fors de la nef, et s'en coururent par mi le sablon, et commencierent à acener les batiaus qui devant la ville estoient. Dui batiel s'esmurent por venir vers eus ; et quant il furent priès del sablon, li chevalier traisent les espées pour chacier la menue gent arriere, car⁷ tout voloient entrer ès batiaus. Quant chil des batiaus virent la mellée de chiaus qui sour tierre estoient, il n'oserent avant aler, por chou que il douterent⁸ que tant n'en i entrassent⁹ k'il ne¹⁰ noiassent avoec eus : si s'en repairierent. Uns priestres et uns garçons qui là estoient, quant il virent

---

¹ De. — ² N'i. — ³ Ne s'i sot. — ⁴ O. uns seus n'en e. — ⁵ Qui par mi s'en. — ⁶ L. f.-il moult. — ⁷ Qui. — ⁸ Doutoient. — ⁹ Entrast. — ¹⁰ Qu'il les.

que chil des batiaus n'osoient avant venir, il saillirent en la mer; si s'en alerent à no vers les batiaus. Chil des batiaus les atendirent et les misent¹ ens : ensi furent chil doi sauvé. Onques puis chil del sablon ne sorent tant achener que uns seus en² vausist venir. Et quant il virent chou, il s'en coururent cele part ù la nés Huon de Bove estoit pechoïe; si i troverent³ dou mairien, s'en aporterent à lor nef, et le commencierent à refaire et à recarpenter. Che virent chil de la tierre tout plainement; et lendemain, chil qui sor la tierre estoient ne virent poi[n]t de cele nef ne nule ensegne qui ens euust esté ne nule autre armeure; mais de la nef Huon de Bove virent-il assés d'enseg[nes], comme d'omes noiiés, comme d'escus, comme de mairien, et autres ensegnes assés. Les autres nés ariverent, auquantes à grant dolour, et auquantes s'en repairierent à grant dolour arriere. La nés Gautier Bertaut fu cachie par la tourmente jusques vers Danemarche; si se croisa Gautiers Bertaus et tout chil⁴ qui en la nef estoient, de paour. Puis arriva-il en la tierre le conte Willekin de Hollande, ù il ot grant paour; car li cuens le haoit de mort por le conte [de Los] cui cousins germains il estoit, qui la contée de Hollande calengoit de par sa feme; mais il eschapa par engien. Chil qui eschaperent de la tourmente et qui arriverent en Engletierre s'en alerent cele part ù il sorent que li rois estoit; et li rois en che point se parti de Douvre; si s'en ala vers Cantorbire, car nouvieles li estoient venues que li Norois s'estoient parti de

¹ Traisent. — ² En i. — ³ Si t. — ⁴ Et tuit li cevalier.

Londres et que il s'en venoient durement viers lui, si estoient jà venu jusques à Roveciestre.

Quant li rois vint à Cantorbire, si f[i]rent¹ bares ès rues, ù il se baoit à desfendre, se si anemi venoient. Si comme il estoit en cel ouvrage, li vinrent nouvieles que Norois estoient jà venu jusques à Espringues², et que il s'en venoient durement pour combatre à lui. Moult s'esmaia li rois quant il oï cele nouviele, car poi avoit gens enviers eus : il ne les osa pas atendre, ains s'en fui de la ville de Cantorbyre et se traist arriere viers Douvre. De l'autre part revinrent nouvieles³ as Norois que li rois estoit issus de la ville de Cantorbire et si⁴ s'en venoit combatre à eus. Et quant il oïrent cele noviele, il ne l'oserent atendre, ains se partirent d'illuec et s'en fuirent arriere vers Roveciestre. Ensi furent, sans cop ferir, desconfi⁵ li un et li autre. Li Norois laissierent à Roveciestre Guillaume d'Aubegni, .i. haut baron d'Engletierre, et Thumas de Moletone et Guillaume de Vefort⁶ et Guillaume d'Evrences⁷ et Aubiert Guifart et bien jusques à .c. chevaliers, por garder le castiel et la cité ; si s'en repairierent à Londres. Et ki dont fu liés ? che fu li rois quant il sot cele nouviele, des Norois qui en tel maniere s'en estoient fui. Il repris[t] cuer en lui-meismes, si s'en revin[t] à Cantorbire et passa outre jusques à Antonne⁸, une ville qui siet defors la foriest des Castegniers⁹. Là sot-il primes la noviele de Huon de Bove et

---

¹ Il fist faire. — ² Espringes. — ³ R. les n. derecief. — ⁴ Et qu'il. — ⁵ Issi f. d. — ⁶ d'Enefort. — ⁷ De Verences. — ⁸ Autone. — ⁹ Casteigniers.

des autres chevaliers qui peri estoient : dont il demena grant duell. Cel jour meismes que li rois vint à Sauwis arriverent à Antonne¹ entre Robiert de Biethune et Bauduin d'Aire o grant gent; et lendemain vinrent au roi, qui moult biel les rechut et qui moult fu liés de lor venue. Lors commencha moult durement li os à croistre; car chil qui eschapé estoient de la tourmente et arrivé par diviers pors, si comme la tourmente les avoit chaciés, s'assamblerent² de toutes pars³ ù il sorent ke li rois estoit. Et quant li rois vit tant s'ost creue et il vit k'ele croissoit tant cascun jour, moult fu liés. Il s'en repaira à Chantorbire, si fieva grant plenté des⁴ chevaliers ki à lui ierent venu et les reçut à homes por plus iestre seurs d'eus; et toz cels qui en brief vaurrent iestre, il les mist en brief, et chevaliers et siergans. Puis prist congié [d'aler] à Roveciestre⁵, ù il cuidoit que si anemi fussent encore, et bien trouva à son consel qu'il i alast. Lors fist ses gens armer, et il-meismes s'arma de ses propres armes et monta sor son cheval et s'en ala vers Roveciestre. Si comme il s'en aloit, vint à lui Robiers de Biethune et li dist : « Ciertes, sire, poi prisiés vos anemis, qui à si poi de gent alés combatre à eus. » — « Ha, Robiert! dist li rois, je les connois trop bien : il ne font à prisier ne à douter. Assés à mains de gens que nos n'aions nos poriesmes-nous seurement à eus combatre. Ciertes, une chose vous puis-jou bien dire por voir : que je sui plus dolans de chou que les estranges gens connistront

¹ V. à Autone, a. à Sanwis. — ² Si sambloient. — ³ P. et se traioient cele part. — ⁴ De ses. — ⁵ Rovescestre.

ore la mauvaistié de cels de ma tierre, que je ne soie del damage k'il me font. » Quant li rois ot chou dit, il s'en vint à toute s'ost devant Rouveciestre. Et quant chil de la ville virent l'ost, il coururent as murs et fisent grant samblant d'eus desfendre. Et quant li rois vit chou, il fist tantost ses gens apparellier comme por assaillir. Et[1] chil [de la vile, quant il virent que les gens le roi s'aparelloient d'assalir, il] se desconfirent par eus-meismes et partirent des creniaus et s'enfuirent de toutes pars. Lors entrerent les gens[2] ès portes, et les commencierent à cachier par mi la[3] ville jusques au pont[4] si vighereusement que il fisent toz les chevaliers ens entrer à force el castiel : dont li pluiseur s'en fuissent volentiers[5] à Londres, se il peussent.

Li rois se herbrega en la ville, et fist ses gens logier devant le castiel; si fist jeter[6] ses mangonniaus[7] à la tour. Puis vint à Robiert de Biethune, si li requist qu'il envoiast pour Guillaume son frere et le fesist venir à lui, et il li feroit bien par son consel et par le consel Bauduin d'Aire. « Sire, dist Robiers, je le manderai volentiers; mais envoiés-li vos lettres avoec les moies : si venra assés plus volentiers. » Li rois fist tantost ses letres faire, si les envoia en Flandres à Guillaume de Biethune; et il[8] ne s'atarga gaires apriès chou qu'il ot veues les lettres le roi, ains s'aparella et passa mer et vint au roi au siege à Roveciestre. En cel point vint Gautiers Biertaus en l'ost; si crut bien

[1] Et *manque dans le ms.* S.-G. — [2] Les g. le roi. — [3] Par la. — [4] P. cacierent. — [5] S'en fussent v. alet. — [6] Drecier. — [7] M. por geter. — [8] B. Guilliaumes de Betune.

adont li os de .c. chevaliers, et chascun jour croissoit-
elle molt durement. Quant li Norois qui à Londres
estoient sorent la noviele del roi qui si grant ost
avoit, moult s'esmaierent : bien virent que, se par
autrui n'estoient rescous, il ne se poroient rescoure
par eus-meismes. Estroitement parlerent ensamble, si
troverent à lor consel que il envoieroient à [1] Looys le
fill le roi de France; si li manderoient qu'il les se-
courust, et il le feroient roi d'Engletierre.

A che message faire furent esliut doi conte : li uns
de ces deus [2] fu Sohiers de Quinchi [3], ki cuens estoit de
Winciestre, et li autres fu li cuens de Herefort. Par
ces .ij. contes manderent li baron à Looys le fill le roi
de France ke, s'il voloit venir [4] en Engletierre sa cape
toursée, il li donroient le [5] regne en boine pais et le
feroient segneur d'eus. Chil doi conte passerent mer et
vinrent en France; il parlerent tant à Looys le fill le
roi, k'il lor ot en convent qu'il à la Pasque passeroit,
et maintenant i envoieroit tant de chevaliers comme il
poroit por aus aidier. Tantost manda Looys par France
tous les bacelers que il pot avoir, si s'en vint jusques
à Haidin [6] son castiel. Là fist-il requeste as barons de
sa tierre k'il li aidassent de chevaliers por envoiier
en Engletierre, et as pluisours proia-il que lor cors [7]
meismes i alassent. L'aler otria Guillaumes li castelains
de Saint-Omer et Gilles li castelains de Biaumès et Hues
li castelains d'Arras et Wistasses de Noeville li jouenes,
qui fils estoit Wistasse de Noeville le boin chevalier, et

[1] A lor conseil à. — [2] Deus contes. — [3] Quinci. — [4] S'il venoit.
— [5] Tout le. — [6] Hedin. — [7] Que il.

Guillaumes de Wimes[1], ki moult estoit vaillans bacelers, et Hues Tacons, ki estoit uns des barons de Flandres, et moult d'autres bacelers. Des François si i ala Bauduins Bierthaus[2] et Gilles de Meleun, li cousins au viscomte, et Guillaumes de Biaumont, uns petis chevaliers que on apieloit en sournon Piés-de-rat, et pluisour autre dont Guillaumes[3] Piés-de-rat fu mareschaus. Lors[4] s'en vint jusques à Kalais; là fist-il ses chevaliers entrer en mer; bien en i ot .vij^{xx}. A un havene en Engletierre arriverent, que on apiele Orewele; puis s'en vinrent à Londres, ù il furent moult bien recheu et ù il puis demenerent moult biele vie; mais à grant meschief i furent, car vins lor failli : si n'orent que boire se cervoise non, dont il n'estoient pas apris. Tout l'ivier furent ensi. Devant chou .i. poi que li François arrivassent, donna li rois d'Engletierre à Robiert de Biethune, qui connestables estoit de s'ost, la contée de Clare; car il ne connissoit pas que li cuens i euust nul droit, ki à Londres estoit o ses anemis[5]. Robiers assés tost apriès s'en ala au castiel de Tonebruges, ù li cuens de Clare avoit sa garnison mise. Tant fist que il parla à cels dedens, et lor dist que il li rendissent le castiel, et qu'il faisoient que fol qui se tenoient; car il n'aroient jà nul[6] secours de cels de Londres, et bien sieussent-il que li rois venroit là o toute s'ost tantost que li castiaus de Roveciestre seroit pris, et che seroit tost. Chil respondirent que il estoient .i. poi de povres gens et ke, pour Diu[7], ne

[1] De Dewime. — [2] Breteaus. — [3] A. G. — [4] M. de l'ost. Loeys. — [5] A. encontre lui. — [6] N'a. nul. — [7] G., si.

lor requesist chose qui à vilonnie lor tournast; soufrist lor pour Diu que il peuussent envoier jusques à Londres au conte lor segneur, et mander que il les secourust lendemain ; et, se il ne's secouroit, il li renderoient le castiel. Robiers lor otria, et il envoierent tantost lor message vers Londres ; Robiers[1] envoia avoec .i. sièn chevalier, qui estoit apielés Mikius[2] de Bieles-Aises, et puis renvoia en l'ost Boidin de Haveskerque por gent. A son secours vint Jehans de Cysoing, qui sa cousine avoit, et li bous de Puthenghien[3] o grant gent, et Thieris de Sotenghien, qui mareschaus estoit de l'ost, et pluisour autre. Et li messagier qui à Londres erent alé[4] vinrent au conte et li conterent[5] lor message, et il[6] s'aati moult de secourre le castiel ; mais il ne le fist[7] pas : si fu li castiaus rendus à Robiert, et il mist ens une partie de sa gent. Si ne targa gaires apriès[8] que li François arriverent, dont je vos ai chi devant dit. Et puis i renvoia Looys une autre estore de .vi^{xx}. chevaliers en Engleterre, qui tant syglerent par la mer qu'il entrerent en bouche de Tamise et arriverent au pont de Londres ; mais avant k'il arrivassent fu li castiaus de Roveciestre pris, et li rois s'en estoit alés viers Escoce.

Quant Robiers de Biethune ot le castiel de Tonebruges, il s'en repaira à l'ost ; et li rois vint encontre lui moult liés par samblant et li dist : « Sire cuens de Clare, bien soiés-vous venus. Vous m'avés ore emblé

---

[1] R. i. — [2] Mikiels. — [3] Plusengien. — [4] *Ces cinq mots manquent dans le ms. S.-G.* — [5] Et disent. — [6] Messages al conte, qui. — [7] Le secorut. — [8] A. çou.

le castiel de Tonebruges; mais vous ne m'emblerés pas celui de Clare, ains vous meterai ens par le puing. » Ensi parlant s'en vinrent à l'ost. Lors fist li rois moult durement destraindre cels dou castiel; li mineour furent mis à la tour, si minerent tant que la moitié de la tour chaï; puis furent tout li chevalier ki dedens estoient pris par force. Et li rois fist drecier les fourkes defors l'ost, et dist que il les prenderoit¹ toz; mais li haut home qui o lui estoient li desloerent, et li disent que che seroit maus à faire; car, se li lor reprendoient l'un d'eus, autretel² li feroient faire. Li rois les crei: si n'en pendi nul; ains se parti d'illuec et s'en ala viers Biel-Veoir, un castiel Guillaume d'Aubegny, qui rendus li fu. D'illuec endroit s'en ala-il à Castiel-Frait, ki ert³ le connenstable d'Eciestre, qui encontre lui ot esté; mais il vint là à sa merchi, et li rois li pardonna son mautalent par la proiere le conte d'Eciestre, qui encontre lui ot esté⁴, ki moult bien l'ot siervi. Puis s'en ala-il à Wrewic⁵ sa cité, qui encontre lui s'iert revelée; si en fist toute sa volenté. Puis passa outre jusques à Duramme⁶. Là eut-il en talent k'il s'en retorneroit arriere, quant novieles li vinrent que li rois d'Escoce li avoit ars le Noef-Castiel-sour-Tine: dont il fu iriés, et en jura les dens Diu⁷ que jamais ne s'en retorneroit si auroit vengié cel arsin. Lors s'aparella⁸ comme por chevauchier sour⁹ le roi d'Escoce, si jura qu'il feroit le gourpisiel entrer en sa taisniere:

¹ Penderoit. — ² A. fin. — ³ Pont-Frait, le castel. — ⁴ *Ces cinq mots manquent dans le ms. S.-G.* — ⁵ A Euerewic. — ⁶ Dureaume. — ⁷ Bieu — ⁸ L. s'a. li rois d'Engletere. — ⁹ Sor la tere.

chou disoit-il pour le roi d'Escoce, qui rous estoit et jouenes, qu'il feroit par force rentrer en la tierre d'Escoce. Il s'en vint au Noef-Castiel-sour-Tyne, si le trouva ars ; mais li rois d'Escoce estoit retrais arriere. Puis passa outre, si prist .i. castel c'on apieloit Tiefort; si le donna à Phelippon d'Oulecote, qui estoit garde dou castiel de Duraume. A Norehem, .i. castiel l'evesque de Dureaume, passa la riviere de Tuede ; si s'en vint à Borewic¹ et prist le castiel et la ville, puis prist le castiel de Dombar, qui estoit au comte Patris², un conte de la tierre le roi d'Escoche. Puis chevaucha avant, escillant la tierre, juques à une ville que on apiele Heduithone. Avant ne vaut aler, ains s'en repaira arriere; si arst et destruist³ la ville de Berewic. Puis s'en repaira viers Londres; si entra en la tierre le conte Rogier de⁴ Bigot, k'il destruist molt durement; car il le haoit molt.

En cel point avint une mervelleuse aventure à Londres. Li chevalier commenchierent à bouhourder pour eus deduire : Joffrois de Mandeville, qui cuens estoit d'Assesse, fu là o les autres ; mais il n'ot viestu ne wambais ne pourpoint. Uns chevaliers⁵ de France, ke on apieloit⁶ Acroce-Meure, lassa courre vers lui d'un tronchon; li cuens li escria, quant il le vit venir : « Ha ! Crocemeure⁷, ne me fier pas : je n'ai point de pourpoint viestu. » Chil ne le vaut point laissier por son crier, ains le feri si el ventre qu'il l'ocist : grans deus en fu menés ; mais onques li bacelers n'en fu fai-

¹ Berewic. — ² Patric. — ³ D. toute. — ⁴ Le. — ⁵ U. bacelers. — ⁶ A. Guilliaume. — ⁷ « Acroce-Meure.

dis. De cele aventure vint la nouviele au roi Jehan à
Fremelinghehem¹, une forte maison le conte Rogier
le Bighot que il avoit prise, et il le conta tantost² Sa-
vari de Maulyon, à cui il avoit la terre celui donnée.
Apriès chou s'en ala-il asseoir le castiel de Gloeciestre³,
si le prist; et d'illuec endroit s'en ala-il à Inghehem,
le castiel le conte Robiert de Ver; si le prist autresi. Cil
cuens Robiers de Ver estoit cuens d'Ausinefort; il vint
là à la mierchi dou roi, et li jura sour sains que il dès
dont en avant le sierviroit loiaument; mais onques con-
vent ne li tint, ains li menti sa foi comme trechieres
que il estoit. Puis ala li rois jesir à une abbeye que on
apele le Watehen⁴, à .vij. liues petites englesches de
Londres. Lors cuidierent bien chil de Londres avoir
le bataille u le siege, si furent tot armé et orent lor
batailles devisées; mais li rois ne se combati pas à eus
ne n'asist la cité, ains le lassa à seniestre et s'en ala à
Windesores. Là li vinrent nouvieles de Looys le fill le
roi de France, qui assambloit grant gent sor la mer à
Bouloigne et à Wissant et à Kalais et à Gravelinghes :
par coi il s'en vint en Kent; là entendi-il les vraies
nouvieles que⁵ à Kalais estoit o grant chevalerie Her-
vius⁶ li cuens de Naviers, et avoit o lui⁷ .c. cheva-
liers; Engherrans de Couci i estoit o tout .l. cheva-
liers; si doi frere Thumas et Robiers, ki moult
estoient vaillant chevalier, i estoient o lui; li cuens
Willekins de Hollande i estoit o .xxxvi. chevaliers; li
cuens de Rousy i estoit o .x. chevaliers; Guichars de

¹ Au r. à Framelingehem. — ² T. à. — ³ De Colecestre. — ⁴ A. Wa-
tchem. — ⁵ N. de Looys, qui. — ⁶ Hervieus. — ⁷ Nevers i estoit od lui od.

Biaugeu i estoit o .x. chevaliers; li viscuens de Toraine
i estoit o .xiiij. chevaliers; Estievenes de Sansuerre i
estoit o .xij. chevaliers; Robiers de Dreues[1] o .xxx. che-
valiers; Jehans de Monmirail, qui sire estoit d'Oisy,
i estoit o .xiiij. chevaliers; mais .vij. en ot envoiés
avant, qui ierent à Londres o les autres; Arnous li
cuens de Gisnes i estoit o .x. chevaliers, qui .v. en[2]
avoit autresi envoiés avant; Daniaus li avoués de Bie-
thune, qui d'outre mer ert novielement venus, i estoit
o .vj. chevaliers; mais .viij.[3] en avoit envoiés avant.
A Michiel de Harnes et à Bauduin de Biauvoir fu baillie
une[4] nés, ù il entrerent; Hues de Miraumont et Ro-
biers de Bailluel[5] et Gerars li Truie et Boidins de
Metres et Maelins[6] ses freres i entrerent o eus, et
moult d'autre chevalier; Robiers de Courtenay i estoit
o .xx. chevaliers. Autres haus homes i ot assés, dont
je ne sai pas le nombre quans chevaliers cascuns i ot;
il i fu Hues de Rumegny, qui moult estoit rices hom,
et Renaus d'Amiens et Thiebaus ses freres et Jehans de
Hangest[7] et Raous de Neele et Raous d'Estrées et Raous
de la Tourniele, qui moult estoit boins chevaliers, et
Hues Havès ses niés et Amaurris de la Foxteniele et
Bauduins li chastelains de Lens et Aalars de Croisiles
et si doi frere, Renaus et Jehans, et maint autre que
je ne puis pas toz nommer.

En la nef Looys entra Ours li chambrelens et li vis-
cuens de Meleun et Hues de Mal-Annoi[8] et Raous
Plomkès et pluisor autre chevalier. Bien esmoit-on les

[1] Dreuwes i estoit. — [2] En i. — [3] .ix. — [4] U. grans. — [5] Baillues.
— [6] Maielins. — [7] Hangiest. — [8] Mal-Ausnoi.

chevaliers de l'ost à .xij^c.¹, et bien i ot .viij^c. nés. Wistasses li Moines entra² en la nef le conte Looys³. Chil Wistasses li Moines estoit .i. chevaliers de Boulenois, qui moult avoit guerroié le conte de Bouloigne ; tant le guerroia que il ala puis au siervice le roi d'Engletierre, por chou que li cuens estoit deviers le roi de France. Si le servi tant que il⁴ li donna les ylles de Gernesée ; mais puis fu-il mellés au roi ; si le fist prendre, et sa feme autresi, si les tint longhement en sa prison : por cele haine estoit-il venus à Looys, si s'estoit molt penés de cel afaire ; maintes fois en ot la mer passée, comme chil qui moult en savoit. Nus ne kerroit les mervelles k'il fist ne qui li avinrent par maintes fois. En la nef entra aussi⁵ uns clers qui freres estoit l'archevesque de Cantorbire, à cui li rois Jehans ot tolue l'archeveschié de Chantorbire ; Jehans de Longhetone ot à non. Et chil Symons, qui entra en la nef⁶, à cui li rois Jehans ot aussi tolu l'archeveschié d'Evrewic⁷ ù il dut iestre eslius ; mais li rois ot desfaite l'election : par coi chil le haoit⁸, et li grevoit quanques il pooit par ses consaus et par ses paroles.

Del roi d'Engletierre me convient dire, qui à Douvre estoit venus, ù il ot moult grant navie et moult riche : bien valoit une de ses nés quatre des⁹ Looys. Il envoia ses messages par consel¹⁰ à Looys, si li fist requerre de pais ; mais pas ne le pot avoir. Quant il vit chou, il atorna¹¹ par le consel de sa gent que il

¹ .xij^c. chevaliers. — ² E. autresi. — ³ N. Loeys. — ⁴ Que li rois. — ⁵ A. Simons de Longhetone. — ⁶ *Les vingt-quatre mots qui précèdent manquent dans le ms. S.-G.* — ⁷ Ot toloite l'a. de Verewic. — ⁸ Il moult. — ⁹ Des neis. — ¹⁰ C. outre la mer. — ¹¹ Il atira.

meismes ses cors entenroit en mer, si s'en iroit à toute s'estore devant Kalais, et là feroit jeter ses ancres, si ke li estores Looys ne poroit issir del port; car bien savoit que les petites nés que Looys avoit ne se poroient pas desfendre à ses nés, qui si grans estoient. Quant li rois ot chou empensé à faire, une mervelleuse aventure li avint; car la velle de l'Assention, encontre le soir, leva une tourmente si grans que toutes les nés durent estre froissies : si les¹ couvint fuir par diviers havenes, por chou que à Douvre n'avoit se costiere non; lendemain furent si departies que li rois ne les pot onques puis toutes rassambler². Lors s'en ala à Chantorbire moult dolans et moult coureciés³ de sa mescheance, et sachiés que mescheance fu chou grans. Lendemain de l'Assention, encontre le soir, entra Looys en mer; si s'en vint syglant enviers Englet[ier]re; lendemain, par le semmedi, arriva en l'ille de Tanet; ançois qu'il fust arrivés, chil qui sour la tierre estoient coisirent l'estore de bien loing : lors manderent au roi, qui à Chantorbire estoit, qu'il veoient venir l'estore Looys. Li rois lor respondi que chou n'estoit pas l'estore Looys, ançois estoient ses nés qui deviers Roumenel venoient, qui por la tourmente i estoient fuies. Lors monta li rois, si s'en issi de la ville; mais il ne vaut aler viers Sauwis, ains s'en ala viers Roumenel encontre .i. cardonnal de Roume, qui là estoit arrivés. L'apostoles l'ot là envoiié pour iestre legat d'Engletierre et pour aidier et conforter le roi, et por faire justice de cels qui encontre lui estoient ne seroient⁴.

---

¹ Si les en. — ² P. r. — ³ Iriés. — ⁴ L. s.

Et quant li rois encontra le legaut, qui jà estoit [1] viermaus vestis et chevauçoit blanc palefroi, moult li fist grant joie. Teus est la coustume des legaus de Rome que, quant il passent mer, il doivent estre ensi faitement atourné comme l'apostoles est, de viestemens et de chevaucheure. Li rois sot bien les voires nouvieles de Looys, qui arrivés estoit en l'ille de Tanet, ançois que il parlast au legat; quant il l'encontra, tout avant le salua et baisa et li fist l'ounour qu'il pot. Puis li conta les nouvieles de Looys, qui arrivés estoit en sa tierre à force; si s'en plaignoit moult durement à Diu et à l'apostole et à lui-meismes, qui de par l'apostole estoit venus en la tierre. Li legaus escumenia tantost Looys et toz chiaus qui estoient en s'aïe, et puis fist commander par tout as hautes eglyses que il ciessassent par tout ù il ne ses gens seroient ; et si vaut que toute la tierre qui à lui se tenroit fust entredite, et elle si fu puis.

Lendemain que Looys arriva fu li dyemences devant la Pentecouste. Cil jour vint li rois à Sauwis; si coisi l'estore Looys, qui arrivée [2] estoit deviers l'ille de Tanet; cel jour meismes arriva primes li cuens de Naviers [3] et li cuens de Hollande et Mikius de Harnes et Hues Havès et Guis de la Roche et Robiers Biertaus [4] et bien .ij^c. chevalier. Lors pierdi moult li rois Jehans le cuer [5]; il cevaucha une piece sour [6] le rivage avant et arriere, si fist sonner ses trompes; mais poi esbaudi ses gens, et poi les conforta [, moult fu de povre sam-

---

[1] E. tous. — [2] Arivés. — [3] Navers. — [4] Bertrans. — [5] Li r. le cuer. — [6] Par.

blant]. Quant il ot là une pieche esté, il se parti d'eus ausi comme à emblée, si s'en ala grant aleure viers Douvre. Bien fu une liue loing ançois que li plus de ses gens en seuussent[1] mot. Robiers de Biethune et Bauduin d'Aire et Gillebiers ses oncles et Gautiers Biertiaus[2], quant il sorent que li rois en[3] estoit alés, moult lor desplot; il n'oserent là demourer, ains s'en alerent apriès lui tout plourant, car moult estoient dolant et irié; à Douvre le troverent moult desconforté. Lendemain s'en parti; si laissa Hubiert de Bours, qui justice estoit d'Engletierre, à Douvre por garder le castiel, et Gerart de Sotenghien, o lui[4] grant plenté de Flamens, et Pieron de Creon et Joudoin de Doe et Huon Change[5] et moult d'autres chevaliers. Moult remest boine garnisons el castiel; bien i ot .vij^{xx}. chevaliers et moult grant plenté de siergans, et vitaille i ot à grant fuison[6]. Et quant li rois s'en ala, il commanda as Flamens que il fessissent l'arriere-garde. par mi les Wans s'en passa, et li Wandois li fisent tant de mal comme il porent. Tant erra que il vint à la cité de Winciestre : là demoura une piece; et là escumenia li legaus Looys[7] par non moult durement et le plus de ses barons toz par non autresi, et les Englois par escumenioit-il trop durement. A Looys me convient repairer, ki assés tost apriès chou que li rois en[8] fu alés fist ses gens passer l'aighe, qui tantost prisent la ville de Sauwis et gaegnierent toutes les nés qui là estoient; moult i ot gaagnié de vins et de vivandes et

---

[1] En seust. — [2] Bertaus. — [3] S'en. — [4] Od l. od. — [5] Et H. Ganche. — [6] C. et moult sergans, et vitaille i ot moult. — [7] L. tout. — [8] S'en.

de grant marcheandises. Puis s'en ala Looys à Cantorbire, qui tant ne quant ne se desfendi. Puis ala asseoir le castiel de Roeciestre, si le prist; là vinrent à lui li chevalier qui à Londres orent esté, et li baron d'Engletierre autresi; si li firent homage. De chiaus ki homage li firent vous nommerai-jou une partie : il li fist homage li cuens de Clare ; et Guillaumes li mareschaus li jouenes, li fils Guillaume le mareschal; le conte de Pembroc et Hues li Bigos li fils au conte Rogier, ki sa serour avoit; et Robiers li fils Gautier; et Sohiers de Quinchi, qui cuens estoit de Winciestre; et Guillaumes de Mandeville, qui cuens estoit d'Assesse; et li cuens Robiers de Ver et moult d'autre.

Molt tost apriès chou que Looys ot recheus ses homages, se parti-il de Roveciestre; si s'en vint à Londres le joesdi en la Pentecouste, et fu recheus à pourciession des canonnes de Saint-Pol. Li bourgois de la ville alerent encontre lui, qui grant joie orent de sa venue. Quant il ot esté en l'eglyse Saint-Pol, il rapassa Tamise; si s'en vint jesir à Lamée, à la maison l'archevesque de Chantorbire, qui siet encontre le sale de Wemoustier, d'autre part l'aighe : là jut-il .iiij. nuis. En l'eglyse Saint-Pol ot .i. doyen que on apieloit maistre Gervaise de Hobruges, par cui consel li canonne ne vaurrent lassier le canter pour le desfense le legat; mais puis en furent-il tout honni. Li priestre des perroces ne vaurrent ensement[1] ciesser, qui puis le compererent moult cier. En toute Londres n'ot eglyses ù on ciessast, fors seulement .v. Des[2] .v.

[1] Autrement. [2] De ces

fu li une l'eglyse de Wemoustier, l'autre cele de Sainte-Trenité, la tierce ¹ de Saint-Martin-le-Viel, la quarte cele del Temple, et la quinte cele de l'Ospital. Li canonne de Bermondesée et chil de Nostre-Dame-au-Front et chil de Saint-Bertremiu ciesserent puis; mais riens ² ne lor pot valoir qu'il n'en venissent à ³ anui. Li capelain Looys ne li capelain as barons de l'ost ne vaurrent ensement ciesser, ains canterent puis par toute l'ost : dont maint home s'esmervellierent. Et en cel segour que Looys fist là ⁴ rechut-il à homage ⁵ le conte Rogier le Bygot et le remanant des barons, qui là estoient. Puis envoia une partie des Englois et de ses ⁶ chevaliers qui à Londres orent esté, que on apieloit par gabois Londrois, e[n] Sufone et en Norfont ⁷ por conquerre la tierre; chil se partirent de lui, si conquisent Donewis et Lane, et moult d'autres castiaus, et moult i esploitierent de lor besoigne. Au lundi, lendemain de la Trinité, se parti Looys de Londres; si s'en ala sour ⁸ le conte de Warende. Il trova le castiel de Rogate ⁹ tout wit, si le donna à Robiert de Courtenay. Lendemain prist le castiel de Geudefort; puis assist Fernehem, .i. castiel l'archevesque ¹⁰ de Winciestre; si l'ot lendemain. Puis s'esmut por aler à Winciestre, ù il cuidoit le roi trouver; mais li rois ne l'i atendi pas, ains wida la cité. Si s'en vint ¹¹ vers le Corf, si enmena o lui la roine sa feme et Savari de Maulyon; il envoia Fouke ¹² de Breauté viers Ausine-

---

¹ L. t. cele. — ² Mais çou. — ³ N'en eussent. — ⁴ Là *manque*. — ⁵ A home. — ⁶ Et ses. — ⁷ Sufouc.... Norfouc. — ⁸ Sor la terre. — ⁹ Regate. — ¹⁰ L'evesque. — ¹¹ Si se traist. — ¹² Fauque.

tort por garder cel païs. Chil Foukes ot esté povres
sergans au roi; fius fu à un chevalier de Normendie
de soignant; mais puis siervi-il tant le roi et tant crut
ses afaires que il fu puis uns des riches homes d'Engle-
tierre; petis fu de cors, mais moult fu vaillans; puis
tint-il .vij. contées en ses mains. En cel point que li
rois se parti de Winciestre, bouterent foles gens le feu
en la cité; si en arst grans partie : cel feu virent bien
chil de l'ost Looys. Lendemain s'arma Looys, et fist
toutes ses gens armer et ses batailles ordener[1] et les
fist chevauchier en conroi; si s'en ala viers Winciestre.
Trop vinrent bielement et cointement li François de-
vant la cité de Winciestre, qui jà estoit[2] arse priès de
la moitié; en[3] la cité ne troverent nul defois, ains i
entrerent tout plainement; mais li dui castiel se tin-
rent : li grans castiaus le roi et li castiaus l'evesque,
que on apieloit Wosvesée[4]. En cel liu[5] estoit Oliviers,
uns fils le roi de bas, qui escuiers estoit[6]. Looys com-
manda à l'avoé de Biethune et à Bauduin de Bielvoir
que il s'alassent herbregier en la ville o tout lor ba-
taille por garder la cité, que chil des castiaus n'arsis-
sent chou qui remés i estoit à ardoir; chil fisent son
commandement, si se herbregierent en la ville o tout
lor bataille por garder la cité[7], ù il orent puis mainte
ruiste bataille[8]; mais bien i sauverent lor hounour, et
moult i soufrirent de travail et de paine.

Looys se loga devant le maistre castiel, si i fist[9]

[1] Ordena. — [2] Qui c. — [3] A. — [4] Volvesée. — [5] En celui. — [6] E.
encore. — [7] *Les huit mots précédents manquent dans le ms. S.-G.*
— [8] Saillie. — [9] Si f.

geter ses perrieres et ses mangouniaus à la tour ; bien
i sist .xv. jours. Là vinrent à sa volenté li plus haut
home et li plus poissant d'Engletierre de cels qui de-
viers le roi se tenoient ; il i vint Guillaumes d'Engle-
tierre[1], li cuens de Salesbieres, qui freres estoit au roi,
et li cuens de Warende, qui cousins germains estoit
al roi, et li cuens d'Arondiel[2] et Guillaumes[3] d'Au-
bemarle, qui fu fils la contesse Hauwi, que Bauduins
de Biethune ot espousée : chil quatre devinrent home
Looys, et li pluiseur[4] autre o eus ; et Looys les rechut
à homes, et lor rendi lor tierres. Puis vint Savaris de
Maulyon en l'ost par conduit, si osta fors del castiel
ses chevaliers que il mis i avoit, et fist ansdeus les
castiaus rendre à Looys ; puis s'en repaira au roi. Quant
Looys ot les castiaus, il donna la cité et le maistre
castiel, qui ot esté au roi, au conte de Naviers. En
cel point estoit mareschaus de l'ost Adans de Biaumont,
que on apieloit en sornon Brostesinge ; mais Guillaumes
li jouenes mareschaus vint à Looys ; si li dist que la
mareschaucie devoit iestre ses iretages, si voloit que il
li rendist. Looys li rendi comme chil qui ne l'osa las-
sier ; car, s'il ne li rendist, il en cuidast pierdre moult
durement les cuers as Englois. D'illuec endroit s'en
ala asseoir .i. castiel vers Portesmues, que on apieloit
Porceciestre[5] ; si le prist, et le redonna au conte de
Naviers. Puis vint-il asseoir .i. castiel[6] que on apie-
loit Odihem, qui seoit en uns biaus prés et priès de[7]
bois, que li rois fist faire par lui deporter. A cel siege

[1] Longe-Espée. — [2] D'Arondel. — [3] G. li quens. — [4] Et p. — [5] Por-
cestre. — [6] Castelet. — [7] De biaus.

manda Hues de Noeville, qui le castiel de Merlebiege ot en garde, à Looys que, s'il voloit envoier de ses chevaliers à Merlebierge, il li renderoit le castiel et la ville, qui moult iert bien seans. Looys envoia, por cel mandement, Robiert de Dreues viers Mierlebierge; si li otria que li castiaus fust siens, s'il le pooit avoir. Guillaumes li jouenes mareschaus clamoit le castiel de Mierlebierge, si se courecha moult de cel don. Il se parti en cel point de l'ost, si s'en ala viers Gales; mais che ne fu pas par maltalent, ne adont ne se parti-il pas del service Looys.

Robiers de Dreues s'en ala viers Mierlebierge, si enmena o lui Engherran[1] de Couci son oncle et le conte de Roussi et Raoul son frere[2] et Rauoul d'Estrées et pluisors autres chevaliers; des Artisiens i mena-il l'avoé de Bethune et le castelain d'Arras et celui[3] de Lens et Bauduin de Biauvoir et Aalart[4] de Croisilles et les deus freres de Metres Boidin et Maielin et pluisours autres. Bien ot .vi^{xx}. chevaliers en cele chevaucie. Tant errerent que il vinrent à Mierleberge; mais il n'entrerent pas el castiel, ains troverent les portes moult bien fremées, et bien .xviij. chevaliers, les hyaumes laciés, au defors; et defors la ville coisirent-il gens à cheval, qui del bois issoient et entroient : lors cuidierent bien ke Hues de Noeville les euust trahis, si ne furent pas adont del tout aaise ne aseur[5]. Engherrans[6] et Robers parlerent ensamble, si

---

[1] Engorran. — [2] Et R. de la Tornele. — [3] B. et le castelain. — [4] Bealveoir et Alart. — [5] *Ces deux mots manquent dans le ms. S.-G.* — [6] E. de Couci.

deviserent que il retorneroient tantost arriere¹ vers
l'ost; mais puis lor aporta lor consaus que il se her-
bregassent en la ville et demourassent cele nuit. Il
creirent cel consel, si se herbregierent et demourerent
la nuit en la ville. Lendemain s'armerent et monte-
rent sor lor chevaus, si s'en issirent de la ville et s'en
commencierent à repairier : si comme il s'en aloient,
envoia Hues de Noeville à eus; si manda [à Robert
et à Engerran] k'il li envoiassent conduit por venir
devant eus, et il lor renderoit le castiel. Il i² envoiie-
rent Robiert de Poissi, qui l'amena devant eus. Lors
le ramenerent³ en la ville, si rendi Hues de Noeville
le castiel à Robiert de Dreues. Et quant che vint en-
contre le soir, derechief s'armerent et issirent de la
ville; si s'en repairierent en l'ost; mais Robers de
Dreues lassa el castiel en garnison Jehan de Laisdaing⁴
et .x. chevaliers o lui. Toute cele nuit chevaucierent,
si revinrent lendemain en l'ost. Li cuens de Hollande
s'estoit adont partis de l'ost, si s'en repairoit viers son
païs; il avoit la crois, si voloit atorner son afaire. Si ne
targa gaires apriès chou que li castiaus fu pris; et⁵
Looys s'en r'ala vers Winciestre, car il ot .i. parle-
ment pris entre lui et le legat en ces parties là priès de
Winciestre; Looys i envoia de ses gens qui parlerent
à lui : assés i ot paroles dites; mais la pais n'i pot ies-
tre. En cel liu ù Looys ot atendu ses homes qui au par-
lement furent alé, se⁶ parti de lui Hues Havès et grans
partie des Artisiens, ki s'en alerent⁷ grant aleure

---

¹ A. sans attendre. — ² Il li. — ³ Lors retornerent. — ⁴ Lesdaing.
— ⁵ Pris, que. — ⁶ F., se. — ⁷ Vindrent.

vers¹ Londres; là entrerent-il en mer², si siglerent tant aval Tamise qu'il entrerent en la mer à grant joie. En la mer les vinrent li Englois assaillir en³ lor batiaus; mais il riens ne lor porent fourfaire, ains furent moult durement rebouté arriere, et ensi s'en revinrent en lor païs. Apriès cel parlement que Looys ot eu au legaut, qui Gales estoit apelés (mais je le vous avoie oublié à dire), s'en vint-il à Londres; mais guaires n'i demoura, ains s'en ala assés tost apriès asseoir le castiel de Londres⁴. Il laissa le conte de Naviers et Robiert de Dreues o grant chevalerie à Londres, qui, tost apriès chou que il se fu partis d'eus, alerent asseoir le castiel de Windesores : longhement i furent; mais poi i esploitierent. Grant paour i orent⁵, si comme vos orés chà⁶ avant. Cil del castiel lor firent mainte ruiste saillie; deus fois cauperent le fleque de lor perriere. Uns chevaliers d'Artois, ki estoit apielés Guillaumes de Cerisi, i fu ocis, ki assés poi fu plains de maintes gens; car molt estoit haïs.

Or oiiés avant de Looys, ki s'en vint à Douvre : quant il i vint, il n'assist pas tantost le castiel, ains se herbrega au cor de la ville en une prioré; et⁷ de ses gens se herbregierent li pluisor en la ville et li auquant en lor pavellons. Là se parti de lui li cuens de Roussi et Jehans de Monmirail et Hues de Rumegny et li viscuens de Torainne et moult d'autre chevalier : dont mervelles apetisa li os adont. Par maintes fois issirent chil del castiel fors des portes; il avoient une barba-

¹ A. — ² Ès neis. — ³ Od. — ⁴ De Douvre. — ⁵ I o. puis. — ⁶ O. bien là. — ⁷ H. en une priorie qui siet au c. de la v.

cane defors la porte, que Pieres de Creon¹ ot à garder, qui estoit close de m[ou]lt boin roulleis de caisne, et si ot boin² fossé tout entour. Pieres de Creon, qui la porte ot à garder, ot ensement à garder la barbacane. Devant cele barbacane venoient souvent chil dou castiel tout armé, si que chil de l'ost les veoient plainement. Souvent i aloient traire li arbalestier Looys. Une fois i ala traire uns arbalestriers moult preus, que on apieloit Perernaut³; si les aprocha tant qu'il li coururent sus, et il les atendi; si i remest pris, car mauvaisement fu secourus. Et tost apriès chou s'en ala Looys el mont o toute s'ost, si assist le castiel : une partie de ses gens fist demourer en la ville por cels dedens del tout avironner, et en la mer refurent⁴ ses nés; et ainsi furent chil del castiel de toutes pars⁵ enclos. Lors fist Looys drecier ses perrieres et ses mangouniaus pour jeter à la porte et au mur; si fist faire .i. castel de cloies moult haut, et un cat por mener au mur; ses mineours fist entrer el fossé, qui minerent la piere et la tierre desous le roilleis. Puis les fist assaillir as chevaliers de l'ost; si fu tantost la barbacane prise. Uns escuiers que on apieloit Huart⁶ Paon, qui la baniere l'avoé de Biethune portoit, i entra premiers. Pieres de Creon, qui la bataille⁷ dut garder, en ot tel duel que onques puis ne fu haitiés, si moru tost apriès. Chil Pieres fu fius Meurisse de Creon, le boin chevalier. Et quant li rois Jehans⁸ sot les nouvieles dou conte de Naviers et de Robiert de Dreues, qui à poi de gent avoient assis le⁹

¹ Croon. — ² Et boen. — ³ Ernaut. — ⁴ R'ot-il. — ⁵ C. dedens tout. — ⁶ Buart. — ⁷ Barbacane. — ⁸ R. d'Engleterre. — ⁹ Son.

castiel de Windesores, il assambla ses gens, si s'en vint à Radinghes; puis passa outre et vint si priès d'eus que il cuidierent bien avoir la bataille. Li Galois vinrent par nuit traire en l'ost, si lor fisent moult grant paour. Longhement furent armé por atendre la bataille; mais il ne l'orent pas, car li rois se traist arriere je ne sai pas par quel consel, et à tant remest. Puis vint li rois d'Escoce au siege de Dovre, por faire son houmage à Looys; et Looys ala encontre lui jusques à Cantorbire, et l'en amena en l'ost à [1] Douvre à grant joie. Lendemain fist li rois son houmage à Looys de la [2] tierre de Loonois, puis s'en repaira en son païs; et li cuens de Naviers le convoia jusques outre Cantebruges. Li cuens de Naviers [3], qui deviers Looys s'estoit tournés, se repenti de chou que il ot fait, si s'en ala au roi d'Engletierre et li cria mierchi; et li rois li pardonna son mautalent moult boinement. Devant chou que li rois d'Escoce venist à Douvre, estoit arrivés li cuens del Pierche, qui vint au siervice Looys; mais je le vous avoie oublié à dire. Puis arriva li cuens de Bretaigne, et Robiers ses freres s'en ala en France. Puis mist Looys ses mineours à la porte; si minerent tant que une des tours [4] caï, dont deus i avoit. Lors entra une grans partie des gens Looys ou [5] castiel; mais chil dedens les remisent [6] hors par grant vigour, et puis refremerent là endroit ù lor murs estoit chaüs, de grans mairiens et de grans baus travesains et de grant roilleis de caisne. Guichars de Biaugeu [7] moru à cel

[1] Devant. — [2] Sa. — [3] D'Aubemarle. — [4] Touretes. — [5] Dedens le. — [6] Misent. — [7] Guicars de Biaugiu.

siege, si fu portés enfouir en sa tierre ; mais ançois[1] moru uns chevaliers de Boulenois qui moult fu plains, Jehans de la Riviere ot à non ; chil fu autresi aportés enfouir en Boulenois. A cel siege vinrent les nouvieles d'Innocent l'apostole de Rome, qu'il estoit mors et que li noaviaus apostoles estoit apielés Honorés. De ces nouvieles fu Looys moult liés. Puis vinrent les nouvieles de l'empereour Henri de Constantinoble, qui autresi estoit mors en la tierre de Romenie, en la cité de Salenyke. Chil emperères Henris fu oncles Looys de par sa mere.

Tant sist Looys devant le castiel de Douvre que trives furent prises entre lui et cels dedens : dont li rois d'Engletierre fu moult dolans[2]. Assés tost après chou que il ot les novieles oïes, li prist maladie, [et il s'en vint od toute la maladie à .i. castiel l'evesque de Nicole, que on apieloit Mewerc ;] si[3] moru. Si fu portés enfouir à la cité de Winciestre[4] en la mere-eglyse ; mais, ançois k'il morust, manda-il à Guillaume le mareschal, le conte de Pembroc, que il metoit Henri son ainsné fill en la garde Diu et en la soie, et por Diu li pria qu'il mesist consel en son afaire, et Richart son puisné fill mist-il en la garde Pieron de Manlay, qui le castiel del Corf ot à garder, ù Alyenor la fille le conte Joffroi de Bretaigne estoit emprisonnée. Chil Pieres de Manlay ot esté huissiers le roi ; mais puis crut tant ses afaires que il fu chevaliers et connestables [dou castiel] del Corf, et si poissans que il guerroia al conte de Salesbieres. La roine re-

[1] A. i. — [2] Iriés. — [3] Là. — [4] Wilecestre.

mest enchainte d'une fille en cel point que li rois
morut.

Henris, li ainsnés fils le roi, fu fais chevaliers tost
apriès le mort le pere; puis fu couronnés à roi, del
legaut. Et Guillaumes li mareschaus fu eslins à iestre
souvrains baillius del regne; Fouques de Breauté ot en
garde le castiel de Norantonne et le castiel d'Ausyne-
fort et Boukingehem et Herrefort et Bedefort et Chan-
tebruge et toutes les contés qui apendent à ces .vi. cas-
tiaus, et deseure tout che ot-il en baillie le contée de
l'ille de Wic de par sa feme : che furent .vij. contées
qu'il ot en ses mains. Robiers de Gaugi, qui siergans
estoit, ot en garde le castiel de Mewerc; Hues de Bail-
luel ot en garde le Noef-Castiel-sour-Tine et grant par-
tie de la tierre sour¹ le nort; et Pieres de Manlay ot
en garde le castiel del Corf, si comme vous avés oï; là
fu la plus grans partie del tresor le roi. Savaris de Mau-
lyon ot en garde le castiel de Bristou, si ot ses gens
ens mises; il-meismes fu passés en Poitau ains que li
rois morust. Engelars d'Athies et Andrius de Chan-
ceaus orent en garde le castiel de Windesores, dont li
cuens de Naviers estoit partis et trais arriere. Hubiers²
de Bours ot en garde le castiel de Douvre, si comme
je vous ai piecha dit. Es Wans ot .i. siergant, qui par
sa proece fu moult sires des Wandois; chil guerroia
moult puis as gens Looys; apielés estoit Willekins
de Kasinghehem; mais li François l'apeloient Wille-
kin des Wans, qui ne sorent noumer Kasingehem.
Molt fu puis chil renommés en l'ost Looys. Apriès

¹ Viers. — ² Wibiers.

che¹ couronnement dou roi Henri, ki fu couronnés en l'an de l'Incarnation .M. et .ij^c. et .xvi. et qui n'ot ke .x. ans quant on le couronna, se traist cascuns des castelains que je vous ai nommés vers les castiaus que il ot à garder ; car grant doute avoient de Looys, qui se parti tost de Douvre² apriès chou que la trive fu prise entre lui et cels dedens, si s'en vint à Londres. Puis passa outre ; si assist le castiel de Herefort, si le prist et le rendi à Robiert le fill Gautier cui drois che fu. Puis assist le castiel de Berkamestede, qui rendus li fu ; si le donna à Raoul³ Ploket. Puis prist le castiel de Cloeciestre et celui de Dorefort⁴ et celui d'Ingehem et celui del Plasseis et Cantebruge et moult d'autres fortereces. Le castel d'Orefort donna-il à Gillon de Meleun, et Cantebruge à Symon de Poissi. Si rendi le castiel d'Ingehem au conte Robiert de Ver, cui che devoit estre, et le Plasseis au conte Guillaume de Mandeville. La cités de Norewis li fu rendue, et la cité de Nicole ; mais li castiaus se tint, qui estoit en la garde d'une dame que on apieloit ma dame Nichole, qui le devoit garder par iretage ; et elle le garda moult loiaument. Puis s'en revint Looys à Londres, si envoia Huon le castelain d'Arras à Nichole pour garder le⁵ païs, qui le garda moult vighereusement par l'aïe des Norois, qui souvent estoient o lui.

En cel point vinrent novieles à Looys de Joffroi de Say, un baron d'Engletierre qui ot en garde la Rie,

---

¹ Le. — ² D. Tost. — ³ A Mol. — ⁴ Colecestre et c. d'Orefort — ⁵ Cel.

une forte maison qui siet ès Wans près de Wicenesiel ; si l'avoient les gens le roi prise par engien : par coi Looys s'esmut ; si s'en ala céle part, et jut en son aler en¹ un castiel le conte de Warende que on apieloit Leans². Puis passa outre ; si ne vaut aler à la Rie, por chou que il doutoit que vitaille ne li falist ; car la ville seoit enmi les Wans, qui moult estoit fors. Si ne peust vitaille venir à l'ost por les Wandois. Il s'en vint à Winchenel³, qui boine ville estoit et assés près de la Rie : un brach de mer ot seulement entre deus, ki n'estoit mie lés. Li bourgois de la ville, quant il sorent sa venue, ne l'atendirent pas ; ains brisierent toz les molins ; si entrerent en lor nés et s'en alerent à la Rie à Phelippon d'Aubegny, qui là estoit à grant plenté de nés bien garnies de gens armées, comme chil qui la mer ot à garder de par le roi. Li Wandois orent toz les pons brisiés et toz les passages desfais, si comme Looys i estoit⁴ passés : moult fu dont Looys à grant meschief⁵ à Wincenesel. Blé trouverent-il à grant plenté ; mais il ne savoient comment il le peussent maurre⁶. Longhement furent en tel destroit et que il lor couvenoit à mains moeles maurre le blé dont il faisoient le pain⁷ ; car ne poisson ne porent-il recouvrer. Grosses nois trouverent en la ville : che fu lor plus haute viande. Souvent prendoient trives à ceus des nés, ki moult mauvaisement lor tenoient : teus jors fu que trois fois lor brisierent les trives que donnés lor avoient, souvent venoient à meismes de la tierre traire à eus. Quant Looys

¹ A. — ² Leaus. — ³ Vincenel. — ⁴ L. e. — ⁵ M. une grant piece. — ⁶ C. molre. — ⁷ Le p. qu'il mangoient.

vit che, il envoia ses homes¹ à pié, qui par engien passerent les Wans à Londres et as castiaus ù si chevalier estoient. Si lor manda que il le secourussent; car moult estoit à grant meschief, et moult le destraignoient li Englois. Guillaumes, li castelains de Saint-Omer, et Raous Plokès et Hues Tacons et Jehans de Biaumont et pluisor autre chevalier, quant il oïrent les novieles, s'aparellierent d'aler secourre lor segnour; il n'oserent entrer ès Wans por chou que il estoient² poi gent; si s'en alerent le grant chemin de Cantorbire. Puis retornerent arriere, et³ s'en revinrent à Roumeniel; d'illuec envoierent-il lor messageus en Bouleignois au prieus del Wast, .i. moine de Cluigny qui baillius estoit de Boulenois de par Looys; si li manderent que il lor envoiast toutes les nés ke il poroit avoir, car⁴ Looys lor sires estoit à trop grant meschief à Wincenesel. Li prieus i envoia plus de .ij*c*. nés, qui toutes prisent port à Douvre, fors une seule, qui par le hardement des maronniers s'en vint à Wincenesel, ù elle fu bien venue; car Looys et si home orent grant joie des nouvieles que chil qui ens vinrent lor aporterent, et moult prisierent les maronniers qui si hardiement vinrent.

Chil qui à Romenel estoient, quant il sorent les novieles de lor nés, ki arrivées estoient à Douvre, il tornerent⁵ cele part ù il cuidierent entrer ès nés por aler secourre lor segnour; mais il ne porent por le tempieste, ki commencha moult grans, et li vens lor venoit droit encontre : par coi il lor couvint bien se-

¹ S. messages. — ² Qu'il avoient. — ³ P. tornerent à destre, si. — ⁴ A. çà. — ⁵ S. alerent tantost.

jorner .xv. jors à grant anui, ains qu'il se peuussent mouvoir : dont il furent moult irié. En cele quinsaine soufri Looys maint grant mescief, et si home ensement; car vitaille lor failli [1]. Un jor prist consel que il feroit. Wistasses li Moines, ki là estoit, li dist : « Sire, se vous faisiés garnir une galie, qui en ceste ville est molt boine et que je bien connois, car elle fu jà moie, vos en poriés moult destraindre lor nés. En ceste ville a grans nés, que nos avons gaegnies; si ferai, se vos le loés, en une des plus grans un castiel faire si grant et si mervelleus que toutes les gens le regarderont à merville, et celle nef trahinera-on à batiaus après la galie por li garder. » Looys dist que il le looit bien et que che li sambloit biens [2] à faire. Lors fist Wistasses li Moines commencier le castiel sor la nef si grant ke tot le regardoient à mervelles, car il passoit de grant [3] masse toz les bors de la nef de cascune part. Puist fist drecier une perriere en une autre grant nef por jeter à lor nés, et cele nés siuoit adiès la nef ù li castiaus estoit fais. Sour le rivage ot Looys fait drecier .ij. perrieres, qui jetoient priès outre le bras apriès lor nés, dont il les destraignoit moult [4]. Ançois que li castiaus fust parfais, sorent li Englois la devise Wistasse le Moigne par ne sai quelle aventure; si s'en vinrent .i. soir o lor nés devant la ville, si emblerent le galie et le depecierent toute voiant [5] les ielx as François, qui moult en orent grant ire. Looys [, qui moult fu iriés,] demanda au visconte de Meleun comment chou estoit que la galie avoit esté si mauvaisement

[1] F. trop durement. — [2] Boen. — [3] P. g. — [4] Auques. — [5] Devant.

gardée et por coi il i avoit mis si povre gait. « Par
mon chief! dist li viscuens, vostre home sont si affamé
que je ne truis qui gaitier voelle, ne anuit ne trouverés-
vous[1] pas quatre chevaliers qui gaitier voellent[2]. »
Looys respondi que il gaitera ançois il-meismes que
on ne gait. Lors commencha moult durement à ten-
cier au visconte; et Wistasses de Noeville, li fils au
boin chevalier, et qui meismes estoit moult vaillans
chevaliers[3], dist à Looys : « Sire, li viscuens ne set que
il dist, qui dist que vous ne trouverés pas .iiij. cheva-
liers qui voellent gaitier por vous; si ferés .xl. » — « Par
mon chief! [dist li visquens,] me sire Wistasse, si
fach. Jou sai bien que je di : non fera : il ne les tro-
vera pas. » — « Par mon chief! dist me sire Wistasses,
sire viscuens, si fera. » — « Me sire Wistasse, dist li
viscuens, querés-les dont; car jou ne les puis trouver. »
— « Volentiers, dist me sire Wistasses ; je[4] gaiterai
o .xl. chevaliers anuit mais et demain au soir[5] et tant
comme lui plaira, et si ne convenra pas lui-meismes
gaitier. » Lors se parti Wistasses de Looys; si s'en vint
à son hostel et semonst toz ses amis et s'arma, et puis
vint devant l'ostel Looys o bien .xl. chevaliers, et
gaita cele nuit moult honnerablement : dont Looys li
sot moult boin gré. Lendemain vint li secours de de-
viers Douvre moult bielement et moult cointement.
Raous Plokès et Jehans de Biaumont vinrent devant o
lor nés; les nés des Englois les atendirent de si près
que il cuidierent bien avoir la bataille. Une coge vint

[1] Ne trova-il. — [2] Volsissent. — [3] Bacelers. — [4] Dist Ustasces : Jou
meismes. — [5] S. autresi.

vers eus, ki grant samblant fist d'assambler; mais quant elle fu sour l'eur del assambler, elle guenci arriere si durement tout à un fais k'ele couru par mi .i. lonc batiel, si k'ele l'esfondra et noia tous cels qui dedens estoient, si que onques puis n'en fu uns seus veus. De cele chose furent li François moult lié. Les nés des Englois se traisent arriere; mais che ne fu gaires loing, et li estores arriva toz ensemble à Wincenesel : dont Looys ot grant joie et tot si home ensement. Puis entra Looys o toutes ses gens ès nés; si s'en ala à la Rie, et le prist tantost, et le trova moult bien garnie de vins et de viandes, dont ses gens orent grant mestier. Puis s'aparella de mer passer pour aler en France, si laissa Engherran de Couci son neveu en Engletierre [por garder la terre], et li commanda que il alast à Londres et gardast la cité, ne por riens ne s'en meust[1]. A la Rie laissa-il en garnison Bauduin de Corbuel, qui de France estoit nouvielement venus en ces nés que li prieus de[2] Wast ot envoïes. Puis passa mer, et vint en France et i demoura jusques apriès la Pasque; mais onques à son pere n'i parla.

En cele demeure que Looys fist en France empira moult sa besoigne[3] en Engletierre; car Guillaumes Longhe-Espée, li cuens de Salesbieres, se torna encontre lui deviers le jouene roi son neveu, et Guillaumes li[4] maressaus et pluiseur autre. Puis chevauchierent moult li[5] Englois par la tierre, et assisent moult de castiaus[6] et prisent; il prisent Fernehem et Odihem et

---

[1] Partesist. — [2] Del. — [3] Ses afaires. — [4] Li jouenes. — [5] C. li. — [6] A. c.

autres forièreces. En Fernehem fu pris Ponces de
Biaumès, uns chevaliers d'Artois[1]; si le fist li evesques
de Winciestre jeter en sa prison, ù il li fist soufrir
moult de maus. Fouques de Breauté chevaucha sour
l'ille de Lisy[2]; si le prist, et Adan de Nuelli[3] dedens,
.i. siergant Looys, qui moult estoit preus et vaillans;
baillius ot esté de Saint-Omer et d'Aire et moult bien
de Looys; car moult l'ot bien servi en Engletierre. Et
quant Looys sot ces nouvieles en France, ù il estoit,
il n'en fu mie liés. Deviers le tans[4] de Pasques se retraist
vers Kalais; mais poi mena chevaliers o lui. Un tre-
buket fist porter : dont grans parole fu, car à cel tans
en avoit-on poi veus en France. Le venredi devant le
jour[5] de Pasques, au soir, fist Looys ses chevaus eschi-
per, et il-meismes entra en mer .i. poi devant le jour
o ses nés. Les plus haus homes qui o lui passerent
vous sai-je bien nommer : il i passa li cuens de Bre-
taigne et Robiers de Dreues, ses freres, et li cuens del
Pierce et li cuens de Gisnes et li avoués de Biethune et
li senescaus de Flandres, que on apieloit Hellin de
Waverin, et li castelains de Biaumès[6] et Guillaumes de
Fiénnes[7] et Hues de Mal-Aunoi[8] et Raous Plonkès et
Raous d'Estrées et·li viscuens de Meleun et Adans de
Biaumont et Jehans d'Oisy[9] et Florens de Hangest et
Guis de Merainville, li fils Ourson le cambrelenc, et
pluisour autre que je ne sai pas toz nommer; mais
sour tout[10] n'i avoit-il gaires plus de .vij^{xx}. chevaliers.

---

[1] De Beaumeis, uns bacelers de Beaumeis.— [2] D'Ely. — [3] De Nulli.
— [4] Devant le mois. — [5] Le mois. — [6] Beaumeis. — [7] De Fienles.
— [8] De Mal-Ausnoi. — [9] D'Oisni. — [10] Entre tous.

Lendemain au senmedi orent-il boin vent et ausi ¹ coie mer, que il aloient autresi seriement comme se il fussent en .i. estanc. Ensi s'en vinrent-il syglant si priès de Douvre que il coisirent lor loges tout plainement, qui encore estoient droites.

En cel point vint à Douvre Oliviers, li fils le roi Jehan de bas, et Willekins de ² Wans, o lui ³ grant gent ; si ocisent une partie de cels qui les loges gardoient. Puis bouterent le feu ès loges, si furent assés tost arses. Et quant Looys et ses gens, qui par la mer venoient syglant, coisirent les fumées des loges, il n'oserent arriver à Douvre por cels dou païs ⁴, qui tout plainement pooient ⁵ traire ès nés por la hautece des faloises. Il guencirent vers diestre, si arriverent à Sauwis et se herbregierent par la ville. Lendemain arriva li cuens de Naviers à poi de gent. Puis monta Looys, si s'en vint à Douvre et se herbrega en la prioré ; là sot-il les voires nouvieles del jouene roi et de ses gens ⁶, qui avoient assis quatre de ses castiaus [tout ensamble] : celui de Winciestre et celui de Sushantonne et celui de Mierlebierge et celui de Monsoriel, qui estoit castiaus au conte de Winciestre. Pour ces nouvieles fist tant Looys à Hubiert de Bours que les trives furent alongies ; puis s'en revint à Sauwis, si retint o soi de ses mellors chevaliers et de ses ⁷ mellours maronniers ; et les autres en lassa aler ès nés, que il toutes renvoia. Cel jor meismes vint à Cantorbire et

¹ Si b. v. et si. — ² Des. — ³ Od lui od. — ⁴ De la terre. — ⁵ Porroient. — ⁶ N. des gens le j. roi. — ⁷ *Ces cinq mots manquent dans le ms. S.-G.*

s'i herbrega la nuit. Lendemain par matin s'en ala
grant aleure vers Winciestre, si ala jesir à une abbeye
de nonnains, que on apieloit Meaulinges. Cel jor vin-
rent encontre lui li cuens de Winciestre et Guillaumes
de Dingefuell[1] et maistre Symons de Longethone et
pluisor autre Englois. Lendemain, au mierkedi, refist
Looys grant jornée, car il ala de Miaulinges jusques à
Geudefort; mais li carois n'i pot pas venir, ains demora
à Regate la nuit, et Gerars li[2] Truie, avoec cui l'arriere-
garde estoit. Cel jour vint Engherrans de Couci et li
plus des autres chevaliers, qui à Londres orent esté en
garnison, encontre Looys. Lendemain au joesdi vint
Looys à Fernehem[3], que il trova garni encontre lui.
Cel jor sot-il les nouvieles que li castiaus de Wincies-
tre estoit pris; et chil de Sushantonne et chil de Mier-
lebierge; mais chil de Monsoriel se tenoit encore. Et
quant Looys vint à Fernehem, il fist assaillir le castiel,
si fu tost[4] li premiers bailes pris; mais li castiaus n'ot
garde. Cel jor vint li carois, et lendemain vint li cuens
de Winciestre à Looys o grant chevalerie d'Englois[5];
si li requist que il li baillast de ses chevaliers, pour aler
son castiel secourre de Monsoriel. Looys, qui escondire
ne li pot[6], fist aler o lui le conte del Pierce et Symon
de Poissi et Huon de Ruee[7] et Huon Cieret[8] et Guil-
laume de Fiennes[9] et les deus freres Ansiel[10] et Bau-
duin de Biethune et un chevalier[11] qui fu fils le

[1] De Dinguefueil. — [2] La. — [3] Frenehem. — [4] Tantost. — [5] O....
d'E. *manquent dans le ms. S.-G.* — [6] Osa. — [7] Del Roet. — [8] Chie-
ret. — [9] De Fienles. — [10] Des Ansiel et Bauduin. — [11] Bietune, .i.
baceler.

conte¹ d'Aubemalle, le boin chevalier. L'avoé de Biethune i vaut-il faire aler, si li manda que il venist à lui parler; et li avoés i vint²; si amena o lui Gillebiert de Copegni, un sien chevalier qui moult li desloa cele voie. Li avoés l'en crei legierement, qui pas n'estoit à cele fois de l'aler aaisiés : chou pesa lui; car volentiers i fust alés, se il peuust, comme chil qui volentiers servoit Looys. Quant il vit Looys³, Looys li requist que il alast en cele voie; et il dist que il ne poroit. Puis en requist le senescal de Flandres et Huon Tacon, qui autresi n'i porent⁴ aler; car il n'en estoient pas aaisié⁵.

Lendemain⁶ par matin se parti li cuens de Winciestre de Looys o grant chevalerie d'Englois; et de cels d'outre la mer i mena-il jusques à .lxx. chevaliers, que Looys li ot bailliés; si s'en vint à Monsoriel et dessega le castiel. Et Looys, cel jor meismes que li cuens de Winciestre se parti de lui, se parti-il ensement de Fernehem, et s'en ala vers Winciestre; si commanda à l'avoé de Biethune et au senescal de Flandres que il fesissent l'arriere-garde, et il si firent; si reçurent o eus Huon Tacon et Gerart le Truie et Florent de Hangest. Li avoés de Biethune reçut o soi trois chevaliers de sa tierre, qui à Londres orent esté en garnison par sa proiere : che fu Wistasses de Hersin et Jehans de Paska⁷ et Jehans de Nue. Chil de Windesores les poursiuirent le jor; mais il n'oserent assambler à eus, ne si priès aprochier que chil de l'arriere-

---

¹ Le c. Bauduin. — ² I ala. — ³ Q. il vint à cort. — ⁴ N'i voldrent pas. — ⁵ Ne porent. — ⁶ Le diemainne. — ⁷ De Paschau.

garde les peuussent veoir; il¹ s'en vinrent tout sauvement à Winciestre. Li escuier des François, qui la matinée alerent avant por les osteus prendre, troverent des gens le jouene roi encore en la ville, qui moult laidement s'en fuirent, quant il les virent². Quant Looys vint à Winciestre, il trova grant partie del mur [del chastel] abatu par les³ mineours. Li cuens de Naviers, à cui Looys l'ot donnée, le fist tantost refaire au mius qu'il pot; par tout as pietruis del mur fist metre grans palis de kaisne, et les fossés fist reparer chou qu'il pot. Por cel ouvrage demoura Looys en la ville très le dyemence dusques au joesdi, que il fu jors de l'Assention. Puis s'en parti, si s'en repaira viers Londres; et li cuens de Naviers mist sa garnison dedens le castiel. Si comme il s'en aloient, leur vinrent nouvieles de cels de Douvres, qui tenoient mauvaisement les trives; car les gens Looys qui devers France venoient apriès lui et qui varrent arriver à Douvre, furent cachié arriere et en i ot d'ocis. Li mareschaus le conte de Naviers fu meismes priès ocis; mais Hubiers de Bours les garanti à grant force. Por ces novieles ne demoura Looys à Londres que deus nuis, ains passa outre et s'en ala à Douvre et assist le castiel. Le venredi devant le Pentecouste se loga sour le mont devant le castiel; si fist drechier lor trebouket, qui assés lor fist poi de mal. Lors commencierent moult durement à faire maisons par tout. Lendemain, qu'il se logierent, fu la velle de la Pentecouste; cel jor meismes vinrent bien .xl.⁴ nés des gens Looys devant la

¹ Issi. — ² Q. il i vindrent. — ³ Ses. — ⁴ .lx.

ville, qui totes vaurrent arriver; mais la mers fu grosse, et li vens grans, qui lor vint encontre; si les enchaça arriere à Kalais toutes ensemble, fors seulement .v. qui arriverent toutes ensamble¹ à grant force. Le lundi apriès s'en revinrent les nés qui à Kalais estoient repairies, si s'en vinrent syglant viers Douvre; si comme elles s'en venoient, Phelippes d'Aubegni et Nicoles Haringos en vinrent de devers Roumeniel² o bien .iiij^{xx}. nés, que grandes que petites; [si lor alerent encontre] et bien orent .xx. grans nés toutes batellies et apparellies³ por combatre. Les gens Looys, qui petites nés avoient, ne les oserent atendre, ains s'en fuirent arriere viers Kalais; mais .xxvij. nés i ot ki si avant estoient venues qu'éles ne porent retorner, ains les couvint avant venir à⁴ force et metre en aventure. De ces .xxvij. nés furent prises les .viij., et les .xix. eschaperent à grant paour. Li maronnier et li siergant ki furent pris ès .viij. nés furent tantost tout ocis, et li chevalier furent jeté en prison ès santines des nés, ù il orent assés de mal. Li Englois jeterent puis lor ancres devant le castiel et i demourerent tout coi, et garderent la ville⁵, que vitaille ne nus secours n'i⁶ peuust venir à Looys par la mer. Puis envoia Looys une partie de ses gens ardoir Hées et Romeniel, et li Wandois les assaillirent; mais desconfi furent.

Ne⁷ vous voell ore plus dire de Looys, si vous aurai dit que chil devinrent ki à Monsoriel alerent; bien avés oï qu'il le dessegierent. En cel point qu'il

---

¹ T. e. *manquent dans le ms. S.-G.* — ² Romenel. — ³ Et moult bien atornées. — ⁴ V. avant par. — ⁵ La mer. — ⁶ Ne. — ⁷ Se.

i sejornoient et que li cuens faisoit raparellier¹ sa forterece, qui empirie estoit par les mangouniaus, vint à eus Hues li castelains d'Arras, qui le castiel de Nicole avoit assis o les Norois ; si lor requist que il venissent o lui jusques devant le castiel ; car, s'il i venoient, chil² ne se poroient pas longhement tenir ; car il estoit sour l'eur dou prendre, et, s'il estoit pris, bien seuussent-il que moult en seroit avancie la besoigne Looys : auquant s'i acorderent et auquant ne s'i vaurrent acorder. En la fin s'acorderent-il tout d'aler i ; puis s'esmurent tout ensamble, si s'en alerent à Nichole et se herbregierent par la ville. Guillaumes li mareschaus, li cuens de Pembroc, qui maistres bajllius estoit del regne, et Guillaumes ses fils et li cuens d'Eciestre et li cuens de Salesbieres et li cuens de Ferrieres et Fouques de Breauté et Robiers de Gaugi et tout li baron qui deviers le jouene roi se tenoient et qui en cel païs estoient, quant il sorent cele nouviele, il s'assamblerent de toutes pars et manderent toutes les garnisons; si s'en alerent viers Nichole apriès les gens Looys. La velle de la Pentecouste³ se combatirent à eus et prisent la ville par force sour eus et les desconfirent. Là fu ocis li cuens del Pierche, et li cuens de Winciestre fu pris et Robiers ses fils, ki moult fu biaus bacelers, et Robiers li fils Gautier et Guillaumes de Dodinfuell⁴ et Gillebiers de Clare et Guillaumes de Molbrai et priès tout li haut home des Englois ; moult en eschapa petit. De cels d'outre mer

¹ Li quens de Wincestre f. ratorner. — ² Il. — ³ De la Trinité. — ⁴ Et G. d'Odin-gefuel.

n'en eschaperent que troi haut home : de ces trois fu li uns Symons de Poissi, et li autres Heucs li castelains d'Arras, et li tiers Wistasses de Merlingehem, qui connestables estoit de Boulenois. Hues Cieres fu pris ; mais tantost fu delivrés par l'aïe de ses amis k'il avoit en l'ost. Des Englois eschapa li cuens Guillaumes de Mandeville et li connestables de Ciestre et je ne sai quant autre ; mais che fu poi. En cel point fu li legas priès d'illuec, qui moult fu liés de cele aventure. Puis prisent jour d'iestre à Ausinefort tout ensamble, et d'illuec s'en iroient viers Londres, che disoient-il. Chil qui eschaperent s'en alerent fuiant jusques à Londres ; moult furent lié quant il i vinrent. Cele nouviele vint à Looys au siege de Douvre, là ù il estoit, le joesdi apriès le Pentecouste. Lors prist consel à ses gens ke il feroit : tout s'acorderent ke il s'en alast à Londres et mandast secors en France. Lors fist abatre son trebucet et s'en apparella[1] d'aler. Puis li aporta ses conseus[2] que il demourast jusques au dyemence et le dyemence toute jour, por savoir se il oroit aucunes nouvieles. Ensi demoura par cel consel jusques au diemence toz cois.

Le dyemence fist moult cler en la mer ; lors regarderent viers Kalais, si coisirent moult de nés qui les voiles avoient drecies : dont il furent moult esbaudi. Lendemain, au lundi, vinrent les[3] nés syglant par la mer moult bielement ; si en i avoit bien .vi^{xx}. ; mais tout estoient sergant u marcheant u maronnier : des chevaliers n'i ot que .xviij. En une des plus grans

[1] Et s'a. comme. — [2] Consaus. — [3] Ces.

nés estoit Wistasses de Noeville et Wistasses de Lens o lui, li oncles au castelain, et autre chevalier. Li Englois qui ès nés estoient, quant il virent venir l'estore, il leverent lor voiles et s'en alerent en haute mer. Wistasses de Noeville et li autre qui ès nés estoient, les commencierent à chacier; assés les cacierent, mais pas ne les porent ataindre. Et quant il[1] virent que il aconsiuir ne les poroient, il guencirent arriere et s'en repairierent viers Douvre. Quant li Englois les virent guencir, il guencirent autresi et se ferirent en la coue de l'estore; si i prisent .viij. nés, et les autres arriverent toutes ensamble à Douvre, et Looys vint encontre sour le gravier; et quant il vit que si povres secours li venoit, moult fu iriés. Cel soir prist consel que il lendemain s'en iroit vers Londres. Le soir fist faire ses letres, et lendemain renvoia toutes ses nés arriere et Guion d'Athies et un sien clerc[2] ki maistres canceliers estoit, qui ses lettres porta à son pere et as autres haus homes, à cui il manda secours. Puis arst toutes les nés qui sour tierre estoient[3] devant le havene, si s'en ala jesir à Cantorbire. Le premier jour de jung vint à Londres, si fu recheus à grant pourciession[4]; puis se herbrega en la maison l'evesque et ses gens se herbregierent par la ville. De l'autre part vinrent li Englois o toute lor ost à Windesores; puis passerent outre jusques à Estanes et jusques à Ciertesée[5]; si se herbregierent par le païs tout seurement, car bien penserent que Looys ne ses gens, qui poi creoient

[1] Il chou. — [2] D'A. ens, uns siens clers. — [3] Seoient. — [4] A p. — [5] Certesée.

les bourgois de Londres, n'oseroient la cité seule laissier.

En che point arriva en Engletierre li archevesques de Sur, qui d'outre mer estoit venus por sermonner en France. Quant il oï parler de cele guerre, il passa mer et vint en Engletierre por pais faire, se il peuust ; o lui passerent .iij. abbé de la grise ordene : che fu chil de Clervaus[1] et cil de Cistiaus et de Pontegny. Chil quatre vinrent à Londres ; si parlerent à Looys, et puis parlerent à cels de l'ost : tant firent que pluisours parlemens jousterent, ù les gens Looys parlerent as gens le jouene roi ; mais onques la pais n'i pot estre ; car Looys voloit metre en la pais quatre de ses clers, que li legaus haoit tant que il ne voloit soufrir en nulle fin que il i fussent mis. De ces quatre clers fu li uns maistres Symons de Longhetone, li freres l'archevesque de Chantorbire, et li autres maistres Gervaises de Hobruges, li doyens[2] des canonnes de Saint-Pol ; et li tiers fu maistres Robiers de Saint-Germain, un clers le roi d'Escoce ; et li quars fu maistres Helyes, uns clers l'archevesque de Chantorbire. Cil quatre fisent mainte mervelle ; car il sermonnoient au pueple de Londres à une crois ki siet[3] en l'atre Saint-Pol, et lor faisoient à entendre que li roial estoient escumeniié, et que Looys et si home estoient boines gens, et ke li apostoles les escumenioit à tort, et par droite raison le mousterroient. Par cel outrage que il disoient et faisoient perdirent-il puis toz lor bienfices et furent chacié fors de la tierre. Et quant la pais n'i pot iestre, li

---

[1] Cleresvaus. — [2] Ki doiens estoit. — [3] Ki scoit.

archevesques de Sur et li troi abbé se partirent d'illuec et rapasserent la mer, et li roial departirent lor ost; si se traist cascuns vers son païs¹. Puis envoia Looys le visconte de Meleun o grant chevalerie vers Saint-Edmont², por tenser la tierre. En cele voie ala Wistasses de Noeville, qui en toutes les besoignes voloit aler, et [Hues Tacons et] pluisour autre. Chil fisent lor chevauchie, si barroiierent la ville de Saint-Edmont et gaagnierent moult proie par la tierre, et puis s'en repairierent à Londres.

En cel point que cele chevauchie dut mouvoir, estoit ma dame Blance, la feme Looys, à Kalais, ù elle assambloit toutes les gens³ et⁴ les chevaliers qu'ele pooit avoir, por envoier en Engletierre son segnour secourre⁵. Robiers de Courtenay i estoit venus por passer, et Mikius de Harnes et autre chevalier; mais en trestoz n'en ot mie cent. Et en cel point que il aparelloient lor passage⁶, venoient souvent li Englois devant le havene traire à eus. Un jour en i vinrent bien .iij^c; et quant li François les virent venir, il s'armerent et entrerent en lor nés et alerent encontre les nés des Englois, qui⁷ ierent adonques auques wides de gens; si furent desconfites, et li François en gaagnierent bien .vij^{xx}, et les autres s'en fuirent par diviers havenes en Engletierre. Une nuit vinrent li François par devant Douvre, ù il furent à ancre; et

¹ Pooir. — ² Odmont. — ³ *Ces trois mots manquent dans le ms. S.-G.* — ⁴ Tous. — ⁵ *Por sen segnor requerre et secorre.* — ⁶ *Que cele cevalcie dut movoir, estoit ma dame Blance à Kalais, si que devant est dit; et.* — ⁷ Qui *manque dans le ms. S.-G., et la phrase commence à* Les neis.

lendemain, quant il s'en cuidierent aler vers bouche de Tamise, lor leva une tourmente et une rage de mer qui les enchaça arriere en Boulenois et en Flandres et lor fist moult grans paours. Et puis que cele desconfiture fu, en sorent li roial assés tost la nouviele, qui tost apriès che assamblerent lor ost à Ausinefort; et puis vinrent à Windesores et passerent outre¹, et s'alerent logier par le païs plus priès de Londres qu'il n'euussent fait à l'autre fois. Li legaus meismes ala gesir à Kingestone, une ville qui siet à .x. lieues englesques de Londres; mais une fois li vinrent nouvieles que li François estoient issu de Londres, si s'en venoient combatre à eus : par coi il monta sour .i.² palefroi, si n'oublia pas ses espourons : onques ne fina de fuir, si vint à Windesores. Puis parla-on de pais, si prisent li roial parlement as gens Looys : par pluiseurs jours durerent li parlement; mais en la fin se departirent sans pais faire. Lors vaut li legas que on alast asseoir la cité; mais li baron ne s'i vaurrent acorder³, ains se partirent tost d'illuec. Apriès chou si s'en ralerent en lor tierres. Apriès che que il s'en furent alé, se parti⁴ Looys de la maison l'evesque, ù il avoit esté à hostel; si ala manoir el maistre castiel por plus estre aseur; mais ançois se furent torné deviers le jouene roi entre le conte de Warende et le conte d'Arondiel, si que li cuens de Warende manda à Looys en la maison l'evesque, ù il estoit encore⁵, que il ne se tenoit mais à son homme. Li cuens de Naviers

¹ Oture, ms. 455. — ² Sou. — ³ Ne s'i acorderent pas. — ⁴ Porti, ms. 455. — ⁵ E. adont.

vint manoir en la maison l'evesque, quant Looys s'en fu partis. Puis fist li cuens de Bretaigne une chevaucie moult biele, ù les menues gens gaegnierent moult : par coi il se loerent moult dou conte, quant il vinrent [1] à Londres.

Uns moines de l'ordre de Cistiaus, qui estoit uns des penanciers l'apostole, vint en cel point en Engletierre. Tant i fu que il vint à Londres, si parla à Looys et moult se pena de la pais faire; mais onques n'en pot à cief venir. La roine [2] vint puis entre Londres et Windesores à .i. parlement [3] le conte de Naviers : boinement parlerent ensamble, et boinement se departirent sans pais faire Guillaumes li mareschaus li peres, qui bien savoit la voire nouviele de ma dame Blanche, qui à Kalais estoit, ù elle se penoit moult durement de faire ses gens passer por son segnour secourre, se traist vers Douvre; si mena o lui le conte de Warende et Richart son neveu, qui fils fu au roi Jehan : si l'ot [4] de sa cousine germaine, la serour le conte de Warende, et ensi fu-il ses fils [5] et ses cousins.

Le jour mon segnor saint Bertremiu se partirent les gens de ma dame Blanche de Kalais; si s'en alerent syglant vers bouche de Tamise. Priès i avoit de .iiij[xx]. nés, que grandes que petites. .x. grans en i avoit, qui toutes furent batellies : les .iiij. furent garnies de chevaliers, et les .vj. de siergans, et ès autres menues estoit [6] li harnois et li marcheandise. En la nef Wistasse

---

[1] Revindrent. — [2] La r. meisme. — [3] Au p. encontre le conte de Windesores. — [4] Qu'il ot. — [5] Fu-il f. le roi. — [6] Et ès a. e.

le Moine entra Robiers de Courtenay et Wistasses li
Moines o lui, et Raous de la Tourniele, li boins che-
valiers, qui puis fu ocis el service Diu devant la cité
de Toulouse, et Guillaumes des Bares, li jouenes [1] fils
Guillaume des Bares; le boin chevalier et le bien en-
techié, et Nevelos de Canle [2], li fils au bailliu d'Arras,
et autre chevalier, tant qu'il furent .xxxvj. entre toz.
En l'autre nef garnie de chevaliers fu Mikius de Harnes,
et en la tierce li castelains de Saint-Omer; la quarte
fu la nés le majeur de Bretaigne [3], ù grans masse de
chevaliers entra. Les .vj. nés de sergans furent moult
bien batellies et apparellies de combatre. Quant il
vinrent vers l'ille de Tanet, li roial qui à Sauwis es-
toient assamblé les coisirent; si entrerent tantost en
.xviij. grans nés, que il avoient, et en pluisours ba-
tiaus; si alerent encontre. Hubiers de Bours ses cors
meismes entra en mer, et Richars li fils le roi et plui-
seur autre chevalier; et li cuens de Warende n'i entra
pas; mais il garda [4] une nef de chevaliers et de siergans,
ù ses banieres furent [5]. Tant syglerent li Englois qu'il
assamblerent à l'estore des François. La nés ù les gens
le conte de Warende estoit [6] assambla premierement
à la nef Wistasse le Moine, ù Robiers de Courtenay
estoit [7]; si se combatirent moult durement. Tant se
combatirent que .iij. autres nés vinrent aidier as gens
le conte de Warende : lors fu la nés Wistasse le Moine
avironnée de toutes pars. Durement les assailloient li
Englois et les ruoient de pierres et de cauch, dont il

[1] Li j. li. — [2] De Chanle. — [3] De Bouloingne. — [4] Garni. — [5] Ierent
ens mises. — [6] Estoient ens. — [7] E. ens.

les esbleuissoient toz. Tant les assaillirent que il les prisent par force. Là fu pris Robiers de Courtenay, qui oncles estoit à la roine : freres fu sa mere la contesse d'Angoliesme. Guillaumes des Bares fu pris o lui, et Raous de la Tourniele et Nevelos d'Arras et tout li chevalier qui en la nef furent; et Wistasses li Moines ot la tieste trenchie : si li trencha uns maronniers que on apieloit Estievene Trabe [1], qui longhement ot esté à lui. Nulle des autres grans nés n'i fu prise; car elles le gaegnierent par aler; mès des menues nés i ot-il assés brisies [2], et grant ocision i ot faite de cels qui ens furent pris. Que vous en diroie-je plus? grant desconfiture i ot, et longhement les chacierent li Englois; puis repairierent arriere [3] à Sauwis o lor prisons et o lor gaaing, qui grans fu. Li chevalier furent mis en la ville [4] en bieles prisons, et la tieste Wistasse le Moine fu fichie en une lance; si fu portée à Cantorbire et par le païs por moustrer. Cele bataille fu faite par .i. joedi, le jour saint Bertremiu; et la nouviele én vint après à Londres le semmedi au soir moult tart, à Looys, qui moult en fu iriés, si comme drois fu. Le lundi après ala Robiers de Dreues par conduit à Rouveciestre parler à Guillaume le mareschal, si fist tant que Robiers de Courtenay ot congié d'aler à Londres parler à Looys. Le mardi vint Robiers de Courtenay à Londres, et Robiers de Dreues remest en hostages por lui. Tant fist Robiers de Courtenay que il amena Looys devant [5] la cité parler à Guillaume le mareschal et à Hubiert de

---

[1] Crave. — [2] Prises. — [3] Ensamble. — [4] *Ces trois mots manquent dans le ms. S.-G.* — [5] Defors.

Bours. Looys parla à eus, et il li orent en couvent que il se peneroient en boine foi de la pais faire, et tele qui honnerable li seroit. Ensi s'en r'alerent-il viers Windesores, et Looys s'en revint [1] à Londres. La roine vint en che point à Windesores derechief, et li legas o li; et li baron s'assamblerent [2] et orent moult grant [3] ost. Respons ne mandement ne fist Guillaumes li mareschaus à Looys de chou que il li ot en couvent, dès le mardi jusques au semedi. Quant Looys vit chou, il manda toz ses barons, en cui il se fioit, privéement en sa cambre; si prist consel qu'il feroit. Il trova à son consel que il devant le jour s'en issist de la ville et s'alast combatre à eus o toute sa gent, car mius li venoit qu'il se mesist en aventure c'à i estre si longhement ensierrés. Si comme li solaus dut finer et il se durent lever pour els aler apparellier moult en haste à lor hosteus, car il estoit jà nuis, vinrent unes lettres en la cambre de par Guillaume le mareschal. Or oiés que les lettres disoient : Guillaumes li mareschaus saluoit Looys comme son damoisiel; si li requeroit que il por Diu donnast trives lendemain toute jour, et envoiast Huon de Mal-Annoi parler à lui et l'autre consel le roi. Looys meismes liut les lettres, et puis les despondi à sa gent; si lor en demanda consel, et tout li loerent que il le fesist.

Si comme Looys ot trové à son consel, envoia-il Huon de Mal-Annoi à [4] l'ost à la roine et as barons et la trive donna. Hues de Mal-Annoi vint en l'ost; si parla à Guillaume le mareschal, et tant coururent les paroles que li parlemens fu pris au mardi, et si vaur-

[1] Repaira. — [2] S'i a. — [3] Et o. g. — [4] En.

rent li roial que la trive fust alongie jusques au joesdi.
Cel afaire creanta la roine loiaument, et Guillaumes li
mareschaus le fiancha et Guillaumes ses fils et li cuens
de Salesbieres et li cuens de Warende et li cuens
d'Arondiel et pluisour autre haut home. Puis repaira
Hues de Mal-Annoi le lundi arriere à Londres, si
conta à Looys che que il ot trouvé. Lors manda Looys
tout son consel et les barons d'Engletierre qui devers
lui se tenoient, et les bourgois de la ville ensement;
si lor en demanda consel. Tuit li loerent communau-
ment : par coi il ala lendemain au parlement, qui fu
en une ille de Tamise defors Kingestoune par devers
Windessores, si que les gens Looys furent d'une part
l'aighe et li roial de l'autre part. Looys et ses con-
saus entrerent en une nef; si se fisent nagier en l'ille,
ù il troverent la roine et le legaut tout vermel viestu.
Tant parla Looys à la roine et au legat et à Guillaume
le mareschal et à l'autre consel le jouene roi que la
pais fu devisée, en tel maniere ke Looys devoit rendre
au jouene roi toute la tierre que il avoit conquise en
Engletierre, et si devoit jurer sour sains que il jamais
en Engletierre ne venroit por mal faire au roi : et par
tant devoit-il estre assaus et si home trestout, et toz
ses prisons devoit r'avoir; et deseure tout chou .x^m.
livres d'estrelins[1] por l'arrierage de ses rentes que il
n'ot pas euues, et pour[2] la desconfiture de Nicole .vij^m.
mars : che fu .xvij^m. mars par tout[3]. Ensi fu la pais
creantée; mais cel jour ne furent-il pas rassols, car
li evesque n'avoient pas lor chapieles illuec : si fu li

[1] .x^m. mars d'e. et. — [2] Eues puis. — [3] En trestot.

parlemens repris¹ pour l'assolution avoir. Lors repairierent li roial à lor herberges, et Looys s'en repaira à Londres o ses gens. Lendemain au mierkedi revinrent à parlement d'une part et d'autre. Li legaus et li evesque se reviestirent de capes de soie et de mytres; si fu Looys assaus et toutes ses gens ensement, fors li quatre clerc dont je vous ai chi devant dit : cels couvint par estavoir issir de l'ille, tant comme li assolutions dura. Li legaus envoia à Londres le penancier, qui autre fois i ot esté, pour assorre les bourgois et les autres qui au parlement n'orent pas esté.

Puis demoura Looys grant pieche en la ville tant que la pais fu paraffremée, et puis² s'en ala; et li legaus et li baron le convoiierent jusques à la mer. En son aler ot .i. parlement à Chantorbire, ù Looys³ carga en penitance à Looys et à ses gens que, por les pechiés que fais avoient en cele guerre, de toutes lor rentes et de toz lor fourfais jugiés donnassent .ij. ans le .xx.isme, et Looys meisme le .x.isme, pour envoiier outre mer à aidier la tierre à soustenir : et par tant auroient le pardon d'outre mer. En cel point, vint la noviele en Engletierre de Pieron, l'empereour de Constantinoble, qui cuens avoit esté de Naviers et d'Auçoirre et freres [fu] Robiert de Courtennay, que li Griu avoient desconfit et pris. Puis passa Looys la mer, si s'en rala en France, et li baron s'en retornerent; si firent par la tierre crier la pais le roi, et les bois fisent couper de dalés les chemins por les robeours. Adont ot moult grant pais par la

¹ R. à lendemain. — ² Et dont. — ³ U li legas.

tierre, et fu sainte Eglyse moult doutée et moult honnerée. Li legaus vint en l'eglys[e] Saint-Pol de Londres, si fist pechoier toz les auteus et toz les calisses, et toz les viestimens fist ardoir; si i fist metre nouviaus, et nouviaus canoines i mist; et les viés[1], qui canté avoient sour son defois, toli toz lor benefisses; et as[2] prouvoires de la ville fist les perroces eschangier as perroces[3] de Hupelande.

La roine passa en Poitau, si vint à Engoliesme sa cité, qui ses iretages estoit; si prist les homages de la tierre et fu puis moult dame d'Engumois. Elle guerroia moult durement à .i. haut baron de la tierre, ke on apieloit Renaut de Pons, qui bien se desfendi de li par les fors castiaus qu'il avoit; mais as plains cans n'avoit-il mie pooir à[4] li. Elle fist mariage de sa fille et de Hugon de Lesegnan[5], qui fu fils Hugon le Brun, conte de le Mache[6], por avoir s'aïe. Puis desfist-elle che mariage; si le prist-elle meismes à mari : dont grans parole fu. Au prochain esté qui vint aprиès la pais dou jouene roi Henri d'Engletierre et de Looys le fill le roi Phelippe de France, vint li evesques de Nicole à plainte à Guillaume le mareschal, de Guillaume[7] de Gaugi qui ne li voloit rendre son castiel de Mewerc : par coi Guillaumes semonst les os le roi, comme maistres baillius del regne; si s'en ala sour Robiert de Gaugi, et fist tant que li castiaus fu rendus à l'evesque. En cel esté meismes fu assise la cités de Damiete de crestiens : del roi Jehan de Jherusalem, qui fu cuens de

---

[1] Et les autres. — [2] Et les. — [3] Provoires. — [4] N'a.-il pas force viers. — [5] Lesegnon. — [6] De le Marce. — [7] De Robert.

Briene, et puis fu rois eslius de la sainte cité¹ et del Temple et del Ospital et del duc d'Osterrice et de pluisors autres haus homes. Meismement en cel esté vint la nouviele en Engletierre d'Othon l'empereour de Rome, qui mors estoit à Brusewic. Autresi fist-elle de Symon le conte de Monfort, qui fu ocis devant la cité de Toulouse. A l'autre esté apriès, moru Guillaumes li mareschaus; si fu mis li jouenes rois en la garde l'evesque de Winciestre et en la garde Phelippon d'Aubegny. Guillaumes li mareschaus, ains qu'il morust, se rendi au Temple; mais je le vous avoie oublié à dire, et des Englois autresi qui commencierent à tornoier tantost que la pais fu, et tornoiierent moult les deus premerains ans. Apriès chou que Guillaumes li mareschaus fu mors, qui moru en l'esté, ot une bataille le jour Saint-Jehan-Decolasse devant la cité de Meate², ù li Sarrazin desconfirent les crestiens et moult en ocisent et prisent : dont grans damages fu et grans pitiés. Puis apriès chou, .i. poi apriès la fieste de Toz-Sains, ot Dex pitié de sa gent; si fu la cités de Meate³ prise par grant miracle. Cele nouviele vint el quaresme apriès en France et en Engletierre; mais ançois envoierent li bailliu d'Engletierre Phelippon d'Aubegny et Alain Basset et l'abbé d'Estanfort et un ⁴ abbé de⁵ Cistiaus au roi de France por alongier la trive, qui devoit falir à la Pasque; et li rois l'alonga .iiij. ans moult boinement, ne onques denier n'en vaut prendre; et s'en euust-il euus dis mile livres d'estre-

¹ *Les neuf mots précédents manquent dans le ms. S.-G.* — ² De Damiete. — ³ De Damiete. — ⁴ D'Estrafort, .i. — ⁵ Del ordre de.

lins, se il vausist. Apriès la Pentecouste ¹ fu li jouenes rois ² couronnés à Londres à grant joie.

En apriès le couronnement le roi, lendemain des octaves des deus beneois martyrs et ³ apostoles saint Pierre et saint Pol ⁴, fist maistres Estievenes de Languetonne, qui archevesques estoit de Cantorbire, le cors mon segneur saint Thumas, le beneoit martyr, lever en fiertre ; si fu trouvés toz entirs, et ses plaies furent trovées ⁵ toutes freskes, et moult boine odours issi de la ⁶ fosse. Che dist l'estore que il fu nés par .i. mardi [, et par .i. mardi fu sacrés à arcevesque], et par .i. mardi rechut martyre : et por chou fu-il, par consel, par .i. mardi levés en fiertre. A che levement fu li rois et priès que tout li haut baron d'Engletierre ; s'i fu li legaus, qui Pandoufles apielés fu. Jou vous avoie oublié à dire dou legaut Galon, ki partis s'estoit d'Engletierre très devant chou que Guillaumes li mareschaus morust, et s'en estoit alés vers Roume. Et chil Pandoufles, qui la crestienté aporta en Engletierre au tans le roi Jehan, estoit legaus d'Engletierre en cel point ke li cors sai[n]s fu levés en fiertre. D'outremer i vint ⁷ la roine Berengiere, qui fu feme au roi Richart et ki ot en douaire la cité del Mans. Si i vint ⁸ li archevesques de Rains, et troi evesque de s'archeveschié o lui : chil d'Amiens et chil de Tournai et encore uns autres. Si i vint ⁹ li cuens Robiers de Dreues et Guis de Castellon, ki fu fils Gautier ¹⁰ le conte de Saint-

---

¹ A la P. apriès. — ² Li r. — ³ Ces deux mots manquent dans le ms. S.-G. — ⁴ P., par un mardi. — ⁵ Veues. — ⁶ Sa. — ⁷ D'o. v. — ⁸ Si v. — ⁹ Si v. — ¹⁰ Gauchier.

Pol, et moult autre haut home¹ de France. Li baron d'Engletierre firent une grant courtesie; car il fisent [c]rier lor bans grant tans devant chou que deust² le cors saint lever en fiertre, que nus Englois ne se herbregast en la ville, por chou k'il voloient que cil qui venroient d'autres terres là s'i hierbregassent. Par cel ban couvint toz les haus barons d'Engletierre logier defors la ville, fors seulement Guillaumes le mareschal : chil se herbrega en la ville pour les estranges gens garder, pour chou que riens ne lor mesesteust. Li archevesques de Rains canta le lundi au soir les viespres ; et lendemain, quant li cors sains fu levés en fiertre, canta-il la grant messe. Che li fisent faire entre le legaut et l'archevesque de Cantorbire, por chou que il estoit uns des plus haus artiers³ del monde : si le varrent moult honnerer. Che fu en l'an de l'incarnation nostre segneur Jhesu-Crist .M. et .ij^c. et .xx. ans, el mois de jule, que li cors mon segneur saint Thumas de Chantorbire, le beneoit martyr, fu levés en fiertre; si i ot .i. legaut de Rome et .ij. archevesques et .xxv. eveusques et molt d'autres haus clers.

Explicit des rois d'Engletierre ⁴.

¹ H. del rengne. — ² Que on devoit. — ³ Arcevesques. — ⁴ *Cette ligne manque dans le ms. S.-G.*

APPENDICE.

ROMAN DE HAM.

. . . .
Ne se puet taire qu'il ne die
De la flour de chevalerie
Qui soloit errer par mi France.
Bien devés avoir ramembrance,
Vous qui cest romant escoutés,
Celui qui tant est redoutés,
Carlon qui de Sesile est rois :
Il est humeles et s'est courtois,
Humeles à Dieu comme .i. aigniaus,
Fiers comme lyons envers ciaus
Qui li surcuerent et mesfont.
Tout cil qui à lui afaire ont
Le prisent pour sa loialté
Et doutent pour sa cruauté,
Qu'il set mout bien faire .i. despit,
Et bien le set metre en respit
Jusk'il en voit et lieu et tans.
Je vi le siecle de son tans
Si bon qu'il n'i avoit que dire;
Cil qui de Prouvence fu sire,
Fauviaus de Susane vivoit,
Qui contre parece estrivoit;

Car très s'enfance l'assali,
Et il si bien s'en desfendi
Que prouece en lui demoura;
Tous mauvais visces devoura,
Qu'il n'en demoura nul en soi.
Mon signeur Robert de Ronsoi
Vi-jou en ce tans en Paris;
Preus fu et preus et bien apris,
Et courtois et bien entechiés
Et à tous biens faire adrechiés :
Convoitiés fu pour sa biauté
Et convoitiés pour sa bonté
En ces lieus où il ne fu mie;
Tex n'en set mot, qui a amie :
Por çou doivent tout bien tirer
A bien faire et si atirer
Lour vie c'on les tiengne à buens.
Li rois Carles, qui dont ert quens,
En tous poins à honnour tira
Et si son afaire atira
Qu'il est li plus preus au jour d'ui
C'on sace; je n'en douc nului
Qui s'entende, qu'il m'en desdie.
Il fu preus en bacelerie,
Il fu larges et mout loiaus;
De menestreus et de hiraus
Estoit adiès ses ostex plains;

ROMAN DE HAM.

Tous jors donoit-il à .ij. mai[n]s
As bons bacelers de valour.
Prouece et larguece et valour
Estoient par li soustenues,
Qui ore sont povres et nues
Ne n'osent preudomme esgarder.
On deveroit tous ceus larder
Qui le roy donent tex consex
Que ses regnes demeure seus
Et Prouece en est forbanie.
Mesire Sejours s'esbanie
Par mi France et fait ses aviaus;
Il va as chiens et as oisiaus,
Et puis boit et menguë et dort :
Perece li fait grant confort,
En tous poins li tient compaignie.
Perece est li mix ensignie
Qui onques nasquist à nul jor,
A tiemoing mon signeur Sejour
Qu'ele le sert à son plaisir
De grans matinées jesir,
D'escondire quant on li rueve :
C'est cele qui trop bien se cuevre,
C'est cele qui toutes sourmonte;
Entre li et se fille Honte,
Et Larguece et Prouece ensamble
Et Courtoisie, ce me samble,

Ont en France le cam[p] perdu,
Dont mout doivent estre esperdu
Li rois et tout si bon ami.
Et s'il vous plaist entendre à mi,
Le voir n'en puis plus fourvoiier.
On soloit venir tournoiier
En France de trestous païs :
Les François en voi esbahis,
Qu'il ont perdu le bel mestier,
Diex, qui tant avoit de mestier !
Tant de gent en avoient preu !
Là se deparoient li preu ;
Là savoit-on as cans partir
U on devoit le sien partir,
A cui devoit faire honour.
Li rois Phelippes à un jour
Vint à Compiegne ou à Creel,
Maint chevalier blanc et vermeil
Faire assés d'armes devant lui ;
Ains mais n'oï parler nului
Que rois de France entrast en marce.
Puis que Noués entra en l'arce
Ne fu rois de France à tournoi,
Que nus sace, ne parler n'oi
Nului c'onques mais i venist ;
Ne cuic c'onques mais avenist,
Ne jamais, je cuic, n'avenra ;

Et pour çou qu'il en souvenra
Ciaus qui venront à nascion,
Vous di qu'en l'incarnation
Avoit .xij^c. ans en conte,
Themoins celui qui fist ce conte,
Et puis .lx. et .x. et .viij.,
N'i avoit plus ne jour ne nuit,
Que tant que vous avés oï.
Fix fu le bon roi Looy
Icil rois dont je vous recort,
Ou fust à droit ou fust à tort,
Il desfendi le tournoiier :
Dont mout de gent dut anoiier :
Premierement li glougleour
I gaaignoient cascun jour,
Et li hiraut et li lormier,
Li marissal et li selier ;
Neis cil qui oevrent en gisant
Vont souvent le roi maudisant,
Par qui tournoi sont desfendu.
« Tout n'en soient-il desfendu ! »
Font cil qui vendent les bons vins,
Et cil qui vendent les commins
Et les pertris et les plouviers.
Toutes gens qui sont de mestiers
Dient : « *Amen!* que Dix l'otroit ! »
Mains povres hom i gaagnoit

Qui orendroit vit povrement,
Qui vesquist bien et larguement
S'on tournoiast si comme on seut.
Tes n'en seut mot, qui mout s'en deut.
Et ques gens sont chou? baceler :
Ce ne doit-on mie celer;
Cil i perdent plus que le tout,
De çou ne sui-ge en nul redout :
C'est aussi voirs comme Evangile.
Tes keurt orendroit à la vile
Et plaide et riote à sa gent,
Que pour avoir ne pour argent
Heure de jour n'i demourast,
S'il fust ensi que on errast,
Qu'il en aquellent mauvais pris.
Teus s'estoit à bien faire pris
Et metoit le cors à bandon,
C'on ne prise mie un bouton;
Ains sont devenu amparlier.
Vilain devienent chevalier,
Et chevalier devienent tel
C'a pau qu'il ne sont menestrel;
Dont je lour fai tous à savoir
Que chevaliers devroit avoir
Pris d'armes, ançois c'on séust
Par lui com fait non il éust;
Mais il en font tout autrement :

ROMAN DE HAM.

Preu sont très le commencement
Et vaillant très le premier jour.
Puis que cascuns est assejour,
Preu voelent estre tout ensamble ;
Mais j'en dirai çou qu'il m'en samble :
On n'est pas par parole preu ;
Chevaliers ne fait pas sen preu
Qui tant parole qu'il anuie,
Que grans vens kiet à peu de pluie ;
Et chevaliers mal entechiés,
Ce voel-je bien que vous saciés,
Est en toutes cours regardés :
Biau signeur, si vous en gardés,
Que Dix tous jentix homes doinst
Vivre si bien et si à point
Que nus en mal ne le repregne !
Et Dix doinst que li rois apregne
Comment ses roiames empire
De çou c'on tournoi en l'empire
Et France est serve : don[t] c'est diex.
Rois de France, il vous vaurroit mix
Que artisien et esterlin
Et couloignois d'outre le Rin
Fuissent en France despendu
Que çou qu'il i sont desfendu.
S'on osast plainement errer,
Jà li voiage d'outre mer

N'en detriast ne jour ni eure.
Li uns et li autres demeure,
Ce m'est avis, et demourra
Tant com Dix et li rois vaurra;
Et pour çou que siecles n'est preus,
Doi baceler, dont li mains preus
E[s]t preus et vaillans et courtois;
Il sont de la marce d'Artois,
Preu et vaillant et de grant pris;
Si je les lo et je les pris,
Il i a bien raison pour coi.
Pour çou c'on ne va au tournoi
Et ke li siecles est perdus,
Les vi .i. jour si esperdus
Et si esperdus com mervelle.
Li uns à l'autre se conseille
Com bon ami et bon voisin :
« Certes, sire de Basentin,
Une cose vous conteroie
Mout volentiers, se jou osoie,
Dont il me fait mervelles mal,
Dist li sires de Longheval.
Cis puans siecles riens ne vaut,
Honeurs et proece desfaut,
Larguece et courtoisie pert.
Je l' vous di bien tout en apert
Que je vaurroie que li rois

Donnast congié dedens un mois
D'aler as armes plainement.
Nous sejournons trop longuement ;
Dehait (sans le roi) qui il plaist !
Orgeus et felonnie en naist,
Plais et rihote cascun jour ;
Por çou c'on est tant à sejour,
Toute joie tourne à declin. »
Dist li sires de Basentin :
« Je sai auques que vous pensés ;
Il a bien .iiij. jours passés
Que vous alés entour le pot,
N'onques ne m'en desistes mot ;
Et si sai bien à coi ce monte.
S'il me devoit torner à honte
Et à anui, dont Dix me wart,
Ne sarés-vous jà faire eswart
Que je ne tiegne à men pooir,
Et ce poés-vous bien veoir :
Emprendés quanqu'il vous plaira,
Que mal ait qui vous en faurra !
Tant que je puisse trouver fin
Por mettre en gages Bazentin
Et Montauban et Ribercourt,
Ui issé-jou de ceste court,
Ne vous faurrai de compaignie ! »
Plus de mile fois l'en mercie,

Mesire Aubers de Longueval
A dit : « Si me gart Dix de mal,
Sire, sire de Basentin,
Pour .ij.c. livres d'argent fin,
Se vous le me's aviés donné,
Ne vous séussé-jou tel gré
Que de çou que me presentés.
Biau dous sire, or vous assentés
A çou de coi nous avons mut.
Vous veés que li siecles put
D'orguel, d'avarisse et d'envie;
En n'est-on c'un petit en vie,
Si se devroit-on entr'amer.
Je voi la voie d'outremer
Metre en respit mout longuement,
N'on ne va à tournoiement,
N'on ne se set où avanchier.
Boin feroit, je qui commenchier
Une feste ù on joustast ;
Ne m'en caurroit qu'ele coustast,
Mais qu'il alast à vo talent. »
— « Et je vous creant loialment,
Dist li sires de Basentin,
Qu'ele ert criée de matin.
   — « Or wardés comment il ira. »
— « Je vous di c'on le criera
De par nous .ij. à Ham sour Somme;

Jà n'i ara nommé autre homme.
Ele ert criée en tous païs;
Ne jà n'en soiiés esbahis,
Li plus fors ert li commenchiers.
Il i enterra chevaliers
Par .iij. lances; ensi sera :
Jà chevaliers n'i enterra,
Se par .iij. lances ne s'i met. »
Dame Courtoisie se met
En lour conseil mout matement,
Com cele qui mout povrement
Est à harnas venue à court,
Que li pluisour li font le sourt,
Tout cil qui aidier li déussent.
Se cil doi baceler séussent
Le biau secours k'ele leur fait,
Bon sanlant li éussent fait;
Mais il la voient povre et nue :
Ele est à lor conseil venue;
Si demandent que il li plaist,
Et c'un petit parler les laist
Par amours, mais qu'il ne li griet.
A ce mot entr' ax .ij. s'assiet,
Et leur connoist tout et descuevre
Son convenant et toute s'uevre,
Et comment cascun le tient vil
Entre li et Doner son fil.

Lors sont tantost en piés sa[i]lli,
Et se tienent à mal bailli
De la grant honte et du mesfait
Que il li quident avoir fait,
De çou c'andoi ne se leverent
Et plus bel ne le saluerent;
Mais trop l'avoient desconue,
Pour ce que ele est povre et nue :
Si l'en crient merci andoi.
« Biau signeur, foi que je vous doi,
Mout bonement le vous pardone.
Je vois souvent et près et lonc
Ciaus qui m'ont servie à mon gré :
Puis qu'il descendent du degré
Et k'il ont alievé le lour,
Che leur porte trop peu d'onnour
Et leur tourne cascuns le dos.
Des miens estes et je des vos,
Ne ja nul jour ne vous faurrai,
Et saciés que je vous vaurrai,
Se vous volés ouvrer par mi.
Vous doi m'avés parti par mi
Vos cuers, vos cors et vos avoirs.
Je vous di bien que c'est savoirs
De cele feste commencier.
Sans plait, sans noise et sans tencier,
Sera vo feste bele et noble;

N'ara dusk'à Coustentinoble
Bourc ne cité c'on ne le sache ;
Et si vous pri que on le face
Savoir en le Haute-Bretaingne,
De coi li Graaus nous ensegne
Que li rois Artus en fu sires.
Encore i a en Salebire
Pieres que Merlins de sen tans
I assist par engiens pendans,
Et autres mervelles pluisours.
Là true[ve]-on les bons joustéours,
Les durs, les roides et les fors.
Lancelos, qui par ses esfors
Ot de maint chevalier le pris,
Et Gavains, qui fu bien apris,
Et cil de la Table Reonde
Qui furent li millor du monde,
Furent tout de Bretaigne né,
Mais autre non li ont donné
Li Troiien qui le conquisent,
Qui Engletere à non li misent ;
Là sont chevalier de valour,
Là sont mout de bon joustéour,
Là sont li chevalier hardi ;
Pour çou vous ramentoif et di
Que vo feste faciés crier,
Sans ensoingne et sans detriier

(Cix qui en est sires et rois
Est preus et largues et courtois :
On le nomme roi Eduiwart;
Or prions Dix que il le wart,
Qu'il vaut mix que je ne sai dire).
Par mi Flandres et en l'empire,
Et en Hainau et en Brebant,
Et par mi France tout avant,
Et en la tere de Champaigne;
De là verra bele compaigne
De chevaliers bien acesmés,
Qu'il en i a de bien amés,
Pour çou qu'il sont preu et vaillant,
A nul besoing ne sont faillant,
Ains vont pour lor cors avancier
A tous besoins au commencier;
S'est drois que du bien le bien die.
Envoiiés tost en Normendie
Et en Auvergne et en Berriu,
Et faites crier de par Dieu
Vo feste au jour de Saint-Denise.
En tel maniere et en tel guise
Que la roïne fait savoir
A tous ciaus qui voelent avoir
Pris d'armes et joie d'amours,
Que là viegnent tout droit au jour
Devant la roïne Genievre.

ROMAN DE HAM.

Ne doit avoir le cuer de lievre
Qui pour tel dame se travaille,
Ains couvient c'au grant besoing vaille,
Et doit metre cors et destrier
En aventure à escriier
Amors as dames hautement.
Et si vous voel dire comment
Vous ferés par tout à savoir,
Si ferés honour et savoir,
Que pour le roïne honerer
Amaint cascuns, sans demourer,
Dame u pucele amaint o lui,
Que la roïne n'a nului :
Ainc mais ne vint de son païs
A mains de gent; mais esbaïs
N'en soiiés jà, je vous desfent,
Qu'ele n'a que par. vij. fois cent
Dames, puceles, chevaliers;
Assés en faut de .iij. milliers,
Tant en seut-ele bien mener.
Il nous convenra bien pener
De li recevoir noblement
Et li et toute l'autre gent,
Et bien gardés que ne vous faille
Vins ne viande ne vitaille
Tele comme au jour appartient;
Et si vous di qu'il vous convient

Donrer ces .iij. jors à mengier,
Et che ferés-vous sans dangier :
Si donrés les .ij. jors premiers
As dames et as chevaliers
Qui dedens vo feste seront
Et à ciaus qui i enterront ;
Ne jà nus n'i enterra
Devant que jousté avera,
Pour veoir dames ne puceles,
Dont il i avoit mout de beles ;
Et al tierc jour communalment
I entenrront toute le gent
Qui de lonc i seront venu.
Gardés qu'il n'i ait jà tenu
Postis ne porte à entrer ens
Vers nule maniere de gens
C'aventures i amerront.
Li estrange qui les verront
Les esgarderont volentiers ;
Il i verront .vij. chevaliers
Tous armés, les haubers vestus ;
Il aront hiaumes et escus
Et seront tous .vij. d'un samblant ;
Sans faire nul felon samblant
Venront al mengier la roïne ;
Il li diront tout son couvine,
Qu'il se metent en lor prison

ROMAN DE HAM.

De par le Varlet au Lyon.
Après venra une pucele,
C'uns nains i amenra; et cele
Querra la roïne secours :
Adont verrés venir le cours
Chevaliers pour le secours faire.
Or atournés chi vostre afaire,
Que n'en puissiés estre repris,
Que haut afaire avés empris.
Prenés hiraus des mix saçans,
Et faites jà crier as chans,
A Warenes et à Noyon,
Si haut que par tout l'oie-on,
Si com nous avons devisé. »
— « Douce dame, qui avisé
Nous avés si courtoisement,
Dix le vous mire proprement!
Grant mestier aviens de vous. »
Andoi se metent à jenous
Et li prient que, s'il li plaist,
Pour Diu que jamais ne les laist;
Et ele lour a en couvent
Qu'ele venra certainement
Avoec la dame de Caieus :
Si en vaurra lor feste miex.
« Douce dame, Dix le vous mire
Qui sour tous est et rois et sire! »

Sour lour paleffroi sont monté
Cil, qui sont plain de grant bonté;
Cele grant feste de par aus
Font crier à pluiseurs hyraus,
Par le siecle, amont et aval,
Que li sires de Longueval
Et li sires de Basentin
Ont empris par lor bon destin
Une feste grant et pleniere,
U gens de dyverse maniere
Vienent et de dyvers païs.
De riens ne les voi esbahis,
Fors, sans plus, qu'il n'aient peu gent;
Mout s'ont atorné bel et gent
Le bel castel de Hem-sour-Somme :
Laiens pueent entrer maint homme
Et mainte dame à la carole.
Sarrazins dist en sa parole
C'un rommant i vaurra estraire,
Selonc çou qu'il en vaura faire.
Oï avés des Troïens
Et du remant que Crestiiens
Trova si bel de Perceval,
Des aventures du Graal,
Où il a maint mot delitable;
De chiaus de la Reonde Table
Vous a-on mainte fois conté,

Qu'il furent de si grant bonté
Et de si grant chevalerie
Qu'en toutes cours doit estre oïe
La prouece et la vertu
Qui fu u vaillant roi Artu
Et ès chevaliers de sa court.
Or vous pri que cascuns s'atourt
De biaus mos oïr et entendre;
Et je dirai, sans plus atendre,
De toute le plus bele emprise
Qui onques en France n'en Frise
Fust emprise, que nus hom sace.
On la crie en mainte place
Et en mainte contrée estraigne.
Séue est en la Grant-Bretaigne,
Où les aventures avienent;
Et vous di que de là i viénent
Chevalier de grant bonté plains,
Tex qui ne se sont mie fains
De querre les grans aventures;
Des grans lances roides et dures
Se juent sovent et deduisent.
Cil qui la roïne conduisent,
Au Hem l'amainent avec aus.
Mesire Quex li senescaus
Est avoec cele compaignie,
Et si est la mix ensignie

De toutes les dames qui soient.
Tout cil qui son nom nomer oient
N'ont garde de mal ne de fievre :
Çou est la roïne Genievre
Qui vient au Hem al assemblée,
Et ne vient pas si à emblée
Que tous li païs ne le sace.
Je n'en mentirai, Dieu ne place!
De riens qui i soit avenu.
O la roïne sont venu
Privéement un peu de gent;
Ele n'amaine que .vij. cent
Chevaliers, dames et puceles :
Pour voir tesmoing c'onques plus beles
Ne mena li roïne en ost,
Fors c'une toute seule en ost :
Quant lieus sera, bien en porons
Recorder çou que nous vauron[s].

   Or vous dirai de la roïne,
Qui onques n'ot as bons haïn[e].
Toutes gens le doivent nome[r]
Quant on est en peril en mer.
Bone est et bele et onerable;
Gens deduisans et delitable
Maine en sa route, ù qu'el vois[e].
Sa gens se deduist et envoise
En toutes les eures du jour;

Si chevalier heent sejour;
Tous jours va par estrange terre
Pour les grans aventures querre.
La roïne Genievre amainent
Cil qui en nul point ne remainn[ent],
Ains vont tous jors de marce en marc[e];
Et ne va mie à fuer de garce
La roïne, quant ele muet,
Ains amaine quanqu'ele puet
De compaignie recouvrer.
A paine saroit nus nombrer
Le caroi ne le grant atour
Qu'ele maine pour estre au jour
De Saint-Denis à Hem-sour-Somm[e].
A un mot vous devise et nomme
C'o li viegnent sans nule doute
Tex cent chevaliers en sa route
Qui tous jours sont prest de joster,
Combien qu'il li doie couster;
Mais la roïne a grant anui
Qu'il a tout à point .i. an hui
C'une dame vint à Cardu[el]
Et se plaint de Bruiant d'U[el],
Un chevalier qui li toloit
Toute sa tere et la voloit
[A]voir à femme malgré li.
[L]a roïne pria merci

[Et qu]e li envoiast secours.
[Gart] Dix dame Sore d'Amours!
[Si] est biaus et preus et cortois.
[S'e]n presenta mais ains le mois
[L'e]n repenti s'il péust estre.
[Qu]ant la dame vint en son estre,
[S]i le fist metre en sa prison :
[D]e tant fist-ele mesproison,
[Qu'e]nsi l'engigna et dechut ;
[L]a roïne ne s'en perçut
[N]e nus chevaliers de sa conrt.
[M]at et dolant et mu et sourt
[S]ont du chevalier qui tant vaut,
[Qu]i à Hem-sur-Somm[e] leur faut,
[Qu']Alise l'a en prison mis,
[Qu'i]l ne veut estre ses amis :
Pour çou en sa prison le garde.
Quant ele veut, si le resgarde,
Qui n'en veut autre cose faire ;
Il se lairoit ançois detraire
Un et .i. les membres du cors,
C'autre éust jà de lui depors
Que s'amie Sore d'Amours.
Ains puis ne sejorna .ij. jors
Sore d'Amours que ses amis
Fu pour tel cose en prison mis ;
Ains a tant quise la roïne,

Qui auques près est sa cousine,
C'à Ham-sur-Somme l'a trouvée.
[S]ore d'Amours toute montée
[E]st entrée dedens la porte;
[S]ur un ronchin, qui dur le porte,
[S]'en vint entre li et un nain,
[Qu]i le conduisoit par le frein.
[Li] roïne estoit jà assise
[A] souper, et eut-on assise
[Un]e courone sur son cief:
[Li n]ains s'en va de cief en cief
Les tables tant qu'il vint as dois.
Mesire Ques dist que courtois,
Qu'il dist : « Pucele, Dix vous gart!
Dont venés-vous ne de quel part? »
Et la damo[i]sele respont :
« Dix et tout li saint de cest mont
Gart ma dame et la compaignie
Que çaiens voi à compaignie! »
Et Kex li a dit derechief :
« Ma damoisele, par mon cief!
Saluée ne vous éusse
Se si vilaine vous séusse
Que ne me daignissiés respondre.
On devroit le chevalier tondre
Qui pour vous en peril se met;
De grant folie s'entremet

Qui vous n'autrui sert en manaie.
Et n'entendés pas que jou n'aie
Grant volenté de vous servir,
Mais qu'il vous venist à plaisir
Et que g'i séusse mon preu! »
— « Mesire Keu, mesire Keu,
Dist la roïne devant tous,
Tous jors estes fel et estous
Et apparilliés de mesdire.
Laissiés la damoisele dire
Son message et çou qu'ele quiert
Et faites çou c'à vous afiert;
Si taisiés vo langue la male. »
La pucele est emi la sale
Tout à ceval, li et son nain;
Et dist : « Roïne, je me plaing
De la dame de Hebrison,
Qui tient mon ami en prison
Pour çou qu'il ne la veut amer.
J'ai .iiij. fois passé la mer
D'Escoche et de Norhombelande :
Or vous voi chi, si vous demande
S'il a en vostre court vassal
Qui viegne armés sor son ceval
O moi pour mon ami rescourre.
Roïne, vous soliés secourre
Dames, puceles, chevaliers

Et tous cex qui il ert mestiers;
Nus ne s'en partoit escondis.
France roïne, en fais, en dis
Avés le los et le temoins
En tous païs, et près et loins,
Que de vo court ne se part ame,
Chevaliers, pucele ne dame,
Qu'il n'ait aïde, s'il la quiert.
Or me dites çou qu'il en ert,
France roïne; s'il vous plaist. »
Ma dame Genievre se taist;
Quant pensé ot, si respondi,
Que toute la cours l'entendi :
« Damoisele Sore d'Amours,
A moi arés-vous bon secours
Et as chevaliers de ma court. »
A ces paroles en acourt
Devant la roïne tes cent
Que tout se metent en present
De cele besoingne furnir,
Coi qu'il l'en déust avenir.

Mais la roïne sans dangier
Lor dist : « Signeur, alés mengier :
C'o li n'en ira c'uns tous seus. »
Dont s'escria mesire Keus :
« Dame roïne, c'est mes drois :
Vostre barons, Artus li rois,

Le me donna jadis en fief
(Servi l'en ai de grant relief),
C'avoir doi la jouste premiere
En vostre court, ù qu'ele afiere;
Se Dieu plaist, si l'arai demain.
Après le pucele et le nain,
Quel part qu'il voisent, m'en irai;
Le chevalier deliverrai
Que la dame a emprisonné. »
.I. cor a hautement sonné
Uns chevaliers au piet du pont;
Et li nains hautement respont :
« Or du corner à haute alaine.
Dame, dame, cil là amaine
Le chevalier emprisoné,
Que là hors a ce cors sonné :
Or verra-on se vostre cors
Nous pora faire nul secours.
Peu vous prise qui vient si près. »
— « Par foi! dame, je sui tous près,
Se de la roïne ai l'otroi. »
— « Mesire Kex, et je vous proi
Que vous souffrez dusk'à demain.
Entre le roïne et le nain
Demourront o moi toute nuit,
Mais qu'il ne lour griet ne anuit. »
Une sieue dame apela :

« Dame, dist-ele, venés chà :
Ma cousine vous bail en garde. »
Et li nains dist que mal fu l'arde,
S'ele a autre garde de li.
La nuit demourerent ensi,
Dusk'au demain que l'aube crieve :
Mesire Kex matin se lieve,
Si tost comme il perçut le jour;
Si s'arme et monte sans sejor,
Et atendi ès lices tant
C'uns chevaliers i vint batant
Des esperons sur un destrier
Grant et isnel et fort et fier,
Et se met d'une part des rens.
La roïne et toutes ses jens
S'en va as loges asseoir,
Qu'ele veut la jouste veoir
Du senescal mesire Keu;
Mais, s'il vous plaist entendre un peu,
Je vous dirai d'une aventure
Qui tant est felenesse et dure.
Quatre puceles la roïne,
Ce fu Marote et Englentine
Si fu Cardonale et Plaisans;
Mains chevaliers fu ressoignans
D'eles secourre à lor mescief.
Toutes voies en vint à chief

Li bons Chevaliers au Lyon,
Qui de deus coses a le non :
Preus est et largues li bon sires,
Ensi com je l'ai oï dire
Les aventures beles.
Sachiés que les .iiij. pucceles,
Qui erent en prison au bos,
Ne furent onques à repos,
Si vint cil qui li Lyons maine.
Un mois, n'en faut c'une semainne,
Furent laiens emprisonées
Celes qui sont si beles nées;
De lour prison dire vous doi,
Qui les prist, comment ne pourcoi.

 Il avint tout droit en septembre,
Par un lundi, très bien [me] membre,
Que ces puceles cevauçoient,
Ensi que cevaucier soloient :
Sans nule compaignie d'omme
Erroient celes que je nomme,
Et fu par un matin bien main.
Pour le douc tans, pour le serain,
Cevaucent tout en pur les chiés,
En blans quainses, sans cuevrecief;
De riens nule ne se doutoient.
D[e]vant eles gardent, si voient
Une crois emi le cemin ;

Unes lettres en parkemin
I ot pendues, qui disoient
Aventures qui avenoient
A un castel d'illueques près :
.vij. chevaliers i a tous près
De jouster à tous ciaus qui vienent.
Les puceles coies se tienent,
Tant qu'ele ont les cris entendu ;
Après çou n'ont plus atendu,
Ains s'adrecent vers le castel.
Mout courtoisement et mout bel
Les a li portiers bienvegnies ;
Et eles, com bien ensignies,
Le saluent courtoisement,
Et li prient mout doucement
C'à son signeur parler les face ;
Et il respont : « Jà Diu ne place
Que je mece nul contredit ! »
A son signor court et li dist
C'à la porte a .iiij. puceles
Trop durement plaisans et beles,
Et que parler voelent à lui.
Lors ne remest laiens nului,
Homme ne femme, qui n'i voise ;
Cascuns se deduist et envoise
Du present que Dix lor amaine.
Toutes montées les enmaine

En la sale, et puis les descent
Li sires mout courtoisement,
Et les fait servir bien et bel.
Il avoit dames ou castel;
Si les met li sire en lour garde.
Cascuns volentiers les regarde,
Et ce n'est mie de mervelle.
Cascune errament s'apareille,
Et li sires laver les maine.
Ne fu mie travax ne paine
D'eles servir et honnerer.
Riens enquerre ne demander
Ne lour volt dusc'on ot mengié;
Dont lour demande par congié :
« Damoisele, ne vous anuit,
Où reposastes-vous anuit?
Et se demander vous osoie,
Volentiers vous demanderoie
Où vous alés en tel maniere. »
Cardonnele toute premiere
Par le grès .vj. autres respont :
« Li mieudre dame de cest mont,
La plus sage et la mix aprise
S'en vient au Han à cele emprise
Que cil doi baceler ont faite.
La verités vous ert retraite :
Ma dame la roïne amainent

ROMAN DE HAM.

Cil dui baceler, ki se painent
De li noblement recevoir.
Se dire en voloie le voir
De la feste et de la besoigne,
Vous le tenriés à grant mençoigne,
C'onques tele emprise ne fu;
Très le tans le bon roi Artu
N'oï nus de tele parler.
Si nous fait la roïne aler
Ma dame Genievre pour querre
Dames, or sommes en vo terre
Embatues pour vous priier
Que vous venés sans detriier
Vous et vo compaignie à court,
C'ançois que ma dame retort
Porés au Hem joustes trover,
Où vous vous porés esprover
Se vous en volés entremettre.
Nous véismes ore une lettre
Ci de dehors à une crois,
Qui devise que nule fois
Ne veut nus jouste qui ne l'ait
En cest castel, en c'est mal fait
Se la grant feste est destorbée
Pour chi faire un petit de bée.
Ne le vous di pour nul despit;
Mais metés ceste oevre en respit,

Si ferés, je croi, vostre preu.
Maint chevalier vaillant et preu
Venront jouster devant les dames :
Riens ne vaut feste où il n'a femmes,
Et là en ara grant plenté.
Or m'en dites vo volenté,
Se li venirs vous plaist ou non.
Cil qui sire ert de la maison
Respondi mout courtoisement :
« Damoiseles, mout sagement
Avés vo mesage conté :
En la dame a mout de bonté
Qui tes messages a o li ;
Mais vous et nous avons....
D'aler au Ham à ceste fois ;
Li alers vous est en defois,
Et nous aussi : dont il me poise. »
De par ses compaignons li prie
Par amisté que il li die
La raison comment ce puet estre
Qu'il ne puet issir de son estre,
Ne nus qui ou castel s'embace.
« Damoisele, jà Dieu ne place
Que mençoigne vous en recort !
Maint chevalier vigreus et fort
Sont çaiens venu esprouver ;
Mais qui en poroit un trouver

Qui me peust mettre à merci,
Moi et vous et chiaus qui sont chi,
A sa volenté en menroit
En tel prison comme il vaurroit.
Certainement je vous di voir. »
— « Ha, sire! faites-le savoir
Au Ham, où ma dame sejorne,
Mate et dolante et mue et morne;
Et pour çou que tant demourons. »
— « Le matin i envoierons,
Dist li sires, qui qu'il anuit. »
— « Ha, sire! pour Dieu, mais anuit. »
— « Damoisele, et je l'otroi. »
Un escuier apele o soi,
Si li a cargié le message,
Et il en fist à loi de sage;
Et quant la roïne le sot,
Au plus tost que ele onques pot
Prie au Chevalier au Lyon
Qu'il voist delivrer de prison
Ses puceles; et il si fist :
Luès que la roïne li dist,
S'esmut, que plus n'i sejorna.
Un mardi, si k'il ajourna,
Estoit tous seus sans escuier,
Et cevauçoit un grant destrier
Bien fait et de membres delivres :

Par parance valoit cent livres.
Armés estoit, bien m'en souvient,
De quanque à chevalier convient,
Si bien que riens ne li faloit;
Et quic et croi que il valoit
Tant que chevaliers puet valoir;
Mais il ne pooit joie avoir,
Que pas ne trueve çou qu'il quiert.
La roïne, qui hom il iert,
Genievre li envoie querre
Ses puceles en mainte terre,
Qui u castel sont en prison
Sans nule certaine raison,
Si comme oï avés devant.
Cis chevaliers les va querrant,
Que la roïne l'i envoie;
Il se mist tost droit à la voie
Le jour de feste saint Jehan,
Et dist la roïne c'au Ham
Les amenast, s'il les trouvoit;
Et se il si bien se prouvoit
Qu'il les delivrast de prison,
Mais qu'il n'i éust mesprison,
Il ne saroit jà demander
Qu'ele ne fesist commander,
Sauve s'onnour et sauf son droit.
Souffert a maint caut et maint froit

Li chevaliers pour eles querre,
Il s'enbati en une terre ;
Si comme aventure le maine,
Erroit tout droit en la semaine
Devant la feste saint Denis :
« Ha, las! dist-il, je sui honnis,
Jamais ne puis avoir honour.
Biau sire Diex, hui en cest jour
Me voelliés conseil envoiier
De la besoingne que je quier,
Dont j'ai tant de travail éu. »
Devant li garde, s'a véu
.I. esquiier tout seul venant
Sour un roncin desavenant,
Trotant et maigre et dehallé.
Li chevaliers a tant alé
Qu'il a encontré le vallet ;
Errament à raison le met
Li chevaliers et se li prie
Par amisté que il li die
Pour coi il a couvert son vis :
« Sire, dist-il, il m'est avis
Que vous estes des chevaliers
La roïne, qui volentiers
Orroit ensengnes et noveles,
Je croi, de ses .iiij. puceles,
Que li tormens aproce et vient

Que la roïne avoir convient
Dames, puceles grant plenté.
Encore ai-ge hui esté
Ou castel où eles demeurent :
Mauvais sont si ne le seceurent
Tout li chevalier de la court. »
Li chevaliers au fraim li court,
Et dist : « Vous ne m'escaperois
Devant l'eure que dit m'arois
Où les .iiij. puceles sont. »
— « Sire, dist-il, cil qui les ont
Les vous renderout à envis.
Le pour coi j'ai couvert mon vis
Vous dirai-ge mout volentiers,
Que vous m'en sanlés chevaliers.
Li sires du castel du bois
Maint ci-devant, là où je vois;
Il a Ydone et Aiglentine,
Cardonale et Alixandrine :
Ces .iiij. sont en son castel;
S'i sont .vij. chevalier nouvel,
Qui tous jors sont prest de jouster.
Jà n'i quier mençoingne ajouster
A cose que je vous recort :
Maint chevalier vigreus et fort
Sont à eus venu esprouver;
Mais qui en poroit un trover

ROMAN DE HAM.

Qui tous les méist à merci,
Les damoiseles qui sont chi
En poroit mener quitement.
Je n'os chevauchier autrement,
Que je ne soie ravisés. »
— « Biaus dous frere, or me devisés
Pour la sainte paterne Dieu
En quel endroit et en quel lieu
Je porai trover ces vassaus. »
— « Sire, si puissé-je estre saus,
Mout volentiers vous conterai
De leur estre quanques j'en sai.
Il sont orendroit ou castel ;
Onques nus hom ne vit plus bel,
Que bien sai que g'i gui anuit ;
Mais pour çou qu'il ne vous anuit,
Vous voel briément conter lor estre.
Vous tenrés ceste voie à destre
Tout sinplement, sans faire escrois ;
Devant vous venrés une crois,
Où il a un escu pendu ;
Nepourquant m'est-il desfendu
Que je ne me doi entremetre
Del ensignier, car une lettre
Pent à la crois, qui tout devise ;
Et se vous un tout seul servise
Me voliés prometre à avoir,

Les puceles ferai savoir
Que vous les venés delivrer. »
— « Je vous en voel ma foi livrer,
Dist li chevaliers, biaus amis,
Sur quanques Dix a en moi mis
De loialté, que vous l'arés;
Mais que mon non pas ne sarés,
Se force ne le me fait dire. »
— « A Diu vous commant, biaus dous sire,
Je m'en vois faire mon message;
Or en ouvrés à loi de sage,
Que haut afaire avés empris :
Dix vous en doinst honour et pris ! »

Li escuiers à tant s'en part,
Au castel vient; moult li est tart
Qu'il ait contées les noveles.
Trovées a les damoiseles
En un prael trestoutes .iiij.,
Qui là alerent pour esbatre
Et pour lour anui oubliier.
A tant ès venu l'escuier,
Qui lour dist luès que il les voit :
« Damoiseles, Dix vous pourvoit !
Menés joie, ne vous anuit :
Delivrées serés anuit,
C'un chevalier vi ore errant
Et me dist que il va querant

Quatre puceles, maint jour a;
Et sachiés que il me jura
Que son non pas ne me diroit;
Et si me promist orendroit
.I. guerredon par serement,
Mais c'à vous venisse erramment
Pour ces noveles aconter. »
— « Biaus dous frere, ore alés monter
Et vous emblés hors de la porte;
Si saciés quels armes il porte,
Et le nous venés tost redire;
Et s'il son non vous voloit dire,
Dites que nous li en prions;
Et, se Diu plaist, nous en irons
A ma dame par ses esfors. »
— « Damoiseles, il pert si fors
Qu'il est, je croi, de grant bontés;
Et est si noblement montés
Et si armés que riens n'i faut.
Je cuic et pens et croi qu'il vaut
Autant que nus hom poet valoir;
Et quanques j'en porai savoir
Et apenre j'en apenrai,
Et si tost com je revenrai
Orrés çou que j'arai trouvé. »
Son roncin a chil retrouvé
Ou bos là où il l'arraisna;

Onques nus hom ne l'arresna,
Ains monte tost et tient sa voie,
Après le chevalier s'avoie :
A la crois vient et si l'i trueve ;
Et li vallés, qui bien se prueve,
Le salue et li dist noveles
Comment les .iiij. damoiseles
Le renvoient à lui arriere :
« Et pour Dieu ! s'en nule maniere
Lour vaurriés mande[r] vostre non. »
— « Et certes, mes amis, je non ;
Mais tant dirés-vous Aiglentine,
Je vieng chi de par la roïne,
Et sui auques desconfortés. »
— « Et des armes que vous portés,
Sire, dites-moi le devis. »
— « Vallet, dist-il, il m'est avis
Que tu me bées à sousprendre.
Se tu veus mes armes aprendre
A deviser, eles sont d'or ;
Et se tu veus sonner ce cor,
Le surplus t'en deviserai.
Tu vois c'unes armes d'or ai
A coquefabues vermeilles. »
— « Par foi, or oi-ge grans merveilles,
Fait li vallés ; vous me mokiés :
C'est vilenie et s'est pitiés

Quant vous me dites tel ramprosne.
Je ne quic que desous le trosne
Ait homme qui tel escu port;
Et ne pourquant [je] vous aport
De ce castel teles noveles
Qui vous seront bonnes et beles.
Les puceles qui laiens sont
Avoec eles un escu ont
Où il a une piere assise :
Vous n'arés garde en nule guise,
Tant que vous l'arés à vo col.
Or ne m'en tenés pas à fol,
Qu'eles vous voelent envoiier
(Mais qu'il ne vous doive anuiier)
Pour vous aidier à vos besoins.
Je ne sai homme près ne loins
Qui ne fust liés de tel present. »
Et li chevaliers simplement
Li respont que jà ne lara
Duskes que delivrées ara
Les puceles, s'il le puet faire.
« Sire, quant je ne puis plus traire,
Dist li varlés, je m'en revois. »
Erramment s'est ferus u bois,
Si que de lui pert la véue;
Et li chevaliers a léue
La lettre qui pent à le crois;

Et puis i sonne par tel effrois
Le cor, si comme il me sanla,
Que tous li castiaus en trambla ;
Et selonc çou qu'il ot apris
Et à la lettre et as escris
Se vaut au castel adrecier,
Quant il perçut .i. escuier
Qui vers lui venoit cevauchant.
Le chevalier vint aprochant,
Qui tenoit l'escu embracié
Et avoit le hiaume lacié
Près de jouster, s'il éust lance.
Li escuiers vers lui se lance,
Si l'en met une en sen goucet,
Et puis à la voie se met
Vers le castel grant aléure ;
Et li chevaliers l'ambléure
Le siut duskes devant le porte,
Et voit un chevalier qui porte
Ses armes de tel appareil :
Blances, à un castel vermeil :
Tel furent tout si garniment.
Li chevaliers courtoisement
Mande au signeur de le maison,
Sans orguel et sans derraison,
Que les puceles li envoit,
Qu'il n'a de riens si grant couvoit,

ROMAN DE HAM.

Car Jenievre si li fait querre :
Quises les a en mainte tere,
Or set qu'elles sont ci encloses.
Dire voel à petit de gloses
Çou que li sires li remande :
Riens ne li prie, ains li commande
K'errant en sa prison se mete
Et que jamais ne s'entremete
De message à dame furnir.
« Mout en i coverroit venir
De tels vassaus », ce dist li sires.
Li chevaliers forment s'aïre
Quant il s'ot ensi mesprisier.
Or vous dirai de l'escuier
Qui as damoiseles revint;
Tout ensi comme il li avint
Lour raconta de chief [en chief] :
« Par les iex qui sont en mon cief,
Dist l'une, nous irons au mur,
Et soiions toutes asseur
C'est cil qui nous delivrerra;
Et saciés bien qu'il liverra
Tous ciaus de çaiens grant estour.
Montons lassus en cele tour,
Pour veoir son contenement. »
Toutes quatre delivrement
Montent as estres de la tour,

Et voient de très bel atour
Le chevalier qui les vient querre;
Tout avant va celui requerre
Qui du castel estoit issus :
Se ses haubers n'est bien tissus,
Au sanlant qu'il fait de jouster
Il li pora mout bien couster.
Dient les puceles en haut :
« Au grant besoing voit-on qui vaut.
Dans chevaliers, se Dix me gart,
Tes gens prenent de vous regart
Que vous arés encore en garde. »
Li chevaliers à tant regarde
Et voit dames et damoiseles,
Assés de jones et de beles,
Et oit les .iiij. qui si crient
Merci et doucement li prient
Pour Dieu que d'eles li souviegne :
« Damoiseles, coi qu'il aviengne,
Certes, j'en ferai mon pooir,
Si ke vous le porés véoir. »
Lors laisse le cheval aler,
Si k'il poet bien pour voir sanler
Tous ceus qui l'esgardent venir
Qu'il set bien le lance tenir
Et l'escu porter en cantel.
Onques chevaliers en mantel

Ne fu plus noblement enclos;
Et sachiés qu'il n'ert mie clos
Li destriers dessus coi il sist;
Nule cose ne li messist
De çou que à tel mestier faut.
La lance porte droit et haut
Pour assener en mi le vis.
Cil du castel par grant avis
Li vint q[ua]nqu'il puet randonner;
Tes cox se vont entre-donner
C'ambedui lor lanches brisierent.
Cele jouste forment prisierent
Tuit cil qui esgardée l'ont;
Mais, Diu merci, nul mal n'en ont :
Tost sont à lor rens ravoiié.
Cil du castel ont envoiié
Au chevalier, s'il est tous sains;
Et il dist dechà le Toussains
N'averoit-il de tes cox garde.
Il se retourne et se regarde,
Et voit issir par mi le porte
Un escuier qui li aporte
Une grosse lance à plain poing.
Li escuiers dist : « Au besoing,
Ce vous mand-on, voit-on l'ami. »
— « Ha! jentix hom, est-çou à mi?
Qui le me mande, di-le-moi. »

— « Ces puceles que jou là voi
Là haut sour cele tor à destre,
Ne sevent qui vous poés estre;
Mais en vous ont mout grant fiance. »
— « Vallet, baille-moi une lance,
Si me salue les puceles;
Et Dix lour envoit tés noveles
Que mener les en puisse à court! »
Li escuiers, ains qu'il s'entourt,
Voit qu'en l'escu se plante et joint;
Le destrier des esperons point
Et li fait la tere pourprendre;
Et li autres, sans plus atendre,
Luès qu'il le voit venir, li muet
Quanques cevax porter l'en puet,
Si k'il fait la tere tranler.
Lour lances faisoient bransler
Par fin aïr dusk'u sommet,
Que cascuns tout son pooir met
A son compaignon mettre jus,
Vraiement, et tex est li jus.
Al assanler tés caus se donnent
C'a poi que il ne s'entr'estonnent,
Et brisent andui dusk'ès poins.
Cardoneuse escrie trest poins :
« Sire, que nous diiés vo non. »
Et il li escrie : « Je non. »

ROMAN DE HAM.

Mais tant fist que il l'enclina.
Ainc dusk'à son renc ne fina,
Un vallet trueve qui li baille
Grosse lance et dist qu'il ne faille,
Ce li mandent les damoiseles ;
Et lués qu'il entent ces noveles,
Moet de son renc et s'en depart ;
Et cil du castel d'autre part
Li revient quanqu'il puet d'eslais ;
Mais vous n'oïstes onques mais
Tel mervelle ne tel tormente ;
Et ne quidiés pas que j'en mente,
Que nul ot ou castel ou point
Que li uns contre l'autre point.
Lors s'entre-donnent si grans cox,
Li plus sages et li plus fox
En venra tart au repentir.
Du camp font le castel tentir,
Qu'il se sont grant entre-donné.
Ambedui sont si estonné
Qu'il ne sorent où il alerent.
Li hiaume des ciés lour volerent,
Dont nus n'i ot blasme ne honte ;
Et par çou connut-on le conte,
Et fu cascuns près que pasmés.
« Or n'en doit mie estre blasmés
Nos chevaliers, dist Englentine ;

Venus est de par la roïne
Jenievre, et je pens qu'il soit buens.
Ce poroit bien estre li quens
D'Artois qui chi nous vient requerre. »
Toutes quatre queurent à terre
Pour oïr s'il sont vif u mort.
Seur un ronchin isnel et fort
Ist .i. escuiers du castel ;
Sains les trueve, mout li fu bel.
Li vallés fu bons et courtois,
Il connut le conte d'Artois ;
Mais nul sanlant ne l'en moustra.
Tost et delivrement l'outra ;
A son signor vint et li conte
Comment il a jousté au conte ;
Et ses sires ne li dist mot,
Pour coi qu'il ne l'entent ni ot,
Si est-il du caup estourdis ;
Et ou castel avoit toudis
Foudre et tempeste et tel torment,
Que on quidoit certainement
Que tout deust fondre en .i. mont.
Les tieules qui erent amont
Tresbuskoient toutes aval :
N'as autres joustes ne fist mal,
Et s'en i ot plenté de dures ;
Mais cil fina les aventures

ROMAN DE HAM.

Que li lyons a amené.
Laiens n'a homme demouré :
Hommes et femmes des fors vienent,
Fors les .iiij. qui prison tienent,
Que li sires tenoit se court
Que nès aler en mi sa court
N'osent-eles sans son congié.
Ainsi com cil qui a songié
Revienent cil de pamison.
Toutes les jens de la maison
Furent jà à eus acouru;
Et ont cascun si secouru
Qu'il ne caï ne cancela.
De quanques il peut se cela
Li quens, qu'il ne fust ravisés.
Li vallés fu bien avisés;
A son signeur vint de rechief
Et vit qu'il ot drechié son chief,
Si li dist : « Sire, vous avés
Jousté (et si ne le savés)
Au conte d'Artois vraiement.
Je vous di tout certainement,
C'est il, que je le sai de voir.
Il est ci venus pour r'avoir
Les puceles, si les r'ara;
Contre vous conquises les a :
Or li rendés sans contredit. »

Li sires du castel s'en rit,
Et vient au chevalier tout droit;
Se main devant son vis tenoit:
Pour Diu prie c'on li aport
Son hiaume sans plus de deport;
Mais li chevaliers du castel
Li dist: « Sire, s'il vous est bel,
O nous herbegerés anuit;
Et pour Dieu, qu'il ne vous anuit,
Volentiers vostre non saroie,
Se demander le vous osoie. »
Et li quens li dist en apert:
« Mon parin ot à non Robert. »
Et li chevaliers com courtois
Li dist: « Vous estes quens d'Artois;
Vers nous ne vous devés couvrir.
J'ai jà fait vo castel ovrir:
Vés chi vos clés, je les vous rent.
Sire, pour Dieu! menés-nous-ent
En tel prison que vous vaurrois;
Car il est bien raison et drois,
Quant vous m'avés d'a[r]mes outré.
Anuit porés jesir ou tré
Que vous veés devant vos iex,
Ou ou castel, s'il vous plaist miex.
Nous nous rendons, sauves nos vies,
Et nos armes et nos amies:

ROMAN DE HAM.

Du tout sommes en vo manaie;
Et se vous voliés dire naie,
S'irons-nous de par vous à court,
Et mouverons à terme court. »
A tant sont entré ou castel;
Mout courtoisement et molt bel
Fu li quens laiens rechéus;
Mais il se tint à decéus,
Que devant li, faces moillies,
Sont toute .iiij. ajenoillies
Les damoiseles qu'il vint querre.
De si haut comme il fu à terre
S'est d'autre part ajenoilliés,
De sanc et de sueur moilliés,
Tout si armés comme il estoit;
Et dist qu'il ne se leveroit,
Se li aroient pardoné
Çou qu'il avoit tant demouré;
Et eles li crient merci:
« Sire, delivrés-nous de chi;
Trop avons més en ceste tour. »
Et il dist que jamais nul jour
N'en isteroit, s'el ne s'en issent;
De çou forment s'en esjoïssent,
Et ce n'est mie de mervelle.
Cascune d'eles s'apparelle
De li desarmer bien et bel.

Li .vij. chevalier du castel
Li vienent tout merci criier,
Et dient que sans detriier
S'iront à court de par li rendre;
Et se la roïne en veut prendre
Raençon, ele l'avera
Tant et plus comme ele en vaurra.
Et li quens as .vij. chevaliers
Respondi que mout volentiers
Soufferroit c'à la court alaissent,
Mais que de lui riens ne parlaissent,
Qu'il n'avoit mie cose faite
Qui là déust estre retraite;
Et il disent que si avoit.
Les tables metent à esploit
Cil qui entremetre s'en durent.
De çou qu'il mengerent et burent
Ne vous voel plus dire le conte.
Après souper mainent le conte
Les puceles dusk'à lour lis.
Là fu li joie et li delis
Quanc'on puet faire de parole;
Là fu la petite carole.
Ce sevent-eles sans demour
Que demain mouveroit au jour.
En çou que li quens se deporte,
És un chevalier qui aporte

ROMAN DE HAM.

Vin et touaille et gingembras;
Et li quens entre ses .ij. bras
Prent Cardonale, si ss'assiet :
Entr'eles mie ne messiet.
De mout de coses ont parlé;
Assés tost sont coucier alé,
Et dorment dusk'à lendemain.
Onque ne sot lever si main
Li quens que tout levé ne fuissent
Cil du castel et qu'il n'éussent
Tout enselé les cevaus trais.
A piece ne seroit retrais
Li congiés comment il fu pris.
Li quens, qui lle castel ot pris,
S'en depart grant joie faisant;
Cil que je compere au faisant
O les puceles s'en depart.
Li .vij. chevalier, d'autre part,
S'en vont au Ham rendre prison;
Et li chevaliers son lyon
Commande c'avoec aus en aille,
Et il si fist sans nule faille;
Mais ne vont mie tout ensanle :
Li quens tous seus, si com moi sanle,
O ses puceles tint sa voie.
Mout volentiers, se je savoie,
Diroie quanqu'il leur avint.

Li quens d'Artois sa voie tint,
Je ne sai mie de quel endroit.
Li sires du castel tout droit
Le nuit de Saint-Denis depart
De son castel; mout li est tart
C'à la roïne soit venus.
Tous armés, les haubers vestus,
Vienent tous .vij. en u palais,
Qui n'est mie vilains ne lais;
Maint tortin i avoit ardant :
Durement les va regardant
Tuit li chevalier de la court,
Et li lyons devant eus court
Tous jours as piés de lor chevaus.
Mesire Quès li senescax
Se pourvoit de çou qu'il doit dire.
Cil qui des compaignons fu sire
Vint devant la roïne as dois;
Et li lyons, qui fu courtois,
Devant la roïne s'estut
Tous cois, c'onques ne se remut;
Sour le table mist son musel.
Et li chevaliers du castel
Salue la roïne et dist :
« Ma dame, sans nul contredit
Nous venons metre en vo prison
De par le vassal au lyon. »

Et la roïne les retient
En maniere qu'il leur convient
Oster lour hiaumes de lour ciés :
Erramment les ont deslaciés,
Si c'on les vit apertement ;
Et mesires Kex erramment,
Et dist au signeur voiant tous :
« Certes, vous me sanlés mout dous
Et mout simples à vo resgart ;
Vous feriés jà mout grant essart
En une bataille mortel :
Se tout vo compaignon sont tel,
Vous estes perilleuse gent.
Du cors estes-vous bel et gent ;
Mais du surplus ne sai parler. »
Mesire Quex prist à aler
De l'un à l'autre et dist ses cox,
Et dist : « Vous me sanlés mout mox, »
Dist mesire Kex à l'un d'eus :
« C'est grans damages et grans deus
Que vous .vij. estes si cruel
Que par droite faide mortel
Vous a uns chevaliers conquis.
Par amours, qu'estes-vous chi quis?
Venés-vous femes demander?
Cil li set mout bien commander,
Qui volroit faire ses commans ;

Et cis rous-là, qui est si grans,
Aroit tost fait un home cous;
Et cil là aroit tost rescous
Plain hanap de vin au besoing;
Et cil là est venus de loing,
Qui si est magres et hallés;
Et cil là est mout enfonsés
De car : je croi qu'il soit mout mous. »
Et si dist sour cascun ses cox
Mesire Quex, dont il fet mal.
La roïne et tout à ceval
Sont li chevalier devant li :
« Dame, dist Quès, aiiés merci
De ces vassaus qui sont si preu;
Bien en poés faire vo preu,
S'aucune besoingne vous sourt. »
— « Mesire Keu, à quoi qu'il tourt,
De ma mainie les retieng;
Et si me doute mout et crieng
Qu'il ne se couroucent vers moi,
Pour le mal que dire vous voi.
Tout le monde volés blasmer. »
La roïne, pour desarmer,
Les fait mener en une tour;
Et puis se metent el retour,
Et s'en vont al mengier séoir.
Mout volentiers les vont véoir

Cil jone baceler errant;
Et la roïne tout errant
C'on eut soupé, à peu paroles,
A fait commencier les caroles,
Qui durerent près que la nuit.
Il n'est mie drois qu'il anuit
Avoec si noble compaignie;
Car ele est si bien ensignie
Que nule honours en li ne faut.
Or revenrai à l'escafaut
Où ele monta pour véoir
La jouste. Que qui asséoir
Set bien ses cox et emploiier,
Mainte fois fist Keus enoiier
Se ses compains estoit armés.
Il n'en doit mie estre blasmés
S'il n'a la premeraine jouste;
Mais il li grieve et poise et couste
S'autres de li s'en entremet,
Car trestout son pooir i met
Pour sa droiture retenir.
Chevaliers véissiés venir
Tous armés, les chevax couvers.
Li huis des lices fu ouvers,
Si entroit chevaliers à masse;
Trestous li mondes s'i amasse,
Ainc n'en vi tant à nul marcié.

Li palic furent si carcié
Qu'il rompirent en plus d'un lieu.
La roïne à mon signeur Keu
Mande ke ses lances emploit,
Que li jours s'en va à esploit,
Et chevalier d'estrange terre
Sont chi venu pour lor pris querre.
Pour çou li mant qu'il se delivre.
Onques à forsené n'à yvre
N'oï tant de mervelle dire.
Ne s'en porent tenir de rire
Li chevalier qui l'escoutoient,
Néis les dames s'acoutoient
As fenestres de l'escafaut;
L'une escrie : « Que que vous faut,
Vous faut-il riens que nous aions? »
— « Dame, il nous faut .ij. compaingnons :
Vous un, et moi un d'autre part.
Ore dyable i aient part! »
Dist la roïne : « Sire Quès,
Tous jours fustes et serés tés :
On ne se puet à vous deduire.
Che ne vous déust de riens nuire,
Que pour bien l'avoit demandé. »
La roïne ot errant mandé
Ses barons pour li consillier :
« Signeur, chi vienent chevalier

D'estrange païs et de loins,
Et il seroit bien huimais poins
De faire çou c'on a empris.
Ne doit pas estre en mal repris
Se Quès ne jouste premerains :
S'il joustoit tout à daarrains,
Ne puet-il perdre sa droiture.
Si me doinst Dix bonne aventure,
Pour delivrer l'estrange gent
Vous doins un don et bel et gent,
Se vous le volés otroiier :
Or faites erramment criier
Se chevax et chevaliers chiet,
Et au chevalier ne meschiet
Qu'il ne wide hors des arçons,
As escuiers et as garçons
Se face aidier et relever. »
— « Ce ne lour doit mie grever,
Dist li sires de Raineval;
Et qui ançois vient au cheval
Si voist jouster, s'il troeve à qui;
Et si faç'on crier aussi
Que tout droit dames sont venu,
A tous ciaus qui ci sont venu. »
Ainsi le crie à haute vois
Cil c'on apiele Corbiois;
Et Corbiois ot tel escout

Qu'il fu bien entendus par tout.
Lors véissiés ces gens fremir
Et ces chevaliers estourmir
Et courre armer dedens ces rés;
Mès encore est mesire Kex
Tous armés dès soleil levant;
Se ses compains ne vient avant,
Il n'ara pas les premiers cox.
Ne fu mie nices ne fox
Mesire Aubers de Longueval,
Ains vint tous près sor biau cheval,
Et a un chevalier trouvé,
Bon joustéour, bien esprouvé,
Que asprement l'ira requerre;
Se son non me voliiés enquerre,
Bauduins castelains d'Arras;
Et si vous di qu'il ne vint pas
Au Ham comme uns hom esbahis,
Que trestout cil de son païs
Vinrent de ses armes couvert.
Se le voir vous ai descouvert,
Doi et doi vindrent main à main,
Et vindrent le mardi bien main;
Mais la roïne et ses puceles,
U grant plenté avoit de beles,
Ert jà montée ens escafaus.
Li castelains n'est mie faus;

ROMAN DE HAM.

La roïne premierement
Salue mout courtoisement
Et les autres de chief en cief.
Ne voel pas debatre mon cief
A dire quanc'on devisa;
Mais li castelains s'avisa
C'armer s'en iroit à l'ostel :
De çou li por-je bien los tel
Qu'il ala tost et tost revint.
Tele aventure li avint
Que li sires de Longueval
Est tous armés sour son cheval
Au bout du renc, ù il l'atent
Com cil qui gaires ne s'entent
Combien li blés vaut el marchié ;
Et tenoit l'escu embrachié
Sour un destrier qui n'est pas lais.
Devant les dames un eslais
Fait pour son ceval essaiier;
Ne vaut pas longues delaiier,
Ains repaire à son renc arriere.
Li castelains en tel maniere
Fait un eslais et puis revient.
A cascun quanqu'il li convient
Baillierent cil qui les servirent;
Et si tost comme il s'entrevirent,
Qu'il furent prest, et cascuns muet,

Quanques chevax porter le puet
S'entre-vindrent à la roïne,
Qui n'avoit pas à l'un haïne;
Car ses freres estoit germains :
Vers le chiel en tendi ses mains,
Que Dix de mal le destournast.
.V.c. quidierent qu'il tonnast
Des grans cox qu'il s'entredonerent;
Li tronçon plus haut en volerent
C'uns hom ne ruast à le main.
De le lance le castelain
Ne remest une aune d'entier,
Et si n'i remest que froissier
En l'autre, que de tout fist pourre.
Tost et droit font les chevax courre.
« Par foi! ce dient li auquant,
S'il s'entr'encontrent tant ne quant,
Il s'entre-creveront andoi. »
La roïne acená au doi
Un chevalier de grans bontés,
Qui sour un ceval ert montés
Em pur le cors sans arméure;
Et il i vient grant aléure;
Gilles de Noève-Vile ot non :
« Sire, pour Dieu et pour son non!
Alés-lor de par moi priier
Que il se gardent de cukier,

Si kier que cascuns a m'amour. »
— « Dame, Dix me doinst hui mal jour,
Dist-il, se je jà en paroil!
Il me tenroient jà pour fol
Se je leur aloie desfendre
Honeur à faire et honte emprendre :
De çou n'ere jou jà messages. »
Et li castelains comme sages
Vint à son renc le petit pas;
Mais encor n'i parfu-il pas
Quans ses compains ot jà sa lance;
La roïne fu en balance,
Qui le cukier voloit desfendre.
Li chastelains, sans plus atendre,
Prent sa lance et point le ceval;
Et li sires de Longheval
Li revint poignant à l'encontre.
« Or verrés jà un dur encontre,
Dist la roïne, Dix le gart! »
Ele se tourne d'autre part,
Que n'a pas cuer del esgarder;
Mais Diex, qui bien le sot garder,
Les sauva, k'il ne se blecierent.
Andoi lour lances despecierent,
Outre passent et tost revienent.
De la tierce lance k'il tienent
A la roïne grant paour,

ROMAN DE HAM.

Souvent prie le Sauvéour
Qu'il les gart de mal et d'anui.
Que vous diroie-je? Andui
Ont jousté si bel et si bien
C'on ne les puet blasmer de rien.
Des tierces lances s'entre-paient
Si grans cox que poi s'en esmaient
Les dames qui pour eus priierent;
De si près vienent qu'il froiierent,
Outre passent sans blecéure.
Mesire Kex grant aléure
Vint à la roïne et li conte :
« Dame, dame, chist m'ont fait honte,
Et vous grignor qu'il n'ont à moi.
Vous savés bien que avoir doi
Le premiere jouste en vo court :
Ce soit en lance que chiens court,
Qu'il m'ont ore desireté.
Qui en diroit la verité,
Jousté ont deboinairement.
— « Mesire Kex, certainement
Vous eussiés mix commencié;
Le camp éussiés semencié
De vous et de vo compaingnon. »
— « Certes, dame, c'éusse mon,
Coi qu'il m'en déust avenir. »
— « Encore i porés bien venir,

Mesire Kex, s'u cuer vous maint. »
— « Vous en avés abatu maint,
Dient les dames par escar;
Quant la roïne entra u car,
Vous savés bien qu'il vous avint. »
Mesire Kex honteus devint,
Si laisse la parole à tant;
Et li Sours de Seuni batant
S'en vint sour un destrier couvert;
Et si vous di pour voir c'ouvert
Trouva les lices arriere,
Et ses compains en tel maniere
Fu d'autre part pour lui atendre.
Quanques cheval peurent destendre
Se vont entreferir d'eslais,
Des escus percierent les ais
Et les grans pelates d'acier;
Grans cox se vont entre-dacier.
Entre Mahiu de Wallaincourt,
Qui bien et bel le ceval court,
Et le Sourt de Seuni jousterent.
Mout volentiers le regarderent
Dames, puceles, qu'aspuïhes
Estoient lassus as puïhes.
Après vinrent doi baceler :
On ne doit nul bien fait celer,
Mais dire haut que cascuns l'oie;

Mais Envie la langue loie,
Qui en deçoit mainte personne;
Et li hiraus, s'on ne li donne,
Dist qu'il ne se puet acorder
A si volentiers recorder
Le bien fait que s'on li donnast;
Assés de tés en couronast
De qui il se taist et deporte,
Pour çou que du leur riens n'en porte.
Vendent la proueche tel gent?
Nenil, ne seroit bel ne gent;
Mais il tesmoignent les biens fais,
Quant on leur a les biaus dons fais,
En toutes cours plus volentiers.
Es-vous venu .ij. chevaliers
Devant les dames à leur reus;
De toutes maniere de gens
Furent volentiers regardé,
Qu'il estoient si bel armé
Et si monté que riens n'i faut.
Les dames deseur l'escafaut
Demanderent à ceus d'aval :
« Signeur, qui sont cil doi vassal? »
Gilles de Noevile en Artois,
Qui tous jours a esté courtois,
Respont as dames : « Li uns est
Fiex le droit signeur de Hangest. »

— « Li quès? » — « C'est cis eschekerés,
Dit vous ai ce que vous querés;
Sires en ert après son pere.
Et Jehans mesire de Clere
A à non cil qui à lui vient. »
Cil de Hangest sa lance tient,
Que on li a bonne baillie,
Grosse et quarée et bien taillie;
Mal baillis est s'il ne l'emploie.
Si s'estent que l'eskine ploie
Au destrier dessur coi il sist,
Riens qu'il éust ne li messit;
Et ses compains, que je mout prise,
A erramment sa lance prise :
Si muet li uns ancontre l'autre.
Cil de Hangest, lance sour fautre,
Li vient mout bien et mout à droit.
La roïne le regardoit
Et les dames quemunement.
Li eschekerés noblement
Li vient de près, et haut l'avise.
Que vous feroie lonc devise?
Toutes ses trois lances brisa,
Dont la roïne le prisa;
Pour çou qu'il a si bien jousté,
De la roïne en ot bon gré
Et de tous ceus qui le regardent.

Après keurent cil ki l'esgardent
Et lour escrient : « C'est bien fait ! »
Ès rens se metent sans lonc plait
Doi baceler de grant vallance;
Cascuns a cuevrechié u mance,
Qu'il sont bien disne de l'avoir.
Lour nons vous ferai assavoir,
Pour voir, se jou m'en entrepreng :
Boissés et Monnars de l'Aleng.
Andoi vienent si acesmé
Que mout des dames ont esmé,
U des damoiseles, ce jour,
Que li uns joustast pour s'amour :
Eles peurent bien voir quidier.
Lors véissiés ces rens widier,
Jens fourmiier de mainte part.
Cascuns de son renc se depart,
Et s'en vienent de grant randon :
Boissés mut tout à abandon
Qui boine amours li fait aiuwe;
Et Monars de riens ne l'eskieue,
Ains li vient tost et près et droit,
Que mainte dame l'esgardoit;
Mais d'une seule li souvient,
Et pense que il li covient
Faire çou c'au mestier afiert.
Bousset avise et si le fiert

Près de la gorge bien en haut;
Et Boissés mie ne refaut,
Ains li donne parmi les dens.
Li tronçon volent sour les jens
De lour lances qu'il font brisier.
« Tés bacelers doit-on prisier,
Dist la roïne, et je le pris :
De lor mestier sont bien apris. »
Lour .iij. lances ont si brisies
Que jamais ne seront prisies
Pour faire chevalier secours.
Drieu de Morlaines tout le cors
S'en vint sour .i. destrier morel,
Tous armés, l'escu en cantel;
Ne li faut riens fors que la lance;
Et li destriers sour lui se lance
Lués qu'il senti ses esperons.
Ensi comme nous esperons,
Guis de Nueville est d'autre part,
La lance ou puing, et se depart
De son renc canqu'il puet movoir;
Et me[sire] Drieus, tout pour voir,
Li va chevalereusement
Droit après et hardiement
Com cil qui ne le crient ne doute.
Si près li vient que la gent toute
Dient : « Jà les verrés cukier. »

Et qui à droit vaurroit jugier,
Mesire Guis li vient si bien
Et si droit qu'il n'i faloit rien;
Et quant ce vint à l'aloignier,
Nus d'eus n'i daigna resoignier,
Ains brisent andoi dusk'ès poins.
Outre s'en passe, en l'escu joins,
Mesire Drieus et tost revient;
De ses .iij. lances li avient
Si que toutes les emploia,
N'onques n'en caï ne ploia
Mesire Gis ne tant ne quant.
Ce tiemoignierent li auquant
C'ambedoi l'avoient bien fait.
Je vous dirai à peu de plait
Les joustes, que se [je] disoie
Que cascuns fist et devisoie,
Trop vous anuieroit, je croi.
Oiiés de mon signeur Gieffroy
De Clere, qui après jousta;
Mais à peu qu'il ne li cousta,
Que ses escus estoit malvais.
Mesire Willems de Biauvais
Li donna un cop si pesant
Qu'il ne volsist pour .i. besant
Que ses pelates fuissent hors,
Feru l'éust par mi le cors;

ROMAN DE HAM.

Et Mesire Giefrois le quiert
Haut en la teste, et si le fiert
Par mi la gorge qu'il brisa
Sa lance : dont mout le prisa
La roïne et sa compaignie,
Qui bonne est et bien ensignie.
Bien ont furni çou qu'il emprisent,
Tant que les dames les en prisent
Et dient qu'il ont fait biaus caus.
Mesire Quès li senescaus
Est armés desous l'escafaut,
Si tormentés que riens n'i faut,
Pour son compaignon qui ne vient;
Et, d'autre part, il doute et crient
Qu'il ne li soit à mal torné :
Un peu a son ceval torné,
Et voit son joustéour venir;
Onques ne se pot astenir
Mesire Quex, ains s'escria :
« Ore est venus qui aimera. »
Et ses compains mout bien l'entent,
Et voit et set que il l'atent
Et a longuement atendu,
Et bien a le mot entendu
Que mesire Kex li a dit;
Et les dames sans contredit
Ont monsigneur Qué escrié :

« Mesire Qué, se detrié
A detrié ore est venus,
Gardés que vos veus soit tenus,
Que déistes au commencier,
Que le camp feriés semencier
De vous et de vo compaignon;
Il n'est armés se pour vous non.
Or faites de vous le semence :
N'afiert pas que chevaliers menche
Devant dames de ce qu'emprent. »
Mesire Quex de duel esprent
Quant des dames ot tés ramprone :
« Pléust Dieu que desous le trosne,
Dist mesire Quex, n'éust fame
Qui langue éust! et male flame
Vous puist les vostres embraser,
Tant estes prestes de paller
Et de dire cose qui cuit ! »
— « Mesire Qué, ne vous anuit,
Dist li nains, qui mout fu rebors;
Les femmes ont du poil de l'ours :
Femmes dient que dire suelent,
Et en ce font que faire voelent;
Feme est li froumages buskex. »
Dont s'apaisa mesire Kex
Pour le nain, ki le dist si haut
Que les dames de l'escafaut

Et la roïne l'ont oï;
S'en a Quex son cuer esjoï,
C'or cuid-il estre bien vengiés.
« Nains, ki les dames laidengiés,
Ce dist Forteche, par mes ex!
Il ne vous en ert mie miex.
Mesire Quex dist son plaisir;
Si vous deveriés bien taisir,
Qu'il a tous jours sour nous ses cox. »
— « Gillart, vous n'estes pas si fox,
Dist Quex par mout grant aatine,
C'au gré ma dame la roïne
Ne diiés à vostre pooir;
Mais se vous poés lieu véoir,
Par ceste teste que je port,
Il i aroit peu de deport.
Chevaliers estes bons et preus;
Mais vous n'estes en cambre preus,
S'il i a cose qui vous haite.
Faus est qui contre vous i gaite :
Riens n'i vaut, ne gaie ne espie. »
— « Kex, vous ne me tiemoigniés mie,
A ces paroles que vous dites,
C'on me pregne avoec les erites :
J'aim les femmes, et c'est nature.
Et Dix envoit male aventure
Tous ciaus qui des femes mesdient,

Et bien aient cil qui en prient! »
A tant laissierent le tençon.
Mesire Kex prent un tronçon
Et va essaiier son ceval;
Li bons Aubers de Longueval
Li va presenter un destrier,
Se du sien ne se puet aidier;
Et mesire Kex l'en mercie
Et dist qu'il ne l' cangera mie,
Que bon le truevè, ce li sanle.
Toute li feste s'i assanle
Pour la jouste Kex esgarder.
Cil qui les rens durent garder
Les font si près del escafaut
Que les dames de là en haut
Poront véoir bien plainement
De chascun son contenement.
Du compaignon mesire Keu
Me plaist que je vous die un peu :
Chevaliers est et grans et fors,
Bien fais et de membre et de cors,
Preus et vaillans de grant vaillance;
Il est tous près et tient sa lance,
Dont il pense à faire biaus caus.
Mesire Quex li senescaus
Ne targe plus, ançois li muet
Quanques chevax porter le puet.

Jehans des Jestes ses compains
Ne s'est mie atargiés ne fains,
Ains li vient et bien et à droit.
Mesire Kex pense, s'a droit,
Qu'il ira plus près qu'il pora,
Ou il ou ses cevax morra,
A[ins] qu'il ne fache son pensé.
Andoi sont si bien apensé
Que lour doi pensé sont en un;
Et il i pert bien à cascun,
Qu'il vienent près et droit et tost;
Et ne sont mie si repost
Qu'il n'i ait plus de .iij. milliers
De dames et de chevaliers
Et d'autre gent qui les regardent.
« Jà chuqueront, s'il ne se gardent, »
Dient cil qui venir les voient.
De riens nule ne se desvoient.
Pour coi? pour çou que il ne daignent.
Des lances premerains s'ataignent
Et s'entre-donnent mout grans cox.
Mesire Kex li senescaus,
Pour les dames qui le moquierent,
Le quist de si priès qu'il cukierent;
Et fist un encontre si dur
Que les dames desour le mur
Quidierent bien qu'il fuissent mort,

Qu'il sont andoi et grant et fort.
De cors, de pis et de cheval
S'entr'encontrent li doi vassal
Et rompent poitral et estrier;
Mais nus ne wida le destrier,
Et ne pourquant si laidement
Chukierent que certainement
Quida-on qu'il fuissent crevé.
La roïne en a mout grevé,
Qui mout aime mon signeur Keu.
.I. chevalier vaillant et preu
Envoie pour savoir k'il font;
Mais lour gens remonté les ont
Cascun desseur .i. paleffroy,
Si n'en fu pas en tel effroi
La roïne comme devant.
Et mesire Kex vient avant,
S'a la roïne saluée.
Ele s'est contre li levée,
Car ele l'aimme et crient et doute :
« Où est, dist-il, ma dame Estoute
Qui m'a fait le camp semencier?
Se n'estoit hontes de tencier,
Je li diroie isnel le pas
Tel cose que ne dirai pas;
Et si dirai-ge ma goulée.
El ne fust hui si engoulée,

ROMAN DE HAM.

Si acesmée ne si cointe,
Roïne, s'ele n'éust acointe.
Ele m'a fait le sens mari. »
— « Sire, que c'est pour son mari,
Et si le devons-nous quidier. »
— « Si vous puist ore Dix aidier,
Roïne, que vous dites voir.
Se vous me faites esmouvoir,
Il ne vous en ert mie bel;
Dehait par mi le haterel
Qui plus d'une autre vous queroit :
Tele est droite, qui tost querroit
S'ele estoit asprement requise.
On ne vous puet faire service
Ne c'à Dieu, qui à gré vous viengne,
S'on ne s'i afole u mehaigne.
Voir di, par saint Piere l'apostre !
Que l'amour de Dieu à la vostre
Volés-vous, femmes, comparer.
Les hommes faites comparer,
Ançois qu'il aient vostre amor :
Que Dix vous doinst toutes mal jor ! »
Mesire Kex s'en part à tant;
Et li quens de Clermont batant
Des esperons ès rens se met,
Com cil qui mout bel s'entremet
Du mestier quant il l'entreprent.

A la roïne congié prent
Que par .iij. lances le retiengne
De sa maisnie, et c'à li viegne
Jouster un de ses chevaliers.
La roïne mout volentiers
Et mout liement le retient;
Mais ele doute mout et crient
Le peril, qu'il est mout haus hons.
Consillier va à ses barons
La roïne, si fait savoir :
« Quele jouste volra avoir
Cis riches hom, dites-le-moi?
Il est freres jermains le roy
Et veut estre par sa francise
De mon ostel ; en nule guise
Ne vaurroie que il éust
Joustéour qui li despléust :
Si vous pri à tous et requier
C'on li envoit tel chevalier
Dont il se tiegne à bien paiiés.
Or pensés tant que vous l'aiiés,
Pour Dieu, et vous en avisés. »
— « Dame, il est pieça devisés,
Dist li sires de Longheval ;
Faites querre amont et aval
Entre tous ceus de vostre ostel ;
N'en trouverés nul si tel

ROMAN DE HAM.

Com le signeur de Basentin.
Je vous di voir, par saint Quentin!
Il n'a plus preu en vostre court.
Or le mandés, à quoi qu'il tourt. »
Il fu mandés, et il i vient
Tous pres[t] de quanque il li convient;
Et la roïne li commande,
Que par nul autre ne le mande,
Qu'encontre le frere le roy,
Voist jouster, et de tout desroi
Se gart, que ele li em prie.
Huars l'entent, mout l'en mercie
Et fait tout son commandement.
Lour lances prendent erramment
Et muevent sans plus delaiier.
Durement oïssiés criier
Mongoie! au conte de Clermont.
Les .iiij. piés met en un mont
Li destriers seur coi il venoit.
Sa lance et son escu tenoit
Mout noblement et mout à point;
Et Huars en l'escu se joint,
Et voit le conte qui li vient :
Amours, de qui il li souvient,
Escrie et Montauban mout haut.
Al alongier nus d'eus ne faut,
Ains brisent andoi dusk'ès poins.

Cascuns passe outre, en l'escu joins,
Et sont à lour rens retourné.
Il sanloit qu'ensi fuissent né,
Si estoient-il noble et bel.
Cascuns tint l'escu en quantel,
Et s'esmuevent sans plus atendre;
Quanque cheval pueent destendre
Se vont grans cox entre-paiier,
Mout durement font esmaiier
Lour gens à la lance seconde.
Mangouniaus ne piere ne fonde
Ne descoche plus radement
Qu'il venoient, certainement,
Au tiemoing de chiaus qui i furent.
Les tierces lances si coururent
Et de si près et de si droit
Que, se li renc fuissent estroit,
Li cheval fuissent encontré;
Mais la roïne avoit mandé
Ses chevaliers qu'il ne chucaissent,
Et de celui plus se gardaissent,
Qu'il ne li fesissent desroi,
Pour çou qu'il est freres le roi;
Et il venoit si radement
Et si chevalereusement
Que tous li mondes l'en prisa.
Toutes ses .iij. lances brisa

Seur le signeur de Basentin.
Des lances maint felon tatin
I ot departi et douné.
Ensi que [je] vous ai conté,
Entra ens li quens de Clermont;
Seur les escafaus là amont,
O la roïne en va séoir
Et dist bien que, s'il puet véoir
Se cil qui sont venu de hors
Voelent grever par lour effors
Ne la roïne ne sa gent,
Il ne lour ert ne bel ne gent;
Ains joustera, à quoi qu'il tourt.
Es-vous un hiraut qui acourt
Et escrie : « Wuidiés les rens ! »
Regardés fu de maintes jens
Uns chevaliers, c'on nomme ensi :
Mesire Wistasse de Sisi.
Cis jousta encontre Ridel;
Un mot en dist courtois et bel
Mesire Gilles à sen fil :
« Ridel, Dix vous gart de peril
Entre ti et ton compaignon!
Il est preus et de grant renon;
Et saces tout certainement
Que pour .C.M. mars d'argent
Ne li torras du renc plain pié. »

Cascuns tint l'escu embracié,
Et s'entre-vienent sans faintise.
Cil de Sisi sa lance brise,
Desous le gorge l'assena;
Et Ridiaus tel cop li donna
Que sa lance froisse et esmie.
Longuement n'atargierent mie,
Ains revient cascuns à son droit
Mou[t] cointement et mout à droit;
Des autres lances s'entre-quierent
Hantes, hiaumes, et s'entre-fierent
Mout grans cox et mout mervilleus :
« C'est là uns jus mout perilleus,
Dist uns vilains qui les regarde :
D'ex et des autres soit Dix garde! »
Des tierces lances véissiés,
Se garde vous en préissiés,
Qu'il les portoient droit as iex ;
Mais une tel faute vaut miex
Que de ferir bas et brisier :
Qui bien fait, on le doit prisier.
Ridiaus ses .iij. lances brisa,
Dont la roïne le prisa;
Et cil de Sisi le fist bien,
Nus ne l'en doit blasmer de rien.
Cil vint après, que je le vi,
Li bons Robers de Montigni

Encontre Guillaume d'Aunoi;
Cil ne vinrent pas par daunoi,
Ains s'en vindrent par grant effors;
De chevax, de pis et de cors
S'entr'encontrerent li vassal.
Saciés de voir qu'il me fist mal
Quant je vi l'encontre si dur.
Les dames de dessus le mur
Quidierent qu'il fuissent crevé :
Si leur en a forment pesé,
Que la jouste fu dure et fors.
On quida bien qu'il fuissent mors,
S'en eurent aucune gens duel.
Mesire Engherrans de Bailluel
Se met ès rens, plus noirs que fer;
Ce sanloit li maistres d'infer
Ensi comme fu aournés;
Contre lui vient bien atournés
Li bons Pierars de Fonconcourt;
Mais ses chevax, qui bien li court,
Ne l'osa onques aprocier,
Tant le séust poindre et brocier;
Et si metoit tout son pooir,
Si que bien le porent véoir
Tout cil qui estoient entour.
Lors jura que si fait atour
N'aroit jamais jour de sa vie

Mesire Engherrans, qui envie
A de bien faire en tous bons liex;
Et si croi-je, si m'aït Dix,
Qu'il fu fix du plus cortois homme
Qui fust entre Londres et Romme.
Mout de gens le tienent à preu;
Sires fu de Tou[r]s en Vimeu,
Et en Escoche ot-il grant terre :
Bons pour tournoi et bons pour guerre
Fu mesires Wistasses de Tours.
Acesmés de très biaus atours,
Vindrent après dui baceler;
Lour non ne font mie à celer :
Li uns ot non Driex du Plaissié;
Ne vint mie le col baissié,
Encor l'ait-il petit et court.
Cil qui sire est de Hamalaincort,
Qui contre lui sanle gaiant,
De son renc se part à itant;
Hamelaincourt ! dist quanqu'il puet;
Et mesire Driex li remuet
Quanqu'il puet traire du destrier.
Andoi vienent sans espargnier;
De cors, de cevax et de pis
S'entr'encontrent : si en fu pis
Lor cevax, et si les greverent
Que onques puis ne releverent;

Li monsigneur Drieu fu frois mors.
Nus des chevaliers de sen cors
Ne fu ne bleciés ne malmis :
Joie fu à tous ses amis.
Cil doi jousterent bien et fort;
S'on ne les prise, c'est à tort.
Après vint Driues de Praiiaus,
Chevaliers vigreus et loiaus,
Montés seur .i. très bel cheval;
Mesire Robers d'Oineval
Mut contre lui, sans plus atendre.
Quanque cheval peurent destendre
Se vont grans cox entre-ferir,
Et si fu par mout grant aïr;
Outre passent et puis recuevrent,
De lor escus si bien se cuevrent
Que li uns ne fist l'autre grief.
Aigres, qui bien en vient à cief,
Jousta à Huon de Coufflans;
Aigres ne l' queroit mie ès flans,
Mais en la teste ou en la gorge;
Et li autres crioit saint Jorge!
Quanqu'il pooit à haute alaine.
Aigres, qui bien le ceval maine,
Li venoit tousjors rés à rés
Ou de la gorge ou de son nés :
Onques plus bas ne l'assena;

Et cil de Coufflans se pena
De bien jouster al mix qu'il pot;
Se fist tant que bon gré en ot.
Li Aigres si bien le maintint,
De ses .iij. lances ne retint
C'une entière, ain[s] les brisa totes.
Es rens se met par mi les routes
Mesire de Ghines li quens,
Certes, qui est vaillans et buens
Et mout a amé le mestier.
On li envoie .i. chevalier
De son aaige, bon et preu
(Li rois ne fait mie sen preu,
Qui desfent l'aler au tournoi).
Pour voir vous di en boine foi,
Biaus cox fiert de l'espée et donne.
Mesire Symons de Beronne,
Bacelers très bien enteciés,
Vers le conte s'est adreciés,
Montés sour un destrier morel;
Et li cuens li vient bien et bel,
Tout escriant: « Amours, amors! »
Je ne sai homme de ses mours
Qui mix face son avenant,
Qu'il sont andoi si avenant
Et si keurent bien leur chevaux
Que cascuns fist comme vassax;

Et ont de lor lances brisies
Tant que leur joustes sont prisies
De mout de jent, si com moi saule.
Tantost vinrent jouster ensanle
Doi baceler de bon renon :
Guillaumes a li uns à non
De Blosevile; et ses compains,
Qui de venir droit ne se faint,
A à non Jehans de Jumeles :
De ses .iij. lances fist asteles,
Qu'il est vigreus et volentieus
Et à tous biens faire ententieus.
Mesires Wautiers de Sorel
Seur .i. mout bel destrier morel
Moet contre Pieron de Bailluel;
Mais, puis que je geu en mailluel,
Ne vi chevalier mix venant.
Bien fist cascuns son avenant,
Qu'il brisierent bien et à point.
Dagras de Bourc se plante et joint
En l'escu, qu'il jousta après;
Mais ses compains li vint si près,
Que peu fali qu'il ne chuca.
Pieres de Molaines ala
Bien et chevalereusement
Tost et près et hardiement,
Que Sollars ses oncles estoit

Près de li, qui l'amonestoit;
Et il en fist bien çou qu'il dut :
Grant cop donna et grant reçut,
Et brisa deus lances u trois;
De lonc pot-on oïr l'escrois
Des grans cox k'il donna Dagart.
Pierars en fist bone sa part.
Li sires de Monmorenchi
Vint après ceste jouste-chi
Contre le signeur de Moroel;
Mais je ne vi onques de l'uel
Chevalier plus à droit venir.
Tex cox se vont entre-ferir
De lour lances seur les blasons
Que de lour lances font tronçons
De la premiere et puis de l'autre;
S'en vint laiens lance sur fautre
Quanqu'il puet du cheval sacier.
Qui véist l'escu embrachier
Monsigneur Bernart de Morel,
Si me doinst Dix çou que je voel,
Il li déust bien souvenir,
Qui l'esgardast en son venir.
Cist vient chevalereusement
Où tout abandonnéement
Venoit de cors et de cheval.
N'aloit mie querant aval

Son compaignon ; mais tous jors haut :
Trois lances brise, riens n'i faut.
Il le fist bien, si com moi sanle.
Après eus jousterent ensanle
Mesire Guis de Saleri,
Cil de Maignelers contre li,
Qui a non mesire Raous ;
Il ne poroit estre saous
De faire honour et courtoisie.
Ses trois lances a emploïes
Et bien et bel, je le tiemoins,
Qu'il les brisa duskes ès poins ;
Et ses compains ne fali pas.
Après s'en vint enesle pas
Cil c'on nomme Mahieu de Trie,
Courant, que plus ne se detrie,
Contre Renaut de Mont-Alban.
Il n'en ot mie trois au Han,
Mien escient, plus biaus de lui.
Il estoient mout bel andui ;
Et Basins est jones et grans
Et est de tous biens faire engrans ;
Il est grans et s'est biaus et fors,
Bien fais de membres et de cors,
Blans et vermax est-il assés,
Les cheviaus blons recercelés,
Et s'a les iex vairs et rians,

D'eures en autre fourmians,
Biau front, biau nés et bele bouche.
Cele qui est plaisans et douce,
Nature, n'i oublia rien ;
Et Proueche, je vous di bien,
L'a retenu de son hostel :
De chou li porte bien lox tel
Que jà en cambre ni en sale
Parole ne bonne ne male
Ne vous dira, s'on ne l'araine.
Lance ot de sap, non pas de fraisne ;
Et vint contre Mahieu de Trie.
« Montauban ! » hautement escrie,
Et Mahieus crie : « Dant-Martin ! »
Basins li donne tel tatin
C'a peu que tout ne l'estona,
Et ses compains li redonna
En la pane de l'escu haut.
De lour .vj. lances nus ne faut :
Dont mout de gent sont mervillié
Que cil qui se sont travillié
Et sont tenu preu et vaillant
Aloient plus souvent faillant
Que li jone homme et li novel.
Un mot en dist et bon et bel
Mesire Gilles de Roisi.
Basins jousta à lui aussi

A Saint-Sepurcre en Alemaigne ;
Mais voiant toute le compaingne
Basins si grant cop li donna
Que seur le cheval l'enversa,
Et s'est-il vaillans chevaliers.
« A foi ! honnis soit cis mestiers,
Dist mesire Gilles adonques,
Que cil qui riens n'en firent onques
Sont vaillant dès le premier jor :
En cest mestier n'a point d'onnour. »
Bien fist Basins son avenant.
A tant ès-vous esperonant
.Ij. chevaliers qui jouster voellent
Si com li autre jouster suelent ;
Met chascuns la lance sur fautre,
Et muet li uns encontre l'autre.
Muis d'Avaine ot li uns à non,
Pieres de la Male-Maison
Ert nommés cil qui à lui vint,
. . . .
Se li vient au plus droit qu'il puet ;
Et li autres, dès çou qu'il muet,
S'apense qu'il le fer[r]a haut.
A l'assauler nus d'eus ne faut,
Ains ont brisié bien **et à point.**
Cascuns passe outre **et tost rapoint**,
Et sont delivré bien et bel.

Durement crient li hirel :
« Hiencourt li chevalereus !
De chevaliers vaillans et preus
Muis d'Avaine a esté estrais.
Gar que de toi ne soit retrais
Ne vilains fais ne vilaine evre ! »
L'escu embrace et si s'en cuevre
Et met en aventure tout,
Et ses compains sans nul redout
Li revient mout hardiement.
S'il éust cheval à talent,
Mais il estoit un peu eskieus.
Et Mui[s] d'Avaine vers les iex
Au plus droit que il puet l'avise.
Que vous feroie lonc devise ?
Il se sont noblement passé ;
N'i a celui qui n'ait quassé
Hiaume u escu ains qu'il s'en tourt.
A tant ès-vous de Maiencourt
Le Foisseu qui ès rens se lance ;
Ains c'on li ait baillié sa lance,
Fu ses jousteres d'autre part.
Je quic c'on le nomme Pierart
De Cenevieres, c'est ses nons.
Andoi frapent des esperons
Quanques ceval puent aler ;
Grans cox se vont entre-donner,

ROMAN DE HAM.

Lor lances brisent et revienent;
Des autres lances que il tienent
Font tronçons, asteles et clices.
Les dames qui sont sour les lices
Regardent le Fosseu venir,
Qui moult bel se seut contenir
Et de la lance et de l'escu;
Son compaignon a si feru
De la lance sour son blason,
Ne li demoura c'un tronçon
De sa lance, et de l'autre après
Se sont entre-venu si près
C'andoi ont dusk'ès poins bri[si]é.
Le Fosseu en ont mout prisié
Les dames qui erent lassus,
Que très par mi les fors escus
En sont andoi entre-blechié.
Après sont as rens adrecié
Doi, ki bien fisent la besoigne :
Mesire Jehans de Couloigne
Et mesire Mahieus de Ver,
Voir vous dirai à l'autre ver,
Il jousterent et bien et fort.
Or me plaist que je vous recort
D'une jouste mout mervilleuse,
Qui moult fu dure et perilleuse;
Li uns ot non, que je bien sai,

20

Bauduins de Saint-Nicolai,
Et li autres Flamens de Mons :
Ce fu cil qui jeta par mons
Son compaignon et son ceval,
De caup de lance tout aval
L'abati devant la roïne ;
·Et li vilain de pute orine
E[n]trent ou renc pour ex véoir.
Monsigneur Flamenc font caoir
Lui et son cheval sans deport,
Que pour .i. peu que il n'a mort
Un sien varlet et mehaignié,
Peu ont li vilain gaaignié.
Qui l'ont abatu sans raison :
Pour çou vous di-ge que nus hom
Ne doit emprendre tel mestier,
S'il n'est montés sur bon destrier :
C'on est lués du feble abatu.
Lors se sont ès rens embatu
Doi baceler que nommer voel :
Mesires Jehans de Moroel
Et Mahieus de Monmorenchi ;
Cil jousterent, que je le vi,
Mout cointement et mout à droit.
Mesire Jehans li venoit
Tout aussi comme à souhaidier ;
Ne quic qu'il éust chevalier

ROMAN DE HAM.

A Hem si jone mix joustant.
A tant ès-vous espouronnant
Monsigneur Pieron de Wailli,
Qui n'a mie à bonté failli,
Ains est du cors bons et vigreus;
De son aaige est-il mout preus.
Qui à lui jousta au matin?
Ce fu Jehans de Saint-Martin;
Bien jousterent, si com moi sanle.
Après vint li sires de Chanle,
Bien acesmés de biaus adous :
« Certes, cis est et biaus et dous, »
Dist une dame qui fu haut.
Ses rens fu près de l'escafaut
Mout plus que le jet d'une piere;
Et mesire Jehans de Piere
Part de son renc et mut à li.
Or se tenra bien pour fali
Jehans de Chanle, s'il ne brise.
Quant il ot que dame le prise,
De son rench se part tout huant :
Amours, amours! va escriant.
Et ses compains plus n'i demeure;
Trois lances brise en petit d'eure
Jehans de Canle, et puis s'en part.
Mesire Nicoles Donchart
Et Jehans de Fenieres muevent;

Nule si fort lance ne truevent
Qu'il ne froissent tout et esmient,
Si ke néis les dames dient :
« Cil de Fenieres l'a bien fait. »
Doi autre muevent sans lonc plait,
C'ainc n'i ot noise ne tençon :
C'est Nicoles de Barbençon;
Et Jehans d'Icre, qui mout bel
Porte son escu en cantel
Et moet contre son joustéour.
Li auquant eurent grant paour,
Pour çou que cascuns vint si droit,
Qu'il ne cukaissent; car estroit
Ert li rens là où il couroient.
De si près vinrent que il froient,
Lour lances brisent et astelent,
Et des grans cox lour estincelent
Par fine destrece li oel.
Mesire Robers de Moroel
Vient contre Jehan de Carrois;
Bien acesmés de biaus arrois
Vint jouster mesire Robers.
Se la gorgiere et li haubers
N'éust son compaignon tensé,
Il li éust, je cuic, passé
Par mi le gorge fer et fust,
Que jà arrestés ne li fust.

Mesire Robers se maintint
Moult bien, et après lui en vint
Li bons castelains de Biamés :
Je pens et croi qu'il fust amés,
Ou de damoisele ou de dame,
A cel jour, se il n'éust fame,
Qu'il estoit montés bien et haut.
Les dames deseur l'escafaut
Dient qu'il est mout biaus en armes.
Il prent l'escu par les enarmes
Et muet contre Gerart de Canle,
Qui sour son hiaume ot, che me sanle,
Oisiaus vis en une gaiole.
Lanche roide, ne mie mole,
Ot cascuns mise en son goucet.
Li uns et li autres s'esmet
Quanque ceval pueent porter;
Grans cox se vont entre-donner,
Que lour .vj. lances sont froissies.
Les dames qui sont apuies
O la roïne, dient bien
Qu'en ceste jouste ne faut rien;
Bien vienent si com venir doivent.
Cil qui en armes se perçoivent
Dient et tiemoignent ensanle
Que mesire Gerars de Chanle
Est bacelers de bon afaire,

Et si ne me doi-ge pas taire
Que Gillars de Nuevile dist
Que li castelains, se il vit,
Ne puet falir qu'il ne soit preus.
Après ceus en revienent deus
Qui bien coururent lour .iij. lances :
L'un connuc par ses connissances
Qu'il fu fix le conte de Ghines;
Pour voir temoing que il est disnes
De porter mance u cuevrechief;
Il jousta, se vint bien à chief,
Contre le seigneur d'Aveluis.
Es lices entra par mi l'uis
Mesire Amaurris de Saint-Cler
Contre un angle riant et cler,
Qui portoit l'escu Nevelon
Qui de Molains a le surnon.
Li angles venoit noblement
Tost et près et hardiement ;
Et ses trois lances emploia
Si c'onques lance n'en ploia.
Après vint une jouste dure
De Lunés et de le Couture,
Et sont andui nommé Jehan ;
Mais cascuns ot si grant ahan
Des grans cox qu'il s'entre-donerent
C'a peu qu'il ne s'entr'estonerent;

Moult longhement lor en fu pis.
De chevax, de cors et de pis
Vint cil de Luners assanler,
Si k'il vous péust bien sanler
Qu'il ne doutast vie ne membre
(Si me souvient-il bien et membre
D'un bon enfant de le Couture),
Vie et membres, cors et cheval.
Si eskieut Dix men cors de mal,
La jouste fu bele à véir ;
Mais ele fu dure à sentir.
Aimers de Noevile errant
S'en vint sur un destrier corant
Contre monsigneur Engherran
De Bailluel, qui jousta au Han
Primes an guise d'un malfé.
Andoi vienent plus escauffé
Que doi lyon u doi lupart;
Cascuns en fist bonne sa part.
Mesire Guis de Tor de Mence
Jousta après, que je n'en mence,
De fors lances, grans et plenieres.
Gilles ot non de Cenevieres
Ses jousteres et ses compains.
Mesire Girars de Moilains
Et Jehans de Meles jousterent,
Qui mout grans cox s'entre-donerent.

Ensi que la roïne estoit
Es eskafaus et regardoit
Les bons joustéours et les fors,
Si voit venir par de defors
.Iiij. puceles d'un sanlant;
Lour palefroi furent amblant;
Et sont si bien faites de taille,
Je ne quic mie que j'en faille,
Qu'ainc plus beles veïst nus hom.
D'un sanlant et d'une façon
Sont vestues au fuer d'esté;
Blans cainses bien menu ridé
Ont vestu, qui bien lour avienent.
Devant le chevalier s'en vienent
Qui du castel les delivra,
Et toutes .iiij. lour livra
Gros fremaus et grosses afiques.
Arrestés est dehors les liches
Li chevaliers qui les amaine;
Ma damoisele Sueffre-Paine
A apielée, et ele i vient;
Et ot vestu, bien m'en souvient,
Une cape d'un cuevrechief :
Gros ot envolepé son cief;
Ganne ert et noire et de grant taille.
Mesire une lettre li baille
Seelées d'un miréour,

ROMAN DE HAM.

Et dist : « Vous irés sans demour
A la roïne, qui là haut
Est assise en cel eskafaut.
Bien la connisterés seur toutes,
Ains que soiiés outre les routes.
Se mesire Kex vous perçoit,
A la roïne trestout droit
Vous merra pour vous escarnir;
Mais de tant vous voel-jou garnir
Que ne respondés tant ne quant. »
Sueffre-Paine s'en part à tant
Et vient à la roïne droit;
Et mesire Kex orendroit
Estoit venus au chevalier,
C'on desarmoit sur son destrier,
Si avoit-il grant cop reçut.
Cil qui premerains se perçut
De Sueffre-Paine, ce fu Quès;
Encontre li s'en est alés,
Et dist : « Bien veigniés-vous, pucele.
Or me dites, estes-vous cele
Pour qui tant chevalier sont mort?
Par ceste teste que je port!
Vous n'en r'irés pas sans ami,
Se vous volés entendre à mi,
Que vos grans biauté me deçoit. »
La damoisele s'aperçoit

Que Kex le moke, si se taist;
Près de la roïne se traist,
Si l'a hautement saluée;
Et la roïne s'est levée,
Qui mout est bonne et honerable :
« Dame, vés-ci le bonne Orable
Qui une lettre vous aporte;
Puisqu'ele entra dedens le porte,
Le m'a-on hapée trois fois
Pour sa biauté. » — « Taisiés-vous cois,
Mesire Quès, dist la roïne :
Tant estes de male doctrine
Que tous li mondes vous ressoingue;
Mais il est drois qu'e[s]pine poingne
Et que male langue parole.
Il n'est nus qui jamais vous tole
Vostre usage, que si est vieus.
De castiier cat qui est vieus
Ne puet nus hom venir à cief. »
La damoisele de rechief
Commence son message à dire,
Et dist : « Roïne, faites lire
Ceste lettre que je vous baille,
Que il convient que tost m'en aille. »
La roïne prent en sa main
La lettre et huce .i. capelain,
Qui li devise mot à mot;

Et lués que la roïne l'ot
Que li Chevaliers au lyon
Li proie qu'en tout guerredon
Le retiegne de sa maisnie,
S'en est la roïne si lie
Qu'ele ne set que devenir :
« Damoisele, faites venir
Vostre signeur, que Dix honnourt! »
— « Dame, saus les drois de no court,
Est mesire à vous demourés. »
— « Dame Dix en soit auourés,
Dist la roïne, qui le gart! »
A tant la pucele s'en part,
A son signeur vient, si li conte :
« Sire, là sont et duc et conte
Là ù vous m'avés envoiie.
D'un chevalier fui convoiie
Dusk'à ma dame la roïne.
Ne sai se ce fu par haïne ;
Mais il me requist de m'amour.
La roïne, pour soie honnour,
Se dreça lués qu'ele me vit ;
Quant ele ot entendu l'escrit,
Sire, que je li aportai,
De la joie me confortai
Qu'ele fist de vostre venue.
Vous et vo gent est retenue,

Se vous estiés .iiij. milliers.
Joustes .iiij. de chevaliers
Mout felenesses et mout fort,
Cevax et espaulés et mors
I vi par mi ces rens jesir.
La roïne n'a nul desir
Si grant comme de vous véoir. »
Son lyon commande à mouvoir
Li chevaliers et ses puceles.
.Ij. et deus s'en vont, comme celes
Qui plus bel cantent que seraine.
Après le lyon, qui les maine,
Vienent les puceles à court.
Tous li mondes encontre court;
Il i a trompes et taburs.
Es lices entrent par mi l'uis,
Si ordené que riens n'i faut.
Les dames deseur l'escafaut
Voient le vassal au lyon,
El ne regardent se lui non
Et son lyon et ses puceles;
Et de teles armes comme eles
Fu li chevaliers adoubés.
Devens les lices est entrés
Prest de jouster, ne li faut riens.
« Par le cief saint Jehan d'Amiens!
Dist Fortereee, cis est vassaus;

Et, si puisse-jou estre saus,
Je ne vi onques de mes iex
Nul homme qui resanlast mix
Monsigneur le conte d'Artois. »
A l'uis des lices se tient cois
Et atent tant c'on li envoie
Un joustéour, s'en a grant joie,
Pour çou c'o les dames ira
Tantost que jousté avera :
Autrement n'i puet entrer nus
S'il n'a jousté, mais que li dus
De Locraine seulement;
Cil vint dès le commencement,
Ançois que il éust jousté.
Li chevaliers a tant esté
A l'uis des lices contreval
Que li sires de Longheval
Se met ès rens de l'autre part;
Et li escrie qu'il se gart,
Au plus hautement que il puet.
Li Chevaliers au lyon muet
Quanqu'il puet traire du destrier.
Amours! commence à escrier
Mesire Aubers de Longueval.
Or les gart Dix andeus de mal,
Qu'il vienent près et tost et droit,
Et li renc sont auques estroit!

Bien le sevent et bien le voient,
Et en courant les dames oient,
Qui pour aus prient doucement.
Bien et chevalereusement
Vient li Chevaliers au lyon :
Tel cop donne son compaignon
Que sa lance froisse et esmie.
Li bons Aubers ne se faint mie,
Ains li donne tel cop et paie
Que ses lyons forment s'esmaie
Pour çou qu'il oï tel effrois.
« Et Dix aïde ! sainte crois !
Dist la roïne à cex d'entour,
Jetés-nous à honeur du jour :
Ci a joust[e] pesant et dure. »
Sour leur palefroi l'ambléure
Vont après les .iiij. puceles,
Qui tant par sont plaisans et beles ;
Cascuns volentiers les regarde.
Le signeur qui les a en garde
Ramainent à son renc arriere
Et le servent en tel maniere
Tant qu'il a ses lances courues :
« Sire, qui nous as secourues
De tristeces et de dolour,
Quant fait nous avés tele onnour
Que vous nous avés amenées

En la court où nous fumes nées,
Mout en est vostre pris créus.
Se mes conseus estoit créus,
Dist Cardonale, vous iriés
A ma dame et nous i merriés :
Dès ore estes de sa maisnie. »
— « Ce conseil ne refus-je mie,
Dist li quens d'Artois; alon-m'ent. »
Il descendi isnelement
Et fist le[s] pucele[s] descendre ;
Se 's enmaine, sans plus atendre,
A la roïne, qui fu haut
Montée deseur l'escafaut.
Il le salue comme sages,
Et li dist : « Dame, vos messages
Vous amaine vos chevaliers,
Com cil qui feroit volentiers
Cose qui vous venist en gré.
Si comme vous me veés armé,
Dame, à vous servir me present. »
— « Sire, .v.ᶜ mercis vous rent
De l'ounour que faite m'avés.
Ore alés, si vous desarmés
Et revenés o nous séoir;
Si porés les joustes véoir,
Que j'ai mout à vous à parler.
Et s'il vous plaist o vous mener

Ces puceles, eles iront
Et volentiers vous serviront,
Que vous l'avés bien desservi.
Tout cil puissent estre asservi
Qui mes puceles ont fait grief!
Par les ex qui sont en mon cief!
Ele ont éu bonne prison,
N'il n'i a nule mesproison.
Li chevaliers qui les retint,
Bele aventure li avint
De cele compaignie avoir.
Or vous ai conté tout le voir;
Mais il fu ançois desarmés;
Si n'en doit pas estre blasmés
Li chevaliers, dist la roïne :
Il ne le fist pas pour haïne
C'à moi éust ne pour despit.
Or metons ceste œvre en respit,
Si saçons que ce puet là estre. »
Par devers les tentes à destre
Voient en air une capele,
Qui à merveilles estoit bele,
Et venoit en air vers les tentes.
Pluisour metoient lor ententes
A adeviner que c'estoit,
Et c'estoit li dus qui venoit
En tel maniere emprisonés.

ROMAN DE HAM.

Li qués dus? or le me nommés.
C'estoit li dus de Loeraine,
Qui ne pooit en nule paine
Estre hors de cele prison,
Se par .iiij. puceles non;
En cel maniere i estoit mis.
Tant s'est de venir entremis
Qu'il est en lices embatus;
Et là endroit fust abatus
Ses pavillons par les puceles
La roïne, qui mout sont beles;
Et fu armés mout richement:
Ses couvretures purement
Et sa chote et ses .ij. bracieres
Furent, ç'oï dire, plus cieres
De .v^c. livres de tournois.
Il éust fait mout que courtois
S'il éust cele povre gent
Donné aucun commencement;
Donné li fust à grant honour.
On li envoie .i. joustéour,
Bon baceler et de grant pris,
Sage, courtois et bien apris
Et loiaus et bien enteciés.
Il est drois que son non saciés:
C'est li bons Wautiers de Foulloi.
Je vous di bien en boine foi

Qu'il est plus preus que je ne di.
Mesire Wautiers atendi
Le duc tant qu'il fu atournés;
Et li jours estoit ajournés
Si biaus que Dix l'avoit ou prendre.
Quant mesire Wautiers vit prendre
Le duc sa lance et son escu,
Si n'a lores plus atendu;
Ains prent çou qui li a mestier
Et point des esperons d'achier
Contre le duc, qui bien li vient.
Li bons Wautiers sa lance tient
Grosse et roide, et si en avise
Le duc que il le froisse et brise;
Outre s'en va et puis revient.
De l'autre lance li avient
Si qu'il le brise dusk'a[s] puins;
Et li dus est en l'escu joins
Et fiert le signeur de Foillois :
Tel cop li donne que par poi
Qu'il ne li fist desaourer.
Wautiers en doit Dieu aourer,
Qu'il ne se mut ne cancela.
De l'autre lance l'assena
Mesire Wautiers en l'escu,
Si qu'il s'en a mout peu falu
Qu'il ne li a fraint et perchié.

Ambedoi ont tout depechié
Le bos c'on leur mist entre mains.
Il m'en convient passer à mains
Du duc, pour çou que riens ne mist
A le feste, et dedens se mist
Le premier jour c'on i jousta;
Mais je croi bien qu'il l'oublia,
Car il est larges et courtois.
Li quens de Clermont et d'Artois
I donna cascuns .ij.^{c} livres
Ciaus de le feste tous delivres :
Ce fu courtoisie et honnour.
Es rens se metent sans demour
Doi baceler de bon renon :
Raous d'Estrées a à non
Li uns, est fix le marissal
De France, que Dix gart de mal !
Et li autres a non Wautiers
De Halin, si est chevaliers
Bons et vaillans, de grant afaire.
Quanqu'il pueent de chevax traire
Se vont grans cox entre-donner.
Cascuns sot si bien assener
Que je ne sai auquel atendre.
Quanques cheval poeent destendre
S'en revienent doi d'autre part,
Qui en fisent boñe leur part :

Ce fu Mahieus de Waulaincourt,
Qui à Mahieu de Waudricourt
Donna tel cop en mi le pis
Qu'il li en fu longuement pis.
Ce cop virent plus de .v. cens.
Es lices ot assés de gens
Qui cuidierent qu'il fust crevés;
Et, comment que il fust grevés,
Sa lance brisa duskes u puing.
La roïne le vit de loing
Qu'il ert pasmés sour son ceval,
Si li en fist mervelles mal;
Mais ensi le doit li mestiers.
Adonc véissiés chevaliers
Jouster à .v. rens u à .vj.
Sour un très bel destrier assis
S'en vint Jehans de Castenai :
Ce poise moi c'autretel n'ai
A toute la cornue sele.
Mesire Guillaumes Donsele
Muet des esperons contre li.
Andoi brisierent, je le vi,
La tierce lance et la seconde.
Une pucele bele et blonde
Devant le roïne s'en vint,
Et chevauçoit, bien m'en souvint,
Un blanc roncin magre, sans sele;

Et vous di c'une damoisele,
Qui mout estoit et bele et blance,
Portoit à sen col une lance
Et une espée d'autre part;
Et uns nains fel, de pute part,
Aloit derrier lui chevauçant
Sour .i. maigre roncin bauçant,
Qui la feroit à cascun pas
U ès espaules u ès bras
D'une corgie de neus plaine.
Ses amis si vielment le maine
Et pour itant la despisa,
Pour çou, sans plus, qu'ele prisa
Les bons chevaliers la roïne.
Li malvais nains onques ne fine
De li ferir et laidengier.
Ensi siuoit le chevalier
La pucele que je vous conte;
Et, pour li faire plus de honte,
Oïssiés escrier le nain :
« Alés avant, dame putain,
Orde ribaude, orde loudiere! »
Ne passe pas qu'il ne le fiere,
Et ele pleure et crie et brait;
Nus ne l'ot qui pitié n'en ait :
Tous li mons entour aus s'amasse.
Li amis le pucele passe

Devant ma dame la roïne,
Si ne le salue n'enclyne;
Si est armés de hiaume u cief;
Et la pucele son mescief
Sueffre et endure mout corecie.
De duel mener s'est enforcie,
Tant que la roïne l'entent;
Et la roïne son cief tent
Hors as fenestres et esgarde
Le nain malvais, qui mal fu arde!
Ke la pucele bat et fiert;
Et la roïne li enquiert
Son affaire, et ele li conte :
« Ha, dame! toute ceste honte
Ai-ge pour vous et cest anui.
Il a .xij. semaines hui
Que mes amis ert à l'ostel;
Si parloit-on et d'un et d'el,
Tant c'on parloit de chevaliers;
Et dist qu'il saroit volentiers
Se vo chevalier sont si preu
C'on dist en je ne sai quant lieu;
Et je li dis qu'en tout le monde,
Si comme il dure à la reonde,
Ne poroit-on millours trover,
S'il savoient où esprouver;
S'ot de ce mot si grant despit

C'ainc ne me volt donner respit
Tant c'on éust mise ma sele.
Onques mais nule damoiselle
Ne fu menée à tel vieuté.
Roïne, aiiés de moi pité,
Qu'il a juré son sairement
Que jamais n'irai autrement,
S'ara uns de vos chevaliers
Jousté à lui; et li premiers
Qui la jouste demandera,
Sachiés qu'il me deliverra. »
Un chevalier ot là endroit
Devant la roïne tout droit,
Très bien armés et bien monté;
Et portoit .i. escu bullé
De geules et de fin argent
A une bende, bel et jent,
Voire et à .v. quoquilles d'or;
Et séoit sour .i. cheval sor,
Qui bien sanloit chevax de garde.
Et la roïne le resgarde;
Si li demande et si li prie
Qu'il voist, et si ne le laist mie,
Au chevalier qui les desprise.
Et il a une lance prise,
Si a fait celui asavoir
Qu'il se gart, si fera savoir,

C'à lui joustera orendroit.
Li chevaliers va à son droit,
Et s'amie li sieut le pas,
Et li nains très par mi les bras
De l'escorgie frape et fiert;
Il fait bien çou c'à lui affiert,
Et dist: «Putain, alés avant.
Vous arés jà vo cuer dolant,
Quant Robillars de Coupigni
Abatera devant vous chi
Celui qui en peril se met.
De grant folie s'entremet
Qui pour vous jouste à tel vassal.»
Cascuns laist courre le cheval
Et point des esperons d'acier,
Et s'en vienent sans mauecier
Et se donnent moult très grans cols.
Sour les escus qu'il ont as cols
Convint les lances peçoiier,
Et tous jours convint convoiier
La damoisele son ami,
Et li nains tous jours après li
Ferant, frapant à cascun pas:
«Loudiere! ensi n'ira-il pas
Com vous quidiés, mais autrement:
Vous serés demain malement,
Que vous irés à piet et nue;

ROMAN DE HAM.

Vous n'i serés hui secourue
Pour cose nule que je voie. »
Fuiant s'en tornent à la voie
Et sont à lor rens revenu;
Ains puis n'i ot resne tenu,
Ains fait cascuns le mix qu'il puet.
Li nains et la pucele muet
Contre Wautier de Hardecourt,
Et mesire Wautiers li court
Sur son renc et si bien l'avise
Que dusk'ès rens sa lance brise,
Et li autres chevaliers faut;
Et dont dist la pucele en haut,
Si que ses amis l'oï bien :
« Encor n'ai-ge menti de rien. »
Dont sot-il bien qu'ele vaut dire :
De courous et de duel et d'ire
Art li chevaliers et esprent;
La lance méismes reprent
Dont il avoit devant fali,
Et dist, se il n'abat celi,
Qu'il pardonra son maltalent
S'amie et del amendement
Ert en ma dame la roïne.
De son renc part par aatine;
Et mesire Wautiers le voit,
Qui mout grant desirier avoit

De la pucele delivrer :
Si laisse le cheval aler
Et li abandonne le frain,
Et fiert le chevalier à plain
Mout pesant cop et moult estout;
Et li autres, sans nul redout,
Le quide ferir; mais i faut,
Qu'il porta se lance trop haut :
Or fu delivre la pucele.
Errant oste la damoisele
L'espée c'au col li pendi.
A celui qui la desfendi
Vient la pucele, si li tent;
Et li chevaliers erramment
Li dist : « Pucele, vous irés
Avoec le quel que vous vaurrés,
Soit o moi u à vostre ami;
Mais li nains demourra à mi
Qui vous a tenue si court;
Si l'emmenrai o moi à court. »
A tant s'en va pour desarmer;
Et cil qui ot osé blasmer
Les bons chevaliers la roïne,
Onques ne cesse ne ne fine,
Si vint où la roïne estoit;
Et de si loins comme il le voit
Li dist : « Ma dame, jou gabai;

Par mon orguel monter quidai,
Jà ne quidai homme trouver
Qui me péust d'armes outrer;
Non fi-ge onques ailleurs que ci.
Ma dame, si vous cri merci,
Que vous me pardonnés vostre ire
Et voelliés vo chevalier dire
Que m'amie et mon nain me rende. »
— « Sire, dist Quex, Diex m'en desfende
Que il vous baut la damoisele
Pour faire cevaucier sans sele
Et pour faire batre à vo nain ;
Et ne pourquant se de vo main
Volés plevir et fiancier,
En loialté de chevalier,
Que pour ceste oevre pis n'ara,
Mout courtoisement en fera
Ma dame çou c'à li afiert. »
Sa foi i met, et on le quiert,
Si l'amaine-on li et le nain
Et le chevalier main à main
Qui delivrée l'ot du mal,
Et furent tuit .iiij. à ceval ;
Et la roïne et Kex fu haut
As fenestres del escafaut.
Si dist Quex ainsi faitement :
« Damoisele, certainement

Avons vostre meskief véu.
Assés de jens ont hui séu
Coment cil lueques vous menoit
Qui pour s'amie vous tenoit;
Mais comment que fuissiés s'amie,
Il vous menoit comme anemie.
Or estes hors de son dangier :
Prendés lequel c'avés plus cier,
Ou r'aler avoec vostre ami,
Ou estre avoec ma dame chi,
Qui vous tenra à grant honnour. »
La damoisele sans demour
Et sans nul conseil demander
Courut son ami acoler,
Et voiant tous l'acole et baise.
« Ci ne voi riens qui ne me plaise,
Çou a dit Kex li senescaus,
Que plus ferés femes de max
Et de hontes et de vieutés,
Plus ara à vous d'amités
Et en ferés mix vo talent. »
A la roïne congiet prent
Li chevaliers et la pucele.
Ma dame la roïne apele
Le senescal à une part :
« Mesire Kex, se Dix me gart,
Huimais ert tans de tables metre :

ROMAN DE HAM.

Or vous en alés entremetre;
Jà ert tans de huchier as kex.
Nous verrons une jouste u deus,
Ançois que nous voisons à court. »
Li bons Mahieus de Hiencourt
Voit que Williaumes des Granges vient
Encontre lui : si li convient
Jouster à lui, et il si fait,
Enprès de lui son escu trait
Et prent du renc la milleur part;
Et ciex des Granges, d'autre part,
En prent aussi tant comme il valt.
Li uns paie et li autres saut;
Et des autres la[n]sces se fierent
Et si asprement se requierent
Ne lour est lance demourée
Entiere qui ne soit froée,
Si que li pluisour de la court
Dient que cil de Hiencourt
Mesire Mahieus l'a bien fait.
En un renc novelement fait
Sont doi chevalier embatu,
Qui se sont si bel esbatu
Que tous li mondes en dist bien.
Je n'en mentiroie pour rien
De ceste, ains dirai [le] voir :
Nule milleur n'i pot avoir,

Par le tiemoing monsigneur Keu.
Mesire Willaumes de Careu
Et Jehan le Bailluel le virent;
Et si tost comme il s'entre-vinrent,
Laissent les fors cevax aler.
A droit dire et à peu parler,
Tes cox se sont entre-donné
Que li tronçon en sont volé
Plus de .xl. piés de haut.
Après eus braient cil hiraut
Quanqu'il pueent à haute vois :
« Par ci gaste de gaste bois! »
De la seconde lance après
Li vient cil de Bailluel si près
Qu'il froe et brise tout ensanle;
Et ses compains, si com moi sanle,
Le fiert si que sa lance brise.
Lués a cascuns une autre prise;
Et s'en vienent sans manecier
Frapant des esperons d'acier,
Al plus tost qu'il pueent venir;
Tes cols se vont entre-ferir
Qu'il sanloit que foudre et tempeste
Fust cascun kéu sur la teste.
Des grans cox k'il se sont donné
Il sont andoi si estonné
Qu'il ne seurent qu'il lor avint;

Aussi fist-il encore à vint
Que je mout bien vous nomeroie.
Après jousta Mahieus de Roie,
Qui sires est de Garmegni,
Et contre Jehans de Soisi,
Qui si bien vint et droit et tost;
Et mesire Maihiex, tantost
Qu'il ot sa lance, prent la sieue,
Et tel cop que tout le desjeue;
Li a donné à bonne estrine
De la lance en mi le poitrine;
Puis prent un autre, si le fiert
Haut en la gorge où il le quiert,
Que toute le froe et esmie.
Cil de Soiri ne fali mie,
Ains a brisié duskes ès poins,
Outre s'en passe en l'escu joins;
Et ont .ij. lances recouvrées
Grosses de sap et bien ouvrées,
Si s'entre-fierent ès blasons
Et font de lour lances tronçons,
Et passent outre tout monté.
Venu est de mout grant bonté
Ces .ij. enfans, qui ont brisié
Si bien que il en sont prisié.
Après jousta uns chevaliers,
Qui bien jousta et volentiers;

Jake du Bos l'oï nommer.
Son compaignon n'en puis blasmer,
Monsigneur Jehan de Faï :
De ses .iij. lances n'i fali
Nès une seule, ains les brisa.
La roïne à tant avala
Des loges et va ou castel.
Par ces loges braient cil hirel :
« Qui veut mengier si viengne à cort !
Nus n'i verra qui s'en retourt,
S'ara et mengié et béu
Et le plus bel atour véu
C'onques fust à court de roïn[e] ;
Ne de corde ne de caïne
N'i ara huimais pont levé. »
On trompe l'iauwe, et ont lavé
Et se vont au mengier séoir ;
De toutes pars puet-on véoir.
Vins et viandes metre as tables.
N'i oïssiés romans ne fables,
Mais parler d'armes et d'amour.
Les caroles dessi au jour
Durerent, que peu s'en fali.
Un peu se coucent, s'ont dormi
Les dames et li chevalier ;
Puis oent messe et vont lacier :
De coi il ne font pas que fol.

Et mesire Guis de Saint-Pol
Vint sour un grant destrier morel
Contre le signeur de Sorel;
Et la roïne ert jà alée
As escafaus, qui esgardée
A lour jouste mout volentiers.
Mesire Guis trestous premiers
Vient contre monsigneur Gerart;
Et il li revient d'autre part,
Com cil qui gaires ne le crient.
D'une grosse lance qu'il tient
Le fiert grant cop sor son escu,
Et mesire Guis l'a feru
En la teste de son lupart.
De lour lances font mainte part
Que, de sis qu'il en aporterent,
Si noblement s'en deporterent
Que nule entire n'en remaint.
Che virent bien maintes et maint;
Mais ne m'en caut, quant je n'i perc.
Mesire Gerars de Bouberc
Vint jouster à un chevalier
Bon et vigreus et fort et fier,
Et bien est tailliés pour avoir.
De son non vous dirai le voir:
Jehans de Feujeres a non.
Andoi metent à abandon

Cors et chevax, et ont brisié
Si bien que mout en sont prisié.
Jehans de Barres vint après
Et Jehans de Coing li fu près,
Qui à l'encontre li revient.
Cascuns une fort lance tient,
Et keurent .iij. fois sans falir.
Après ceus véissiés venir
Deus chevaliers près de jouster.
A qui que il doie couster,
Je sai bien que li uns ira
Plus droit à l'autre qu'il pora,
Quoi qu'il li en doive avenir.
Jehans de Boscais voit venir
D'Eselinghehem Alenart;
Des esperons fiert cele part
Où miex le quida encont[r]er.
Ains que li uns puist l'autre outrer,
L'a cil de Boskiaus si feru
En u comble de son escu
Que sa lance froisse et derront.
Li doi cheval le comperront,
S'il s'entr'encontrent poi ne grant,
Que cil de Bosqiaus est engrant
De faire quanque à lui afiert.
De l'autre lange le refiert
Grant cop et dur sans espargnier;

Et Alenars, sans ressoignier,
Li vient près et grant cop li donne,
Com cil qui dou tout s'abandonne
A bien pour avancier son cors.
Cil de Boskiaus par grans effors
De la tierce lance li vient
Si près que par force convient
Qu'il cukent u voisent froissier.
Sa lance sot bien emploiier
Jehans du Boskiaus, que Dix gart!
En un renc, ki fu d'autre part,
S'entre-vinrent doi chevalier;
Cascuns sache de son destrier
Quanqu'il en puet traire et avoir.
Lor nous vous ferai asavoir :
Li uns a non Gilles d'Oisi,
Et cil qui en viént contre li
A non Jehans de le Tournele.
Tex cox se donnent qu'en astele
A cascuns d'eus sa lance mise,
Et cascuns r'a une autre prise
Et les rebrisent de rechief;
De l'autre l'autre (*sic*) lance droit u cief
S'entr'encontrerent front à front :
Cil de la Tournele derront
Trois lances, c'onques n'en fali,
Et aussi fist Gillars d'Oisi.

En un renc, qui fu lés et biaus,
Vient mesire Mikix Coupliaus
Près de jouster, s'il trueve à qui.
Mesire Jehans d'Espagni
Prent sa lance, encontre lui va;
Grant cop et pesant li donna,
Et a brisié et puis revient.
De ses .iij. lances li avient
Si qu'il n'en fali ne coula.
En un renc, qui fu par delà,
Est venus Gerars d'Escaillon,
Et on le dist son compaignon;
Luès k'il le sot, sa lance prent.
Soillars de Morlaines le prent;
Ses oncles est, et il ses niés.
Contre l'autre s'est adreciés
Pieres de Morlaines molt bien;
Cil d'E[s]caillon de nule rien
Ne le doute, au sanlant qu'il fait.
Il s'entre-vienent, sans lonc plait,
Droit et tost et hardiement :
Cil de Morlaines fierement
Et asprement le va requerre;
Ses .iij. lances rue par tere
Et par tronçons et par esclices.
Adont s'embat dedens les lices
Li vidame de Pikigni,

Cil de Saint-Maat contre li,
C'on nomme monsigneur Renaut.
Cascuns porte sa lance haut,
Bién et cevalereusement.
Li vidame premierement
Li fiert tel cop qu'il l'en esmaie,
Et li autres tele li paie
Q'il ne puet riens sour li clamer.
« Ceus ne doit-on mie blasmer,
Dist la roïne, qui n'a tort.
Il m'est avis en mon recort
Que li vidame vient mout bel ;
Il porte l'escu en cantel
Si bel que on porter le puet,
N'il ne se craule ne remuet,
Dist la roïne, tant ne quant. »
Des esperons vienent batant
Andoi plain de grant volenté.
A vidame si aventé
Son ceval que li sans en saut,
Et fiert si monsigneur Renaut
Près de la gorge qu'il depiece
Sa lance et en fait mainte piece ;
Et de la tierce s'entr'aquellent
Et s'entre-fierent si qu'il moellent
Lour blans haubers du sanc des cors ;
N'onques pour çou ne fu descors,

Ains en fu pais dedens la court.
Li bons Jehans de Harcourt
Muet contre Adan de Cardonnoi;
Tes cax se donent c'ambedoi
En eurent assouffrir assés.
Cascuns en est outre passés,
Et sont à lour rens revenu.
Cascuns met à point son escu
Et son hiaume et point le ceval.
Lors véissiés le Cardonnal
Bel venir à son compaignon;
Tel li donna sour son baston
Que sa lance ne pot durer,
Ains le fist li baston froer.
Et cil de Harcourt le fiert
Haut en la teste où il la quiert,
Q'il ne vaut pas ferir le crois.
Des lances ont fait tel escrois
Comme il convient à tel mestier :
A la tierce lance brisier
Mist cascuns paine quanqu'il peut.
Mesire Keu bon gré leur seut
Qu'il firent bien à ce besoing.
Après jousta Wautiers d'Antoing,
Ansiaus de Chevreuses à li.
Trois lances c'onques n'i fali
Brisa cascuns, c'oy conter.

Après ces .ij. ala jouster
Cil d'Olehain Escarboniaus.
Li jours estoit et clers et biaus
Et li solaus resplendissoit
Qui en ces armes reluisoit
En l'or, en l'argent, en l'asur.
Mesire Kex desur le mur
Et voit comment cascuns le fait.
Escarboniaus ès rens se trait
Et part de sen renc canqu'il puet;
Cil d'Olehain contre lui moet
Quanqu'il puet traire du destrier.
Escarboniaus sans manecier
Li donne un cantel del escu,
Et li autres l'a si feru
Qu'il li a son escu quassé.
Erramment sont outre-passé,
Et puis revien[en]t sans demeure.
Trois lances brise en petit d'eure
Carboniaus, qui Dix doinst honnor!
Auques estoit en mi le jour
Quant Carboniaus s'en departi.
Mesire Gieffrois de Milli
Jousta lors à .i. chevalier
Bon et vigreus et fort et fier,
Mesire Walerans a non
De Lussebourc; mais ne savon

De lour jouste qu'il en avint.
Après [.ij.] autres en revint,
Que je vi jouster bien et fort;
Si me plaist mout que j'en recort
Çou que je sai de voir et vi.
Mesire Mahieus d'Espegni
Et Gossuins de Saint-Aubin
Jousterent, que mout grant tatin
S'entre-donent tout pour véoir
(On doit le bien ramentevoir
Et tout le mal doit-on celer).
Sachiés que cil doi baceler
Jousterent bien et fort et dur;
Il jousterent devant le mur
Près des dames, que g'i estoie.
A tant ès-vous Driuon de Roie
Et Henri de Soiri en vient.
La roïne, bien m'en souvient,
Pria pour eus de cuer entier,
Qu'il sont mout jone chevalier;
Si prie à Dieu que il les gart.
Et mesire Drius d'une part
Se tint par devers le castel,
Et tenoit l'escu en cantel
Mout noblement et mout à point.
Le cheval des esperons point
Encontre Henri de Soiri,

Et il s'en vient encontre li
Quanqu'il en puet venir d'eslais;
De lour escus percent les ais
Et passent outre vistement.
Des autres lances vraiement
Ne sai-ge mie le certain ;
Mais mesire Drieus tout à plain
La tierce lance froisse et brise.
Et la roïne mout l'en prise,
Et les dames qui sont entour
Dient que Dix li doint onour,
Qu'il fu fiex de chevalier preu.
Mesire Jehans de Brimeu
Quanqu'il puet ès rens en acourt
Contre Jehan de Fouconcourt,
Et Robers contre lui se lance ;
Et tint l'escu et tint le lance,
Qui bien li avient à tenir.
Quanques chevax en puet venir
S'esmoevent andoi sans deport.
Robillars jousta bien et fort,
Et bien jousta cil de Brimeu.
Ne demoura après c'um peu
C'uns autres est ès rens venus,
C'on apiele Adans de Blemus;
Encontre li vint Engherrans
De Bove, qui mout est engrans.

De metre son cors à honeur.
Es rens se lance sans demeur
Espris de boine volenté
Et le hiaume en son chief planté,
Et s'est en son escu moulés
Autressi com s'il i fust nés :
Riens qu'il éust ne li messist.
Au destrier sour coi il se sist
A fait .. esperons sentir,
Si s'... ..[en]t sans mentir
De si ... d'Engherrans a mise
Se lance en pieces et le brise ;
Et li autres n'a pas fali,
Ains li donne, que je le vi,
Mout pesant cop et mout estout.
Ains que courut éussent tout,
Furent-il des dames prisiet
Pour çou qu'il ont si bien brisiet.
A tant ès-vous de Manicourt
Le maisnant qui ès rens acourt,
L'escu au col, le lance ès pons ;
Et ses compains li moet de lons,
C'on nomme Jehan de Cantens ;
S'en a li maisnans grant desdens,
S'il ne muet aussi tost comme il.
Encore en ot ou parc tel mil
Qui sevent bien se je di voir,

ROMAN DE HAM.

C'ançois [Jehans] péust avoir
Sa lance mise, s'en depart
Li maisnans, et cil d'autre part
Li vint mout bien sans ressoignier.
Quant vint as lances eslongnier,
Li uns brise et li autres faut,
Que li maisnans porta trop haut :
Se li fali en mi les iex,
Mais cele faute valut miex
Qu'en tel lieu péust-il brisier,
Si bien l'ai-jou oï prisier ;
Mais ses autres lances brisa
Li maisnans, dont bien le prisa
La roïne, qui Dix honnourt !
Es-vous l'oncle de Frieucourt
Qui moet encontre Adan Gourlé :
Grans cox se sont entre-donné,
Que cascuns est vigreus du cors ;
Et li oncles est grans et fors,
Si prist une lance quarée
Et donne Gourlé tel farrée
En mi les dens qu'il l'a brisie.
N'onques Gourlés, je n'en ment mie,
N'en cancela ne ne s'en mut.
De sa lance fist çou qu'il dut,
Qu'il donna l'oncle un cop si grant,
Si malaisu et si pesant

Qu'il en ot mout à soustenir.
De la tierce lance venir
Les véissiés mout volentiers :
Li oncles jouste de leviers
Et li autres de grans tineus ;
Si s'entre-donnent ambedeus
Si grans cox que lor doi ceval
Et il méismes eurent mal.
Et apriès vient en un biau renc
Mesires Pieres de Houdenc
Contre Jehan au Bois-Giriaume :
Cascuns ot l'escu et le hiaume ;
Lour lances premieres s'en vont,
Et si grans cox donné se sont
Que il ont dusk'ès poins brisié.
Mout durement en ont prisié
Mon signeur Pieron de Houdenc.
J'oï tesmoignier en un renc
Qu'il estoit uns des bien joustans ;
Mais on ne puet mie tous tans
Estre souvenans de cascun
Amonter ensi un et un
De .ix. vins joutes qu'il i ot.
Je n'en mentirai jà de mot
De Hoteri, qui jouster vient.
Ses compains, que bien m'en souvient,
Est du cors vigreus et vassaus ;

Il gaaignoit tous les cevax
En cel point que on tournoioit.
Jehans de Gannes venir voit
Hosteri l'escu enbracié,
S'a errant le cheval brochié,
Et s'entre-fierent ens escus
Mout grans cox et mout malostrus;
Bien ont jousté et bien ont fait.
Je ne voel pas tenir lonc plait
De cascun ne k'il lour avint.
Li sires de Caeu s'en vint
Contre le signeur de Cramailles,
Onques n'en derrompirent mailles
De lour haubers : che fu lour preus.
Dont commanda mesire Kex
C'uns hiraus criast sans arrest :
« Or est venus Gaste-Forest! »
Et il s'escrie à haute vois :
« Chi vont li gastéour de bois ;
Cist feront jà de bos essart. »
Li sires de Caeu se part
De son renc noblement et bel ;
Sour un mout bel destrier morel
S'en vient contre sen compaignon.
Andoi vienent de grant randon
Et portent lour lances si haut
Que li uns et li autres faut,

S'en sont mout durement courcié.
A l'autre cop sont esforcié
De venir tost et près et droit,
Et portent leur lances si roit
Que li fer sont entr'encontré;
Cascuns a duske ou poing froé,
N'en n'a li uns l'autre feru
Ne en hiaume ne en escu.
De l'autre lance r'ont failli,
Si s'en tienent à mal bailli
Pour lour femmes qui sont en haut
O la roïne en l'escafaut;
Mais nus ne jue ki ne kiet,
A ce mestier souvent meskiet :
Tous nos amis gart Dix de mal !
Mesire Aubers de Longueval
Voit que lour gent sont trop cargié,
S'a tost un escu embracié
Et jure Dieu et tous ses sains
Que, tant qu'il ait les membres sains,
Ne faurra nus, quex que il soit.
Au bout du renc se tint tout droit
Et fait de son cors estandart,
Et voit venir de l'autre part
Un chevalier qui moet de loing,
C'on apele Wautier d'Antoing :
Bon chevalier, preu et hardi.

Mesire Aubers muet contre li
Quanqu'il puet, ce puet-on savoir.
Se dire vous en voel le voir,
Il vienent issi radement,
Si près et si hardiement
Que de venir sont-il prisié.
A[n]dui ont dusque ou puing brisié
Et fait .i. froisséis si grant
Que toutes gens, petis et grans,
Quidierent que u castel fust
Kéue la sale de fust,
Ne nus d'eus ne s'en desajue.
« Ha, douce mere Dieu, ajue!
Dist la roïne. Hui en cest jour
Gardés mon frere et mon signour
Et soiiés garde de celui
Qui jouste aussi encontre lui,
Qu'il ne lor meskiece de rien. »
A lor rens vienent bel et bien;
Et lués qu'il sont remis à point,
Li uns et li autres se joint
En l'escu et se vont ferir,
Et saciés que de lor venir
Se tenoit cascuns apaiiés.
Tex cox se sont entre-paiiés
Dont li uns des .ij. se douta
Plus, je cuic, que il ne volra.

La tierce lance si près vont
Que cascuns brise, et si en font
Sentir les fers preus de leur cars,
Que nus des deus n'estoit eschars
De bien ferir à son pooir.
Les autres joustes à véoir
Laissoient mout de gent pour eus.
De si près vinrent c'ambedeus
En orent à souffrir assés.
Mesire Aubers li est passés
Si près que froiier leur covint,
Et au froiier si leur avint
Que cascuns fu forment bleciés.
Che voel-je bien que vous saciés
Que lor jouste fu bien loée;
Mais la cavole ot desnoée
Mesire Aubers de Longueval,
Ne pour angoisse ne pour mal
N'en fist sanlant dusk'à la nuit.
« Dame, dist Kex, ne vous anuit;
Vos freres l'a mix fait de moi :
Encore ne sai-je ne voi
Que ses chevaus soit riens grevés. »
— « Certes, Quex, vous fuissiés crevés
Se vo pensée ne fust dite.
Que l'eure puist estre maldite
Que fustes si mal enteciés! »

Par mi les rens est adreciés
Aigres contre Willaume de Liere;
N'i a nul d'ex qui haut ne fiere
Et qui ne brise, ce me sanle.
Et mesire Jehans de Canle
Muet d'autre part sans atargier
Encontre un vighereus chevalier;
Gis de Nuevile est ses drois nons.
Andoi frapent des esperons
Quanques chevax poet randonner,
Et se vont si grans cox donner
Que li tronçon volent amont.
Li bons Jehans de Pereumont
N'atarge pas, ains muet d'eslais;
Sour .i. cheval qui n'est pas lais
S'en vient plus radement qu'il puet,
Et Raous d'Estrées li muet
Mout noblement et bien l'avise.
Que vous feroie lonc devise?
Jehans de Peremont li donne
Tel cop c'a pau qu'il ne l'estone;
Et li autres pas ne l'espargne :
Tout autressi comme une escargne
Li a percié l'escu du col.
On doit tenir celi pour fol
Qui à si fait mestier se faint.
Li uns l'autre si bien ataint

Que je ne sai auquel atendre.
Quanques cheval pueent destendre
En vi .ij. autres revenir;
Coi qu'il doie l'un avenir,
Il en fera bien son devoir,
Certainement le sai de voir.
Jehans de Jumeles s'en vient
Tous près de quanque il i convient,
Si acesmés que riens n'i faut.
Je ne quic mie que il baut
Son cheval sans lance brisier,
Et de tant se puet-il prisier
Qu'il jouste à .i. bon baceler;
Son non ne voel mie nommer,
Willaumes du Huerle a à non.
Andoi metent à abandon
Cors et chevaus, et çou est drois.
Je vous di que li Gumelois
Li vient sans querre nul deport;
Li cheval sont près de lor mort,
Se li uns ne tire son frain.
Li Jumelois le fiert à plain
Tel cop que je croi qu'il fist mal
Au chevalier et au cheval.
Cil du Huerle pas ne se faint,
Li Jumelois r'a si ataint
Que des dens li a fait salir

Le sanc; mais toutes, sans falir,
A mises Jehans de Jumeles
Sour lui ses lances en asteles.
Lors vi venir tout eslaissié
Monsigneur Guion du Plaissié
Sour un destrier fort et isnel,
Et portoit l'escu en cantel
Et la lance tenoit à point;
Biau broce le ceval et point,
Et fu des escafaus si lonc.
Et muet contre Jehan de Lonc,
Un chevalier devers Pontieu;
Mais il le trouva mal bontieu,
Que cis qui preste doit ravoir;
Mesire Gis tretout pour voir
Li presta .i. cop mervilleus,
Grant et pesant et perilleus;
Et cil de Lonc bien le reçut :
Il se tenra bien à deçut
S'il ne li rent ceste bonté.
Il sont ambedoi bien monté,
Et revienent sans atargier.
Mesire Gis sans espargnier
Li vient et tost et radement,
Et le fiert si très durement
Que le cheval fait canceler
Et se lance en tronçons voler

Assés plus haut que un[e] toise.
Jehan de Lonc forment en poise,
Et mout se tient à mal bailli
De chou qu'il a .ij. fois failli;
De la tierce lance l'assene
Haut en l'escu deseur la penne,
Si k'il qu'il (sic) le brise et le derront.
Mesire Gis fiert plus amont,
Par mi la gorge tel li donne
Que peu faut que tout ne l'estone;
Mais cil de Lonc l'ot si feru
Que très par mi le fort escu
Li a fait les costes doloir.
Après ces en vi .ij. mouvoir,
Ki bien jousterent, je le vi :
Mesire Engherans de Rugi
Et Pieres l'Orible jousterent;
Et à ciaus dedens ne conterent
Que .ij. lances, que je bien sai
Qui les brisa; je le dirai :
Che fu li sires de Rougi.
Li autres de honte rougi
Pour çou que ensi li meskiet ;
Mais nus ne jue, qui ne kiet.
Tel i a de chiaus qui falent,
Tel qui sont preu et qui mout valent ;
Mais ensi le doit li mestiers.

Es-vous .ij. autres chevaliers.
En un renc qui n'ert mie seus
Muet mesire Hernous de Fosseus
Encontre Bernar du Plaissié.
Andoi muevent tout eslaissié
Quanque il pueent à grant eslais ;
De lour escus rompent les ais
Et froissent lances et debrisent,
Tant que les dames les en prisent.
Li quens d'Artois fu là en haut
O les dames sour l'escaffaut,
Et voit venir à grant effors
Chevaliers tous armés des fors
Pour jouster à ceus de la court.
Sans plus dire, li quens s'en court,
Si s'arme et monte et vient ès rens ;
Pour çou qu'il est de ciaus dedens,
Se tint par devers le castel.
Sour un destrier fort et isnel
Fu bien montés et noblement
Et fu armés si richement
Que nus n'i savoit c'amender.
A la roïne demander
Congié s'en va qu'ele li laist
Jouster encore, s'il li plaist ;
Et la roïne li otrie
Mout volentiers, et si li prie

Que s'il s'en voloit deporter
Et venir o li deporter,
Que mout bon gré li en saroit
Et durement lie en seroit
Pour le peril qui estre en puet.
Li quens, sans plus dire, s'esmuet,
Le lance u puing, l'iaume lachié,
Et tint son escu embrachié
Contre son pis, et muet d'amont
Contre Pieron de Bueffremont,
Qui bien lour vient, ce m'est avis.
De lour lances en mi le vis
S'entre-donerent sans deport.
Le bien fait se je je (*sic*) le cort,
Nus ne m'en doit mal gré savoir;
Mais je n'en puis le grasse avoir
Des malvais et des mesdisans.
Certes, qui vivera .x. ans,
Pour envieus faire crever
Verra-on le conte grever.
De tes coses empera-il.
« E, Dix! chis jours, quant venra-il,
Qu'envieus morront à destrece? »
— « Ce sera tost, ce dist Fortrece,
Que mesires li quens d'Artois
Est si largues et si courtois
Et si loiaus et si entiers

Et tant aime les chevaliers
Qu'il n'en penra en nule terre,
Soit pour tournoi ou soit pour guerre,
Qu'il ne truist compaignie assés,
Car il ne fu onques lassés
De tous biens faire, ne jà n'ert :
Il fait bien çou c'à lui affiert.
Sarrasin, et je te requier,
Si com tu m'aimes et as chier,
Que tu dies de cascun bien;
Et s'aucuns fait aucune rien,
Qui face à taire et à celer,
Tant soit de povre baceler,
Di le bien et si lai le mal :
Tout cil qui sont bon et loial
T'en ameront et tenront cier. »
— « Veés là homme bel chevaucier,
Dit Gillart de Noevile, et bel. »
Li quens met l'escu en cantel,
Qui bien et bel en set sen roi.
Cil de Beffremont à desroi
Li vient encontre d'autre part;
Et li quens, lués qu'il se depart,
L'avise à ferir en ès deus;
Et cil, qui est de grant apens
A chou c'on li a ensignié,
N'a mie le conte espargnié,

Ains li donne ens en mi l'escu;
Mais de tant com jou ai vescu
Ne vi si grant cop recevoir
Sans cors de chevalier mouvoir.
Et li quens grant cop le refiert
En mi les dens, où il le quiert;
Si s'en passe outre, et ont brisié :
Che cop ont moult de gent prisié.
Des tierces lances s'entr'estonent
Si k'il les brisent et arçonnent,
Et volent lour hiaumes des ciés :
« Dix gart nos amis de mesquiés!
Dist la roïne, je l'en proi. »
— « Dame, dist Fortreche, j'otroi
Que li sires de Basentin
Ait la jouste par bon destin
A landegrave qui chà vient.
Saciés de voir qu'il li convient
Avoir chevalier de valour :
Mandés vo conseil, dites-lour
S'il s'i voloient acorder. »
— « Je ne m'en quier jà descorder,
Dist la roïne; or les mandons. »
La roïne tous ses barons
Fait mander amont et aval
Par le signeur de Raineval;
Et par Fortrece s'acorderent,

Que chi doi ensanle jousterent,
Si lour a-on fait asavoir.
De tant a fait Huars savoir,
Que la roïne en mercia
De l'onnour que faite li a,
Que landegrave est un[s] grans sire.
Et si est d'un païs, c'oi dire,
Dont li bon joustéour sont né.
Les trompes ont .ij. mès sonné,
Si a-on fait les rens widier.
Pour voir vous di et sans cuidier
Que li renc sont et lonc et lé.
A .iiij. trompes sont alé
Querre Huart de Basentin,
Qui s'arma en un bel gardin.
Il vint droit de devant la porte,
Biau tint l'escu et biau le porte,
Et biau talonne le cheval ;
.I. eslais a fait contreval
Pour assaiier se riens li faut.
La roïne fu là en haut,
Qui bonne est et bien ensignie ;
O li ot bele compaignie
De dames et de damoiseles
Plaisans et avenans et beles,
As fenestres des escafaus.
Mesire Kex li senescaus,

Qui à sa jouste fu blechiés,
A mout bien les rens adreciés;
Et il et autre qui s'empaignent
Monsigneur Huon en amainent
Devant le porte du castel,
Et landegrave bien et bel
Fait .i. eslais et puis revient.
Li sires de Basentin tient
La lance, et si a le renc pris
Com cil qui bien en est apris;
Et landegrave sans targier
Batant des esperons d'achier
S'en part lués qui le vit movoir;
Mais qui dire vaurroit le voir,
Li sires de Basentin vint,
Ce virent bien .v^c. et vint,
Si droit, si tost et si à point,
Et si bel broce et si bel point
Que chascuns volentiers le voit;
Et landegrave li venoit
A la maniere d'Alemaingne.
Montauban escrie s'ensegne,
Cil qui porte les flours de lis;
De lui véoir est grans delis,
Si vint-il bien et tost et droit;
Il mi-parti le renc si droit
Que nus hom n'i séust coisir

ROMAN DE HAM.

A paine, tant éust loisir.
A l'alongier se sont ataint
Et sour l'escu et sour le taint
Mout grans caus et mout mervilleus;
Li encontres fu perilleus
Et la jouste pesans et dure.
Retourné sont grant aléure;
Et remis lour escus à point,
Li uns encontre l'autre point
Quanqu'il puet traire du cheval;
Aucune gent faisoit mout mal
De chou qu'il venoient si droit
Que, s'il éussent renc estroit,
Cukié éussent malgré aus.
Qui oïst braire ces hiraus
Et Landegrave et Montauban;
On n'oïst pas crier à Han,
Si i estoit la noise grans.
Huars, qui mout estoit engrans
De faire bone sa partie,
A fait ne sai quante partie
Des .iij. lances qu'il aporta;
Si cointement se deporta
Que cascuns qui le voit l'en prise.
Il ont la tierce lance prise
Et s'esmuevent de grant randon;
Mais nient très plus que doi brandon

Pucent durer encontre fu
Ne pueent durer lour escu.
Là où des lances s'entr'ataingnent
Tes cox se donnent qu'il s'en plaignent,
Ou soit en haut u soit en bas;
Mais cascuns ne l'entendoit pas;
Et si sage-jou certainement
Que jousté éust autrement
Cil qui porte l'escu d'argent,
Se ne fust pour aucune gent
Qui li priierent au mouvoir,
Que je le vi et sai de voir,
C'à son pooir ne chucast mie.
Et il dist: « Foi que doi m'amie!
S'il s'en garde, je m'en tenrai;
Jà pour çukier ne m'en venrai. »
En covent l'ot, et il le tint,
Puisqu'il en ot oï le tint
Que la roïne le voloit;
Si s'en tint et si s'en doloit
C'atourné ne li fust à mal.
Devant les dames, à cheval
S'entre-saluent et s'en vont.
Dieu de lassus loé en ont
Les dames qui ne sont blecié.
Doi autre se sont adrecié
Ou renc dont il se sont parti :

Mesire Henris de Soiri
Et Jehans de Noevile vienent,
Qui grans lances et grosses tienent;
Et s'entrevien[en]t sans plus dire.
Cil qui de nule riens n'ert sire,
Ex-de-fer si grant cop li paie
C'aucuns des autres s'en esmaie;
Et cil de Soiri le refiert,
Bien fait au Hen çou qu'il i quiert;
Mais Ex-de-fer a si brisié
Que les dames l'en ont prisié;
Mais Forteche le consilloit.
Or se gart bien cil qui le croit,
Qu'il ne fera jà se bien non;
Or ne soit nus qui die non :
Preus est et larges et loiaus.
Encor ne voi-ge nul de ciaus
De Noevile qui le rataigne;
Prouece et larguece se baingne
En son cuer, sans jamais partir.
Par saint Estene le martir!
Se j'estoie de France rois,
Avoec moi porteriés la crois
Là ù Dieus fu crucefiiés.
Rois de France, bien vous fiiés
En lui, se le poés avoir:
Vous ferés et preu et savoir.

Quant Eus-de-fer s'en fu tornés,
Mesire Engherrans de Mainnés
Se met ès rens, que je bien sai;
Mesire Jehans de Douay
Vient contre lui de quanqu'il puet;
Et mesire Jehans li muet
Bien et chevalereusement,
Et li vient tost et radement
Et li quide donner ès dens.
Il i avoit assés de gent
Qui sevent bien comment il fu.
Mesire Engherrans a falu,
Et ses compains aussi fali :
Dont se tienent à mal bailli
Tout li païsant de Mainnés.
L'autre lance li est alés
Si bien comme on puet, sans brisier;
Ore l'oïissiés mesprisier
A ses voisins mout durement.
Mout bien abandonéement
De la tierce lance revint;
Ensi faitement li avint
Qu'il le brisa duskes ès poins.
Es rens se met en l'escu joins
Jehans de Dompiere Montel
Encontre Tolart du Haitiel,
Un chevalier de bon afaire.

Quanqu'il poeent de chevaus traire
S'entre-vienent et ont brisié
Lour lances, si en sont prisié;
Mais Jehans de Dompiere ouvra
Com jentiers cuers, qu'il envoia
Un paleffroi le bacele[r] :
Ce ne vous doit-om mie oublier *(sic)*,
Ce ne doit-om mie cheler,
Mais le bien dire en toutes cors.
A tant ès-vous venu le cors,
Monsigneur Henri de Soiri,
.I. bon joustéour contre li,
Qui mout grant cop li a feru :
Çou est Pieres de Montagu,
Qui bien conta, ç'oï conter;
Trois lances, tout sans mesconter,
Brisa et bien et radement.
Bien et chevalereusement
Se met ès rens Mahius de Vi
(Je le tiemoing, car je le vi)
Contre Bretoul de Houdencourt.
Li uns et li autres acourt
Quanques cheval pueent ferir.
. . . .
En mi le comble del escu,
Si k'il li a f[r]ait et rompu,
Et froisse sa lance et esmie;

Et li autres ne fali mie,
Ains a brisié et si revient,
. . . .

Et muet et brise dusk'à poins.
Outre s'en passe en l'escu joins
Et s'en revient devant la porte.
Carboniaus vient, qui li aporte
Une fort lance bien taillie;
Turiaus li avoit baill[i]e,
Et mesire Mahieus le prent.
Ses chevax la tere porprent,
Lués que les esperons senti.
Si grans cox que bien le senti,
En a son compaignon donné :
A peu qu'il ne l'a estonné.
A tant s'en partent ambedoi.
Mesire Wautiers de Foelloi
Vers la porte se met ès rens,
Et moet encontre sen contens
.I. baceler de bon renon,
Huet de Haluin ot non.
Il s'entrevien[en]t de grant force;
Tout autressi comme .i. escorce
Ont andui lour lances brisies;
Et sont lor joustes mout prisies,
Qu'il n'ont ne fali ne coulé.
Et .i. autre riens lonc et lé

ROMAN DE HAM.

. . . .
Est venus li quens de Clermont,
L'escu au col, le hiaume u cief :
« Sire, Dix vous gart de meschief,
Dist la roïne, et tout si saint !
Ne puet laissier que ne les aint;
Et le commande au Saint-Esprit. »
Je l' truis lisant en mon escrit
Et si l'ai oï tesmoignier,
En la feste n'ot chevalier
Miex venant que li quens estoit.
Cil qui encontre lui venoit
Et qui mouvoit de l'autre part
Apele-on mon signeur Erart
De Braine, je le sai de voir.
Li quens fait son ceval movoir
Et le commence à aventer,
Et puis laisse le frain aler
Et fiert des esperons d'acier;
Et li autres, sans atargier,
Li vient bien et hardiement;
Et li quens issi durement
Le fiert qu'il le fait canceler
Et se lance en tronçons voler.
Outre passent tost et isnel;
Et li quens, l'escu en cantel,
S'em passe devant la roïne,

Si le salue et si l'encline;
Et ele li rent son salu;
Et a au conte tant valu
Que les dames de cief en cief
Boute cascune avant son chief,
Et damoiseles ensement;
Se l' saluent mout doucement;
Et il les regarde et remire,
Et dist: «Dame, Dix le vous mire
Et grant honnour vous puist venir!
Riens ne vous puist mesavenir!»
Le cheval tourne et si s'esmuet,
Quanques chevax porter le puet
S'en va des esperons broçant,
Et ses compains li vient à tant.
Grans cax et rades s'entre-donent,
Lour lances brisent et arçonent,
Que li plus longue, sans mentir,
N'avoit pas une aune d'entir.
A tant li quens s'en retourna,
Et la roïne se tourna
As fenestres del escaffaut,
Se li a escrié en haut
Qu'il se voist desarmer à tant;
Et il si fist. Es-vous batant
Deus chevaliers près de jouster.
Combien qu'il me doie couster,

Vous dirai de cascun le non :
Gauchiers d'Autreche, ce dist-on,
Est li uns des deus apelés,
Et li autres si est nommés
Mesire Jehans de Fenieres.
De grosses lances et plenieres
Et fait present son compaignon.
Andoi montent à abandon
Vie et membres, cors et chevax,
Et fist cascuns comme vassaus.
Bien le firent et bien brisierent,
Tant que les dames le prisierent.
Li eschekerés, sans plus dire,
Qui de Hangest est hoirs et sire,
Se met ès rens par bon destin
Contre Robert de Waverin,
Qui bien li vint et bien li mut ;
Et li autres, si comme il dut,
Brise ses lances et s'en part.
A tant ès-vous de l'autre part
Un Avergnas monté mout bel ;
Et muet contre Robert Burnel,
Qui mout hardiement li vint.
Buridans de Waulaincort vint
Au bout du renc la lance u puing,
Et Nicoles li muet de loing
Des Amoises, c'à lui jousta ;

Mais à peu qu'il ne li cousta,
Que Buridans de Waulaincourt
Le tint de .iij. lances si court
Qu'il li brisa sour les costés.
Ains que ses hiaumes fust ostés,
Vinrent doi autre ou renc amont :
Che fu Jehans de Peremont,
Qui à Henri de Bascle muet.
Au mix que il set et qu'il puet
L'avise ès dens, et se li donne
Tel cop c'a poi qu'il ne l'estonne;
Et li Bascles passe et le fiert.
De l'autre lance le requiert
Jehans de Peremont si haut
Qu'il brise; mais li Bascles faut
Et de la tierce le rassenne
Haut en l'escu deseur la penne,
Si k'il le fait desaouer.
Li Bascles en doit Dix loer
De chou qu'il ne li mesavint
Que mesire Jehans li vint
Hardiement et bien et tost;
Et li Bascles, se ne n'ai tort,
Li vint chevalereusement.
Haubers de Hangest noblement
Est venus jouster à celui,
Qui Dieus gart de mal et d'anui!

ROMAN DE HAM.

Çou est Gauchiers de Castillon,
Qui muet et met à abandon
Cors et cheval sans espargnier;
Et mesire Haubers ressoignier
Ne le daingna, onques ne vaut :
Li uns paie, li autres saut.
Bien s'entre-quierent ambedui;
Encor n'i sai-ge jouste d'ui
Miex fournie que de ces deus.
Dont s'escria mesire Kex
Et dist à chiaus qui oï l'ont,
Q'en cest siecle deus coses sont
Dont maistre sont li aprentis.
Je ne pens pas estre ententis
A savoir que cascuns brisoit,
Pour le vespre qui aprochoit;
Mais cil doi jousterent si bien
C'on ne 's en puet blasmer de rien,
Ains en a cascuns d'eus bons pris.
Adont fu si li pas pourpris
C'on joustoit à plus de .vj. rens,
Et cil dehors et cil dedens
Couroient si espessement
Que je ne sauroie comment
Retenir de cascun le non.
Uns bacelers de bon renon
S'en vint armés devers la court :

ROMAN DE HAM.

Che fu Jehans de Hargicourt
Contre Jehan de Lin-de-Buef.
Trois lances brise mains de nuef
A .ij. lances qu'il fist le jour.
Es rens n'estoit nus asséjour,
Pour qu'il vausist joustes avoir.
Or véissiés Boiset mouvoir,
Wautiers du Heurle contre li ;
Mais je ne sai li quès fali.
Après vint Loïs de Biaugieu,
Je ne quic pas, par les sains Dieu,
Qu'il éust au Ham miex joustant.
Des esperons s'en vient batant
Sour un destrier bien fait de cors,
Et muet contre un de chiaus defors :
Ce fu Robers de Waverin ;
Et s'entre-donnent tel tatin
De lour lances à tout les fers
Que la main senestre et les ners
Ot mesire Loïs brisie,
Sa jouste éust esté prisie
S[e il] fust tous sains demorés :
« Nostre Sires soit aourés,
Dist-il, de quanques il m'envoie ! »
Erramment s'est mis à la voie
Jehans de Vilers, sans targier
Broce des esperons d'acier

Encontre Willaume de Gistele;
Tel cop li donne qu'en astele
A mise la lance qu'il tint,
Et de l'autre si li avint
Qu'il la deffroisse et debrisa.
A la tierce jouster ala
De cors, de pis et de cheval.
« Tes bacelers gart Dix de mal!
Dient les dames sour le mur;
Il a jousté et bien et dur.
Et cil de Gistele li vint
Mout bien. » Et après jouster vint
Drieus de Salive et Boursaus
De Mequelines, qui les saus
S'en venoit sour .i. bon destrier.
Andoi vienent sans manecier,
Et s'entre-fierent ès escus
Si qu'il les ont frains et rompus,
Et brisierent, bien m'en souvient.
Willaumes de Loques en vient
Encontre Jehan de Soiri;
Grans cox et rades, je les vi,
Se sont andoi entre-donné.
Cil de Loques en ot bon gré,
Qu'il brisa .iij. lances d'aléc.
A tant ès-vous sans demorée
Boiset, qui ès rens s'embati,

Cil de Habuin contre li,
Qui a non mesire Wautiers.
De lour fer et de lour acier
Faisoient salir le cler fu.
Ceste jouste molt bone fu,
Si ne la doit-on pas celer.
Après joustent doi baceler :
Jehans de Fransieres a non
Li uns et est de bon renon,
Bons bacelers, preus et vassaus ;
Sour .i. destrier les menus saus
Vient jouster à Rogier d'Englume.
Petit s'en faut c'on n'i alume,
Que la nuis durement aproce.
Le destrier des esperons broce
Mesire Jehans de Fransiere,
Et fiert l'autre de tel maniere
Qu'il cancele et se desajue.
« A, douce Mere Dieu, ajue !
Dient se gent, hui en cest jour
Nous eskievés de deshonour ! »
La seconde et la tierce brise,
Jehans de Fransieres em prise
Et la roïne et sa gent,
Qu'il a jousté et bel et gent.
Pour la nuit qui vient et aproce,
Pieres de Houdenc point et broce

ROMAN DE HAM.

Le destrier encontre Boisart
De Relengues ; mais il fu tart,
Si que ne sai k'il leur avint.
Daulés de Wavegnies vint
Contre Engherran de Gheulesin :
L'uns donne l'autre tel tatin
Qu'il fierent et brisent ensanle;
De lour trois lances, ce me sanle,
N'ont nule entiere retenue.
Pour la nuit qui tost est venue,
Se haste cascuns quanqu'il puet.
Li sires de Maruel s'esmuet
Sour un mout bon destrier de pris,
L'escu par les enarmes pris,
Encontre Monart de Laleng.
Nus hom ne doit avoir desdaing
De jouster à ce baceler.
Monars de Laleng laist aler
Le cheval sur coi il se sist;
Biau fu armés et bien li sist,
Biau tint et le lance et l'escu,
Et sont andoi si bien venu
Que je ne sai lequel prisier.
Leur trois lances oï prisier,
Et fisent si grant froisséis
Qu'il sanloit que li hourdéis
Fust tous froissiés et abatus.

Bridous s'est ès rens embatus
De Baillet les grans galos
Et muet contre Robert d'Englos,
Si le fiert sour le hiaume amont
Qu'il l'a porté tout en un mont
Le cheval et le chevalier.
Lors véissiés rens commenchier
Par tout et aval et amont.
Mesire li quens de Clermont,
Qui molt est et frans et courtois,
Et mesire li quens d'Artois
Vienent à la roïne haut,
Qui encore est sour l'escafaut,
Qui voit les joustes et esgarde
Et ne s'en donna onques garde;
Si les voit à jenous à terre,
Et dient : « Dame, pour vous querre
Somes venu, s'il ne vous grieve. »
La roïne en estant se lieve
Et les salue et lour dist tant :
« Biau signeur, à vostre commant ;
Huimais est taus d'aler à cort. »
Kex li senescaus devant cort,
Et fait tant alumer tortis
Que il sauloit que tous espris
Fust et li castiaus et li pars.
Dont véissiés de toutes pars

ROMAN DE HAM.

Or la roïne gens mouvoir;
Mais qui dire vaurroit le voir,
Puisque la roïne s'en vint,
I ot-il joustes plus de vint
Dont je ne sai conte tenir.
A la candeille vi venir
Jouster Garin de Montagu;
Mais s'il joustast de fer agu,
Robert Burnel éust blecié :
Si a-il son cop adrecié;
Mais, Diu merci! il n'ot nul mal.
La roïne est venue aval,
Si entre ès cambres et s'atourne;
En petit d'eure s'en retourne,
Si corne-on l'iauwe et ont lavé.
Ne quist mie palais pavé
La roïne pour asséoir;
Mais là où ele pot véoir
Plus grant plenté de chevaliers
S'ala séoir, et li mengiers
Vient as tables, c'on i aporte.
Et la roïne se deporte
A la compaignie qu'ele a;
Mais en une pensée entra
Dont mout de gent sont mervillié,
Et s'en ont assés murmillié;
Mais nus n'ose parler à li.

Ele pensa et fu ensi
Plus d'une lieue à tout le mains,
Et tint en une de ses mains
.I. petit kenivet agu.
En ce pensé ù ele fu
Rist et demaine mout grant joie.
Il n'i a ame qui le voie
Qui n'en soit liés et esbadis;
Et pensent, puis que ele a ris,
Que n'a chose qui li anuit.
Lors a li quens de Clermont dit
Et il et mesires d'Artois,
Comme sage et comme courtois :
« Dame, vous avés peu soupé
. . . . . gneur que . . .
. . . . te qu'il n . . . .
. . . . m qui or . . . .
. . . . ques ni . . . .
. . . . ince nul . . . .
. . . . dens ces . . . .
Pleust ore à Dieu . . . .
Péussons estre e . . . .
« Dame, dist Kex . . . .
Vous repoés aler m . . . .
Es esqafaus w . . . .
Qu'encore jouster . . . .
Et cil dedens et ci . . . .

Doi et .ij. mue . . . .
Adont s'esmue . . . .
Plus de mil ca . . . .
Cil dehors ont . . . .
Par anui que cla . . . . . .
Et voient que . . . .
Et se li jours d . . . . . .
Saroit-il jo . . . .
La nuis le . . . .
As tentes . . . .
Li estran . . . .
Et Quex a . . . .
Giles ser . . . .
Après re . . . .
Se lieve . . . .
La roïn . . . .
Se lieven . . . .
Et vont e . . . .
De blan . . . .
Et puis si . . . .
La roïn . . . .
Carole . . . .
Qui deme . . . .
La roï . . . .
Une . . . .
Mais . . . .
Quant . . . .

. . . . . . conseil p . . . . .
. . . . . r pour le . . . .
. . . . . saus fu a . . . .
. . . . . main m . . . .
. . . . . ne soupe . . . .
. . . . . que je le d . . .
. . . . . uant on ot dormi
. . . . . rt comme courtois
. . . . . ont et d'Artois
. . . . . la roïne
. . . . . tout lor covine
. . . . . ent tout ensanle
. . . . . com moi sanle
. . . . . u mix joustant
. . . . . ns haoit tant
. . . . . s au mengier
. . . . . ns dangier
. . . . . poi de gens
. . . . . ue .iij. cens
. . . . . eles
. . . . . es noveles
. . . . . ne sai
. . . . . dirai
. . . . . istée
. . . .
. . . .
. . . . . ustin

ROMAN DE HAM.

. . . . . . nent
. . . . . ement
. . . . , oures
. . . . . oures
. . . .
. . . .
. . . .
. . . .
. . . . es
. . . .
. . . . ers
. . . .
. . . .

[Sa]rrasins en un petit livre
[M]ist les joustes qu'il vit molt dures;
[Et] si i mist les aventures,
[D]ont vous avés oï de beles,
Des chevaliers et des puceles
Et du Chevalier au Lyon,
Qui bons est et de grant renon,
Et tout l'afaire qui i fu;
Et la roïne qui là fu
Li commanda et si li dit
Que, s'il en faisoit un bel dit,
Qu'ele li paieroit si bien
Qu'il ne s'en plainderoit de rien,
Et feroit à sa gent paiier.

« Tu ne t'en dois mie esmaiier,
Dist li sires de Basentin :
Je sui pleges, par saint Martin !
S'ele m'en prie tant ne quant. »
— « Sire, je m'en tieng bien à tant ;
Mais je ne vous refuse mie,
Que vous arés et crouste et mie,
Je pens et croi, encore au wen. »
Ci fine li Remans du Hen ;
Et Sarrasins, s'il l'en est miex,
Dist que boine part i ait Dix.

Explicit le Romant du Hen.

INDEX GÉNÉRAL.

A.

Aalars de Croisiles, page 166, ligne 23; p. 175, l. 17.

Aalis (fille de Baudouin, comte d'Albemarle, et de Hawyse, sa femme), p. 109, l. 29.

Aarras (chef-lieu du département du Pas-de-Calais), p. 44, l. 22, 25.

Abbeville (ville du département de la Somme), p. 59, l. 22.

Acre (ville de la Syrie, sur la Méditerranée), p. 86, l. 8, 11, 13, 15, 24; p. 87, l. 4.

Acroce-Meure (chevalier de France), p. 164, l. 23, var. 7.

Adans (le premier homme), p. 40, l. 18.

Adans Chieres (châtelain de Bergues), p. 128, l. 8.

Adans de Biaumont, p. 174, l. 17; p. 188, l. 23.

Adans de Blemus, Roman de Ham, p. 345, v. 25.

Adan de Cardonnoi, R. de H., p. 342, v. 3.

Adan Gourlé, R. de H., p. 347, v. 16, 21, 23.

Adan de Nuelli, p. 188, l. 5.

Aelis (fille de Richard, duc de Normandie, et femme de Renaud, comte de Bourgogne), p. 51, l. 4.

Aigres, R. de H., p. 297, v. 18, 20, 24; p. 298, v. 4.

Aigrolers (Harald à la Dent-Noire, roi de Danemark), p. 31, var. 7 et 8.

Ainnes, p. 133, var. 7.

Aiquadre (saint), p. 15, var. 6.

Aire (ville de l'ancien Artois, actuellement dans le département du Pas-de-Calais), p. 120, l. 25; p. 140, l. 2, 8; p. 142, l. 15; p. 147, l. 11; p. 158, l. 4; p. 159, l. 20; p. 170, l. 5; p. 188, l. 7.

Alains (surnommé Barbe-Forte, comte de Bretagne), p. 18, l. 3, 8; p. 20, l. 26; p. 21, l. 1; p. 26, l. 2.

Alain (comte de Bretagne, fils de Geoffroi et d'Edwige), p. 56, l. 11, 15; p. 57, l. 8, 11.

Alain (fils de Geoffroi, comte de Champagne), p. 51, l. 9.

Alain Basset, p. 207, l. 24.

Alart de Croisiles, p. 175, var. 4.

Alemaigne (pays de l'Europe), p. 1, l. 10; p. 27, l. 12; p. 68, l. 2; p. 71, l. 6; p. 90, l. 1; p. 91, l. 5; p. 92, l. 6. — R. de H., p. 303, v. 1.

Alemaingne, R. de H., p. 362, v. 21.

Alemans (habitants ou natifs de l'Allemagne), p. 38, l. 11, 12, 13, var. 4; p. 88, l. 10; p. 90. l. 1, 3, 5.

Alenars d'Eselingherem, R. de H., p. 338, v. 15; p. 339, v. 1.

Alençon (chef-lieu du département de l'Orne), p. 96, l. 17.

Aleng, R. de H., p. 280, v. 9.

Aliene (le pays des Alains), p. 1, l. 14.

Alienor (duchesse d'Aquitaine, femme de Louis VII, puis de Henri II), p. 81, l. 9, 16, 26; p. 83, l. 3; p. 89, l. 2; p. 93, l. 9.

Alienor (fille de Geoffroi, comte de Bretagne, et de Constance, fille de Conan), p. 83, l. 6; p. 180, l. 25.

Almere (rivière du royaume des Pays-Bas), p. 8, l. 11, et var. 3.

Almetrus (sainte), p. 9, l. 5.

Alne (rivière de Normandie), p. 15, l. 6.

Alvré (Alfred, fils d'Ethelred et d'Emma), p. 56, l. 21, var. 5; p. 60, l. 6, 12, 25; p. 61, l. 5.

Amaurris de la Fonteniele, p. 166, l. 22.

AMAURRIS DE SAINT-CLER, R. de H., p. 310, v. 14.
AMIENS (chef-lieu du département de la Somme), p. 24, l. 14; p. 38, l. 14; p. 39, l. 21; p. 166, l. 19; p. 208, l. 25. — R. de H., p. 316, v. 26.
AMMANETES, p. 62, l. 2.
AMMAURI, p. 70, l. 26.
AMOISES, R. de H., p. 371, v. 27.
ANDELBOURC, p. 136, var. 1.
ANDELE (rivière du département de l'Eure), p. 13, l. 1; p. 36, l. 22, 23; p. 91, l. 14.
ANDELIS (petite ville du département de l'Eure), p. 96, l. 27; p. 97, l. 3.
ANDRIUS DE CHANCEAUS, p. 181, l. 20.
ANDRIUS DE KAVEGNY (André de Chauvigny), p. 95, l. 3, 18.
ANGEVINS (habitants ou natifs de l'Anjou), p. 77, l. 11.
ANGIERS (chef-lieu du département de Maine-et-Loire), p. 108, l. 13.
ANGO (Anjou, province de France), p. 40, l. 15; p. 63, l. 27; p. 71, l. 5, 8; p. 72, l. 23; p. 93, l. 2; p. 96, l. 4.
ANGOLIESME (Angoulême, chef-lieu du département de la Charente), p. 202, l. 4.
ANIES, p. 133, l. 20.
ANJO (Anjou), p. 73, l. 3; p. 93, l. 27.
ANJOU, p. 69, l. 18.
ANSIAUME (Saint Anselme, archevêque de Canterbury), p. 67, var. 7.
ANSIAUS DE CHEVREUSES, R. de H., p. 342, v. 25.
ANSIAUS DE ROUSLERS, p. 133, l. 8.
ANSIEL DE BIETHUNE, p. 190, l. 25, et var. 10.
ANTHENOR, p. 2, l. 8.
ANTHIOCE (ancienne ville de Syrie, dont elle était la capitale), p. 65, l. 14.
ANTIAUMES (Athelstan), p. 7, l. 7, 28; p. 10, l. 27; p. 20, l. 19.
ANTIAUMES (évêque de Chartres), p. 12, var. 1.
ANTIAUMES (archevêque de Canterbury, connu sous le nom de saint Anselme), p. 67, l. 24.
ANTOING (bourg de Belgique, province du Hainaut, à une lieue et demie de Tournay, sur l'Escaut), R. de H., p. 342, v. 24; p. 350, v. 26.
ANTONNE (« une ville qui siet defors la foriest des Castegniers »), p. 157, l. 25; p. 158, l. 3.
ANWIERS (ville de Belgique), p. 88, var. 8; p. 89, l. 7.
AQUILÉE (ville d'Illyrie), p. 87, l. 16.
AQUITAIGNE, p. 81, l. 10.
AQUITAINE, p. 83, l. 2.
ARCHES (Arques, village du département de la Seine-Inférieure, autrefois chef-lieu du comté d'Arques ou de Thalou), p. 59, l. 12; p. 62, l. 27; p. 89, l. 17; p. 93, l. 7; p. 95, l. 20; p. 96, l. 21.
ARDEMBOURC, p. 134, l. 15.
ARGENTURI (Argentan?), p. 58, l. 27; p. 120, l. 10.
ARGENTUEM (Argentan, ville du département de l'Orne), p. 58, var. 10; p. 72, l. 27; p. 120, var. 2.
ARNOUL D'AUDENARDE, p. 139, l. 25; p. 154, l. 21, 23.
ARNOUS (premier du nom, comte de Flandre), p. 23, l. 13, 15, 19; p. 24, l. 2, 15, 19, 23; p. 25, l. 11; p. 36, l. 6, 13, 24; p. 38, l. 2; p. 44, l. 20, 23.
ARNOUS DE LANDAST, p. 134, l. 25.
ARNOUS (« li cuens de Gisnes »), p. 166, l. 6.
ARONDEL, p. 174, var. 2.
ARONDIEL (Arundel, ville du comté de Sussex), p. 174, l. 7; p. 199, l. 26; p. 204, l. 5.
ARRAGON (province d'Espagne), p. 3, l. 7.
ARRAS, p. 119, l. 23; p. 142, l. 12; p. 160, l. 27; p. 175, l. 16; p. 182, l. 23; p. 194, l. 3; p. 195, l. 3; p. 201, l. 6; p. 202, l. 5; p. 272, l. 16.
ARTISIENS, p. 175, l. 15; p. 176, l. 28.
ARTOIS (province de France), p. 177, l. 17; p. 188, l. 2. — R. de H., p. 220, v. 8; p. 260, v. 4, 11; p. 261, v. 21; p. 262, v. 15; p. 266, v. 1; p. 278, v. 24; p. 317, v. 4; p. 319, v. 8; p. 328, v. 9; p. 357, v. 10; p. 358, v. 25; p. 378, v. 11; p. 380, v. 12; p. 382, v. 9.
ARTUS (Arthur, roi de Bretagne), p. 109, l. 19. — R. de H., p. 231, v. 5; p. 237, v. 27; p. 243, v. 7.
ARTUS (fils de Geoffroi, comte de Bretagne), p. 83, l. 6; p. 91, l. 25; p. 92, l. 24; p. 93, l. 1, 7, 10,

INDEX GÉNÉRAL. 387

11, 12, 23, 29; p. 94, l. 6; p. 95, l. 15, 22, 24, 26, 29.
Arve (rivière de Normandie, qui sépare les départements de l'Eure et d'Eure-et-Loir), p. 49, l. 15, 18.
Assese (Essex, comté d'Angleterre), p. 145, var. 2.
Assesse (Essex), p. 115, l. 18; p. 145, l. 14; p. 164, l. 21; p. 171, l. 12.
Athies, p. 181, l. 20; p. 196, l. 17.
Aubegni (Bauduins d'), p. 104, l. 14; p. 157, l. 17; p. 193, l. 7.
Aubegny, p. 163, l. 13; p. 183, l. 13; p. 207, l. 10, 24.
Aubegois (Albigeois), p. 122, l. 2.
Aubemalle, p. 88, l. 14; p. 97, l. 21; p. 100, l. 5; p. 109, l. 28; p. 111, l. 25; p. 115, l. 7; p. 191, l. 1.
Aubemarle, p. 88, var. 5; p. 97, var. 4; p. 174, l. 7; p. 179, var. 3.
Aubers de Longueval, R. de H., p. 222, v. 1; p. 272, v. 10; p. 286, v. 5; p. 317, v. 24; p. 318, v. 8; p. 350, v. 16; p. 351, v. 1; p. 352, v. 10, 17.
Aubert (comte de Vermandois), p. 44, l. 28.
Aubiert Guifart, p. 157, l. 20.
Auçoirre (Auxerre, chef-lieu du département de l'Yonne), p. 11, l. 20; p. 52, l. 8; p. 205, l. 24.
Auçuerre (Auxerre), p. 11, var. 11; p. 52, var. 3.
Audemer (château de Normandie), p. 97, l. 28.
Audenarde (ville de Belgique, province de la Flandre orientale), p. 134, l. 20; p. 154, l. 21, 23.
Audembourt, p. 134, var. 7.
Aufrike (Afrique), p. 1, l. 6.
Aufrique, p. 3, l. 6.
Aumanethes, p. 62, var. 2.
Aunoi, R. de H., p. 295, v. 1.
Ausinefort (Oxford), p. 165, l. 8; p. 172, l. 27; p. 195, l. 10; p. 199, l. 6.
Ausynefort (Oxford), p. 181, l. 7.
Autone, p. 157, var. 8; p. 158, var. 1.
Autreche, R. de H., p. 371, v. 2.
Auvergne (province de France), R. de H., p. 226, v. 19.
Auviergne, p. 20, l. 22; p. 81, l. 19.
Avaine, R. de H., p. 303, v. 17; p. 304, v. 4, 13.
Avalon (ville du département de l'Yonne), p. 52, l. 10.
Aveluis, R. de H., p. 310, v. 12.
Avergnas (Auvergnat), R. de H., p. 371, v. 21.
Ayglos (Harald à la Dent-Noire, roi de Danemark), p. 31, l. 27, 28; p. 32, l. 8; p. 33, l. 1.
Ayse (Asie), p. 1, l. 5.

B.

Baieuwes (Bayeux, ville du département du Calvados), p. 10, var. 3; p. 54, var. 6.
Baiewes (Bayeux), p. 98, var. 2.
Baillet, R. de H., p. 378, v. 2.
Baillorl (Bailleul, ville du département du Nord), p. 127, var. 3.
Bailluel (en Flandre), p. 127, l. 10; p. 128, l. 9; p. 141, l. 6; p. 166, l. 13; p. 181, l. 13. — R. de H., p. 295, v. 14; p. 299, v. 15; p. 311, v. 15; p. 324, v. 3, 14.
Baillües (Bailleul en Flandre), p. 166, var. 5.
Baingnart (nom d'un château de Londres appartenant à Robert Fitz-Walter), p. 119, var. 1.
Baisses (l'un des assassins de Guillaume Longue-Epée), p. 25, var. 5.
Baliert (comte de Poitiers), p. 12, l. 9.
Barbeflur (Barfleur, ville du département de la Manche), p. 68, l. 6.
Barrençon, R. de H., p. 308, v. 7.
Bardous, p. 59, l. 22.
Bares, p. 201, l. 4, 5; p. 202, l. 4.
Barres, R. de H., p. 338, v. 3.
Bascles, R. de H., p. 372, v. 8, 12, 15, 19, 23.
Basentin (village du département de la Somme), R. de H., p. 220, v. 18; p. 221, v. 9; p. 222, v. 3, 23; p. 230, v. 7; p. 291, v. 1; p. 293, v. 1; p. 360, v. 15; p. 361, v. 14; p. 362, v. 8, 15; p. 384, v. 2.
Basins, R. de H., p. 301, v. 21; p. 302, v. 15, 27; p. 303, v. 3, 11.
Basset, p. 207, l. 24.
Baudes li Cors (l'un des assassins de Guillaume Longue-Epée), p. 25, l. 12.

BAUDUIN (Baudouin IV, comte de Flandre), p. 51, l. 5; p. 55, l. 9.
BAUDUIN (Baudouin V, comte de Flandre), p. 55, l. 11; p. 61, l. 14.
BAUDUINS (frère d'Evrart Radous et d'Arnoul d'Audenarde), p. 154, l. 24.
BAUDUINS BIERTHAUS, p. 161, l. 4.
BAUDUINS (châtelain d'Arras), R. de H., p. 272, v. 16.
BAUDUINS D'AIRE, p. 140, l. 1, 8, 17; p. 147, l. 11; p. 158, l. 4; p. 149, l. 20; p. 170, l. 5.
BAUDUINS D'AUBEGNI, p. 104, l. 14.
BAUDUIN DE BIETHUNE (plus tard comte d'Albemarle par son mariage avec la comtesse Hawyse), p. 88, l. 13, 20, 21; p. 97, l. 20; p. 100, l. 4; p. 109, l. 28; p. 111, l. 25; p. 115, l. 7; p. 174, l. 8; p. 190, l. 25; p. 191, var. 1.
BAUDUIN DE BIAUVOIR, p. 166, l. 11; p. 175, l. 17.
BAUDUIN DE BIELVOIR, p. 173, l. 19.
BAUDUIN DE CORBUEL, p. 187, l. 17.
BAUDUINS DE NUEF-PORT (chevalier au service de Ferrand, comte de Flandre), p. 126, l. 27; p. 127, l. 14, 22, 25.
BAUDUINS DE RIVIERES, p. 62, l. 10.
BAUDUINS DE SAINT-NICOLAI, R. de H., p. 306, v. 1.
BAUDUIN L'EMPEREOUR DE CONSTANTINOBLE (Baudouin Ier, d'abord comte de Flandre sous le nom de Baudouin IX), p. 104, l. 7; p. 127, l. 4.
BAUDUINS LI CHASTELAINS DE LENS, p. 166, l. 23.
BAYOES (Bayeux), p. 14, l. 16; p. 15, l. 7; p. 17, l. 26; p. 20, l. 10; p. 21, l. 6; p. 45, l. 12; p. 69, l. 1.
BAYEUS, p. 62, l. 16.
BAYOUSE, p. 112, l. 27.
BAZENTIN (village du département de la Somme), R. de H., p. 221, v. 23.
BEALVAIS (Beauvais), p. 69, var. 1.
BEALVOIR, p. 175, var. 4.
BEAUMEIS (Beaumetz, ville du département de la Somme), p. 188, var. 1, 6.
BEDEFORT (Bedford, ville d'Angleterre, capitale du comté de ce nom), p. 181, l. 8.
BEESSIN (pays qui est autour de Bayeux), p. 69, l. 27.
BEFFREMONT (village du département des Vosges), R. de H., p. 359, v. 21.
BENEOIT (saint), p. 11, l. 26.
BERCIERES, p. 102, var. 4.
BERENGIERE, LA FEME LE ROI RICHART, p. 87, l. 17; p. 208, l. 22.
BERENGIERS (Juhael Bérenger, comte de Bretagne), p. 18, l. 4, 7; p. 26, l. 1.
BEREWIC (ville du Northumberland), p. 164, l. 14, var. 1.
BERKAMESTEDE (Berkhampstead, ville du comté de Herts), p. 182, l. 10.
BERMONDESÉE (Bermondsey), p. 172, l. 4.
BERNAI (ville du département de l'Eure), p. 62, l. 21.
BERNAR DU PLAISSIÉ, R. de H., p. 357, v. 4.
BERNARS (surnommé de Rouen ou le Danois), p. 26, l. 22, 25; p. 27, l. 4; p. 32, l. 11; p. 33, l. 12, 14, 16, 21; p. 35, var. 2.
BERNARS (comte de Senlis et oncle de Richard Ier de Normandie), p. 29, l. 5, 10, 15; p. 30, l. 9; p. 31, l. 14, 19; p. 34, l. 11; p. 35, l. 7.
BERNART DE MOREL, R. de H., p. 300, v. 20.
BERNART DE SAINT-WALERI (père de Mathilde, femme de Guillaume de Brayouse), p. 111, l. 15.
BERONNE, R. de H., p. 298, v. 17.
BERRIU (Berry, province de France), R. de H., p. 226, v. 19.
BERTAUS (le chambellan de Gremines, et son frère), p. 128, var. 2; p. 154, l. 16; p. 156, l. 18, 19; p. 170, var. 2.
BERTRANS, p. 169, var. 4.
BERTHAU, p. 73, l. 16.
BERTREMIU (Barthélemy), p. 200, l. 22; p. 202, l. 19.
BETHUNE (ville du département du Pas-de-Calais), p. 175, l. 16.
BETUNE, p. 152, var. 7; p. 159, var. 8.
BIAMÉS (Beaumetz, ville du département de la Somme), R. de H., p. 309, v. 3.
BIAUGEU (Beaujeu, chef-lieu de canton dans le département du Rhône), p. 166, l. 1; p. 179, l. 28.
BIAUGIEU (Beaujeu), R. de H., p. 374, v. 10.
BIAUGIU (Beaujeu), p. 179, var. 7.

INDEX GÉNÉRAL. 389

BIAUMÈS (Beaumetz), p. 160, l. 26; p. 188, l. 2, 21.

BIAUMONT, p. 61, l. 26; p. 70, l. 9; p. 102, l. 17; p. 161, l. 5; p. 174, l. 17; p. 184, l. 7; p. 186, l. 26; p. 188, l. 24.

BIAUVAIS (chef-lieu du département de l'Oise), p. 10, l. 12, 16; p. 34, l. 18; p. 39, l. 23; p. 54, l. 27; p. 88, l. 24. — R. de H., p. 282, v. 23.

BIAUVOIR; p. 166, l. 11; p. 175, l. 17.

BIELES-AISES, p. 162, l. 8.

BIEL - VEOIR (« un castiel Guillaume d'Aubegny »), p. 163, l. 13.

BIELVOIR, p. 173, l. 19.

BIERCHIERES, p. 102, l. 17.

BIER COSTE-FIERRÉE (grand seigneur de Danemark), p. 5, l. 7.

BIERNARS (comte de Senlis et oncle de Richard Ier de Normandie), p. 19, l. 10; p. 29, l. 6.

BIERNARS (surnommé de Rouen ou le Danois), p. 19, l. 18; p. 35, l. 6.

BIERNEVAL-SOUR-LA-MER (village du département de la Seine-Inférieure), p. 15, l. 10.

BIERTAUS (le chambellan de Gremines, et son frère), p. 128, l. 7; p. 133, l. 27; p. 134, l. 14; p. 159, l. 27; p. 169, l. 24.

BIERTIAUS, p. 170, l. 6.

BIERTREMIU DE ROIE (chevalier de la cour de Philippe-Auguste), p. 120, l. 6.

BIERTRANS (Bernard le Danois), p. 19, l. 9, 11.

BIETHUNE (Béthune, ville du département du Pas-de-Calais), p. 88, l. 14; p. 92, l. 7; p. 100, l. 4; p. 104, l. 14; p. 128, l. 3, 20, 28; p. 131, l. 22; p. 132, l. 7, 26; p. 133, l. 23; p. 134, l. 2, 18; p. 135, l. 9, 14; p. 140, l. 1, 7; p. 141, l. 9, 16, 24, 27, 28; p. 142, l. 3; p. 147, l. 10, 13; p. 148, l. 27; p. 152, l. 28; p. 153, l. 7, 10, 12; p. 154, l. 26; p. 158, l. 3, 21; p. 159, l. 17, 24; p. 161, l. 17; p. 162, l. 24; p. 170, l. 4; p. 173, l. 19; p. 174, l. 9; p. 178, l. 22; p. 188, l. 19; p. 190, l. 26; p. 191, l. 1, 20, 23.

BIETUNE, p. 190, var. 11.

BIGHOT, p. 165, l. 3.

BIGOS, p. 164, l. 16; p. 71, l. 19.

BLANCE (femme de Louis VIII, et mère de Louis IX, rois de France), p. 83, l. 21; p. 91, l. 13; p. 198, l. 12, var. 6; p. 200, l. 15, 23.

BLANGI, p. 75, l. 27.

BLAS (surnom de Johannice, roi des Bulgares), p. 104, l. 9.

BLAVETINS, p. 134, l. 2.

BLAVOTINS, p. 134, var. 1.

BLEMUS, R. de H., p. 345, v. 25.

BLOIS (chef-lieu du département de Loir-et-Cher), p. 54, l. 10; p. 82, l. 22; p. 104, l. 11.

BLOSEVILE, R. de H., p. 299, v. 7.

BOIDINS DE HAVESKERQUE (chevalier de Flandre), p. 152, l. 25; p. 153, l. 23; p. 62, l. 8.

BOIDINS DE METRES, p. 166, l. 13; p. 175, l. 18.

BOINNE-VILLE (village du département du Calvados), p. 98, var. 1.

BOISARS DE BOURGHIELE, p. 138, l. 21.

BOISART DE RELENGUES, R. de H., p. 377, v. 1.

BOISET, R. de H., p. 374, v. 7; p. 375, v. 27.

BOIS-GIRIAUME, R. de H., p. 348, v. 11.

BOISSÉS, R. de H., p. 280, v. 9, 19; p. 281, v. 2.

BOLOIGNE (Boulogne-sur-Mer, ville du département du Pas-de-Calais), p. 80, l. 17.

BONRHEM (château de Flandre), p. 141, l. 22.

BONENT, p. 54, l. 23.

BORBORG (ville du département du Nord), p. 127, var. 5.

BORGIELE (Bourghelles, village du département du Nord), p. 138, var. 9.

BOREWIC (Berwick ou Tweed, ville du comté de Northumberland), p. 164, l. 9.

BORGOIGNE (province de France), p. 55, l. 27.

BORS, p. 125, var. 5.

BOS, R. de H., p. 336, v. 1.

BOSCAIS, R. de H., p. 338, v. 14.

BOSCART, p. 70, var. 5.

BOSKIAUS, R. de H., p. 338, v. 19; p. 339, v. 5, 10.

BOSQIAUS, R. de H., p. 338, v. 24.

BOTHON (« qui cuens estoit »), p. 20, l. 11.

BOTON, p. 10, l. 13; p. 17, l. 15.

BOUBERC, R. de H., p. 337, v. 21.
BOUCHARS (comte de Melun), p. 51, l. 13, 18, 24.
BOUCHART DE MONMORENCI, p. 70, l. 9.
BOUKINGEHEM (Buckingham, capitale du comté de Bucks), p. 181, l. 8.
BOULENISIENS (Boulonnais), p. 74, l. 1, 5; p. 75, l. 20.
BOULENISSIENS (Boulonnais), p. 73, l. 19.
BOULENOIS (province de France, dont Boulogne-sur-Mer est la capitale), p. 59, l. 27; p. 76, l. 12; p. 167, l. 3; p. 180, l. 2, 4; p. 184, l. 14; p. 195, l. 4; p. 199, l. 3.
BOULEIGNOIS (Boulonnais), p. 184, l. 12.
BOULOIGNE (Boulogne-sur-Mer), p. 59, l. 27; p. 64, l. 23; p. 69, l. 22; p. 71, l. 20; p. 103, l. 20; p. 129, l. 14; p. 130, l. 11; p. 131, l. 17, 20, 27; p. 132, l. 23; p. 133, l. 25; p. 134, l. 7; p. 135, l. 17; p. 136, l. 3; p. 137, l. 7; p. 141, l. 8; p. 144, l. 10; p. 167, l. 4.
BOULOINGNE (Boulogne-sur-Mer), p. 201, var. 3.
BOURC, R. de H., p. 299, v. 20.
BOURDIAUS-SOR-GIRONDE, p. 108, l. 16, 18, 23.
BOURGEGNON (Bourguignons), p. 39, l. 13; p. 52, l. 5.
BOURGHIELE (Bourghelles, village du département du Nord), p. 138, l. 22; p. 139, l. 26.
BOURBOURC-SOUR-LE-MER (ville du département du Nord), p. 127, l. 11.
BOURGHEGNON (Bourguignons), p. 52, l. 10.
BOURGOIGNE (province de France), p. 12, l. 9; p. 51, l. 4; p. 52, l. 3, 21; p. 108, l. 9, 20, 26.
BOURS, p. 103, l. 12, 19; p. 104, l. 18; p. 125, l. 17; p. 170, l. 10; p. 181, l. 23; p. 189, l. 23; p. 192, l. 21; p. 201, l. 16; p. 203, l. 1.
BOURSAUS DE MEQUELINES, R. de H., p. 375, v. 13.
BOUSSET, R. de H., p. 280, v. 27.
BOUTAVANT, p. 91, l. 6.
BOUVINES (village du département du Nord), p. 144, l. 14; p. 145, l. 10.
BOVE (village du département de la Somme), p. 129, l. 15; p. 130, l. 12;
p. 132, l. 28; p. 134, l. 10; p. 141, l. 9; p. 153, l. 26, 28; p. 154, l. 4, 12; p. 155, l. 8; p. 156, l. 7, 13; p. 157, l. 27. — R. de H., p. 345, v. 27.
BOVENT, p. 54, var. 4.
BOVINES (village du département du Nord), p. 144, var. 3.
BRAIBANT (province de Belgique), p. 154, l. 9.
BRAINE, R. de H., p. 369, v. 15.
BRAIOUSE, p. 112, l. 4, 7, 10; p. 114, l. 22; p. 115, l. 3.
BRANDIS (Brindes, actuellement Brindisi, ville d'Italie dans la Terre d'Otrante), p. 87, l. 12.
BRAYBANT (province de Belgique), p. 154, l. 14.
BRAYOUSE, p. 111, l. 13; p. 113, l. 5.
BREAUTÉ (bourg du département de la Seine-Inférieure), p. 172, l. 27; p. 181, l. 6; p. 188, l. 4; p. 194, l. 16.
BREBANT (province de Belgique), R. de H., p. 226, v. 7.
BREMULE-LÈS-MORTEMER (lieu dans les environs de Neufchâtel, département de la Seine-Inférieure), p. 63, l. 2.
BRETAIGNE (province de France), p. 3, l. 4; p. 13, l. 16, 20; p. 14, l. 21; p. 17, l. 23; p. 20, l. 26; p. 26, l. 2; p. 43, l. 25; p. 47, l. 16, 19; p. 50, l. 11, 26; p. 56, l. 11; p. 57, l. 8; p. 63, l. 24; p. 70, l. 7; p. 83, l. 4; p. 91, l. 25; p. 92, l. 24; p. 93, l. 8; p. 94, l. 1; p. 143, l. 4; p. 179, l. 20; p. 180, l. 25; p. 188, l. 17; p. 200, l. 2; p. 201, l. 10. — R. de H., p. 225, v. 18.
BRETAIGNE (nom d'un cousin de Robert de Béthune), p. 133, l. 22.
BRETAINGNE (Bretagne), p. 51, var. 3.
BRETEAUS, p. 161, var. 2.
BRETHON (Bretons), p. 17, l. 20; p. 26, l. 4.
BRETON, p. 17, l. 22, 24; p. 23, l. 19; p. 28, l. 13; p. 30, l. 2; p. 40, l. 30; p. 49, l. 17; p. 50, l. 12; p. 56, l. 17.
BRETONL DE HOUDENCOURT, R. de H., p. 367, v. 21.
BRETUEL (ville du département de l'Eure), p. 63, l. 3.
BRIDOUS DE BAILLET, R. de H., p. 378, v. 1.
BRIENE, p. 207, l. 1.

INDEX GÉNÉRAL. 391

BRIMEU (village du département du Pas-de-Calais), R. de H., p. 345, v. 13, 22.
BRISTOU (Bristol, ville du comté de Gloucester), p. 69, l. 10; p. 77, l. 16, 28, var. 5; p. 79, l. 13; p. 181, l. 18.
BRIWERRE, p. 117, var. 1.
BROSTESINGE (surnom d'Adam de Beaumont), p. 174, l. 18.
BROSTEWIC, p. 115, l. 8.
BROUCHARS (Bouchard, comte de Melun), p. 51, var. 6.
BRUGES (ville de Belgique), p. 126, l. 19; p. 132, l. 12, 15; p. 136, l. 14, 24.
BRUIANT D'UEL, R. de H., p. 233, v. 23.
BRUIERE, p. 117, l. 7.
BRUN (surnom de Hugues, comte de la Marche), p. 206, l. 16.
BRUNOF L'ARCHEVESQUE DE COULOIGNE, p. 39, l. 19.

BRUSEWIC (Brunswick), p. 207, l. 5.
BRUSTOU (Bristol), p. 77, l. 12.
BRUUIERE, p. 117, l. 10, 16.
BRUUIERRE, p. 117, l. 3.
BUART (nom de l'écuyer qui portait la bannière de l'avoué de Béthune), p. 178, var. 6.
BUEFFREMONT (village du département des Vosges), R. de H., p. 358, v. 10.
BUESMOLINS (château de Normandie), p. 70, l. 16.
BUENE-VILLE-SOR-TOUKE (village du département du Calvados), p. 97, l. 28.
BURIDANS DE WAULAINCORT, R. de H., p. 371, v. 24; p. 372, v. 2.
BURINS (frère de Hrolf ou Rollon, et fils de Bier Coste-Fierrée [Côte-defer]), p. 5, l. 8, 11, 19.
BURNEL, R. de H., p. 371, v. 22; p. 379, v. 9.
BYGOT, p. 172, l. 11.

C.

CAAM (Caen, chef-lieu du département du Calvados), p. 61, l. 21; p. 64, l. 29; p. 69, l. 1.
CAEU (Cayeux, bourg du département de la Somme), R. de H., p. 349, v. 11, 21.
CAIEUS (bourg du département de la Somme), R. de H., p. 229, v. 24.
CALEBOT, p. 86, l. 12.
CAM (Caen), p. 97, l. 27.
CAMBRAY (ville du département du Nord), p. 92, l. 5, 13.
CAMPAIGNE (Champagne, province de France), p. 86, l. 15.
CANDE (Sainte), p. 63, l. 19.
CANLE, p. 201, l. 6. — R. de H., p. 307, v. 25; p. 309, v. 11; p. 253, v. 5.
CANTEBRUGE (Cambridge), p. 182, l. 15.
CANTEBRUGES (Cambridge), p. 179, l. 13.
CANTENS, R. de H., p. 346, v. 23.
CANTORBIRE (Canterbury, capitale du comté de Kent), p. 48, var. 4; p. 105, l. 27; p. 140, l. 3, 5, 21; p. 156, l. 28; p. 157, l. 3, 12, 25; p. 167, l. 15; p. 171, l. 1; p. 179, l. 10; p. 184, l. 10; p. 189, l. 27; p. 196, l. 21; p. 202, l. 17; p. 208, l. 6; p. 209, l. 14.

CANTORBYRE (Canterbury), p. 63, l. 11; p. 157, l. 10.
CARBONIAUS, R. de H., p. 343, v. 20, 22; p. 368, v. 7.
CARDONALE (suivante de Genièvre), R. de H., p. 239, v. 24; p. 265, v. 3; p. 319, v. 4.
CARDONNAL, R. de H., p. 342, v. 10.
CARDONNOI, R. de H., p. 342, v. 3.
CARDUEL (Carlisle, capitale du comté de Cumberland), R. de H., p. 233, v. 22.
CAREU, R. de H., p. 324, v. 2.
CARLES (Charles Ier, comte d'Anjou et de Provence, dernier fils de Louis VIII, roi de France, et de Blanche de Castille), R. de H., p. 214, v. 18.
CAROGES (château de Bretagne, sur le Coisnon), p. 56, l. 14.
CARROIS, R. de H., p. 308, v. 20.
CASSEL (ville du département du Nord), p. 127, var. 4.
CASSIEL (ville du département du Nord), p. 139, l. 22.
CASSIEL-SOUR-LE-MONT (ville du département du Nord), p. 127, l. 11.
CASTEGNIERS (forêt), p. 157, l. 26.
CASTEIGNIERS (forêt), p. 157, var. 9.

CASTEL-ERAUT (Châtelleraut, ville du département de la Vienne), p. 102, l. 12.
CASTEL-GAILLART (château de Normandie, situé au petit Andeli, département de l'Eure), p. 88, l. 26; p. 96, l. 27; p. 97, l. 1.
CASTEL-ROUSET, p. 103, var. 7.
CASTELLON, p. 62, l. 14; p. 208, l. 27.
CASTENAI, R. de H., p. 324, v. 17.
CASTIAUS-GAILLARS (château de Normandie), p. 98, l. 22.
CASTIEL-BAIGNART (château de Londres appartenant à Robert Fitz-Walter), p. 119, l. 1.
CASTIEL-FRAIT (Pontefract, Yorkshire), p. 163, l. 15.
CASTIEL-GAILLART, p. 97, l. 5; p. 102, l. 27.
CASTIEL-GONTIER EN ANGO (chef-lieu d'arrondissement du département de la Mayenne), p. 63, l. 27.
CASTIEL-RAOUL, p. 95, l. 5.
CASTIEL-ROUFET, p. 103, l. 26.
CASTILLON, R. de H., p. 373, v. 1.
CENEVIBRES, R. de H., p. 304, v. 24; p. 311, v. 23.
CERISI, p. 177, l. 18.
CERISY (abbaye et bourg entre Saint-Lo et Bayeux), p. 61, l. 21.
CERTESÉE (Chertsey, dans le comté de Surrey), p. 196, var. 5.
CESTRE, p. 107, var. 3, 5.
CHALEMONT (Talmont en Poitou, bourg du département de la Vendée), p. 102, l. 15.
CHALON (ville du département de Saône-et-Loire), p. 52, l. 13, 24.
CHAMPAIGNE (province de France), p. 9, l. 10; p. 51, l. 8; p. 81, l. 14, 15; p. 82, l. 21. — R. de H., p. 226, v. 9.
CHANGEAUS, p. 181, l. 20.
CHANGE, p. 170, l. 14.
CHANLE, p. 201, var. 2. — R. de H., p. 307, v. 10, 19; p. 309, v. 26.
CHANTEBRUGE (Cambridge), p. 181, l. 8.
CHANTORBIRE (Canterbury), p. 48, l. 11; p. 67, l. 24; p. 80, l. 27; p. 100, l. 8; p. 105, l. 21, 24; p. 110, l. 5, 6; p. 125, l. 13; p. 140, l. 19; p. 149, l. 20; p. 158, l. 12; p. 167, l. 16; p. 168, l. 13, 20; p. 171, l. 21; p. 197, l. 17, 21; p. 205, l. 15; p. 209, l. 19.
CHARLES LI SIMPLES (roi de France), p. 5, l. 1; p. 12, l. 24; p. 20, l. 22, 23.
CHARTRES (chef-lieu du département d'Eure-et-Loir), p. 5, l. 3; p. 12, l. 6; p. 39, l. 10; p. 41, l. 2, 4, 16; p. 49, l. 12; p. 81, l. 15; p. 104, l. 11.
CHASTELLON, p. 137, l. 2.
CHAVEGNY (Chauvigny, ville du département de la Vienne), p. 95, l. 18.
CHAVEIGNI (Chauvigny), p. 95, var. 1.
CHENUS (Cnut, roi d'Angleterre), p. 48, l. 20; p. 49, l. 2, 6; p. 56, var. 6; p. 57, l. 14; p. 60, l. 1.
CHEVALIERS AU LYON, R. de H., p. 240, v. 1; p. 245, v. 19; p. 315, v. 2; p. 317, v. 21; p. 318, v. 5; p. 383, v. 19.
CHEVREUSES (ville du département de Seine-et-Oise), R. de H., p. 342, v. 25.
CHERES (châtelain de Bergues), p. 135, l. 4.
CHIERES (châtelain de Bergues), p. 128, l. 8; p. 133, l. 21; p. 135, var. 3.
CHIERET, p. 190, var. 8.
CHINON (ville de la Touraine, département d'Indre-et-Loire), p. 84, l. 16, 17; p. 103, l. 11, 14; p. 104, l. 2, 17; p. 108, l. 7, 8, 21; p. 109, l. 2; p. 143, l. 21.
CHIOC (château de Flandre), p. 55, var. 4.
CHIOT (château de Flandre), p. 55, l. 19.
CIBRET, p. 190, l. 24.
CIERTESÉE (Chertsey, ville du comté de Surrey), p. 196, l. 26.
CICESTRE (Chichester, capitale du comté de Sussex), p. 70, l. 19.
CIERES (châtelain de Bergues), p. 133, var. 8; p. 195, l. 4.
CIESTRE (Chester), p. 62, l. 9; p. 70, var. 9; p. 98, l. 24; p. 193, l. 1; p. 195, l. 7.
CISTIAUS (ordre religieux), p. 115, l. 10; p. 197, l. 8; p. 200, l. 6; p. 207, l. 25.
CLARE (bourg du comté de Suffolk), p. 145, l. 13; p. 161, l. 18, 21; p. 162, l. 27; p. 163, l. 2; p. 171, l. 7; p. 194, l. 26.
CLERE, R. de H., p. 279, v. 4; p. 282, v. 20.
CLERESVAUS (ordre religieux), p. 197, var. 1.

INDEX GÉNÉRAL. 393

CLERMONT, R. de H., p. 289, v. 24; p. 291, v. 17; p. 293, v. 5; p. 323, v. 9; p. 369, v. 2; p. 378, v. 9; p. 380, v. 11.

CLERMONT (en Auvergne, chef-lieu du département du Puy-de-Dôme), p. 11, l. 22.

CLERVAUS (ordre religieux), p. 197, l. 8.

CLOECIESTRE (Gloucester), p. 182, l. 12.

CLUIGNY (Cluny, chef-lieu d'un ordre religieux), p. 184, l. 13.

CLUINGNI (Cluny), p. 70, var. 8.

CLYGNI (Cluny), p. 70, l. 18, 21.

COENI, p. 49, var. 8.

COING, R. de H., p. 338, v. 4.

COISNON (rivière qui sépare la Normandie de la Bretagne), p. 17, l. 22; p. 56, l. 13, 17.

COLECESTRE (Colchester, ville du comté d'Essex), p. 165, var. 3; p. 182, var. 4.

COLEMONT, p. 70, var. 7.

COLEWIDE (ville de Flandre), p. 141, l. 15, 19.

COMES (Godwin, comte de Kent), p. 60, l. 19.

COMPIEGNE (ville du département de l'Oise), R. de H., p. 216, v. 17.

CONAINS LI DUS DE BRETAIGNE (Conan II), p. 63, l. 24.

CONNAINS (Conan II, duc de Bretagne), p. 63, l. 27; p. 64, l. 3.

CONNAINS (Conan III, dit le Gros, duc de Bretagne), p. 70, l. 6.

CONNAINS (quatrième du nom, duc de Bretagne, surnommé le Petit), p. 83, l. 4.

CONSTANCE (femme de Robert, roi de France), p. 55, l. 26.

CONSTANCES (Coutances, ville du département de la Manche), p. 98, l. 2.

CONSTANS D'ENGLOS, LI CUENS DES COUSTENTINOIS, p. 59, l. 3.

CONSTANT (Toustain, comte de Coutances), p. 59, l. 5.

CONSTANTINOBLE (Constantinople), p. 1, l. 13; p. 82, l. 25; p. 91, l. 29; p. 104, l. 8, 13; p. 127, l. 4; p. 128, l. 5; p. 180, l. 8; p. 205, l. 23.

CONSTENTIN (Cotentin), p. 3, l. 3; p. 32, l. 19; p. 47, l. 9; p. 65, l. 5.

CONSTENTINOIS (natifs ou habitants du Cotentin), p. 23, l. 21.

COULEMONT (château de Normandie), p. 70, l. 16.

COUNOC (Connaught, l'une des quatre provinces de l'Irlande), p. 112, l. 21.

COURTRAY (ville de Belgique), p. 134, l. 20; p. 137, l. 6, 9, 18, 20, 25.

COUSTANCE (sœur de Guillaume, roi de Sicile, et femme de Henri, empereur de Rome), p. 85, l. 14.

COUSTENTIN (Cotentin), p. 62, l. 11.

COUSTENTINOIS (gens du Cotentin), p. 31, l. 1; p. 32, l. 2; p. 43, l. 8; p. 59, l. 3.

COPEGNI, p. 191, l. 4.

COR (Corfe, Dorsetshire), p. 96, var. 2.

CORBIE (ville du département de la Somme), p. 24, l. 15.

CORBIE (Corbeil, ville du département de Seine-et-Oise), p. 56, l. 5.

CORBIOIS, R. de H., p. 271, v. 26, 27.

CORBUEL, p. 187, l. 18.

CORÇON, p. 144, l. 19.

CORF (Corfe, château du comté de Dorset à 120 milles de Londres), p. 96, l. 8; p. 100, l. 27; p. 114, l. 22; p. 152, l. 22; p. 172, l. 26; p. 180, l. 24, 28; p. 181, l. 16.

CORMEILLES (bourg du département de l'Eure), p. 61, var. 2.

CORMELLYES (Cormeilles, bourg du département de l'Eure), p. 61, l. 25.

COSME (saint), p. 155, l. 3.

COUCHI (Coucy-le-Châtel, commune du département de l'Aisne), p. 29, l. 10, 14, var. 2.

COUCI (château de Picardie), p. 29, l. 3; p. 165, l. 24; p. 175, l. 13, var. 6; p. 187, l. 14; p. 19, l. 10.

COUFLANS, R. de H., p. 297, v. 19; p. 298, v. 1.

COULOIGNE (ville des états prussiens), p. 39, l. 19; p. 68, l. 4.

COULOIGNE, R. de H., p. 305, v. 20.

COUPIELE, p. 128, l. 10.

COUPIGNI, R. de H., p. 328, v. 9.

COUPLIAUS, R. de H., p. 340, v. 2.

COURTENAY (bourg du département du Loiret), p. 166, l. 15; p. 172, l. 21; p. 198, l. 15; p. 201, l. 1, 23; p. 202, l. 2, 24, 25, 27.

COURTENNAY, p. 205, l. 25.

COURTOISIE (personnification), R. de H., p. 215, v. 27; p. 223, v. 9.

COUSTANCES (Coutances), p. 49, l. 20.

COUSTENT (Coutances), p. 56, l. 16.

COUSTENTINOBLE (Constantinople), R. de H., p. 225, v. 1.

COUTURE, R. de H., p. 310, v. 23; p. 311, v. 7.

26

CRACFERGU (château d'Irlande), p. 112, l. 26; p. 113, l. 7, 9; p. 114, l. 19.
CRAMAILLES, R. de H., p. 349, v. 12.
CRAVE (nom du marin qui trancha la tête à Eustache le Moine), p. 202, var. 1.
CREEL (Creil, ville du département de l'Oise), p. 29, l. 14. — R. de H., p. 216, v. 17.
CREEIL (Creil), p. 29, var. 6.
CREON, p. 170, l. 13; p. 178, l. 1, 3, 23, 26.
CRESTEGNY, p. 62, l. 8.
CRESTIENS (Chrétien de Troyes), R. de H., p. 230, v. 21.
CROCEMBURE (nom d'un chevalier de France qui tua Geoffroy de Mandeville), p. 164, l. 25.
CROISILES (village du département du Pas-de-Calais), p. 166, l. 23.
CROISILLES (village du département du Pas-de-Calais), p. 175, l. 18.
CROON, p. 178, var. 1.
CYPRE (Chypre, île de la Méditerranée), p. 86, l. 9, 11.
CYRAI, p. 62, l. 23.
CYSOING (village du département du Nord), p. 162, l. 9.

D.

DAMIEN (saint), p. 155, l. 4.
DAMIETE (ville de la Basse-Égypte), p. 206, l. 27; p. 207, var. 2, 3.
DAGART, R. de H., p. 300, v. 6.
DAGRAS DE BOURG, R. de H., p. 299, v. 20.
DAN (ville de Flandre), p. 124, l. 27; p. 130, l. 18, 25; p. 132, l. 4, 8, 10; p. 134, l. 23; p. 136, l. 8, 11.
DANAUS (Troyen, fils d'Anthénor), p. 2, l. 8.
DANEMARCE (Danemark, royaume du nord de l'Europe), p. 3, l. 18.
DANEMARCHE (Danemark), p. 1, l. 14; p. 5, l. 4; p. 18, l. 26; p. 19, l. 15; p. 31, l. 7, 26; p. 41, l. 6; p. 47, l. 25, 27; p. 48, l. 19, 21; p. 49, l. 9.
DANIAUS (nom de l'un des fils de Guillaume, avoué de Béthune, puis avoué lui-même), p. 142, l. 4; p. 166, l. 8.
DANIAUS DE MAALINES, p. 137, l. 21.
DANIELS (nom de l'un des fils de Guillaume, avoué de Béthune), p. 128, var. 1.
DANLÉS DE WAVEGNIES, R. de H., p. 377, v. 4.
DANOIS (habitants ou natifs du Danemark), p. 2, l. 8; p. 4, l. 25; p. 5, l. 4; p. 7, l. 27; p. 8, l. 17; p. 9, l. 12, 25; p. 10, l. 3, 6, 13, 22; p. 12, l. 11, 15, 21; p. 17, l. 15; p. 31, l. 23; p. 32, l. 3, 5, 15, 23, 27; p. 33, l. 9; p. 41, l. 7, 25; p. 42, l. 7, 8, 21; p. 43, l. 5, 10; p. 47, l. 21; p. 48, l. 2, 6, 7, 18, var. 1.
DAN-MARTIN, p. 103, var. 5.
DANOIS (nom de l'un des fils de Guillaume, avoué de Béthune), p. 128, l. 4.
DANTFRONT EN PASSOIS (Domfront, ville du département de l'Orne), p. 72, l. 27.
DANT-MARTIN, p. 103, l. 20.
DAVID LI PROPHETES (David, roi des Juifs), p. 44, l. 6.
DAVIS D'ESCOCE, p. 76, l. 16.
DECOLASSE (surnom de saint Jean-Baptiste), p. 207, l. 16.
DENFRONT, p. 98, var. 3.
DENIS (saint), p. 14, l. 26. — R. de H., p. 233, v. 14; p. 247, v. 5; p. 266, v. 4.
DENISE (saint), p. 14, l. 18; p. 121, l. 22. — R. de H., p. 226, v. 21.
DEREGNAU (maison fortifiée de Lille), p. 139, l. 4, 13, 18, 22.
DEREIGNAU (maison fortifiée de Lille), p. 139, var. 1.
DESPENSIER, p. 70, l. 2.
DEU (Eu, ville du département de la Seine-Inférieure), p. 46, l. 13; p. 58, l. 14; p. 62, l. 5.
DEWIME, p. 161, var. 1.
DINGEPUEIL, p. 190, l. 5.
DINGUEPUEIL, p. 190, var. 1.
DIVE (rivière du département du Calvados), p. 32, l. 2, 10; p. 62, l. 3.
DODINFUELL, p. 194, l. 26.
DOE, p. 170, l. 13.
DOL (ville du département d'Ille-et-Vilaine), p. 50, l. 13.
DOMBAR (ville d'Écosse, comté d'Haddington), p. 164, l. 10.

DOMPIERE, R. de H., p. 366, v. 25; p. 367, v. 4.
DONCHART, R. de H., p. 307, v. 26.
DONER (fils de Courtoisie, personnification), R. de H., p. 223, v. 27.
DONEWIS (Dunwich, dans le comté de Suffolk), p. 155, l. 7; p. 172, l. 16.
DONFORT EN PASSOIS (Domfront, ville du département de l'Orne), p. 98, l. 3.
DONSE (ville de Flandre), p. 137, l. 16.
DONSELE, R. de H., p. 324, v. 20.
DOREFORT, p. 182, l. 12.
DORKAIS (château de Normandie), p. 50, var. 11.
DOUAY (ville du département du Nord), p. 127, l. 10; p. 136, l. 27, 28. — R. de H., p. 336, v. 4.
DOUVRE (ville et port du comté de Kent), p. 48, l. 15; p. 64, l. 25; p. 71, l. 27; p. 123, l. 26, 27; p. 124, l. 3; p. 127, l. 23; p. 130, l. 4, 6; p. 140, l. 3; p. 153, l. 3, 5, 27; p. 156, l. 28; p. 157, l. 11; p. 167, l. 22; p. 168, l. 10; p. 170, l. 3, 9, 11; p. 177, l. 20, var. 4; p. 179, l. 10, 18; p. 180, l. 12; p. 181, l. 23; p. 182, l. 6; p. 184, l. 18, 24; p. 186, l. 25; p. 189, l. 4, 6, 12, 17; p. 192, l. 19, 23; p. 193, l. 6; p. 195, l. 14; p. 196, l. 9, 12; p. 198, l. 26; p. 200, l. 17.
DOUVRES, p. 192, l. 16.
DOVELINNE (Dublin, capitale de l'Irlande), p. 112, l. 12.
DOVRE (Douvres), p. 179, l. 8.
DREUES (Dreux, ville du département d'Eure-et-Loir), p. 143, l. 5, 11, 19; p. 144, l. 24; p. 145, l. 1; p. 166, l. 3; p. 175, l. 5, 12; p. 176, l. 13, 16; p. 177, l. 11; p. 178, l. 28; p. 188, l. 18; p. 202, l. 22, 26; p. 208, l. 26.
DREUWES, p. 143, var. 3; p. 166, var. 1.
DRIENCOURT, p. 70, var. 7; p. 89, l. 17.
DRIEU ou DRIEX DU PLAISSIÉ, R. de H., p. 296, v. 14, 21; p. 297, v. 1.
DRIEUS DE MORLAINES, R. de H., p. 281, v. 12, 22; p. 282, v. 8.
DRIEUS DE ROIE, R. de H., p. 345, v. 7.
DRIUES DE PRAIAUS, R. de H., p. 297, v. 7.
DRIUON DE ROIE, R. de H., p. 344, v. 16.
DRIUS DE ROIE, R. de H., p. 344, v. 22.
DUNOE, p. 1, var. 3.
DURAMME (Durham), p. 163, l. 21.
DURAUME (Durham), p. 164, l. 7.
DUREAUME (Durham), p. 163, var. 6; p. 164, l. 8.
DUVELINE (Dublin), p. 112, var. 3.
DYNOE, p. 1, l. 13.

E.

EBAR (évêque de Bayeux), p. 10, l. 21.
EBALT (comte de Poitiers), p. 12, var. 2.
EBRAX, p. 21, l. 27.
ECESTRE (Exeter, chef-lieu du Devonshire), p. 148, var. 2.
ECIESTRE (Exeter), p. 148, l. 1, 6, 21; p. 149, l. 11, 16; p. 163, l. 15, 18; p. 194, l. 15.
EDUIWART (roi d'Angleterre), R. de H., p. 226, v. 3.
ELY (ville du comté de Cambridge), p. 188, var. 2.
EMME (femme de Richard Ier, duc de Normandie), p. 43, l. 14.
EMME (fille de Richard Ier et de Gonnor, depuis reine d'Angleterre), p. 43, l. 21; p. 47, l. 4; p. 49, l. 7.
ENGEBIERGE (la reine Gerberge, fille de l'empereur Henri Ier, femme de Louis d'Outremer), p. 28, l. 10.
ENGELARS D'ATHIES, p. 181, l. 20.
ENGHERANS DE RUGI, R. de H., p. 356, v. 16.
ENGHERRAN DE GHEULESIN, R. de H., p. 377, v. 5.
ENGHERRAN LE CONTE D'ABBEVILLE, p. 59, l. 21.
ENGHERRANS DE BAILLUEL, R. de H., p. 295, v. 14; p. 296, v. 1; p. 311, v. 14.
ENGUERRANS DE BOVE, R. de H., p. 345, v. 26; p. 346, v. 11.
ENGHERRANS DE COUCI (oncle de Robert de Dreux et neveu de Louis VIII), p. 165, l. 24;

p. 175, l. 13, 27; p. 176, l. 9; p. 187, l. 14; p. 190, l. 10.
ENGHERRANS DE MAINNÉS, p. 366, v. 2, 12.
ENGLENTINE, R. de H., p. 239, v. 23; p. 259, v. 27.
ENGLÈS (natif d'Angleterre), p. 6, l. 18; p. 47, l. 10.
ENGLETERRE (Angleterre, grande île de l'Océan Atlantique), p. 163, var 8. — R. de H., p. 225, v. 21.
ENGLETERRE, p. 10, l. 27; p. 84, var. 3; p. 162, l. 19; p. 178, var. 8.
ENGLETIERE, p. 6, var. 1; p. 27, l. 11; p. 90, var. 8.
ENGLETIERRE, p. 6, l. 6; p. 7, l. 7; p. 9, l. 4; p. 11, l. 4; p. 18, l. 9; p. 20, l. 10, 19; p. 21, l. 2; p. 43, l. 21; p. 47, l. 3, 13, 20, 22; p. 48, l. 3, 7, 19, 25, var. 1; p. 49, l. 4; p. 56, l. 20, 28; p. 57, l. 14; p. 60, l. 2, 7; p. 63, l. 8, 10, 20, 23; p. 64, l. 1, 20, 24; p. 65, l. 3, 11, 15; p. 68, l. 7; p. 69, l. 8, 14, 16; p. 70, l. 13, 17; p. 71, l. 2, 8, 10, 18, 27; p. 72, l. 10, 22, 26; p. 73, l. 10; p. 76, l. 13, 19, var. 7; p. 77, l. 4, 10, 22; p. 80, l. 16; p. 81, l. 17, 28; p. 82, l. 26; p. 89, l. 3, 7; p. 96, l. 6, 25; p. 98, l. 12, 19; p. 99, l. 10, 22; p. 104, l. 16; p. 106, l. 9; p. 108, l. 3, 10; p. 109, l. 4, 12, 15, 19, 20; p. 110, l. 22, 27; p. 111, l. 2; p. 113, l. 19; p. 114, l. 20, 21; p. 115, l. 15, 19, 27; p. 116, l. 27; p. 118, l. 7; p. 120, l. 1, 16, 22; p. 121, l. 4, 13, 16, 27; p. 122, l. 9, 11, 15, 16; p. 123, l. 17; p. 124, l. 6, 30, 21, 26; p. 125, l. 2, 7, 10, 16; p. 126, l. 7, 23; p. 127, l. 15, 20, 23; p. 128, l. 16; p. 130, l. 10; p. 131, l. 5, 15, 18; p. 134, l. 11; p. 135, l. 26; p. 139, l. 24; p. 141, l. 1, 2; p. 142, l. 27; p. 143, l. 24; p. 144, l. 3, 17, 23, 24; p. 145, l. 4, 8, 10; p. 147, l. 15; p. 151, l. 4; p. 153, l. 12, 22; p. 154, l. 13; p. 156, l. 26; p. 157, l. 18; p. 160, l. 9, 14, 24; p. 161, l. 10, 16; p. 167, l. 6, 22; p. 168, l. 16, 27; p. 170, l. 11; p. 171, l. 4; p. 173, l. 4; p. 174, l. 3, 4; p. 179, l. 16; p. 180, l. 14; p. 182, l. 28; p. 187, l. 15, 23; p. 188, l. 8; p. 197, l. 3, 6; p. 198, l. 14, 25; p. 200, l. 7; p. 204, l. 8, 21, 22; p. 205, l. 22; p. 206, l. 20; p. 207, l. 4, 22, 23;

p. 208, l. 14, 16, 19, 20; p. 209, l. 2, 7, 23.
ENGLOIS, p. 5, l. 28; p. 6, l. 6; p. 10, l. 25; p. 11, l. 3; p. 48, l. 1; p. 63, l. 13, 14; p. 64, l. 9, 12, 24; p. 71, l. 23, 24; p. 72, l. 16; p. 73, l. 12; p. 148, l. 26; p. 149, l. 9; p. 170, l. 23; p. 172, l. 12; p. 174, l. 23; p. 177, l. 3; p. 184, l. 5; p. 185, l. 23; p. 186, l. 27; p. 187, l. 7, 27; p. 190, l. 6, 20; p. 191, l. 14; p. 193, l. 20; p. 194, l. 28; p. 195, l. 6; p. 196, l. 2, 9, 25; p. 198, l. 18, 22; p. 201, l. 20, 28; p. 202, l. 13; p. 207, l. 12; p. 209, l. 4.
ENGLOS, p. 59, l. 3. — R. de H., p. 378, v. 3.
ENGLUME, R. de H. p. 376, v. 12.
ENGOLESME (Angoulême, chef-lieu du département de la Charente), p. 111, l. 5.
ENGOLIESME (Angoulême), p. 206, l. 9.
ENGONNOIS (Angoumois, ancienne province de France), p. 91, l. 21.
ENGORRAN DE COUCI, p. 175, var. 1.
ENGUMOIS (Angoumois), p. 206, l. 11.
ENVIR (passion personnifiée), R. de H., p. 278, v. 1.
ERART DE BRAINE, R. de H., p. 369, v. 14.
ERKINGHEHEM, p. 138, var. 3; p. 139, var. 8.
ERNAUT (un des arbalétriers du prince Louis), p. 178, var. 3.
ERNOLS (Arnoul Ier, dit le Vieux, comte de Flandre), p. 23, var. 3.
ERNOLS DE LANDAST, p. 134, var. 6.
ERNOUL D'AUDENARDE, p. 154, var. 8.
ERNOUS (Arnoul Ier, dit le Vieux, comte de Flandre), p. 29, l. 17.
ESCAILLON, R. de H., p. 340, v. 11, 18.
ESCARBONIAUS, R. de H., p. 343, v. 2, 13.
ESCAUCE (Norwège), p. 1, l. 14; p. 5, l. 22.
ESCAUT (fleuve qui prend sa source en France, passe en Belgique et se jette dans la mer du Nord, en Hollande), p. 8, l. 14; p. 88, l. 25.
ESCHAUT, p. 8, var. 5.
ESCHOCE, p. 79, l. 8; p. 109, l. 20; p. 113, l. 9.
ESCOCE (Écosse, royaume de la Grande-Bretagne), p. 76, l. 16;

INDEX GÉNÉRAL.   397

p. 77, l. 12; p. 78, l. 11; p. 162, l. 23; p. 163, l. 23, 26; p. 164, l. 1, 3, 4; p. 179, l. 8, 18; p. 197, l. 20.
Escoche (Écosse), p. 164, l. 11. — R. de H., p. 236, v. 21; p. 296, v. 8.
Eselinghehem, R. de H., p. 338, v. 15.
Espaigne (contrée de l'Europe), p. 3, l. 5, 6; p. 43, l. 7; p. 81, l. 24; p. 83, l. 20; p. 91, l. 2.
Espaignol, p. 43, l. 11.
Espagni, R. de H., p. 340, v. 4.
Espegni, R. de H., p. 344, v. 6.
Espringes, p. 81, l. 1; p. 157, var. 2.
Evrart (fils d'Ethelred, roi d'Angleterre), p. 48, l. 14.
Espringues, p. 157, l. 6.
Estampes (ville du département de Seine-et-Oise), p. 12, l. 2; p. 81, l. 11.
Estanes, p. 149, l. 23; p. 196, l. 26.
Estanfort, p. 100, l. 24; p. 141, l. 6; p. 207, l. 24.
Estene (saint Étienne), R. de H., p. 365, v. 21.
Estievene (S. Étienne), p. 61, l. 21; p. 62, l. 13, 14; p. 64, l. 29.
Estievenes, Estievenon (Étienne, comte de Blois, puis roi d'Angleterre), p. 72, l. 17, 24; p. 73, l. 9; p. 76, l. 10; p. 77, l. 17; p. 78, l. 2; p. 79, l. 13, 20; p. 80, l. 11, 14, 22; p. 146, l. 3.
Estievenes de Langethone, p. 110, l. 23.
Estievenes de Languetonne (archevêque de Canterbury), p. 208, l. 6.
Estievenes li cuens de Bouloigne, p. 64, l. 23.
Estievene Trabe (nom du marin qui trancha la tête à Eustache le Moine), p. 202, l. 8.
Estrafort, p. 207, var. 4.

Estrées, p. 166, l. 20; p. 175, l. 14; p. 188, l. 23. — R. de H., p. 323, v. 15; p. 253, v. 17.
Ethe (Epte, rivière du département de l'Eure), p. 13, l. 4, 11; p. 40, l. 7, 14, 17, 19.
Ethiopien, p. 43, l. 12.
Eu (ville du département de la Seine-Inférieure), p. 46, var. 6; p. 62, l. 3, var. 5; p. 102, l. 10.
Euerrwic (York), p. 163, var. 5.
Euras li rois d'Engletierre, p. 63, l. 9.
Eure, p. 12, l. 16.
Eurius (l'un des assassins de Guillaume Longue-Epée), p. 25, var. 4.
Europe (l'une des cinq parties du monde), p. 1, l. 7, 9.
Eus ou Ex-de-Fer, R. de H., p. 365, v. 6, 10; p. 366, v. 1.
Euwars (Édouard-le-Confesseur), p. 56, var. 7; p. 57, var. 1; p. 60, l. 18.
Eves (montagne près de Chartres), p. 12, l. 17.
Evrars (Édouard-le-Confesseur), p. 56, l. 21; p. 57, l. 3; p. 60, l. 3, 16, 18; p. 63, l. 21.
Evrecin (district dont Evreux est le chef-lieu), p. 70, var. 11.
Evrences (Avranches, ville du département de la Manche), p. 157, l. 19.
Evreus (chef-lieu du département de l'Eure), p. 10, l. 20; p. 14, l. 16; p. 27, l. 19; p. 40, l. 25; p. 41, l. 18; p. 54, l. 6, 27; p. 62, l. 6, 7, 16; p. 70, l. 25.
Evrewes (Evreux), p. 10, var. 6; p. 15, var. 5.
Evrewic (York), p. 167, l. 18.
Evrolert (Evroult), p. 62, l. 25.
Ewart (fils d'Ethelred, roi d'Angleterre), p. 48, var. 5; p. 63, var. 4.

F.

Faï, R. de H., p. 336, v. 3.
Faloise (Falaise, ville du département du Calvados), p. 53, l. 16; p. 98, l. 2.
Fauque de Breauté, p. 172, var. 12.
Fauviaus de Susane, R. de H., p. 213, v. 22.
Farversent (Faversham, petite ville du comté de Kent, avec une abbaye de l'ordre de Cluny, fondée en 1147, par le roi Etienne), p. 80, l. 26.
Fenieres, R. de H., p. 307, v. 27; p. 308, v. 4; p. 371, v. 5.
Fernehem (Farnham, ville du comté de Surrey), p. 172, l. 22; p. 187,

l. 28; p. 188, l. 1; p. 190, l. 13, 17; p. 191, l. 19.
FERRANS (fils du roi de Portugal), p. 127, l. 2; p. 128, l. 25; p. 136, l. 6; p. 137, var. 1.
FERRIERES, p. 58, l. 12; p. 194, l. 16.
FESCAMP (ville du département de la Seine-Inférieure), p. 2, l. 24; p. 20, l. 8, 11; p. 43, l. 25; p. 45, l. 1, 13; p. 51, l. 3, 6; p. 53, l. 5, 22; p. 55, l. 28; p. 56, l. 26; p. 62, l. 19.
FESCANS, p. 2, var. 10.
FEUJERES, R. de H., p. 337, v. 26.
FIENLES (Fiennes, village du département du Pas-de-Calais), p. 188, var. 7; p. 190, var. 7.
FIENNES, p. 188, l. 22; p. 190, l. 25.
FIRSAC (château de l'archevêché de Saltzbourg, dans lequel Richard Ier fut détenu), p. 87, l. 25.
FLAMENC (natifs ou habitants de la Flandre), p. 25, l. 20; p. 55, l. 20; p. 129, l. 18; p. 137, l. 11; p. 140, l. 11; p. 141, l. 18; p. 148, l. 3, 4, 18, 20; p. 149, l. 10, 25; p. 150, l. 19, 21; p. 151, l. 3; p. 170, l. 13, 18.
FLAMENS DE MONS, R. de H., p. 306, v. 2, 9.
FLANDRES (contrée dont la plus grande partie appartient maintenant au royaume de Belgique), p. 8, l. 25; p. 13, l. 14; p. 23, l. 12; p. 24, l. 2; p. 27, l. 23, 29; p. 28, var. 2; p. 35, l. 23; p. 36, l. 2, 6, 19; p. 37, l. 23; p. 40, l. 16; p. 44, l. 21; p. 51, l. 6; p. 55, l. 10, 12, 17; p. 61, l. 14; p. 63, l. 9; p. 82, l. 14, 16; p. 89, l. 2; p. 104, l. 9; p. 120, l. 23; p. 124, l. 26; p. 126, l. 8, 19, 21; p. 127, l. 1, 3, 6, 11, 20, 27; p. 128, l. 1, 11, 13, 18, 21; p. 129, l. 21; p. 130, l. 29; p. 131, l. 23, 27; p. 132, l. 24; p. 133, l. 26; p. 134, l. 3, 7, 19, 26; p. 136, l. 10; p. 139, l. 15, 20; p. 140, l. 9, 13; p. 141, l. 2, 4, 5, 6, 26; p. 142, l. 8, 20; p. 143, l. 26, 27; p. 144, l. 9; p. 151, l. 1, 4; p. 152, l. 27; p. 153, l. 7, 28; p. 154, l. 7, 8; p. 159, l. 23; p. 161, l. 3; p. 188, l. 20; p. 191, l. 10, 21; p. 199, l. 3. — R. de H., p. 226, v. 6.

FLEKE (La Flèche, ville du département de la Sarthe), p. 65, l. 8.
FLORENS DE HANGEST, p. 188, l. 24; p. 191, l. 23.
FORLLOI, R. de H., p. 368, v. 17.
FOILLOIS, R. de H., p. 322, v. 19.
FOISSEU DE MAIENCOURT, R. de H., p. 304, v. 20; p. 305, v. 5, 14.
FONTENIELE, p. 166, l. 22.
FONTENOY, p. 62, l. 13.
FORMESELES, p. 133, var. 6.
FORTECHE, R. de H., p. 285, v. 5; p. 365, v. 12.
FORTERECE, R. de H., p. 316, v. 27.
FORTRECE, R. de H., p. 358, v. 24; p. 360, v. 14, 27.
FOSSEUS, R. de H., p. 357, v. 3.
FOUCONCOURT, R. de H., p. 345, v. 15.
FOUKES DE BREAUTÉ, p. 173, l. 1.
FOUQUES (fils de Guillaume, comte de Blois), p. 54, l. 20, 23.
FOUQUES (Francon, archevêque de Rouen), p. 9, l. 6; p. 16, var. 2.
FOUQUE D'ANJOU, p. 69, l. 18.
FOULLOI, R. de H., p. 321, v. 26.
FOUQUES DE BREAUTÉ, p. 172, l. 27; p. 181, l. 6; p. 188, l. 4; p. 194, l. 16.
FOURMESIELES, p. 133, l. 19.
FOURRÉ, p. 32, l. 17.
FRAMELINGEHEM (Framlingham, ville du comté de Suffolk), p. 165, var. 1.
FRANCE, p. 2, l. 17; p. 3, l. 19; p. 5, l. 1; p. 6, l. 8, 19, 20; p. 7, l. 13; p. 9, l. 13, 18, var. 6; p. 11, l. 16; p. 13, l. 17, var. 8; p. 14, l. 4, 7, 20, 26; p. 16, l. 20, 26; p. 18, l. 12; p. 23, l. 12; p. 26, l. 5; p. 28, l. 19; p. 31, l. 14, 17, 20, 26, var. 5; p. 32, l. 4, 6, 11; p. 34, l. 8, 13; p. 35, l. 3, 22; p. 36, l. 7; p. 40, l. 9; p. 41, l. 11, 25; p. 42, l. 5, 11; p. 43, l. 15; p. 44, l. 27; p. 46, l. 20; p. 50, l. 16; p. 51, l. 14; p. 52, l. 5; p. 54, l. 6; p. 55, l. 1, 10, 25; p. 58, l. 21; p. 59, l. 1, 16; p. 61, l. 15; p. 73, l. 4; p. 77, l. 1; p. 81, l. 7, 23, var. 1; p. 82, l. 2, 8, 15, 17; p. 83, l. 7, 22; p. 84, l. 3, 22; p. 85, l. 18; p. 86, l. 5; p. 87, l. 3, 10; p. 88, l. 2, 6; p. 89, l. 11, 12, 15, 18, 20; p. 90, l. 8, 23, 27; p. 91, l. 12, 14, 18, 27, 28; p. 95, l. 20; p. 96, l. 4, 5, 19, 20, 25; p. 97, l. 12, 24; p. 98, l. 12, 14, 21, 23;

p. 99, l. 2, 4, 21, 27; p. 100, l. 1, 12, 14; p. 101, l. 15, var. 3; p. 102, l. 27; p. 103, l. 7; p. 104, l. 2, 6, 7; p. 105, l. 2; p. 108, l. 1; p. 109, l. 5, 9; p. 111, l. 15; p. 119, l. 24, 25, 27; p. 121, l. 1; p. 122, l. 14; p. 123, l. 6, 22, 27; p. 124, l. 19; p. 126, l. 7; p. 127, l. 7; p. 128, l. 12; p. 129, l. 16; p. 130, l. 20; p. 131, l. 6; p. 132, l. 19; p. 133, l. 5; p. 135, l. 10; p. 137, l. 1; p. 139, l. 23; p. 141, l. 5; p. 142, l. 1; p. 143, l. 21; p. 144, l. 8, 19; p. 145, l. 2; p. 154, l. 7; p. 159, l. 8, 14, 17, 20; p. 164, l. 22; p. 165, l. 19; p. 167, l. 7; p. 179, l. 21; p. 187, l. 14, 18, 20, 22; p. 188, l. 9, 13; p. 192, l. 18; p. 195, l. 17; p. 197, l. 5; p. 205, l. 26; p. 206, l. 21; p. 207, l. 22, 25; p. 209, l. 1. — R. de H., p. 213, v. 4; p. 215, v. 12; p. 216, v. 1, 7, 21, 23; p. 219, v. 20, 21, 24; p. 231, v. 11; p. 323, v. 17; p. 365, v. 22, 25.

FRANÇOIS (natifs ou habitants de la France), p. 10, l. 5, 7, 9, 23, 25; p. 12, l. 2, 18, var. 6; p. 13, l. 12, 21, 24; p. 14, var. 2; p. 18, l. 11; p. 19, l. 12, 13; p. 20, l. 23, var. 6; p. 21, l. 1, 4; p. 31, l. 21; p. 32, l. 14, 23, 24, 25, 27; p. 35, l. 8; p. 38, var. 4; p. 39, l. 8, 13; p. 40, l. 22; p. 42, l. 29; p. 59, l. 4; p. 82, var. 1; p. 85, l. 24; p. 134, l. 6, 13; p. 144, l. 5; p. 161, l. 3, 16; p. 162, l. 17; p. 173, l. 12; p. 187, l. 6; p. 192, l. 2; p. 198, l. 20, 23, 26; p. 199, l. 12; p. 201, l. 21. — R. de H., p. 216, v. 8; p. 226, v. 8.

FRANQUE (archevêque de Rouen), p. 12, l. 25; p. 16, l. 5.

FRANSIERES, R. de H., p. 376, v. 16, 23.

FREMELINGHEHEM (Framlingham, ville du comté de Suffolk), p. 165, l. 2.

FRENEHEM (Farnham, dans le comte de Surrey), p. 190, var. 3.

FRIEUCOURT, R. de H., p. 347, v. 15.

FRISE (province de Hollande), p. 8, l. 9.

FRISE, R. de H., p. 231, v. 11.

FRISON, p. 63, l. 9.

FRISONS, p. 8, l. 11.

FROI-MANTIEL (« une maison qui siet sor un tiertre et au cor d'une foriest »), p. 147, l. 25.

FROIT-MANTEL, p. 147, var. 7.

FRONTEVRAUT, p. 83, l. 28; p. 84, l. 20; p. 90, l. 17.

FURNES (ville de la Flandre occidentale), p. 127, l. 13; p. 134, l. 1, 17.

G.

GALERANT DE MUELANT, p. 49, l. 23; p. 50, l. 3; p. 70, l. 11.

GALES (pays de Galles), p. 109, l. 20; p. 111, l. 11; p. 175, l. 9.

GALES, GALON (nom du légat du pape Innocent III en Angleterre), p. 177, l. 7; p. 208, l. 16.

GALES DE LE COUPIELE, p. 128, l. 9.

GALOIS (natifs ou habitants du pays de Galles), p. 111, l. 20; p. 148, l. 12; p. 179, l. 3.

GANCHE, p. 170, var. 5.

GANNES, R. de H., p. 349, v. 3.

GANT (ville de la Flandre orientale), p. 126, l. 19; p. 135, l. 11; p. 136, l. 25; p. 142, l. 14.

GARIN (frère hospitalier, confident de Philippe-Auguste), p. 120, l. 5.

GARIN DE MONTAGU, R. de H., p. 379, v. 7.

GARMEGNI, R. de H., p. 335, v. 4.

GASCOIGNE (province du midi de la France), p. 3, l. 4; p. 81, l. 19.

GASTE-FOREST, R. de H., p. 349, v. 17.

GASTINE, p. 135, l. 1; p. 137, l. 22.

GAUCHIERS D'AUTREGHE, R. de H., p. 371, v. 2.

GAUCHIER LE COMTE DE SAINT-POL, p. 208, var. 10.

GAUCHIERS DE CASTILLON, R. de H., p. 373, v. 1.

GAUGI, p. 181, l. 12; p. 194, l. 17; p. 206, l. 22, 25.

GAURE, p. 139, l. 25.

GAUTIER, p. 97, l. 6.

GAUTIER (« fill Gautier, » Fitz-Walter), p. 115, l. 26; p. 117, l. 21, 23, 28; p. 118, l. 5, 13, 21, 24, 28; p. 119, l. 7, 18, 26; p. 120, l. 29; p. 124, l. 28; p. 125, l. 9; p. 145, l. 11;

p. 171, l. 10; p. 182, l. 9; p. 194, l. 25.

GAUTIERS (archevêque de Canterbury), p. 101, l. 7; p. 105, l. 21; p. 106, l. 27; p. 110, l. 4.

GAUTIERS (chevalier de Bouchard, comte de Melun), p. 51, l. 15, 24.

GAUTIERS (clerc de Flandre, prévôt de Saint-Omer, et cousin germain du châtelain), p. 116, l. 8.

GAUTIERS BIERTAUS (frère de Gilles Bertaut, chambellan de Gremines), p. 154, l. 14; p. 156, l. 17, 19; p. 159, l. 27; p. 170, l. 5.

GAUTIERS D'ANIES, p. 133, l. 20.

GAUTIER DE CHASTELLON, p. 137, l. 2.

GAUTIERS DE FOURMESIELES, p. 133, l. 19.

GAUTIERS DE GISTIELE, p. 132, l. 7, 17, 18, 21; p. 133, l. 28; p. 134, l. 16.

GAUTIERS DE SOTHENGIEN (père), p. 154, l. 19.

GAUTIERS DE SOTHENGIEN (fils), p. 154, l. 17; p. 155, l. 11.

GAUTIER LE CONTE DE SAINT-POL, p. 208, l. 27.

GAUVOIE, p. 113, l. 4.

GAVAINS (neveu d'Arthur), R. de H., p. 225, v. 15.

GAYET (époux de l'une des bâtardes de Henri Ier, roi d'Angleterre), p. 70, l. 8.

GAYN, p. 144, l. 21.

GEMEGES (Jumièges, bourg du département de la Seine-Inférieure, où se trouvait une célèbre abbaye), p. 2, l. 25; p. 9, l. 1; p. 14, l. 20; p. 15, l. 8; p. 17, l. 18; p. 22, l. 6; p. 62, l. 17.

GEMESIES (Guernesey, l'une des îles normandes de la Manche), p. 57, l. 2.

GENEVES (Gênes, ville d'Italie), p. 3, l. 8.

GENEVIERE, p. 2, var. 9.

GENIEVRE, R. de H., p. 226, v. 27; p. 232, v. 4; p. 233, v. 4; p. 237, v. 11; p. 243, v. 10; p. 246, v. 10.

GENUES (Gênes), p. 3, var. 5.

GERARS DE BOUBERC, R. de H., p. 337, v. 21.

GERARS D'ESCAILLON, R. de H., p. 340, v. 11, 18.

GERARS LI TRUIE, p. 166, l. 13; p. 190, l. 9; p. 191, l. 22.

GERART, R. de H., p. 337, v. 8.

GERART DE CALEBOT, p. 86, l. 11.

GERART DE CANLE, R. de H., p. 309, v. 11, 26.

GERART DE SOTENGHIEN, p. 139, l. 26; p. 170, l. 12.

GERBERGE (femme du roi Louis d'Outremer), p. 28, var. 3; p. 39, l. 10, 18.

GERMANIE (ancien nom de l'Allemagne), p. 1, l. 9.

GERNESÉE (Guernesey, l'une des îles normandes de la Manche), p. 167, l. 8.

GERVAISES DE HOBRUGES (doyen des chanoines de Saint-Paul), p. 171, l. 24; p. 197, l. 17.

GETHEIR (le pays des Gètes), p. 1, l. 15.

GEUDEFORT (Guildford, ville du comté de Surrey), p. 172, l. 21; p. 190, l. 8.

GHEULESIN, R. de H., p. 377, v. 5.

GHILLE (fille de Charles-le-Simple, supposée femme de Hrolf), p. 13, var. 11; p. 16, var. 4; p. 17, var. 1.

GHINES (Guines, ville du département du Pas-de-Calais), p. 141, var. 3, 5. — R. de H., p. 298, v. 8; p. 310, v. 8.

GHISELINS DE HAVESQUERKE, p. 133, var. 9.

GUISLE (fille de Charles-le-Simple, supposée femme de Hrolf), p. 12, var. 10.

GHISTIELE, p. 132, var. 4.

GIEFFROIS DE MILLI, R. de H., p. 343, v. 23.

GIEFFROY DE CLERE, R. de H., p. 282, v. 19; p. 283, v. 1.

GIENEGES (Jumièges, bourg du département de la Seine-Inférieure, célèbre par son abbaye), p. 14, var. 7.

GIERBIERGE (femme de Louis d'Outremer), p. 34, l. 2.

GILES, R. de H., p. 381, v. 13.

GILLAIN (fille de Charles-le-Simple), p. 16, l. 21; p. 17, l. 5.

GILLARS DE NUEVILE, R. de H., p. 285, v. 10; p. 310, v. 2; p. 359, v. 18.

GILLARS D'OISI, R. de H., p. 339, v. 27.

GILLE (fille de Charles-le-Simple), p. 12, l. 26.

GILLEBERS (comte d'Eu), p. 58, l. 14.

GILLEBIERS (bâtard de Henri Ier, roi d'Angleterre), p. 70, l. 4.

INDEX GÉNÉRAL.

GILLEBIERS (oncle de Baudouin d'Aire), p. 170, l. 5.
GILLEBIERS DE CLARE, p. 194, l. 26.
GILLEBIERS LI FILS AU CONTE DE CLARE, p. 145, l. 13.
GILLEBIERT DE BOURGHIELE, p. 139, l. 26.
GILLEBIERT DE COPEGNI (chevalier de l'avoué de Béthune), p. 191, l. 3.
GILLES BIERTAUS (« li cambrelens de Gremines »), p. 128, l. 7; p. 133, l. 27; p. 134, l. 14; p. 154, l. 16.
GILLES DE MELEUN, p. 161, l. 4; p. 182, l. 15.
GILLES DE CENEVIERES, R. de H., p. 311, v. 23.
GILLES DE NOEVE-VILE, R. de H., p. 274, v. 24; p. 278, v. 24; p. 293, v. 21?
GILLES D'OISI, R. de H., p. 339, v. 16.
GILLES DE ROISI, R. de H., p. 302, v. 26; p. 303, v. 7.
GILLES LI CASTELAINS DE BIAUMÉS, p. 160, l. 26.
GILLION BERTAUT (chambellan de Gremines), p. 154, var. 4.
GINOSSE (Géfosse, sur la Seine, entre Vernon et Bonnières), p. 41, l. 8.
GIRARS DE MOLAINS, R. de H., p. 311, v. 25.
GIRART TALEBOT, p. 86, var. 5.
GIRONDE (fleuve de France, formé par la réunion de la Garonne et de la Dordogne), p. 11, l. 17; p. 108, l. 16.
GIS DE NUEVILLE, R. de H., p. 282, v. 12; p. 353, v. 8.
GIS DU PLAISSIÉ, R. de H., p. 355, v. 15, 23; p. 356, v. 8.
GISELINS DE HAVESCIERQUE, p. 133, l. 21.
GISNES (Guines, ville du département du Pas-de-Calais), p. 141, l. 12, 15, 23; p. 142, l. 7; p. 166, l. 7; p. 188, l. 19.
GISORS (ville du département de l'Eure), p. 77, l. 6; p. 87, l. 8; p. 89, l. 20.
GISTELE, R. de H., p. 375, v. 1, 11.
GISTIELE, p. 132, l. 7, 17; p. 133, l. 28; p. 134, l. 16, 17.
GLOECIESTRE (Gloucester), p. 83, l. 11; p. 165, l. 5.
GLOS, p. 59, var. 1.

GLOUCIESTRE (Gloucester), p. 69, l. 11; p. 91, l. 20.
GODEFROI (fils de Richard Ier, duc de Normandie, et de Gonnor), p. 43, l. 19.
GODEFROI LE DUC DE LOUVAING, p. 69, l. 21.
GODIN (Godwin, comte de Kent), p. 63, l. 16.
GOFROIS (Geoffroi, fils de Henri II, et comte de Bretagne par son mariage avec la fille de Conan), p. 83, l. 3.
GOISLAIN-FONTAINNE (château d'Huon de Gournay), p. 92, var. 1.
GOMES (Godwin, comte de Kent), p. 60, l. 8, var. 5; p. 61, l. 8.
GOMMES (Godwin, comte de Kent), p. 61, l. 2.
GOMMOR (Gonnor, maîtresse de Richard Ier, duc de Normandie), p. 59, l. 10.
GOMOR (Gonnor, maîtresse de Richard Ier, duc de Normandie), p. 43, l. 18; p. 58, l. 19.
GONNOR (maîtresse de Richard Ier, duc de Normandie), p. 58, var. 9; p. 59, var. 4.
GORNAY, p. 92, l. 3, 11, 17.
GOSLAIN-FONTAINNE (château d'Huon de Gournay), p. 92, l. 2.
GOSSUINS DE SAINT-AUBIN, R. de H., p. 344, v. 7.
GOUNIL (Gunild, femme de Henri, empereur d'Allemagne), p. 49, l. 10.
GOURLÉS, R. de H., p. 347, v. 16, 21, 23.
GRAAL (le saint Graal), R. de H., p. 230, v. 24.
GRAAUS (le saint Graal), R. de H., p. 225, v. 5.
GRANGES, R. de H., p. 333, v. 6, 11.
GRANT-BRETAIGNE, R. de H., p. 231, v. 15.
GRAVELINGHES (Gravelines, ville du département du Nord), p. 124, l. 19, 24; p. 125, var. 1; p. 141, l. 19; p. 165, l. 20.
GREMINES (en Flandre), p. 128, l. 7; p. 133, l. 28; p. 134, l. 15; p. 154, l. 17.
GRENTE-MAISNILL, p. 62, l. 23.
GRENTES-MAISNIL, p. 62, var. 10.
GRESTEIGNI, p. 62, var. 6.
GUICARS DE BIAUGIU, p. 179, var. 7.

27

GUICHARS DE BIAUGEU, p. 165, l. 28; p. 179, l. 28.
GUIFART, p. 157, l. 20.
GUILLAUME (surnommé le Roux, roi d'Angleterre, fils de Guillaume-le-Conquérant et de Mathilde), p. 61, l. 15; p. 65, l. 2, 11, 15; p. 67, l. 18, 20.
GUILLAUME (fils de Foulques, comte d'Anjou), p. 69, l. 19.
GUILLAUME (fils de Guillaume de Normandie, frère de Richard II, et comte de Soissons), p. 46, l. 26.
GUILLAUME (fils de Richard Ier, duc de Normandie et de Gonnor), p. 43, l. 19; p. 46, l. 12, 17.
GUILLAUME BRUIERRE *ou* BRUIERE, p. 117, l. 2, 7, 9, 16.
GUILLAUME D'ARCHES (fils de Richard II et de Poppe), p. 59, l. 12, 13, 24; p. 62, l. 26.
GUILLAUME D'AUBEGNY («.i. haut baron d'Engletierre»), p. 157, l. 17; p. 163, l. 13.
GUILLAUME D'AUNOI, R. de H., p. 295, v. 1.
GUILLAUME DE FORS (deuxième époux d'Hawyse, veuve de Guillaume de Mandeville), p. 88, l. 18, 19.
GUILLAUME DE GAUGI, p. 206, l. 22.
GUILLAUME DE PACI (époux de Julyane, bâtarde de Henri Ier, roi d'Angleterre), p. 70, l. 8.
GUILLAUME D'EVRENGES, p. 157, l. 19.
GUILLAUME GAYET (époux de l'une des filles bâtardes de Henri Ier), p. 70, l. 8.
GUILLAUME, KI FU MOINES A FESCAMP (troisième fils de Richard II de Normandie et de Judith, fille de Conan-le-Tort, comte de Rennes), p. 51, l. 3.
GUILLAUME LE FILL OBERT, p. 63, l. 5.
GUILLAUME LE FILL ROGIER DE MONTEGNY, p. 58, l. 17.
GUILLAUME LE MARESCHAL, LE CONTE DE PEMBROC, p. 110, l. 2; p. 180, l. 19; p. 181, l. 5; p. 187, l. 25; p. 194, l. 13; p. 200, l. 13; p. 202, l. 23, 28; p. 203, l. 7, 18, 19, 28; p. 204, l. 1, 17; p. 206, l. 22, 24; p. 207, l. 7, 10, 14; p. 208, l. 17.
GUILLAUMES (bâtard de Henri Ier, roi d'Angleterre), p. 70, l. 3.

GUILLAUMES (comte de Mandeville), p. 88, l. 16.
GUILLAUMES (de Grandmenil ou Gentemesnill), p. 62, l. 24.
GUILLAUMES (fils cadet de Geoffroi Fitz-Peter, grand-justicier d'Angleterre), p. 115, l. 25.
GUILLAUMES (fils de Guillaume de Fors et d'Hawyse, veuve de Guillaume de Mandeville), p. 88, l. 19.
GUILLAUMES (surnommé Adelin, fils de Henri Ier et de Mathilde d'Ecosse), p. 68, l. 1, 5.
GUILLAUMES (fils de Henri II et d'Eléonore d'Aquitaine, mort enfant), p. 81, l. 21.
GUILLAUMES (frère de Robert de Béthune), p. 147, l. 11, 12; p. 159, l. 18, 24.
GUILLAUMES LI AVOUÉS DE BIETHUNE, p. 128, l. 4; p. 141, l. 27; p. 142, l. 3.
GUILLAUMES («li cuens de Mortuel, li fils le roi Estievenon»), p. 80, l. 14.
GUILLAUMES (Longue-Epée, fils et successeur de Hrolf), p. 10, l. 19; p. 17, l. 6, 14, 27; p. 18, l. 27; p. 22, l. 1; p. 23, l. 17; p. 32, l. 13, 22.
GUILLAUMES DE SEZILLE, p. 83, l. 23; p. 85, l. 10, 13.
GUILLAUMES DES ROCES, p. 93, l. 26, 29; p. 94, l. 14; p. 95, l. 7, 23; p. 96, l. 2.
GUILLAUMES LI DUS DE POITIERS, p. 20, l. 16.
GUILLAUMES (surnommé le Bâtard, puis le Conquérant, septième duc de Normandie, fils de Robert et d'Harlette), p. 57, l. 19, 23; p. 58, l. 7, 21; p. 59, l. 10, 13, 16; p. 61, l. 13, 20; p. 63, l. 11, 23, 25; p. 64, l. 1, 18, 27.
GUILLAUMES D'AUBEMARLE («qui fu fils la contesse Hauwi, que Bauduins de Biethune ot espousée»), p. 174, l. 7.
GUILLAUMES DE BIAUMONT (surnommé *Pied-de-Rat*), p. 161, l. 5, 7.
GUILLAUMES DE WIMES, p. 161, l. 1.
GUILLAUMES LI CASTELAINS DE SAINT-OMER, p. 160, l. 25; p. 184, l. 5.

INDEX GÉNÉRAL. 403

Guillaumes de Bloseville, R. de H., p. 299, v. 6.
Guillaumes de Brayouse ou de Braiouse (père), p. 111, l. 12, 13; p. 112, l. 4, 7; p. 115, l. 3.
Guillaumes de Brayouse ou de Braiouse (fils), p. 112, l. 8, 10, 27; p. 113, l. 5; p. 114, l. 22.
Guillaumes de Cerisi (chevalier d'Artois), p. 177, l. 17.
Guillaumes de Dingefuell, p. 190, l. 4.
Guillaumes de Dodinfuell, p. 194, l. 26.
Guillaumes de Fiennes, p. 188, l. 21; p. 190, l. 24.
Guillaumes de Mandeville (comte d'Essex), p. 171, l. 12; p. 182, l. 17; p. 195, l. 6.
Guillaumes de Maulyon, p. 102, l. 14.
Guillaumes de Molbrai, p. 194, l. 27.
Guillaumes de Moubray, p. 145, l. 19.
Guillaumes d'Engletierre (« li cuens de Salesbieres, qui freres estoit au roi »), p. 174, l. 5.
Guillaumes de Saint-Omer (« freres le castelain »), p. 128, l. 6.
Guillaume des Bares (« le boin chevalier et le bien entechié »), p. 201, l. 5.
Guillaumes des Bares (« li jouenes fils Guillaume des Bares, le boin chevalier et le bien entechié »), p. 201, l. 4; p. 202, l. 4.
Guillaume de Vefort, p. 157, l. 19.
Guillaumes d'Odingefuel, p. 194, var. 4.
Guillaumes Donzele, R. de H., p. 324, v. 20.
Guillaumes d'Ypre, p. 133, l. 21.
Guillaumes li Mareschaus li Jouenes (« li fils Guillaume le mareschal »), p. 171, l. 8; p. 174, l. 18; p. 175, l. 7; p. 194, l. 14; p. 204, l. 3; p. 209, l. 8.
Guillaume Longhe-Espée (frère du roi Jean, et comte de Salisbury), p. 129, l. 10; p. 174, var. 1; p. 187, l. 23.
Guillaumes, ki cuens estoit de Blois, p. 54, l. 10, 25.
Guillaumes li fils Robert, p. 61, l. 24.
Guillaume Acroce-Meure, p. 164, var. 6.
Guillaume de Braiouse, p. 112, var. 2.
Guillaume de Mandeville, p. 88, var. 6.
Guillaumes (frère de Robert de Béthune), p. 147, var. 3; p. 159, var. 8.
Guillemin (« le frere Guillaume le mareschal, le conte de Pembroc »), p. 110, l. 1.
Guimeges (Jumièges, bourg du département de la Seine-Inférieure, célèbre par son abbaye), p. 2, var. 11.
Guis d'Abbeville (comte de Ponthieu, connétable de l'armée française), p. 63, l. 16.
Guis de Saint-Pol, R. de H., p. 337, v. 1, 7, 13.
Guis de Saleri, R. de H., p. 301, v. 5.
Guis de Tor de Mence, R. de H., p. 311, v. 20.
Guion d'Athies, p. 196, l. 17.
Guion de Pontiu, p. 59, l. 26.
Guion du Plaissié, R. de H., p. 355, v. 5.
Guiosse (Géfosse en Normandie), p. 41, l. 24.
Guis (évêque de Soissons), p. 34, l. 18.
Guis de Castellon (« ki fu fils Gautier le conte de Saint-Pol »), p. 208, l. 27.
Guis de Merainville (« li fils Ourson le Cambrelenc »), p. 188, l. 25.
Guis de Nueville, R. de H., p. 281, v. 19; p. 282, v. 2.
Gumelois, R. de H., p. 354, v. 18.
Griu (Grecs), p. 205, l. 25.
Gysors (ville du département de l'Eure), p. 65, l. 12.

H.

Haruin, R. de H., p. 376, v. 1.
Haewi (fille de Richard Ier, duc de Normandie, et de Gonnor), p. 47, var. 7.
Haewi (femme de Baudouin, comte d'Albermale), p. 109, var. 4.
Haidin (château de Louis, fils de Philippe-Auguste), p. 160, l. 22.

HAINAU (province de Belgique), R. de H., p. 226, v. 7.
HAINFROI, p. 61, var. 3.
HAITIEL, R. de H., p. 366, v. 26.
HALUIN (bourg du département du Nord), R. de H., p. 368, v. 21.
HAM-SOUR-SOMME (ville du département de la Somme), R. de H., p. 222, v. 27; p. 235, v. 2; p. 244, v. 15; p. 245, v. 7; p. 246, v. 19; p. 265, v. 19; p. 272, v. 18; p. 374, v. 12.
HAMALAINCORT (village du département du Pas-de-Calais), R. de H., p. 296, v. 17.
HAMELAINCOURT (village du département du Pas-de-Calais), R. de H., p. 296, v. 20.
HAMON, p. 69, var. 10.
HAN (Ham-sur-Somme), R. de H., p. 242, v. 24; p. 301, v. 18; p. 311, v. 15; p. 363, v. 17.
HANGEST (bourg du département de la Somme), p. 166, l. 20; p. 188, l. 24; p. 191, l. 23. — R. de H., p. 278, v. 27; p. 279, v. 6, 16; p. 371, v. 14; p. 372, l. 25.
HANGIEST (bourg du département de la Somme), p. 166, var. 7.
HANTONE (Southampton, ville et port du Hampshire), p. 60, var. 1.
HARCOURT (bourg du département de l'Eure), R. de H., p. 342, v. 2, 15.
HARDECOURT (bourg du département de l'Eure), R. de H., p. 329, v. 8.
HARGICOURT (village du département de la Somme), R. de H., p. 374, v. 1.
HARINGOS, p. 193, l. 8.
HARNES, p. 166, l. 11; p. 169, l. 23; p. 198, l. 16; p. 201, l. 8.
HASTENS (pirate du Nord), p. 2, l. 15; p. 3, l. 1, 13, 14, 17; p. 4, l. 7, 12, 15, 19; p. 5, l. 1; p. 6, l. 27; p. 9, l. 10, 11, 14, 16, 18, 23, 25; p. 10, l. 3.
HASTINGURS (Hastings, dans le comté de Kent), p. 64, l. 5.
HAUBERS DE HANGEST, R. de H., p. 372, v. 25; p. 373, v. 4.
HAUTE-BRETAINGNE, R. de H., p. 225, v. 4.
HAUVY (fille de Richard I, duc de Normandie, et de Gonnor), p. 43, l. 21; p. 47, l. 17.
HAVÈS, p. 166, l. 22; p. 169, l. 24; p. 176, l. 27.

HAVESCIERQUE (village du département du Nord), p. 133, l. 22.
HAVESKERQUE (village du département du Nord), p. 52, l. 25; p. 153, l. 23; p. 162, l. 8.
HAVESQUERKE (village du département du Nord), p. 133, var. 9.
HAVI (femme 1° de Guillaume, comte de Mandeville; 2° de Guillaume de Fors; 3° de Baudouin de Béthune, comte d'Albemarle), p. 88, l. 14, 15; p. 115, l. 11.
HAVY (femme de Baudouin, comte d'Albermale), p. 109, l. 28.
HAUBIERS (château du duc de Louvain), p. 88, l. 26.
HAUWI (femme 1° de Guillaume, comte de Mandeville; 2° de Guillaume de Fors; 3° de Baudouin de Béthune), p. 88, var. 5; p. 174, l. 8.
HAYMON, p. 69, l. 25; p. 70, l. 1.
HAYNAU (Hainaut, province de Belgique), p. 8, l. 9; p. 104, l. 9; p. 134, l. 20.
HAYNOU (Hainaut), p. 8, var. 1.
HEBRAX, p. 21, var. 9.
HEBRISON, R. de H., p. 236, v. 17.
HEDIN (château de Louis, fils de Philippe-Auguste), p. 160, var. 6.
HEDUITHONE (Hadington, ville d'Écosse, chef-lieu de comté, à six lieues d'Edinburgh, sur la Tyne), p. 164, l. 13.
HÉES (Hayes, dans le comté de Kent), p. 193, l. 24.
HELIE DE LA FLEKE (comte du Maine), p. 65, var. 3.
HELLIN DE WAVERIN (sénéchal de Flandre), p. 188, l. 20.
HELY (Ely, ville épiscopale d'Angleterre, située dans le comté de Cambridge), p. 60, l. 12.
HELYES («uns clers l'archevesque de Chantorbire»), p. 197, l. 20.
HEM-SOUR-SOMME (ville de la Picardie), R. de H., p. 230, v. 15; p. 231, v. 24; p. 232, v. 5; p. 233, v. 14; p. 234, v. 14; p. 243, v. 16; p. 307, v. 1.
HEN (le Ham-sur-Somme), R. de H., p. 365, v. 9; p. 384, v. 9, 12.
HENRI (duc de Saxe), p. 83, l. 14.
HENRI (évêque de Winchester, frère du roi Étienne), p. 72, var. 1; p. 78, l. 14.
HENRI (fils de Geoffroi Martel, comte d'Anjou, et plus tard Henri II.

roi d'Angleterre), p. 69, l. 19; p. 73, l. 3; p. 76, l. 24, var. 7; p. 77, l. 1; p. 78, l. 11; p. 79, l. 8, 25, 27; p. 80, l. 6, 12, 18; p. 81, l. 3, 17; p. 82, l. 4, 19; p. 83, l. 9, 16, 19, 23; p. 84, l. 4, 5, 13, 14; p. 152, l. 10.

Henri de Bascle, R. de H., p. 372, v. 8.

Henri de Constantinoble (empereur d'Orient), p. 180, l. 8, 10.

Henri de Soiri, R. de H., p. 344, v. 17, 27; p. 365, v. 1; p. 367, v. 11.

Henri de Wieles, p. 61, l. 26.

Henri-le-Mareschal, p. 120, l. 7; p. 137, l. 3; p. 144, l. 1.

Henris (dit l'Oiseleur, empereur d'Allemagne), p. 21, l. 7, 15; p. 34, l. 3.

Henri (troisième de ce nom, empereur d'Allemagne), p. 49, l. 11.

Henris (cinquième du nom, empereur d'Allemagne), p. 68, l. 2; p. 69, l. 14.

Henris (Henri VI, empereur d'Allemagne), p. 85, l. 14; p. 87, l. 13, 27; p. 90, l. 1.

Henris (fils de Guillaume-le-Conquérant et de Mathilde, plus tard roi d'Angleterre sous le nom de Henri Ier), p. 65, l. 1, var. 1; p. 67, l. 18, 20; p. 68, l. 5, 21; p. 69, l. 14, 19, var. 4; p. 71, l. 1, 7; p. 72, l. 4, 7; p. 146, l. 1.

Henris (fils du roi Jean, et, après lui, roi d'Angleterre sous le nom de Henri III), p. 111, l. 6; p. 152, l. 22; p. 180, l. 21; p. 181, l. 3; p. 182, l. 1; p. 206, l. 20.

Henris (Henri Ier, roi de France, fils de Robert et de Constance), p. 55, l. 25, var. 6; p. 58, l. 20; p. 59, l. 19; p. 61, l. 14; p. 62, l. 26.

Henris (roi d'Angleterre du vivant de son père Henri II), p. 81, l. 22, 29; p. 82, l. 5, 11, 26; p. 84, l. 6.

Henris de Bailluel, p. 128, l. 9.

Henris (Henri II, comte de Champagne), p. 86, l. 15.

Henris li dus de Bourgoigne (oncle de Robert, roi de France), p. 52, l. 3.

Heraus (Harold au Pied-de-Lièvre, fils de Cnut, roi d'Angleterre), p. 60, l. 2, 11.

Heraus (Harold, fils de Godwin, comte de Kent), p. 63, l. 13, 15, 18, 21; p. 64, l. 5, 6.

Herbers ou Hierbiers de Furnes, p. 134, l. 1, 17.

Herbert del Mans, p. 65, var. 4.

Herbiers (deuxième du nom, comte de Vermandois), p. 18, l. 12; p. 20, l. 16, 24; p. 21, l. 10.

Herefort (Hereford), p. 115, l. 5.

Herefort (Hertford), p. 160, l. 12; p. 182, l. 8.

Heriveus, p. 62, var. 7.

Herkinghehen, p. 138, l. 8.

Herlewin (comte de Ponthieu et de Montreuil), p. 23, var. 4.

Herluin (comte de Ponthieu et de Montreuil), p. 23, l. 13, 27; p. 24, l. 10, 12, 25; p. 32, l. 7, 12, 18, 21, 25.

Hermans li cuens de Ruem, p. 32, l. 3.

Hernous de Fosseus, R. de H., p. 357, v. 3.

Herrefort (Hertford), p. 181, l. 8.

Hersin (village du département du Pas-de-Calais), p. 191, l. 25.

Hervieus ou Hervius («li cuens de Naviers»), p. 165, l. 22, var. 6.

Hervius (l'un des assassins de Guillaume Longue-Epée), p. 25, l. 12.

Herviux, p. 62, l. 13.

Heudoiers (évêque de Beauvais), p. 34, l. 17.

Heudernesse, p. 115, var. 3.

Heudré (Ethelred, roi d'Angleterre), p. 57, l. 16, var. 3.

Heudré, fils d'Ethelred, roi d'Angleterre), p. 56, l. 21.

Heudrenesse, p. 115, l. 9.

Heudres (Ethelred, roi d'Angleterre), p. 47, l. 3, 20; p. 48, l. 5, 24; p. 49, l. 5, 6.

Heurs ou Hues li castelains d'Arras, p. 160, l. 26; p. 182, l. 23; p. 194, l. 3; p. 195, l. 2.

Heuble, R. de H., p. 374, v. 8.

Hiencourt, R. de H., p. 304, v. 2; p. 333, v. 5, 19.

Hierefort (Hereford), p. 63, l. 8.

Hobruges, p. 171, l. 24; p. 197, l. 18.

Hollande, p. 135, l. 18; p. 136, l. 4; p. 156, l. 21, 24; p. 165, l. 27; p. 169, l. 23; p. 176, l. 18.

Honoré (pape, successeur d'Innocent III), p. 180, l. 6.

Honte (personnification), p. 215, l. 25.

406   INDEX GÉNÉRAL.

Hosteri *ou* Hoteri, R. de H., p. 348, v. 25; p. 349, v. 4.
Houdaing (Houdain, bourg du département du Pas-de-Calais), p. 142, l. 13.
Houdenc, R. de H., p. 348, v. 10, 17; p. 376, v. 27.
Houdencourt, R. de H., p. 367, v. 21.
Huars de Basentin, R. de H., p. 291, v. 12, 22; p. 361, v. 3, 14; p. 363, v. 19.
Huart Paon (écuyer qui portait la bannière de l'avoué de Béthune), p. 178, l. 22.
Hubers *ou* Hubiers de Bours (gouverneur du château de Chinon, puis grand-justicier d'Angleterre), p. 103, l. 12, 18; p. 104, l. 18; p. 125, l. 17; p. 170, l. 10; p. 181, l. 22; p. 189, l. 23; p. 192, l. 21; p. 201, l. 16; p. 202, l. 28.
Hubers *ou* Hubiers Gautiers («qui archevesques estoit de Chantorbire»), p. 101, l. 7; p. 105, l. 20; p. 106, l. 27; p. 110, l. 4.
Hue, p. 132, var. 7.
Huedes *ou* Huedon (comte de Chartres), p. 50, l. 18, 19.
Huerle, R. de H., p. 354, v. 15, 25.
Hues (frère de Robert de Grente-Maisnill), p. 62, l. 24.
Hues («li cuens de Saint-Pol»), p. 88, l. 4; p. 104, l. 12.
Hues («li fils au conte Raoul, ki evesques estoit de Biauvais»), p. 54, l. 26.
Hues («li mareschaus de France »), p. 18, l. 11.
Hues («qui puis fu cuens de Ciestre»), p. 62, l. 9.
Hues Bardous, p. 59, l. 22.
Hues Capés (fils de Hugues-le-Grand), p. 44, l. 26, 29.
Hues Cieres *ou* Huon Cieret, p. 190, l. 24; p. 195, l. 4.
Hues de Bailluel (gouverneur de Newcastle et d'une grande partie du nord de l'Angleterre), p. 181, l. 13.
Hues de Boves, p. 129, l. 15; p. 130, l. 11; p. 132, l. 27; p. 134, l. 10; p. 141, l. 9; p. 153, l. 26, 28; p. 154, l. 4, 11; p. 155, l. 7; p. 156, l. 7, 13; p. 157, l. 27.
Hues de la Bretaigne («uns cousins Robert de Biethune»), p. 133, l. 22.

Hues de Lachi, p. 112, l. 9, 27; p. 113, l. 7.
Hues de Mal-Annoi, p. 166, l. 27; p. 188, l. 22; p. 203, l. 22, 26, 27; p. 204, l. 6.
Hues de Miraumont, p. 166, l. 12.
Hues de Mont-Fort, p. 58, l. 12.
Hues de Noeville (gouverneur du château de Marlborough), p. 175, l. 1, 25; p. 176, l. 8, 12.
Hues de Rumegny, p. 166, l. 18; p. 177, l. 25.
Hues Havès, p. 166, l. 22; p. 169, l. 24; p. 176, l. 27.
Hues li archevesques de Ruem (prédécesseur de Robert, fils de Richard Ier et de Gonnor), p. 44, l. 17.
Hues li Bigos (fils de Roger, comte de Norfolk), p. 171, l. 9.
Hues li cuens de Chalon (Hugues, évêque d'Auxerre et comte de Châlon-sur-Saône), p. 52, l. 13, 18.
Hues li Grans (duc de France, comte de Paris, mort à Dourdan le 16 juin 956), p. 20, l. 15; p. 21, l. 10; p. 23, l. 14; p. 29, l. 7, 12, 13, 18, 20, 25, var. 4; p. 30, l. 6, 18, 19; p. 31, l. 1, 10, 13, 17; p. 33, l. 25, 26; p. 34, l. 9; p. 35, l. 6, 14, 21; p. 36, l. 3; p. 39, l. 3, 6; p. 43, l. 15; p. 44, l. 26.
Hues *ou* Huon de Gornay, p. 92, l. 3, 11, 17.
Hues *ou* Huon del Mans (Hugues Ier, fils de David et comte du Maine), p. 49, var. 10; p. 50, var. 4.
Hues Tacons («ki estoit uns des barons de Flandres»), p. 161, l. 2; p. 184, l. 6; p. 191, l. 10, 22; p. 198, l. 7.
Huet de Haluin, R. de H., p. 368, v. 21.
Hughes de Surgieres (vicomte de Châtelleraut, frère d'Hugues le Brun, IXe du nom, comte de la Marche), p. 102, l. 11, 24.
Hughes l'archevesques («qui sires estoit de Partenay»), p. 102, l. 15.
Hughes li Bruns *ou* Huon le Brun (Hugues, IXe du nom, sire de Lusignan et comte de la Marche), p. 91, l. 21; p. 95, l. 2, 9; p. 102, l. 10; p. 206, l. 16.
Hugon de Lesegnan (Hugues, X^e du nom de Lusignan, comte de la Marche et d'Angoulême, «qui fu

INDEX GÉNÉRAL. 407

fils Hugon le Brun, conte de le Mache»), p. 206, l. 15.
HUNAUT (frère d'Harold, dernier roi anglo-saxon), p. 63, l. 19.
HUON, p. 130, l. 12; p. 132, l. 28.
HUON (de Basentin), R. de H., p. 262, v. 4.
HUON (fils de Guillaume de Normandie frère du duc Richard II, évêque de Lisieux), p. 47, l. 2.
HUON CHANGE, p. 170, l. 14.
HUON DE COUFFLANS, R. de H., p. 297, v. 19.
HUON DE RUET, p. 190, l. 24.
HUFFLANDE (contrée d'Angleterre), p. 206, l. 8.
HYDE (endroit du Hampshire, près de Winchester, dont il est comme le faubourg), p. 67, l. 22.
HYSTER (le Danube), p. 1, l. 11.

I.

INGEL LE CONTE DE COUSTANCES ou DE COUSTENT (Néel de Saint-Sauveur, vicomte du Cotentin), p. 49, l. 20; p. 56, l. 66.
INGHEHEM (Ingham, château du comte Robert de Vere), p. 165, l. 6; p. 182, l. 13, 16.
INNOCENT LI TIERS (pape, élu le 8 janvier 1198, et mort le 16 ou le 17 juillet de l'an 1216), p. 111, l. 1; p. 180, l. 5.
IRLANDE (île de l'Océan, qui fait partie de l'empire britannique), p. 113, l. 11.
ISABIEL (sœur de Galerant, comte de Meulan, dont Henri Ier, roi d'Angleterre, eut une fille naturelle), p. 70, l. 10.
ISLE (château de Normandie), p. 89, l. 27.
ISSODUN (ville du département de l'Indre), p. 95, l. 2.
ISSOUDUN (idem), p. 89, l. 16.
ITHAILE (Italie, contrée du midi de l'Europe), p. 3, var. 6.

J.

JAKE DU BOS, R. de H., p. 336, v. 1.
JAKELINS DE FERRIERES, p. 58, l. 12.
JEHAN (saint), R. de H., p. 246, v. 18.
JEHAN AU BOIS-GIRIAUME, R. de H., p. 348, v. 11.
JEHAN D'AMIENS (saint), R. de H., p. 316, v. 26.
JEHAN DE CANTENS, R. de H., p. 346, v. 23; p. 347, v. 1.
JEHAN DE FAÏ, R. de H., p. 336, v. 3.
JEHAN DE JHERUSALEM (Jean de Brienne, douzième roi de Jérusalem, mort le 23 mars 1237), p. 206, l. 28.
JEHAN DE LAISDAING, p. 176, l. 16.
JEHAN DE LIN-DU-BUEF, R. de H., p. 374, v. 2.
JEHAN DE LONC, R. de H., p. 355, v. 11; p. 356, v. 2.
JEHAN DE SOIRI, R. de H., p. 375, v. 21.
JEHANE (fille de Henri II, roi d'Angleterre, mariée 1°. à Guillaume II, roi de Sicile; 2°. à Raymond VI, comte de Toulouse), p. 85, l. 12; p. 87, l. 18; p. 122, l. 10.
JEHANE («qui fu fille l'empereour Bauduin de Constantinoble et la boine contesse Marie»), p. 127, l. 5.
JEHAN LE BAILLUEL, R. de H. p. 334, v. 3.
JEHANS (archevêque de Rouen, successeur de Maurille), p. 64, l. 22; p. 209, l. 17.
JEHANS (châtelain de Lille), p. 138, l. 9.
JEHANS (fils de Robert avoué de Béthune, frère de l'avoué Guillaume, et évêque de Cambrai), p. 92, l. 7.
JEHANS (frère de Gautier de Fourmesieles), p. 133, l. 20.
JEHANS (Jean-sans-Terre, fils de Henri II, et roi d'Angleterre), p. 83, l. 10; p. 89, l. 4, 8; p. 90, l. 15, 17, 21; p. 91, l. 1, 7, 8, 11, 12, 15, 16, 19; p. 93, l. 10, var. 2; p. 94, l. 1, 2, 3, 9, 26; p. 95, l. 21; p. 96, l. 6, 22; p. 97, l. 15; p. 98, l. 18, 26; p. 99, l. 11, 16; p. 100, l. 9; p. 101, l. 12; p. 104, l. 16; p. 105, l. 6, 23, var. 5; p. 109, l. 14; p. 111, l. 9, 21; p. 112,

l. 20, 24, 26; p. 113, l. 6, 13, 20, 27; p. 114, l. 6, 15, 17, 18; p. 115, l. 12; p. 119, l. 5, 19; p. 123, l. 2, 26; p. 126, l. 24; p. 127, l. 18; p. 144, l. 6, 15; p. 145, l. 4, 6; p. 165, l. 1; p. 167, l. 15, 18; p. 178, l. 27; p. 189, l. 7; p. 200, l. 19; p. 208, l. 20.

JEHANS DE BIAUMONT, p. 184, l. 6; p. 186, l. 26.

JEHANS DE BOSCAIS, R. de H., p. 338, v. 14.

JEHANS DE BRIMEU, R. de H., p. 345, v. 13.

JEHANS DE CASTENAI, R. de H., p. 324, v. 17.

JEHANS DE CHANLE, R. de H., p. 307, v. 19, 25; p. 353, v. 5.

JEHANS DE CARROIS, R. de H., p. 308, v. 20.

JEHANS DE COING, R. de H., p. 338, v. 4.

JEHANS DE COULOIGNE, R. de H., p. 305, v. 20.

JEHANS DE CYSOING, p. 162, l. 9.

JEHANS DE DOMPIERRE MONTEL, R. de H., p. 366, v. 25; p. 367, v. 4.

JEHANS DE DOUAY, R. de H., p. 366, v. 4, 6.

JEHANS DE FENIERES, p. 307, l. 27; p. 371, v. 5.

JEHANS DE FEUJERES, R. de H., p. 337, v. 26.

JEHAN DE FOUCONCOURT, R. de H., p. 345, v. 15.

JEHANS DE FRANSIERES, R. de H., p. 376, v. 8, 16, 23.

JEHANS DE GANNES, R. de H., p. 349, v. 3.

JEHANS DE HANGEST, p. 166, l. 19.

JEHANS DE HARCOURT, R. de H., p. 342, v. 2.

JEHANS DE HARGICOURT, R. de H., p. 374, v. 1.

JEHANS DE JUMELES, R. de H., p. 299, v. 9; p. 354, v. 7; p. 355, v. 2.

JEHANS DE LA RIVIERE (chevalier du Boulonnais), p. 180, l. 3.

JEHANS DE LE COUTURE, R. de H., p. 310, v. 23.

JEHANS DE LE TOURNELE, R. de H., p. 339, v. 18.

JEHANS DE LONGHETONE (frère d'Etienne de Langton, archevêque de Canterbury), p. 167, l. 16.

JEHANS DE LUNÉS, R. de H., p. 310, v. 23.

JEHANS DE MELES, R. de H., p. 311, v. 26.

JEHANS DE MONMIRAIL (« qui sire estoit d'Oisy »), p. 166, l. 4; p. 177, l. 25.

JEHANS DE MOROEL, R. de H., p. 306, v. 21, 25.

JEHANS DE NOEVILE, R. de H., p. 365, v. 2.

JEHANS DE NUE, p. 191, l. 26.

JEHANS DE PASKA, p. 191, l. 26.

JEHANS DE PEREUMONT, R. de H., p. 353, v. 13, 20; p. 372, v. 7, 14, 21.

JEHANS DE PIERRE, R. de H., p. 307, v. 16.

JEHANS DE SAINT-MARTIN, R. de H., p. 307, v. 8.

JEHANS DES BARRES, R. de H., p. 338, v. 3.

JEHANS DES JESTES, R. de H., p. 287, v. 1.

JEHANS DE SOISI, R. de H., p. 335, v. 5.

JEHANS D'ESPAGNI, R. de H., p. 340, v. 4.

JEHANS DE VILERS, R. de H., p. 374, v. 26.

JEHANS D'ICRE, R. de H., p. 308, v. 8.

JEHANS D'OISY, p. 88, l. 24.

JEHANS DU BOSKIAUS, R. de H., p. 339, v. 10.

JEHANS FILS HUON (conseiller du roi Jean), p. 130, l. 12; p. 132, l. 28; p. 134, l. 10.

JEHANS MESIRE DE CLERE, R. de H., p. 279, v. 4.

JESTES, R. de H., p. 287, v. 1.

JHERUSALEM (ville de la Palestine), p. 51, l. 9; p. 57, l. 17, 26; p. 62, l. 22; p. 65, l. 10, 14; p. 68, l. 16; p. 72, l. 7; p. 206, l. 28.

JHESU-CRIST, p. 14, l. 27.

JHESU-CRIX, p. 66, l. 26.

JOFFROI (troisième fils de Henri II, et duc de Bretagne par suite de son mariage avec Constance, fille de Conan IV), p. 91, l. 26; p. 180, l. 25.

JOFFROI (fils de Geoffroi Martel, comte d'Anjou), p. 69, l. 19.

JOFFROI DE SAY (« un baron d'Engletierre qui ot en garde la Rie »), p. 182, l. 27.

JOFFROI MARCHEL (Geoffroi le Bel,

comte d'Anjou, né le 24 août 1113, mort le 7 septembre 1151), p. 69, l. 17; p. 71, l. 4; p. 73, l. 3.
JOFFROIS (Geoffroi Ier, surnommé *Grisegonnelle*, comte d'Anjou et sénéchal de France, mort le 21 juillet 987), p. 40, l. 15.
JOFFROIS (comte de Champagne), p. 51, l. 7, 10.
JOFFROIS DE LESEGNON, p. 94, l. 21; p. 102, l. 12.
JOFFROIS DE MANDEVILLE (fils de Geoffroi Fitz-Peter et comte d'Essex), p. 115, l. 23, 25; p. 116, l. 28; p. 117, l. 4, 5, 9, 12, 13, 20, 26; p. 118, l. 8, 18, 22; p. 119, l. 14, 17, 20; p. 121, l. 7; p. 145, l. 13; p. 164, l. 20.
JOFFROIS (premier du nom, comte de Bretagne), p. 47, l. 16; p. 50, l. 26.
JOFFROIS LI FIUS PIERRE (justicier d'Angleterre), p. 115, l. 16; p. 125, l. 16.

JOHANISSES LI BLAS (Johannice Ier, ou Jean, dit aussi Calo-Jean, roi des Bulgares, tué en 1207 au siége de Thessalonique), p. 104, l. 9.
JOIEL DEL MAINE, p. 73, l. 1.
JOIFROI (premier du nom, comte de Bretagne), p. 50, var. 13.
JORGE (saint), R. de H., p. 297, v. 22.
JOUDOIN DE DOE, p. 170, l. 13.
JOU JEHANS (Johannice Ier, roi des Bulgares), p. 104, var. 1.
JUETE (sœur, et non pas fille de Geoffroi Ier, comte de Bretagne, et femme de Richard II duc de Normandie), p. 51, l. 1; p. 59, l. 11.
JULIIEN (saint), p. 107, l. 14.
JULYANE (fille naturelle de Henri Ier, roi d'Angleterre, et femme de Guillaume de Pacy), p. 70, l. 7.
JUMELES, R. de H., p. 299, v. 9; p. 354, v. 7; p. 355, v. 2.
JUMELOIS (Jean de Jumeles), p. 354, v. 22, 26.

K.

KALAIS (Calais, ville du département du Pas-de-Calais), p. 161, l. 8; p. 165, l. 20, 22; p. 168, l. 2; p. 188, l. 11; p. 193, l. 3, 5, 13; p. 195, l. 24; p. 198, l. 12, var. 6; p. 200, l. 15, 23.
KANELYON (l'un des anciens royaumes de l'Irlande), p. 113, l. 10, 25.
KASINGHEHEM, p. 181, l. 27, 28.
KAVEGNI (Chauvigny, ville du département de la Vienne), p. 95, l. 4.
KENELION (l'un des anciens royaumes de l'Irlande), p. 113, var. 2; p. 114, l. 10.
KENELYON (l'un des anciens royaumes de l'Irlande), p. 113, l. 18; p. 114, l. 9.
KENT (comté méridional de l'Angleterre), p. 110, var. 4.

KEUS, KEX (sénéchal du roi Arthur), R. de H., p. 235, v. 20; p. 236, v. 6; p. 237, v. 25; p. 238, v. 22; p. 239, v. 7, 18; p. 267, v. 6, 19; p. 268, v. 17; p. 269, v. 14; p. 270, v. 3; p. 272, v. 5; p. 276, v. 11, 21; p. 277, v. 1, 6; p. 283, v. 25; p. 284, v. 25; p. 286, v. 3, 8, 12, 18; p. 287, v. 4, 22; p. 288, v. 10, 17; p. 289, v. 23; p. 313, v. 6, 13; p. 314, v. 1; p. 331, v. 25; p. 332, v. 17, 26; p. 334, v. 1; p. 342, v. 22; p. 343, v. 7; p. 349, v. 15; p. 352, v. 20; p. 361, v. 27; p. 373, v. 10; p. 378, v. 23; p. 380, v. 23.
KINGESTONE (Kingston, dans le comté de Surrey), p. 199, l. 10.
KINGESTOUNE (*idem*), p. 204, l. 12.

L.

LACHI (aujourd'hui *Lassy*, sur la route de Vire à Aulnay-sur-Odon, département du Calvados), p. 112, l. 9, 27; p. 113, l. 8.
LACI, p. 112, var. 2.
LACIMAN (roi de Suède), p. 50, var. 8.
LACINAN (roi de Suède), p. 48, l. 22.

LACINARI (roi de Suède), p. 50, l. 10.
LAISDAING (Laisdain, village du département du Nord), p. 176, l. 16.
LAMBEKINS DE ROSEBRECHE, p. 133, l. 8.
LAMBERT (frère d'Herluin, comte de Ponthieu), p. 32, l. 7.

410   INDEX GÉNÉRAL.

LAMÉE (Lambeth, dans le comté de Surrey), p. 171, l. 20.
LANDAST (village du département du Nord), p. 134, l. 25.
LANDEGRAVE (cri d'armes), R. de H., p. 363, v. 16.
LANDRI (comte de Nevers par suite de son mariage avec Mathilde, fille d'Otte-Guillaume), p. 52, l. 6, 9.
LANE, p. 172, l. 16.
LANGETHONE (Langton), p. 110, l. 23.
LANGUETONNE (Langton), p. 208, l. 5.
LANSON (Alençon, chef-lieu du département de l'Orne), p. 54, l. 11.
LARGUECE (personnification), R. de H., p. 215, v. 26.
LEANS (Lewes, dans le comté de Sussex, château du comte de Warenne), p. 183, l. 5.
LEAUS (Lewes, château du comte de Warenne), p. 183, var. 2.
LEECESTRE (Leicester), p. 70, l. 2.
LEECIESTRE (Leicester), p. 77, l. 13.
LEICESTRE (Leicester), p. 76, var. 8; p. 78, l. 12.
LEICIESTRE (Leicester), p. 78, l. 20; p. 79, l. 14.
LENS (ville de Flandre), p. 166, l. 23; p. 175, l. 17; p. 196, l. 1.
LESDAING (Laisdain, village du département du Nord), p. 176, var. 4.
LESEGNAN (Lusignan, ville du département de la Vienne), p. 206, l. 16.
LESEGNON (Lusignan en Poitou), p. 94, l. 21; p. 102, l. 12; p. 206, l. 5.
LESEIGNON (Lusignan), p. 94, l. 4.
LEUCIESTRE (Leicester), p. 76, l. 18.
LEUES (montagne près de Chartres), p. 12, var. 5.
LIECELINE (comtesse d'Eu), p. 62, l. 2.
LIEDE DE LA FLEKE (Hélie, seigneur de la Flèche et comte du Maine, mort en 1110, le 3 juillet), p. 65, l. 8.
LIEGE (ville de Belgique, chef-lieu de province), p. 154, l. 20.
LIERE, R. de H., p. 353, v. 2.
LIESEWIES (Lisieux, ville du département du Calvados), p. 47, var. 1; p. 62, var. 4; p. 98, l. 1.
LIESIES (Lisieux), p. 47, l. 2; p. 62, l. 4.
LIESSELINE (femme de Guillaume,

comte d'Eu, frère de Richard II, duc de Normandie), p. 46, l. 24.
LILLE (en Flandre, chef-lieu du département du Nord), p. 127, l. 10; p. 136, l. 27; p. 137, l. 2, var. 4; p. 138, l. 8, 14; p. 139, l. 1, 8, 21; p. 144, l. 13.
LINDEBONE (Lillebonne, bourg du département de la Seine-Inférieure), p. 80, var. 5.
LIN-DE-BUEF, R. de H., p. 374, v. 2.
LIRE (abbaye de Normandie), p. 61, var. 2.
LISLE (Lille en Flandre), p. 138, var. 5.
LISY (Ely, ville épiscopale du comté de Cambridge), p. 188, l. 5.
LOCHIERS (Loches, ville du département d'Indre-et-Loire), p. 89, var. 3.
LOERAINE (contrée du nord de la France), R. de H., p. 317, v. 12; p. 321, v. 2.
LOEYS (fils de Philippe-Auguste, et plus tard roi de France sous le nom de Louis VIII), p. 161, var. 4; p. 167, var. 3.
LOHERAINE (Lorraine), p. 36, l. 5.
LOHIERS (Lothaire, fils de Louis d'Outremer et roi de France), p. 22, l. 2; p. 34, l. 16, 24; p. 39, l. 11, 14; p. 40, l. 11; p. 41, l. 26.
LOHORAINNE (Lorraine), p. 36, var. 2.
LOIRE (fleuve de France), p. 11, l. 17, 23, 24.
LOÏS DE BIAUGIEU, R. de H., p. 374, v. 10, 20.
LONC, R. de H., p. 355, v. 11, 18; p. 356, v. 2, 11.
LONDRES (capitale de l'Angleterre), p. 48, l. 12; p. 49, l. 4; p. 60, l. 11; p. 64, var. 15; p. 65, l. 17, 27; p. 67, l. 19, 23; p. 80, l. 28; p. 118, l. 26; p. 119, l. 1; p. 147, l. 3, 9, 17, 18; p. 150, l. 20; p. 157, l. 1, 22; p. 159, l. 14; p. 160, l. 2; p. 161, l. 11, 19, 25; p. 162, l. 3, 6, 12, 21; p. 164, l. 15, 18; p. 165, l. 14; p. 166, l. 6; p. 171, l. 4, 16, 28; p. 172, l. 13, 18; p. 173, l. 9, 18, 27; p. 174, l. 10, 14, 15, 19, 21; p. 177, l. 1, 8, 10, 11; p. 182, l. 7, 22; p. 184, l. 2; p. 187, l. 16; p. 190, l. 11; p. 191, l. 24; p. 192, l. 14, 22; p. 195, l. 11, 12; p. 197, l. 1, 9, 22; p. 198, l. 10; p. 199, l. 8, 11,

INDEX GÉNÉRAL. 411

12; p. 200, l. 5, 8, 10; p. 202, l. 20, 24; p. 203, l. 4; p. 204, l. 6; p. 205, l. 3, 9; p. 206, l. 2; p. 208, l. 2. — R. de H., p. 296, v. 5.

LONDROIS (surnom des chevaliers de Louis, fils de Philippe-Auguste, qui étoient alés à Londres), p. 172, l. 14.

LONGETUONE (Langton), p. 167, l. 16, var. 5; p. 190, l. 5; p. 197, l. 16.

LONGHE-ESPÉE (surnom de Guillaume, comte de Salisbury, frère du roi Jean), p. 129, l. 10; p. 187, l. 24.

LONGHEVAL (Longueval, village du département de la Somme), R. de H., p. 220, v. 22; p. 275, v. 16; p. 290, v. 24; p. 317, v. 17.

LONGUEVAL (village du département de la Somme), R. de H., p. 222, v. 1; p. 230, v. 6; p. 272, v. 10; p. 273, v. 11; p. 286, v. 5; p. 317, v. 24; p. 350, v. 16; p. 352, v. 17.

LOONOIS (Lennox en Écosse?), p. 79, l. 12.

LOOY (Louis IX, roi de France), R. de H., p. 217, v. 9.

LOOYS (fils de Philippe-Auguste, et, plus tard, roi de France sous le nom de Louis VIII), p. 83, l. 22; p. 90, l. 27; p. 91, l. 13; p. 123, l. 23, var. 6; p. 137, l. 5, 15, 22; p. 141, l. 5, 14; p. 142, l. 1, 10; p. 143, l. 27; p. 160, l. 7, 13, 17, 20; p. 162, l. 18; p. 165, l. 18, var. 5; p. 166, l. 26; p. 167, l. 10, 24, 25; p. 168, l. 4, 16, 21, 22; p. 169, l. 7, 10, 14, 19, 21; p. 170, l. 22, 24; p. 171, l. 1, 14; p. 172, l. 7, 10, 18; p. 175, l. 2, 4, 11; p. 176, l. 22, 24, 26; p. 177, l. 6, 20; p. 178, l. 7, 11, 15; p. 179, l. 9, 11, 14, 19, 22, 24; p. 180, l. 7, 10, 12; p. 181, l. 26, 29; p. 182, l. 5, 22, 27; p. 183, l. 3, 17, 18, 28; p. 184, l. 14, 15, 20; p. 185, l. 3, 13, 20, 27; p. 186, l. 5, 9, 20, 22, 23; p. 187, l. 9, 10, 22; p. 188, l. 6, 8, 9, 14; p. 189, l. 10, 17, 23; p. 190, l. 7, 12, 13, 17, 20, 22; p. 191, l. 8, 14, 16, 17; p. 192, l. 6, 8, 12, 17, 22, 29; p. 193, l. 11, 23, 26; p. 194, l. 9, 21; p. 195, l. 14; p. 196, l. 12, 28; p. 197, l. 9, 11, 13, 25; p. 198, l. 3, 12; p. 199, l. 16, 22, 27; p. 200, l. 1, 8; p. 202, l. 20, 25, 27; p. 203, l. 1, 4, 8, 9, 19, 23, 25; p. 204, l. 7, 13, 14, 17, 19; p. 205, l. 2, 6, 12, 15, 16, 19, 26; p. 206, l. 20.

LOOYS («ki sires estoit de Chartres et de Blois,» tué en 1205, devant Andrinople), p. 104, l. 10.

LOOYS (Louis, dit le Jeune, roi de France), p. 77, l. 2; p. 81, l. 7, 8, 23.

LOOYS (Louis d'Outremer, roi de France), p. 20, l. 22; p. 21, l. 1, 3, 16; p. 26, var. 2; p. 32, var. 5; p. 33, l. 1, 8; p. 34, l. 6, 16; p. 35, l. 22; p. 43, l. 1; p. 44, l. 21.

LOQUES, R. de H., p. 375, v. 20, 24.

LOUCHES (Loches, ville du département d'Indre-et-Loire), p. 89, l. 13.

LOUVAIN (ville de Belgique, province du Brabant méridional), p. 88, l. 25.

LOUVAING (Louvain, ville de Belgique), p. 69, l. 21; p. 154, l. 20.

LOUVRE (château des rois de France; à Paris), p. 120, l. 27.

LUDIS (femme de Richard II, duc de Normandie), p. 62, l. 20.

LUIDEBOUE (Lillebonne, bourg du département de la Seine-Inférieure), p. 80, l. 15.

LUNE (ville et port de Toscane), p. 3, l. 10.

LUNERS, R. de H., p. 311, v. 3.

LUNÉS, R. de H., p. 310, v. 23.

LUNLOY (Lonlai-l'Abbaye, village du département de l'Orne), p. 62, l. 12.

LUSSEBOURG (Luxembourg, ville forte du royaume de Belgique, chef-lieu de la province de même nom), R. de H., p. 343, v. 27.

LYMOGES (chef-lieu du département de la Haute-Vienne), p. 90, l. 8.

LYON (l'animal qui accompagnait Lancelot du lac?), R. de H., p. 229, v. 1; p. 240, v. 1, 9; p. 245, v. 19; p. 265, v. 20; p. 266, v. 19, 27; p. 315, v. 2; p. 316, v. 8, 12, 19, 21; p. 317, v. 21; p. 318, v. 5, 10; p. 383, v. 18.

LYONS (forêt et château de Normandie, département de l'Eure), p. 71, l. 1; p. 77, l. 6; p. 87, l. 8.

LYRE (abbaye de Normandie), p. 61, l. 25.

LYS (rivière de Flandre qui se jette dans l'Escaut), p. 44, l. 23; p. 138, l. 9, 11.

M.

MAALINES (Malines, ville de Belgique, province d'Anvers), p. 137, l. 21.

MACHE (Marche, province de France, bornée au nord par le Berry, à l'orient par l'Auvergne, à l'occident par le Poitou et l'Angoumois, au midi par le Limousin), p. 206, l. 17.

MAELINS (frère de Boidin de Metres), p. 166, l. 14.

MAGDELAINE (chapelle de l'église Notre-Dame de Rouen), p. 17, l. 12.

MAHIEU DE WAUDRICOURT, R. de H., p. 324, v. 2.

MAHIRUS DE HIENCOURT, R. de H., p. 333, v. 5, 20.

MAHIEUS D'ESPEGNI, R. de H., p. 344, v. 6.

MAHIEUS DE MONMORENCHI, R. de H., p. 306, v. 22.

MAHIEUS DE TRIE, R. de H., p. 301, v. 15; p. 302, v. 12, 14.

MAHIEUS DE VER, R. de H., p. 305, v. 21.

MAHIEUS DE WAULAINCOURT, R. de H., p. 324, v. 1.

MAHIEUS ou MAIHIEX de ROIE, R. de H., p. 335, v. 3, 7.

MAHIU DE WALLAINCOURT, R. de H., p. 277, v. 19.

MAHIU L'ÉWANGELISTE (saint), p. 154, l. 11.

MAHIUS DE VI, R. de H., p. 367, v. 19; p. 368, v. 10.

MAIELIN DE METRES, p. 166, var. 6; p. 175, l. 19.

MAIENCE (ville du grand-duché de Hesse-Darmstadt), p. 68, l. 4.

MAIENCOURT, R. de H., p. 304, v. 19.

MAIGNELERS, R. de H., p. 301, v. 6.

MAINE (province de France, située entre la Bretagne, l'Anjou, la Touraine, le Vendômois, le Perche et la Normandie), p. 73, l. 1.

MAINNÉS, R. de H., p. 366, v. 2, 15.

MAL-ANNOI, p. 166, l. 27; p. 203, l. 22, 26, 27; p. 204, l. 6.

MAL-AUNOI, p. 188, l. 22.

MAL-AUSNOI, p. 166, var. 8; p. 188, var. 8.

MALDENGHIEN (Maldeghem, bourg de Belgique, province de la Flandre orientale), p. 134, l. 7.

MALE (maison de plaisance des comtes de Flandre, près de Bruges), p. 132, l. 11.

MALE-MAISON, R. de H., p. 303, v. 18.

MAL'-LION (Mauléon, ville du département des Basses-Pyrénées), p. 143, var. 1.

MAL-PARTUS, p. 38, var. 4.

MALPIRTRUIS (bois), p. 38, l. 10.

MAN (île de la mer d'Irlande), p. 113, l. 3.

MANDEVILLE, p. 88, l. 16; p. 115, l. 24; p. 116, l. 28; p. 119, l. 14, 16, 20; p. 121, l. 7; p. 145, l. 13; p. 164, l. 20; p. 171, l. 12; p. 182, l. 18; p. 195, l. 6.

MANICOURT, R. de H., p. 346, v. 19.

MANLAY, p. 180, l. 24, 26; p. 181, l. 15.

MANS (le Mans, chef-lieu du département de la Sarthe), p. 18, l. 14; p. 49, l. 23; p. 50, l. 9; p. 65, l. 9; p. 84, l. 14; p. 94, l. 3; p. 208, l. 23.

MANSIEL (Manceaux, natifs ou habitants du Maine), p. 65, l. 6.

MARCE (Marche, province de France), p. 206, var. 6.

MARCHE (idem), p. 65, l. 12; p. 91, l. 22.

MARCHE DE BRESSIN, p. 69, l. 27.

MARCHEL (Martel, surnom donné à tort à Geoffroi le Bel, comte d'Anjou), p. 69, l. 17.

MARDECENUS (Hardknut, roi d'Angleterre), p. 60, var. 4.

MARDECHENUS (Hardknut, roi d'Angleterre), p. 49, var. 4; p. 60, l. 17.

MARDOCHEUS (Hardknut, roi d'Angleterre), p. 49, l. 8; p 60, l. 14.

MARGERIT (« qui estoit rois de la mer et estoit hom le roi de France »), p. 86, l. 4.

MARGHERITE (fille de Louis-le-Jeune, roi de France, et femme de Henri, roi d'Angleterre, deuxième fils de Henri II), p. 81, l. 23; p. 82, l. 3.

MARIE (« la boine contesse »), p. 127, l. 5.

MARILLES (Maurile, archevêque de

Rouen, qui succéda à Mauger, déposé en 1055, et mourut en 1067), p. 64, l. 21.
MARKELINES, p. 137, l. 3.
MARLION (Mauléon, ville du département des Basses-Pyrénées), p. 96, var. 1; p. 100, var. 7.
MAROTE (l'une des quatre femmes de la reine Genièvre), R. de H., p. 239, v. 23.
MARROC (empire situé dans le nord de l'Afrique), p. 3, var. 1.
MARSEILLE (chef-lieu du département des Bouches-du-Rhône), p. 3, var. 4.
MARSELLE (*idem*), p. 3, l. 8; p. 85, l. 8.
MARTEAUS (Martel, petite ville du Quercy, maintenant dans le département du Lot), p. 82, var. 6.
MARTEL (ville du département du Lot), p. 63, var. 2; p. 69, var. 8.
MARTIAUS (Martel en Quercy), p. 82, l. 27.
MARTIN (saint), R. de H., p. 384, v. 3.
MARTINS (abbé de Jumièges), p. 22, l. 6.
MARUEL (Mareuil, bourg du département de la Somme), R. de H., p. 377, v. 12.
MATEL (Martel, petite ville du département du Lot), p. 63, l. 2.
MAUDENGHIEN (Maldeghem, bourg de Belgique, province de la Flandre orientale), p. 134, l. 27.
MAUGHIER (archevêque de Rouen, fils de Richard II et de Pavie, frère de Robert duc de Normandie), p. 57, l. 9; p. 59, l. 8.
MAUGHIER DE CORBIE (Mauger, comte de Corbeil, oncle de Robert duc de Normandie), p. 56, l. 5.
MAUGIER (archevêque de Rouen), p. 57, l. 18.
MAULION (Mauléon, ville du département des Basses-Pyrénées), p. 103, l. 7.
MAULYON (*idem*), p. 96, l. 7; p. 100, l. 26; p. 102, l. 14, 15; p. 107, l. 26; p. 108, l. 11; p. 121, l. 27; p. 143, l. 1; p. 153, l. 26; p. 165, l. 4; p. 172, l. 27; p. 174, l. 12; p. 181, l. 17.
MAURILLES (archevêque de Rouen), p. 64, var. 4.

MEATE (Damiette, ville de la Basse-Égypte), p. 207, l. 17, 21.
MEAULINGES (Mawling, dans le comté de Sussex, près de Lewes), p. 190, l. 3.
MEAUSE (abbaye anglaise de l'ordre de Cîteaux), p. 115, l. 9.
MEAUSSE (*idem*), p. 115, var. 4.
MEHAUS (fille naturelle de Henri Ier, roi d'Angleterre, mariée à Rotrou II, comte du Perche), p. 70, l. 6.
MEHAUS (fille d'Eustache, comte de Boulogne, et femme du roi Étienne), p. 78, l. 1; p. 79, l. 16; p. 81, l. 1.
MEHAUS (fille de Bernard de Saint-Valery, et femme de Guillaume de Brayouse), p. 111, l. 16; p. 112, l. 4, 8, 27; p. 113, l. 4; p. 114, l. 21.
MEHAUS (fille de Henri Ier, roi d'Angleterre, et femme 1°. de Henri V, empereur d'Allemagne; 2°. de Geoffroi le Bel, ou Plantagenet, comte d'Anjou), p. 68, l. 1; p. 69, l. 15; p. 71, l. 6, 9; p. 72, l. 22; p. 73, l. 6; p. 76, l. 6, 17, 22; p. 77, l. 1, 14; p. 79, l. 12, 23, 28; p. 80, l. 6, 12; p. 81, l. 3.
MEHAUS (fille de Malcolm, roi d'Ecosse, et de sainte Marguerite, et femme de Henri Ier, roi d'Angleterre), p. 67, l. 25; p. 69, l. 20.
MEHAUS (Mathilde, fille de Baudouin comte de Flandre, nièce de Henri Ier, roi de France, et femme de Guillaume-le-Conquérant), p. 61, l. 21.
MEHAUT (fille de Richard Ier, duc de Normandie, et de Gonnor), p. 43, l. 22.
MEHAUT (« qui feme fu à l'avoué Guillaume et mere Robiert de Biethune »), p. 142, l. 2.
MELANT (Meulan, ville du département de Seine-et-Oise), p. 10, l. 9.
MELES, R. de H., p. 311, v. 26.
MELEUN (Melun, chef-lieu du département de Seine-et-Marne), p. 51, l. 13; p. 141, l. 13, 28; p. 161, l. 4; p. 166, l. 27; p. 182, l. 15; p. 185, l. 28; p. 188, l. 23; p. 198, l. 4.
MENCE, R. de H., p. 311, v. 20.
MEQUELINES, R. de H., p. 375, v. 14.
MERAINVILLE, p. 188, l. 25.

MERANE (Méran, ville d'Allemagne, et capitale du duché de Méranie, qui s'étendait, dit-on, depuis le Tyrol jusqu'à la Misnie), p. 91, l. 28.

MERE DIU (la Sainte-Vierge), p. 14, l. 17.

MERLEBERGE (Marlborough, ville du Wiltshire), p. 116, var. 3; p. 117, l. 20.

MERLEBERGHE (Marlborough), p. 150, var. 10.

MERLEBIEGE (Marlborough), p. 175, l. 1.

MERLEBIERGE (Marlborough), p. 175, l. 3.

MERLINGEHEM, p. 195, l. 3.

MERLINS (personnage des romans du cycle breton, auteur supposé de prophéties), p. 68, l. 10. — R. de H., p. 225, v. 8.

METRES, p. 166, l. 14; p. 175, l. 18.

MEULENT (Meulan), p. 70, var. 6.

MEURISSE DE CREON, p. 178, l. 25.

MEWERC (Newark, château de l'évêque de Lincoln, et maintenant ville du comté de Nottingham), p. 180, l. 17; p. 181, l. 13; p. 206, l. 23.

MIAULINGES (Mawling, comté de Sussex), p. 190, l. 7.

MICHEL (saint), p. 14, l. 22.

MICHIEL DE HARNES, p. 166, l. 11.

MIDLEBOURC (« une boine ville ki siet en Waucres »), p. 136, l. 2.

MIERELEBIERGE (Marlborough), p. 116, l. 29.

MIERLEBERGE (Marlborough), p. 175, l. 20.

MIERLEBIERGE (Marlborough), p. 116, l. 26; p. 150, l. 25; p. 175, l. 5, 8, 12; p. 189, l. 21; p. 190, l. 15.

MIESSINES (Messine en Sicile), p. 85, l. 18; p. 86, l. 3.

MIKIELS DE BIELES-AISES, p. 162, var. 2.

MIKIUS DE BIELES-AISES, p. 162, l. 7.

MIKIUS DE HARNES, p. 169, l. 23; p. 198, l. 16; p. 201, l. 8.

MIRIX COUPLIAUS, R. de H., p. 340, v. 2.

MILLI, R. de H., p. 343, v. 23.

MIRABIEL (château du Poitou; maintenant Mirebeau, ville du département de la Vienne), p. 93, l. 9; p. 94, l. 14, 15.

MIRAUMONT (village du département de la Somme), p. 166, l. 12.

MIRMANDE (près de Valence, département de la Drôme), p. 52, l. 23.

MOIGNE (surnom d'Eustache Buskes, pirate boulonnais du XIIIe siècle), p. 185, l. 24.

MOILAINS, R. de H., p. 311, v. 25.

MOINES (surnom d'Eustache Buskes, célèbre pirate du XIIIe siècle), p. 167, l. 2, 3; p. 185, l. 5, 15; p. 201, l. 1, 2, 23, 26; p. 202, l. 6, 16.

MOLAINES, R. de H., p. 299, v. 24.

MOLAINS, R. de H., p. 310, v. 17.

MOLBRAI (Moubray, village du département de la Manche, dont le nom, dans la bouche des Anglais, s'est changé en Mowbray), p. 194, l. 27.

MOLETONE (Molton ou Moulton, dans le Devonshire), p. 157, l. 19.

MOL PLOKET, p. 182, var. 3.

MONARS DE LALENG, R. de H., p. 377, v. 15, 18.

MONPORT, p. 207, l. 6.

MONGEU (le mont Saint-Bernard), p. 70, l. 23.

MONGIU (le mont Saint-Bernard), p. 70, var. 10.

MONGOBORI (Montgomery), p. 145, l. 22.

MONGOMERI, p. 61, l. 28.

MONGONBOI (Montgomery), p. 145, var. 9.

MONLOON (Laon, chef-lieu du département de l'Aisne), p. 21, l. 22; p. 34, l. 19.

MONMIRAIL, p. 166, l. 4; p. 177, l. 25.

MONMORENCHI, R. de H., p. 300, v. 8; p. 306, v. 22.

MONMORENCI, p. 70, l. 10.

MONNARS DE L'ALENG, R. de H., p. 280, v. 9, 21.

MONS, R. de H., p. 306, v. 2.

MONS-DE-MONGEU (les Alpes), p. 70, l. 23.

MONSORIEL (Mount Sorrel, dans le comté de Leicester), p. 189, l. 21; p. 190, l. 16, 22; p. 191, l. 16; p. 193, l. 27.

MONTAGU, R. de H., p. 367, v. 14; p. 379, v. 7.

MONT-ALBAN (Montauban, village du département de la Somme), R. de H., p. 301, v. 15.

MONTAURAN (village du département de la Somme), R. de H., p. 221,

INDEX GÉNÉRAL.   415

v. 24; p. 291, v. 25; p. 302, v. 13;
p. 363, v. 16.
Montebroc (Montebourg, bourg du département de la Manche, où se trouvait une abbaye de bénédictins fondée par Baudoin de Rivières), p. 62, l. 10.
Montegny, p. 58, l. 18.
Montel, R. de H., p. 366, v. 25.
Montigni, R. de H., p. 294, v. 27.
Mont-Fort, p. 58, l. 12.
Mont-Gomeri, p. 61, var. 4; p. 69, l. 26.
Mont-Gomerin, p. 58, var. 8.
Mont-Leheri (Montlhéry, ville du département de Seine-et-Oise), p. 2, l. 22.
Mont-Loon (Laon), p. 27, l. 20, 27, 28; p. 28, l. 23.
Mont-Sainte-Katerine (lieu près de Rouen), p. 19, l. 6.
Mont-Saint-Michel (abbaye de Normandie, département de la Manche), p. 15, l. 9; p. 43, l. 24; p. 47, l. 7.
Mont-Saint-Michiel (idem), p. 62, l. 17.
Morel, R. de H., p. 300, v. 20.
Moretuel (Mortain, ville du département de la Manche), p. 62, l. 8; p. 71, l. 20.

Morlaines, R. de H., p. 281, v. 12; p. 340, v. 14, 17, 22.
Moroel (Moreuil, ville du département de la Somme), R. de H., p. 300, v. 10; p. 306, v. 21; p. 308, v. 19.
Morroc (Maroc, empire du nord de l'Afrique), p. 3, l. 6.
Mortemer, p. 62, l. 6; p. 63, l. 3; p. 69, l. 2.
Mortuel (Mortain, ville du département de la Manche), p. 80, l. 14, 15; p 83, l. 13; p. 90, l. 21.
Moubray (Montbray, village du département de la Manche, dont les Anglais ont changé le nom en Mowbray), p. 145, l. 20.
Mousteroel (Montreuil-sur-Mer, ville du département du Pas-de-Calais), p. 23, l. 13.
Mue (ville de Flandre, à deux lieues de Dan), p. 130, l. 18; p. 154, l. 5, 13.
Muelant (Meulan, ville du département de Seine-et-Oise), p. 49, l. 23.
Muellant (Meulan), p. 70, l. 11.
Murse (la Meuse, fleuve de France, qui se jette dans la mer du Nord, en Belgique), p. 21, l. 16.
Muis d'Avaine, R. de H., p. 303, v. 17; p. 304, v. 4, 13.

N.

Nantes (chef-lieu du département de la Loire-Inférieure), p. 143, l. 3, 10.
Navare (pays situé entre la France et l'Espagne), p. 86, l. 2.
Navers (Nevers, chef-lieu du département de la Nièvre), p. 169, var. 3.
Naviers (Nevers), p. 52, l. 6; p. 165, l. 23; p. 169, l. 22; p. 174, l. 16, 26; p. 177, l. 10; p. 178, l. 27; p. 179, l. 13, 14; p. 181, l. 22; p. 189, l. 16; p. 192, l. 8, 14, 20; p. 199, l. 28; p. 200, l. 11; p. 205, l. 24.
Nequise (Venise, l'une des deux capitales du royaume Lombard-Vénitien), p. 87, l. 17.
Neustrie (ancien nom de la Normandie), p. 13, l. 2.
Nevelon de Molains, R. de H., p. 310, v. 16.
Nevelos d'Arras ou de Canle («li fils au bailliu d'Arras»), p. 201, l. 6; p. 202, l. 5.

Nevers (chef-lieu du département de la Nièvre), p. 52, var. 1; p. 165, var. 7.
Niche (Nicée, dans l'Asie-Mineure), p. 58, l. 2.
Nichole (Lincoln), p. 77, l. 24, 27; p. 182, l. 23; p. 194, l. 12, 20.
Nichole (gouvernante du château de Lincoln), p. 182, l. 21.
Nicholes (fils de Richard III duc de Normandie, moine de l'abbaye de Fécamp, puis abbé de Saint-Ouen de Rouen), p. 53, l. 22.
Nicole (Lincoln), p. 180, l. 17; p. 182, l. 19; p. 194, l. 4; p. 204, l. 26; p. 206, l. 21.
Nicoles de Barbençon, R. de H., p. 308, v. 7.
Nicoles des Amoises, R. de H., p. 371, v. 26.
Nicoles Donchart, R. de H., p. 307, v. 26.
Nicoles Haringos, p. 193, l. 8.

NIGEL («li viscuens de Coustentin»), p. 47, l. 9; p. 62, l. 10.
NIOE, NIOES (Niort, en Poitou, chef-lieu du département des Deux-Sèvres), p. 101, l. 15, var. 2; p. 103, l. 8, 27.
NOEF-CASTIEL DE DRIENCOURT, p. 89, l. 17.
NOEF-CASTIEL-SOUR-TINE (Newcastle-upon-Tyne, dans le Northumberland), p. 163, l. 23; p. 164, l. 3; p. 181, l. 14.
NOEF-PORT, p. 135, l. 2, var 4.
NOEVE-VILE, R. de H., p. 274, v. 24.
NOEVILE EN ARTOIS, R. de H., p. 278, v. 24; p. 311, v. 12; p. 359, v. 18; p. 365, v. 2, 18.
NOEVILLE, p. 160, l. 27, 28; p. 175, l. 1, 25; p. 176, l. 8, 12; p. 186, l. 7; p. 196, l. 1, 5; p. 198, l. 6.
NOION (Noyon, ville du département de l'Oise), p. 2, l. 19.
NONENCOURT (ville du département de l'Eure) p. 70, var. 7; p. 89, l. 18.
NORANTONE (Northampton, ville d'Angleterre, chef-lieu du comté de ce nom), p. 146, l. 19.
NORANTONNE (Northampton, chef-lieu de comté), p. 60, l. 4; p. 147, l. 2; p. 181, l. 7.
NOREHEM (Norham, dans le comté de Durham), p. 164, l. 7.
NOREWIS (Norwich, dans le comté de Norfolk), p. 110, l. 11; p. 182, l. 18.
NORFONT (Norfolk, comté de l'Angleterre), p. 172, l. 14.
NORFOUC (Norfolk), p. 172, var. 6.
NORHANSTONNE (Northampton, chef-lieu du comté de ce nom), p. 146, var. 7.
NORHOMBELANDE (Northumberland, comté du nord de l'Angleterre), R. de H., p. 236, v. 21.
NORMAN (homme du Nord), p. 2, var. 5.
NORMANT (hommes du Nord, habitants ou natifs de la Normandie), p. 2, l. 11; p. 13, l. 25; p. 23, l. 18; p. 25, l. 20; p. 26, l. 4; p. 27, l. 20, 26; p. 28, l. 13; p. 30, l. 2; p. 31, l. 18, 24, 26; p. 32, l. 13, 16, 23, 26; p. 33, l. 4, 9, 25; p. 35, l. 9; p. 37, l. 7, 10; p. 38, l. 5, 8, 14; p. 39, l. 5, 14, 15; p. 41, l. 1; p. 42, l. 29; p. 48, l. 9; p. 49, l. 17; p. 52, l. 1; p. 53, l. 3, 9; p. 58, l. 26; p. 65, l. 7; p. 73, l. 19, 26; p. 74, l. 4, 11, 12, 16; p. 75, l. 25; p. 76, l. 9, 11, 15, var. 2; p. 77, l. 11; p. 82, l. 13; p. 85, l. 23; p. 91, l. 3; p. 97, l. 11, 15.
NORMENDIR (grande province de France, bornée à l'orient par la Picardie et l'Ile de France; au midi par la Beauce, le Perche et le Maine; au nord, par la Manche; au couchant, par la Bretagne), p. 2, l. 23; p. 8, l. 25; p. 12, l. 8; p. 13, l. 3, 5, 14, 16, 20; p. 14, l. 21; p. 17, l. 25; p. 18, l. 15; p. 21, l. 5; p. 22, l. 3, 20; p. 23, l. 17; p. 24, l. 5; p. 26, l. 5; p. 29, l. 15, 23; p. 30, l. 12, 17; p. 31, l. 8, 11, 20, 27; p. 32, l. 1, 5; p. 34, l. 22; p. 36, l. 4, 14, 17; p. 37, l. 9; p. 39, l. 14, 26; p. 40, l. 4, 8, 21; p. 44, l. 23; p. 47, l. 6, 8; p. 48, l. 4, var. 2; p. 49, l. 1; p. 51, l. 20; p. 52, l. 1, 7; p. 54, l. 7, 18; p. 56, l. 15; p. 57, l. 13, 24; p. 58, l. 26; p. 60, l. 6, 15; p. 61, l. 17; p. 63, l. 1; p. 64, l. 18, 27; p. 65, l. 5, 9; p. 68, l. 23, 26; p. 69, l. 7, 16; p. 70, l. 14, 19; p. 72, l. 26; p. 73, l. 11, 14; p. 74, l. 17; p. 75, l. 24; p. 76, l. 8, 18, 25, var. 1; p. 80, l. 14; p. 81, l. 5; p. 82, l. 6; p. 83, l. 12; p. 84, l. 11, 23; p. 85, l. 3; p. 87, l. 7; p. 88, l. 6; p. 89, l. 10, 25; p. 90, l. 22, 23, 24; p. 91, l. 4; p. 92, l. 1, var. 6; p. 93, l. 6; p. 96, l. 15, 21; p. 97, l. 16, 26; p. 98, l. 22; p. 99, l. 20, 26; p. 100, l. 13; p. 120, l. 9; p. 173, l. 2. — R. de H., p. 226, v. 18.
NOROIS (gens du nord de l'Angleterre), p. 148, l. 1, 7, 21, 24; p. 149, l. 12; p. 156, l. 29; p. 157, l. 6, 12, 17, 23; p. 160, l. 2; p. 182, l. 25; p. 194, l. 4; p. 196, l. 15, 22.
NOSTRE-DAME (la chemise de la Sainte-Vierge, conservée à Chartres), p. 12, l. 13.
NOTINGHEHEN (Nottingham, chef-lieu du comté de ce nom), p. 118, l. 13.
NOUÉS (le patriarche Noé), R. de H., p. 216, v. 22.
NOYON (ville du département de l'Oise), R. de H., p. 229, v. 12.

INDEX GÉNÉRAL. 417

Nue, p. 191, l. 26.
Nuef-Port, p. 127, l. 14, 22; p. 128, l. 10; p. 135, l. 8.
Nuelcort (en Normandie), p. 70, l. 16.
Nuelli, p. 188, l. 5.
Nueville, R. de H., p. 310, v. 2; p. 353, v. 8.
Nueville, R. de H., p. 281, v. 19.
Nulli, p. 188, var. 3.
Nyors (Niort, en Poitou), p. 101, l. 14, 21.

O.

Obert, p. 63, l. 5, 6.
Obiers (premier gouverneur de Guillaume-le-Bâtard), p. 58, l. 15, 18.
Odihem (Odiham, ville du Hampshire), p. 174, l. 27; p. 187, l. 28.
Oedes de Chartres (Eudes, second du nom, comte de Blois et de Chartres), p. 49, l. 12, 22; p. 50, l. 3; p. 51, l. 16, 17.
Oedon (fils de Geoffroy Ier, et, après lui, comte de Bretagne), p. 47, l. 19; p. 51, l. 9.
Oineval, R. de H., p. 297, v. 10.
Oisi, R. de H., p. 339, v. 16, 27.
Oisni (village du département de l'Aisne), p. 188, var. 9.
Oisy, p. 166, l. 4; p. 188, l. 24.
Olehain, R. de H., p. 343, v. 2, 11.
Olein (Knut, roi d'Angleterre), p. 56, l. 19.
Olein (roi d'Orkney), p. 48, l. 22; p. 50, l. 10, 22.
Olenis (roi d'Orkney), p. 50, var. 7, 12.
Oliviers (bâtard du roi Jean), p. 173, l. 17; p. 189, l. 6.
Orable, R. de H., p. 314, v. 6.
Orefort (ville du comté de Suffolk), p. 182, l. 14, var. 4.

Oribile, R. de H., p. 356, v. 17.
Orkaine (Orkney), p. 48, l. 23; p. 50, l. 10.
Orquenie (Orkney), p. 48, var. 9.
Osaing (« outre le Rin sour Muese »), p. 21, l. 15.
Osbers (premier gouverneur de Guillaume-le-Bâtard), p. 58, var. 7.
Osmons (précepteur de Richard Ier, duc de Normandie), p. 28, l. 8, 12, 20, 25.
Ospital (église de Londres), p. 172, l. 3; p. 207, l. 2.
Osterrice (Autriche), p. 87, l. 23; p. 207, l. 2.
Othes, Othon (deuxième fils de Henri le Lion, duc de Saxe, et de l'aînée des trois filles de Henri II et d'Éléonore d'Aquitaine, élu roi des Romains à Cologne, et couronné à Aix-la-Chapelle l'an 1198), p. 83, l. 17; p. 88, l. 13, 22, 27; p. 90, l. 4, 6; p. 142, l. 21; p. 144, l. 7; p. 207, l. 4.
Othon (Othon dit le Grand, empereur d'Orient, mort le 7 mai 973), p. 34, l. 4; p. 36, l. 2, 7.
Oulecope, p. 164, l. 6.
Ours, Ourson li Chambrelens, p. 166, l. 26; p. 188, l. 25.

P.

Paci (Pacy-sur-Eure, ville à quatre lieues d'Évreux), p. 70, l. 8.
Pandoufles (légat du pape Innocent III, en Angleterre), p. 123, l. 20; p. 124, l. 17; p. 125, l. 1, 9, 15; p. 127, l. 24; p. 208, l. 15, 19.
Paon (écuyer qui portait la bannière de l'avoué de Béthune), p. 178, l. 22.
Paris (capitale de la France), p. 10, l. 10, 15, 17, 21; p. 11, l. 1, var. 10; p. 29, l. 7, 18, 25; p. 33, l. 24; p. 34, l. 8; p. 35, l. 2;
p. 36, l. 10, 17; p. 70, l. 21; p. 81, l. 8; p. 83, l. 9; p. 91, l. 11, 18, 26; p. 110, l. 25; p. 115, l. 3; p. 120, l. 27. — R. de H., p. 214, v. 7.
Partenay (ville du département des Deux-Sèvres), p. 102, l. 16.
Paschau, p. 191, var. 7.
Paska, p. 191, l. 26.
Passois (Passais, contrée du département de l'Orne), p. 72, l. 27; p. 98, l. 3.
Patric, Patris (comte de Dumbar), p. 164, l. 10, var. 2.
Pavie (concubine de Richard II et

29

mère de Manger et de Guillaume d'Arques), p. 59, l. 11.
PEMBOURG (Pembroke, comté du pays de Galles), p. 97, l. 22.
PEMBROC (Pembroke), p. 110, l. 2; p. 171, l. 9; p. 180, l. 20; p. 194, l. 13.
PENEVESEL (Pevensey, dans le comté de Sussex), p. 64, l. 4.
PEPE (femme de Hrolf et mère de Guillaume Longue-Épée, duc de Normandie), p. 10, l. 18.
PERCEVAL (le Gallois, chevalier de la Table-Ronde), R. de H., p. 230, v. 23.
PERCHE (pays attenant à la Normandie), p. 70, l. 6; p. 83, l. 19.
PERCI (bourg du département de la Manche), p. 145, var. 8.
PEREMONT, PERRUMONT (village du département du Pas-de-Calais [1]), R. de H., p. 353, v. 13, 20; p. 372, v. 7, 14.
PERERNAUT (arbalétrier de l'armée de Louis, fils de Philippe-Auguste), p. 178, l. 8.
PHELIPPE DE FLANDRES (comte de Flandre, oncle, par sa femme, de Jeanne, fille de Baudouin de Constantinople et femme de Ferrand), p. 127, l. 6; p. 128, l. 26.
PHELIPPES (surnommé le Hardi, fils de Saint-Louis, roi de France), R. de H., p. 216, v. 16.
PHELIPPES D'AUBEGNY, p. 183, l. 13; p. 193, l. 7; p. 207, l. 9, 23.
PHELIPPES DE FRANCE (Philippe-Auguste, roi de France), p. 82, l. 15, 17, 24; p. 83, l. 6, var. 5; p. 84, l. 3, 10, 13, 22, 26; p. 85, l. 22; p. 86, l. 1, 27; p. 87, l. 5, 14, 17, 19; p. 91, l. 3, 7; p. 102, l. 26; p. 108, l. 6; p. 119, l. 27; p. 206, l. 20.
PHELIPPES DE LA GASTINE, p. 135, l. 1; p. 137, l. 21.
PHELIPPES LI CASTELAINS DE MAUDENGHIEN, p. 134, l. 27.
PHELIPPON D'OULECOTE, p. 164, l. 6.

[1] Il y avait aussi dans le Hainaut un château appelé *Perreusmont*, construit dans le XIIe siècle par Adam de Wallaincourt. Voyez *Gisleberti Montensis Hannoniæ chronicon* (Recueil des Historiens des Gaules et de la France, vol. XIII, p. 560, A.).

PIERARS DE CENEVIERES, R. de H., p. 304, v. 23.
PIERARS DE FOUCONCOURT, R. de H., p. 295, v. 19.
PIERCE (Perche, pays attenant à la Normandie), p. 188, l. 19; p. 190, l. 23.
PIERCHE (Perche), p. 145, l. 19; p. 179, l. 19; p. 194, l. 22.
PIERE, R. de H., p. 307, v. 16.
PIERE (saint), p. 14, l. 20.
PIERES (surnommé Mauclerc, duc de Bretagne et fils de Robert II, comte de Dreux), p. 143, l. 5, 6.
PIERES DE HOUDENC, R. de H., p. 348, v. 10, 17; p. 376, v. 27.
PIERES DE LA MALE-MAISON, R. de H., p. 303, v. 18.
PIERES DE MOLAINES, R. de H., p. 299, v. 24; p. 340, v. 17.
PIERES DE MONTAGU, R. de H., p. 367, v. 14.
PIERES L'ORIBLE, R. de H., p. 356, v. 17.
PIERES, PIERON DE CREON, p. 170, l. 13; p. 178, l. 1, 3, 23, 25.
PIERES ou PIERON DE MANLAY (gouverneur du château de Corfe), p. 180, l. 24, 26; p. 181, l. 15.
PIERES DE PRAIAUS (gouverneur de la ville de Rouen pour le roi Jean), p. 97, l. 16; p. 98, l. 7, 10, 17; p. 99, l. 1, 6, 8.
PIERES ou PIERRES DE PONT-FRAIT (devin), p. 122, l. 17; p. 125, l. 20; p. 126, l. 4.
PIERON DE BAILLUEL, R. de H., p. 299, v. 15.
PIERON DE BUFFREMONT, R. de H., p. 358, v. 10.
PIERON, L'EMPEREOUR DE CONSTANTINOBLE (Pierre de Courtenay, élu en 1216), p. 205, l. 22.
PIERON DE WAILLI, R. de H., p. 307, v. 3.
PIERRE, p. 115, l. 16; p. 125, l. 16.
PIERRE (saint), p. 208, l. 5.
PIÉS-DE-RAT (surnom de Guillaume de Beaumont), p. 161, l. 6, 7.
PIKEGNY (Péquigny-sur-Somme, ville du département de la Somme), p. 24, l. 17.
PIKIGNI (Péquigny), R. de H., p. 340, v. 27.
PINIAUS, p. 97, var. 3.
PINKEGNI (Péquigny), p. 24, var. 6.
PISE (ville de Toscane), p. 3, l. 9.
PLAISANS (l'une des quatre pucelles

INDEX GÉNÉRAL. 419

de la reine), R. de H., p. 239, v. 24.
PLAISSIÉ, R. de H., p. 296, v. 14; p. 355, v. 5; p. 357, v. 4.
PLASSEIS, p. 182, l. 13, 17.
PLOKÈS, p. 182, l. 11; p. 184, l. 6; p. 186, l. 26.
PLOMKÈS, p. 166, l. 28.
PLUSENGIEN, p. 162, var. 3.
POIS (Poix, ville du département de la Somme), p. 67, l. 11.
POISSI (ville du département de Seine-et-Oise), p. 176, l. 11; p. 182, l. 15; p. 190, l. 24.
POITAU (Poitou, province de France, bornée au nord par la Bretagne, l'Anjou et une partie de la Touraine, à l'est par la Touraine, le Berry et la Marche, au sud par l'Angoumois, la Saintonge et le pays d'Aunis, à l'ouest par la mer de Gascogne), p. 3, l. 4; p. 8, l. 25; p. 81, l. 18; p. 96, l. 12; p. 101, l. 13; p. 107, l. 9; p. 108, l. 9, 19, 24; p. 109, l. 3; p. 143, l. 1; p. 181, l. 19; p. 206, l. 9.
POITEVIN (habitants ou natifs du Poitou), p. 81, l. 10; p. 91, l. 24; p. 94, l. 8, 17, 20; p. 95, l. 8, 15; p. 103, l. 9, 27; p. 104, l. 4; p. 107, l. 26; p. 108, l. 12.
POITIERS (chef-lieu du département de la Vienne), p. 12, l. 9; p. 20, l. 16, 18.
POL (saint), p. 208, l. 5.
PONCES DE BIAUMÈS (chevalier d'Artois), p. 188, l. 2.
PONS (ville du département de la Charente-Inférieure), p. 206, l. 13.
PONT-DE-L'ARCHE (ville du département de l'Eure), p. 9, l. 8; p. 97, l. 12.
PONT D'ORSON (Pontorson, ville du département de la Manche), p. 50, var. 2.

PONTEGNY (Pontigny, village du département de l'Yonne, où se trouvait une célèbre abbaye, qui est la seconde fille de Cîteaux, fondée en 1114), p. 197, l. 8.
PONT-FRAIT (Pontefract, ville de l'Yorkshire, West Reading), p. 122, l. 17; p. 125, l. 20.
PONTIEU (Ponthieu, contrée de France, en Picardie), R. de H., p. 355, v. 12.
PONTIU (Ponthieu, contrée de France, dans la basse Picardie), p. 8, var. 9; p. 59, l. 26; p. 63, l. 16; p. 108, var. 2.
PONT-ORSON, PONT-OURSON (ville du département de la Manche), p. 49, l. 14; p. 50, l. 4; p. 70, l. 16, var. 7.
PORCECIESTRE (Porchester, dans le Hampshire), p. 174, l. 25.
PORCESTRE (Porchester), p. 174, var. 5.
PORTESMUES (Portsmouth, Hampshire), p. 107, l. 10; p. 174, l. 24.
PORTINGAL (Portugal, le plus occidental des royaumes d'Europe), p. 127, var. 2.
PORTUGAL (Portugal), p. 127, l. 2; p. 128, l. 22, 24.
PRAIAUS (Préaux en Normandie), p. 61, l. 26; p. 97, l. 17; p. 98, l. 7, 10, 17, 21; p. 99, l. 1, 6, 9.
PRAIIAUS, R. de H., p. 297, v. 7.
PROUECE (personnification), R. de H., p. 215, v. 10, 26.
PROUECHE (personnification), R. de H., p. 302, v. 5.
PROVENCE (province du midi de la France), p. 3, l. 7.
PROUVENCE (idem), p. 3, var. 3. — R. de H., p. 213, v. 21.
PUTHENGHIEN, p. 162, l. 10.

Q.

QUENTIN (saint), R. de H., p. 291, v. 2.
QUÈS, QUEX (sénéchal du roi Arthur), R. de H., p. 231, v. 25; p. 235, v. 13; p. 266, v. 15; p. 267, v. 16; p. 268, v. 10, 13; p. 270, v. 20; p. 271, v. 5; p. 283, v. 10, 19, 27; p. 284,
v. 1, 11, 14, 19; p. 285, v. 2, 7, 11; p. 286, v. 25; p. 313, v. 18; p. 314, v. 11; p. 331, v. 9, 26; p. 352, v. 24; p. 381, v. 12.
QUINCHI, QUINCI, p. 97, l. 6; p. 145, l. 12; p. 160, l. 11, var. 3; p. 171, l. 11.

R.

Radebolt (roi de Frise), p. 8, var. 2.
Radepont (château de Normandie, à trois lieues des Andelys, département de l'Eure), p. 96, l. 22, 24, 26; p. 97, l. 13.
Radiel Bolert (roi de Frise), p. 8, l. 9.
Radinges (Reading, Berks), p. 125, var. 4.
Radinghes (Reading, ville et abbaye du comté de Berks, fondée par Henri Ier), p. 70, l. 18; p. 71, l. 3; p. 179, l. 2.
Radingues (Reading, Berkshire), p. 125, l. 11; p. 127, l. 18.
Radous (frère d'Arnould d'Audenarde), p. 154, l. 22.
Raimon de Saint-Gille (Raymond VI, comte de Toulouse, deuxième époux de Jeanne, troisième des filles de Henri II et d'Éléonore d'Aquitaine), p. 83, l. 25; p. 121, l. 28.
Raimon (Raymond VII, fils du précédent, né au mois de juillet de l'an 1197, mort le 27 septembre 1249), p. 83, l. 25; p. 122, l. 8.
Raineval (Renneval, village du département de l'Aisne), R. de H., p. 271, v. 19; p. 360, v. 26.
Rainnaut (fils naturel de Henri Ier, roi d'Angleterre), p 70, var. 1.
Rainnaut (Renaud Ier, comte de Bourgogne, mort le 3 septembre 1057), p. 51, var. 2.
Rainnaut de Dan-Martin (comte de Boulogne), p. 103, var. 5.
Rains (Reims, chef-lieu du département de la Marne), p. 208, l. 24; p. 209, l. 11.
Raols Torte (sénéchal de Richard Ier, duc de Normandie), p. 35, var. 1.
Raoul (frère du comte de Roussi), p. 175, l. 14.
Raoul («ki evesques estoit de Biauvais, alias de Baieuwes»), p. 54, l. 27.
Raoul de la Tornele, p. 175, var. 2.
Raous (frère de Richard Ier duc de Normandie), p. 45, l. 14; p. 46, l. 11, 23.
Raous de la Tourniele, p. 166, l. 20; p. 201, l. 2; p. 202, l. 5.
Raous de Maigneleks, R. de H., p. 301, v. 7.

Raous de Neele, p. 166, l. 20.
Raoul de Roem, p. 49, l. 20.
Raous d'Estrées (fils d'un maréchal de France), R. de H., p. 323, v. 15; p. 253, v. 17.
Raous de Tovi (Raoul de Tosny, fondateur de l'abbaye de Saint-Etienne de Castellon), p. 62, l. 14.
Raous d'Issodun (frère de Hugues-le-Brun, comte de la Marche), p. 95, l. 2.
Raous li Torte (sénéchal de Richard Ier, duc de Normandie), p. 35, l. 1.
Raous ou Raouol d'Estrées, p. 166, l. 20; p. 175, l. 14; p. 188, l. 23.
Raous Plokès ou Raous Plomkès, Plonkès, p. 166, l. 27; p. 182, l. 11; p. 184, l. 6; p. 186, l. 26; p. 188, l. 22.
Raous Tasson (l'un des fondateurs de Saint-Etienne de Lonlai), p. 62, l. 12.
Rasson de Gaure, p. 139, l. 25.
Regate (Rogate, ville du comté de Sussex), p. 190, l. 9.
Relengues, R. de H., p. 377, v. 2.
Remans, Romant du Hen, R. de H., p. 384, v. 9, et dernière ligne.
Renaus (frère d'Alars de Croisille), p. 166, l. 24.
Renaus (l'un des bâtards de Henri Ier, roi d'Angleterre), p. 70, l. 4.
Renaus (maréchal de Champagne), p. 9, l. 10, 24; p. 10, l. 8.
Renaus d'Amiens, p. 166, l. 18.
Renaut de Dant-Martin (comte de Boulogne), p. 103, l. 19.
Renaut de Mont-Alban, R. de H., p. 301, v. 17.
Renaut de Pons (baron de l'Angoumois), p. 206, l. 13.
Renaut de Saint-Maat, R. de H, p. 341, v. 2, 21.
Renaut d'Outre-Soone (Renaud I[er], comte de Bourgogne), p. 51, l. 4; p. 52, l. 14.
Reniers Long-Col (Rainier Ier, comte de Hainaut), p. 8, l. 8, 13, 14, 22.
Renols («li marechaus de France»), p. 9, var. 5, 12.
Reonde Table (ordre de chevalerie), R. de H., p. 230, v. 26.

RIBERCOURT, R. de H., p. 221, v. 24.
RICARS (Richard Ier, surnommé Cœur-de-Lion, roi d'Angleterre), p. 84, var. 2.
RICARS (Richard Ier, troisième duc de Normandie, fils de Guillaume-Longue-Épée), p. 25, var. 9.
RICHARS (fils de Guillaume-le-Conquérant et de Mathilde), p. 61, l. 16; p. 67, l. 14.
RICHARS (fils de Richard II et de Judith de Bretagne, et duc de Normandie sous le nom de Richard III), p. 51, l. 1; p. 52, l. 19; p. 53, l. 11, 21; p. 62, l. 21.
RICHARS (fils de Toustain Goz, vicomte d'Exmes), p. 59, l. 6.
RICHARS (fils du roi Jean), p. 111, l. 8; p. 152, l. 23; p. 180, l. 23; p. 200, l. 18; p. 201, l. 17.
RICHARS (deuxième du nom, fils de Richard Ier duc de Normandie, et de Gonnor), p. 43, l. 20; p. 45, l. 16; p. 46, l. 7; p. 47, l. 8; p. 48, l. 4, 15, 24; p. 49, l. 13; p. 50, l. 9, 15, 17, 25; p. 51, l. 26; p. 52, l. 15; p. 53, l. 2, 3; p. 59, l. 10; p. 62, l. 19.
RICHARS (premier du nom, fils de Guillaume-Longue-Épée et troisième duc de Normandie), p. 20, l. 12; p. 23, l. 9; p. 25, l. 25; p. 26, l. 4, 20, 27; p. 34, l. 21, 26; p. 35, l. 10, 21; p. 36, l. 4; p. 37, l. 20; p. 38, l. 17; p. 39, l. 5, 13, 20; p. 43, l. 1; p. 44, l. 24, 29; p. 45, l. 1; p. 46, l. 6; p. 62, l. 18.
RICHARS (le troisième des bâtards de Henri Ier roi d'Angleterre), p. 70, l. 3.
RICHARS (fils aîné de Robert archevêque de Rouen et premier comte d'Evreux, auquel il succéda dans ce comté en 1037), p. 62, l. 6.
RICHARS (troisième fils de Henri II, roi d'Angleterre, et roi lui-même sous le nom de Richard Ier, ou Cœur-de-Lion), p. 81, l. 27; p. 83, l. 1; p. 84, l. 1, 8, 13, 21, 27; p. 85, l. 2, 5, 11, 13, 19, 23, 26; p. 86, l. 4, 6, 8, 11, 19, 27; p. 87, l. 4, 5, 9; p. 88, l. 8, 9; p. 89, l. 5, 13, 16, 23, 26; p. 90, l. 5, 7, var. 6; p. 91, l. 4; p. 152, l. 11; p. 208, l. 22.
RICHARS DOU PIERCHE, p. 145, l. 19.
RICHART (Richard, dit le Justicier, duc de Bourgogne en 888, mort en 921), p. 12, l. 8.
RICHAUT, RIKAUT (mère de Gautier de Sotteghem le jeune, d'Arnould d'Audenarde et d'Evrard Radous), p. 154, l. 22, var. 9.
RICHIERS (Richard Ier, troisième duc de Normandie), p. 20, var. 4.
RIDIAUS, RIDEL, R. de H., p. 293, v. 19; p. 294, v. 5, 22.
RIE (Rye, ville du comté de Sussex), p. 182, l. 28; p. 183, l. 5, 9, 13; p. 187, l. 11, 17.
RIENCORT (endroit de la Normandie), p. 70, l. 15.
RIN (le Rhin, fleuve), p. 21, l. 8, 15; p. 31, l. 2; p. 88, l. 23. — R. de H., p. 219, v. 23.
RIOLS DEL MANS (vicomte du Cotentin), p. 18, l. 14, 22; p. 20, l. 2.
RIOUS DEL MANS, p. 18, var. 3.
RISLE (rivière du département de l'Eure), p. 18, l. 18.
RIVIERE, p. 180, l. 3.
RIVIERES, p. 62, l. 10.
ROBERS, R. de H., p. 345, v. 16.
ROBERS («li cuens d'Eu»), p. 62, l. 4.
ROBERS DE MONTIGNI, R. de H., p. 294, v. 27.
ROBERS DE MOROEL, R. de H., p. 308, v. 19, 22.
ROBERS D'OINEVAL, R. de H., p. 297, v. 10.
ROBERS, ROBIERS DE BIETHUNE («li ainsnés des fils l'avoué Guillaume, fors .i. qui Danois estoit apielés, qui s'en estoit alés vers Constantinoble»), p. 128, l. 3, 20, 28; p. 129, l. 5; p. 131, l. 21; p. 132, l. 6, 20, 26; p. 133, l. 1, 23; p. 134, l. 2, 18; p. 135, l. 2, 8, 14, 15; p. 140, l. 1, 7, 10, 13, 17, var. 1; p. 141, l. 9, 16, 24; p. 142, l. 3, 6; p. 147, l. 10, 13, var. 3; p. 148, l. 27; p. 149, l. 9; p. 152, l. 27; p. 153, l. 7, 9, 12, 17; p. 154, l. 26; p. 158, l. 3, 21, 23; p. 159, l. 17, 20; p. 161, l. 17, 20; p. 162, l. 5, 6, 15, 24; p. 170, l. 4.
ROBERS, ROBIERS LI FILS GAUTIER (beau-père de Geoffroi de Mandeville), p. 97, l. 5; p. 115, l. 26; p. 117, l. 21, 22, 28; p. 118, l. 4, 13, 20, 24, 28; p. 119, l. 7, 17, 26; p. 120, l. 28; p. 121, l. 3, 15, 23, 25, var. 2; p. 124, l. 28; p. 125, l. 9; p. 145, l. 11; p. 171, l. 10; p. 182, l. 9; p. 194, l. 25.

ROBERT, p. 61, l. 25.
ROBERT (comte du Maine), p. 65, l. 9.
ROBERT (fils de Guillaume de Normandie frère de Richard II, et comte d'Exmes et d'Eu), p. 46, l. 26.
ROBERT (parrain de Robert II, comte d'Artois, surnommé le Bon et le Noble, tué en 1302), R. de H., p. 262, v. 13.
ROBERT BURNEL, R. de H., p. 371, v. 22 ; p. 379, v. 9.
ROBERT D'ENGLOS, R. de H., p. 378, v. 3.
ROBERT DE RONSOI, R. de H., p. 214, v. 6.
ROBERT DE ROS, p. 145, l. 18.
ROBERT LE FRISON, p. 63, l. 9.
ROBIERS, ROBIERT (Robert Ier, dit le Magnifique, fils de Richard II et de Judith de Bretagne, et duc de Normandie), p. 51, l. 2 ; p. 53, l. 14, 18 ; p. 54, l. 2 ; p. 55, l. 15 ; p. 56, l. 1, 2, 19 ; p. 59, l. 9 ; p. 62, l. 22.
ROBIERS (comte de Mortain, fondateur de l'abbaye de Crestigny), p. 62, l. 8.
ROBIERS (fils de Guillaume Ier, comte de Bellême et seigneur d'Alençon, auquel il succéda en 1029), p. 54, l. 19, 24.
ROBIERS (fils de Richard Ier duc de Normandie, et de Gonnor, archevêque de Rouen et comte d'Évreux), p. 43, l. 20 ; p. 44, l. 18 ; p. 46, l. 2 ; p. 50, l. 23 ; p. 53, l. 6 ; p. 54, l. 5 ; p. 59, l. 8.
ROBIERS (fils de Robert roi de France, et de Constance, et duc de Bourgogne), p. 55, l. 26 ; p. 56, l. 4.
ROBIERS (fils de Sohier de Quinci, comte de Winchester), p. 194, l. 24.
ROBIERS (l'aîné des bâtards de Henri Ier), p. 69, l. 23 ; p. 70, l. 1.
ROBIERS (autre bâtard de Henri Ier, qui fut sans terre), p. 70, l. 4.
ROBIERS (maréchal et duc de France), p. 14, l. 7, 10 ; p. 16, l. 26.
ROBIERS (nom de Hrolf après son baptême), p. 14, l. 9.
ROBIERS (Robert II, dit Courte-Heuse, duc de Normandie, fils de Guillaume-le-Bâtard et de Mathilde), p. 61, l. 15 ; p. 64, l. 19 ; p. 65, l. 4, 9, 13 ; p. 68, l. 22 ; p. 69, l. 3 ; p. 72, l. 7.

ROBIERS (roi de France), p. 50, l. 15 ; p. 52, l. 4, 7 ; p. 55, l. 10, 24.
ROBIERS BIERTAUS, p. 169, l. 24.
ROBIERS D'ALENÇON, p. 96, l. 17.
ROBIERS DE BAILLUEL, p. 166, l. 13.
ROBIERS DE CORÇON (cardinal et légat du Saint-Siége), p. 144, l. 19.
ROBIERS DE COUCI, p. 165, l. 25.
ROBIERS DE COURTENAY, p. 166, l. 15 ; p. 179, l. 20 ; p. 198, l. 15 ; p. 201, l. 1, 23 ; p. 202, l. 2, 23, 25, 27 ; p. 205, l. 24.
ROBIERS DE GAUGI (gouverneur du château de Newark pour Henri III), p. 181, l. 12 ; p. 194, l. 16 ; p. 206, l. 25, var. 7.
ROBIERS DE GRENTE-MAISNILL, p. 62, l. 23.
ROBIERS DE SAINT-GERMAIN («un clers le roi d'Escoce»), p. 197, l. 19.
ROBIERS DE VER, p. 165, l. 7, 8 ; p. 171, l. 13 ; p. 182, l. 16.
ROBIERS RIOLS (l'un des assassins de Guillaume Longue-Epée), p. 25, l. 13.
ROBIERT (archevêque de Canterbury), p. 63, l. 11.
ROBIERT BERTRAU, p. 73, l. 16.
ROBIERT DE DREUES, p. 143, l. 5, 6, 8 ; p. 145, l. 1.
ROBERS OU ROBIERS DE DREUES (fils du précédent), p. 143, l. 8, 11, 18 ; p. 144, l. 24 ; p. 166, l. 3 ; p. 175, l. 5, 12, 27 ; p. 176, l. 8, 13, 15 ; p. 177, l. 10 ; p. 178, l. 28 ; p. 179, l. 21 ; p. 188, l. 18 ; p. 202, l. 22, 26 ; p. 208, l. 26.
ROBIERT DE GLOUCIESTRE, p. 69, l. 11.
ROBIERT DE MONTGOMERI, p. 69, l. 25.
ROBERT DE POISSI, p. 176, l. 11.
ROBIERT DE VER (comte d'Oxford), p. 165, l. 7.
ROBIERT HAYMON, p. 69, l. 25.
ROBILLARS, R. de H., p. 345, v. 21.
ROBILLARS DE COUPIGNI, R. de H., p. 328, v. 9.
ROCE, ROCHE-AS-MOINES (château de l'Anjou ?), p. 143, l. 20 ; p. 144, l. 2.
ROCES, p. 94, l. 14 ; p. 95, l. 7, 23 ; p. 96, l. 3.
ROCHE, p. 169, l. 24.
ROCIELE (la Rochelle, chef-lieu du département de la Charente-Inférieure), p. 107, l. 25 ; p. 108, l. 12 ; p. 109, l. 11.

INDEX GÉNÉRAL.

ROCIESTRE (Rochester, ville du comté de Kent), p. 171, l. 3.

ROEM (Rouen, chef-lieu du département de la Seine-Inférieure), p. 21, l. 6; p. 25, l. 22; p. 26, l. 9; p. 32, l. 8, 11; p. 33, l. 12; p. 34, l. 14, 26; p. 35, l. 7; p. 39, l. 7; p. 40, l. 20; p. 41, l. 17; p. 43, l. 4, 24; p. 46, l. 15; p. 49, l. 20; p. 50, l. 14.

ROET, p. 190, var. 7.

ROGATE (château du comté de Sussex), p. 172, l. 20.

ROGIER (fils de Raoul de Rouen), p. 49, l. 21.

ROGIER DE BIAUMONT (fils d'Onfroi de Vieilles et seigneur de Beaumont-le-Roger, sur la Rille, département de l'Eure), p. 61, l. 25.

ROGIER DE BIGOT, *ou* LE BIGHOT *ou* LE BYGOT, p. 164, l. 16; p. 165, l. 2; p. 172, l. 11.

ROGIER DE MONTEGNY, p. 58, l. 17.

ROGIER D'ENGLUME, R. de H., p. 376, v. 12.

ROGIER LI BIGOS, p. 171, l. 9.

ROGIERS DE GISTIELE, p. 133, l. 28; p. 134, l. 16.

ROGIERS DE MONGOBORI, p. 145, l. 21.

ROGIERS DE MONGOMERI, p. 61, l. 28.

ROGIERS DE MORTEMER (fondateur de l'abbaye de Saint-Victor en Normandie), p. 62, l. 5.

ROIE (rivière de Flandre), p. 132, l. 9.

ROIE (ville du département de la Somme), p. 120, l. 6. — R. de H, p. 335, v. 3; p. 344, v. 16.

ROISI, R. de H., p. 302, v. 26.

ROLLANS (officier qui portait la bannière de Renaud, maréchal de France), p. 9, l. 26; p. 10, l. 7.

ROLLES (Hrolf ou Rollon, premier duc de Normandie), p. 5, l. 8, 10, 20, 24; p. 6, l. 4, 16; p. 7, l. 3, 8, 11, 23; p. 8, l. 1, 3, 7, 9, 16, 18, 20, 23; p. 9, l. 5, 6, 8, 12, 16, 19; p. 10, l. 3, 9, 15, 18, 19, 23, 25; p. 11, l. 2, 3, 6, 11, 15, 18, 24, 25; p. 12, l. 15, 20, 25; p. 13, l. 3, 11, 21, 23; p. 14, l. 1, 5, 8, 9, 24; p. 15, l. 1, 26; p. 17, l. 4, 11; p. 19, l. 17; p. 31, l. 13; p. 44, l. 8; p. 62, l. 15.

ROME (capitale des Etats de l'Eglise), p. 3, l. 1, 14; p. 4, l. 21, 22, 26; p. 49, l. 10; p. 83, l. 17; p. 85, l. 15; p. 87, l. 19; p. 90, l. 6; p. 110, l. 16, 18; p. 122, l. 5; p. 123, l. 12; p. 143, l. 26; p. 144, l. 18; p. 152, l. 13; p. 169, l. 3; p. 180, l. 5; p. 207, l. 5; p. 209, l. 20.

ROMENEL, ROMENIEL, ROUMENEL, ROUMENIEL (Romney, dans le comté de Kent), p. 168, l. 22, 25; p. 184, l. 11, 23; p. 193, l. 8, 24, var. 2.

ROMENIE (Romanie), p. 180, l. 9.

ROMME (capitale des Etats de l'Eglise), R. de H., p. 296, v. 5.

RONSOI (Ronsoy, village du département de la Somme), R. de H., p. 214, v 6.

ROS, p. 145, l. 18.

ROSEBECKE (Rosbecq, village du royaume de Belgique, province de la Flandre occidentale), p. 133, var. 2.

ROSEBRECHE (*idem*), p. 133, l. 8.

ROUGI, RUGI, R. de H., p. 356, v. 16, 21.

ROUME (Rome, capitale des Etats de l'Eglise), p. 168, l. 26; p. 208, l. 18.

ROUS (Hrolf ou Rollon, premier duc de Normandie), p. 5, var. 2; p. 7, l. 17; p. 8, var. 8; p. 9, var. 8; p. 12, l. 3; p. 14, var. 4.

ROUS (surnom de Guillaume, fils puiné de Guillaume-le-Conquérant et de Mathilde de Flandre, et roi d'Angleterre), p. 65, l. 16.

ROUSLERS (Roulers, ville de Belgique, province de la Flandre occidentale), p. 133, l. 8.

ROUSSI, p. 175, l. 14; p. 177, l. 24.

ROUSY, p. 165, l. 28.

ROUVECIESTRE (Rochester, ville du comté de Kent), p. 80, l. 28; p. 159, l. 3; p. 202, l. 22.

ROVECESTRE, ROVECIESTRE, ROVESCESTRE (Rochester, comté de Kent), p. 80, var. 7; p. 157, l. 2, 15, 17; p. 158, l. 16, 20, var. 5; p. 159, l. 26; p. 161, l. 26; p. 162, l. 22; p. 171, l. 15.

RUEIL (en Normandie), p. 58, l. 17.

RUEL, p. 97, l. 5, 12.

RUEM (Rouen, chef-lieu du département de la Seine-Inférieure), p. 9, l. 6; p. 12, l. 26; p. 14, l. 8, 13; p. 15, l. 5; p. 16, l. 25; p. 17, l. 12, 24; p. 18, l. 16, 27; p. 22, l. 4; p. 23, l. 1; p. 27, l. 19; p. 29, l. 20; p. 30, l. 13, 19, 20; p. 32, l. 3; p. 33, l. 6, 21; p. 34,

424 INDEX GÉNÉRAL.

l. 25, var. 2; p. 36, l. 13, 16, 21, 23, 25, 26, var. 10; p. 37, l. 4; p. 38, l. 15; p. 41, l. 21; p. 44, l. 18; p. 48, var. 2; p. 50, l. 23; p. 53, l. 23, 27; p. 62, l. 7, 15, 16; p. 64, l. 22, 28; p. 70, l. 24; p. 82, l. 4, 7, 8; p. 83, l. 1, 26, 27; p. 88, l. 7; p. 90, l. 19; p. 95, l. 17, 22; p. 97, l. 17, 19, 27; p. 98, l. 5, 9, 11, 16, 18, var. 6; p. 99, l. 1, 7, 13, 14.

RUET, p. 190, l. 24.

RUMEGNY (Rumigny, gros bourg de France, dans la Thiérache, à deux lieues et au nord de Rosoy), p. 166, l. 18; p. 177, l. 25.

S.

SAINE, SAINNE (fleuve de France, qui traverse Paris et se jette dans la Manche entre Harfleur et le Havre), p. 8, l. 26; p. 9, l. 2; p. 11, l. 16, 19; p. 19, l. 3; p. 29, l. 19; p. 30, l. 19; p. 33, l. 7, 11; p. 37, l. 15; p. 50, l. 14; p. 51, l. 22; p. 96, l. 28.

SAINS (Séez, ville du département de l'Orne), p. 61, l. 28; p. 96, l. 18.

SAINT-AUBIN, R. de H., p. 344, v. 7.

SAINT-AUBIN (Saint-Aubin-le-Cauf, commune du département de la Seine-Inférieure), p. 59, l. 20, 21.

SAINT-AYCHADRE (abbaye de Jumièges), p. 15, l. 8.

SAINT-BENEOIT-SOR-LOIRE (village du département du Loiret, célèbre par son abbaye de bénédictins fondée en 623), p. 11, l. 23.

SAINT-BERNART DES MONS-DE-MONGEU (abbaye du grand Saint-Bernard dans les Alpes), p. 70, l. 23.

SAINT-BERTREMIU (église de Londres), p. 172, l. 5.

SAINT-CAIN (Saint-Ouen, abbaye de bénédictins à Rouen), p. 37, l. 19.

SAINT-CLAIR (Saint-Clair-sur-Epte, commune du département de Seine-et-Oise), p. 13, l. 11.

SAINT-CLER, R. de H., p. 310, v. 14.

SAINT-CLER (Saint-Clair-sur-Epte), p. 13, var. 6; p. 34, l. 15; p. 36, l. 18; p. 42, l. 30.

SAINT-DENIS EN FRANCE (ville du département de la Seine), p. 2, l. 21; p. 15, l. 11; p. 62, var. 9. — R. de H., p. 233, v. 14.

SAINT-DENIS (fête), p. 71, l. 1. — R. de H., p. 266, v. 4.

SAINT-EDMONT (Bury Saint Edmunds), p. 198, l. 5, 8.

SAINT-ESTIEVENE DE CAAM (abbaye de bénédictins fondée dans la ville de Caen par Guillaume le Conquérant), p. 61, l. 21; p. 64, l. 29.

SAINT-ESTIEVENE DE CASTELLON (abbaye de Normandie, fondée par Raoul de Tosni), p. 62, l. 14.

SAINT-ESTIEVENE DE FONTENOY (abbaye de Normandie, fondée par Raoul Tasson et Hervieu), p. 62, l. 13.

SAINT-EVROLERT (Saint-Evroult, abbaye de bénédictins, au diocèse de Lisieux, à trois lieues de Laigle, Orne), p. 62, l. 25.

SAINT-GERMAIN, p. 197, l. 19.

SAINT-GERMAIN (lieu où les Français, commandés par Renaud maréchal de France et Hastings, comte de Chartres, entendirent la messe avant de livrer bataille à Hrolf), p. 10, l. 5.

SAINT-GERVAIS (quartier de Rouen), p. 19, l. 1.

SAINT-JEHAN (abbaye de Chester), p. 70, l. 19.

SAINT-JEHAN (époque du couronnement de l'impératrice Mathilde à Mayence), p. 68, l. 3.

SAINT-JEHAN-DECOLASSE (jour où eut lieu devant Damiette une bataille entre les Sarrasins et les chrétiens, et où ces derniers furent vaincus), p. 207, l. 16.

SAINT-MAART (abbaye de bénédictins, à Soissons), p. 2, l. 20.

SAINT-MAAT, R. de H., p. 341, v. 1.

SAINT-MARTIN, R. de H., p. 307, v. 8.

SAINT-MARTIN (l'abbaye de la Bataille, fondée à Hastings par Guillaume-le-Conquérant), p. 64, l. 16.

SAINT-MARTIN-DES-CHANS (prieuré de bénédictins, à Paris), p. 70, l. 21.

SAINT-MARTIN-LE-VIEL (église de Londres), p. 172, l. 2.

SAINT-MICHIEL (ville du départe-

INDEX GÉNÉRAL.

ment de la Manche), p. 57, l. 7; p. 62, l. 17.
SAINT-MICHIEL DES .iij. PORS (abbaye de bénédictins, au diocèse de Rouen, fondée par Robert, comte d'Eu), p. 62, l. 4.
SAINT-NICOLAI, R. de H., p. 306, v. 1.
SAINT-OAIN (Saint-Ouen, abbaye de bénédictins, à Rouen), p. 53, l. 28, var. 7; p. 62, l. 16.
SAINT-ODMONT (Bury Saint Edmunds), p. 198, var. 2.
SAINT-OMER (ville du département du Pas-de-Calais), p. 116, l. 9; p. 120, l. 24; p. 128, l. 6; p. 141, l. 11; p. 160, l. 26; p. 184, l. 5; p. 188, l. 7; p. 201, l. 9.
SAINT-OWAIN DE ROEM (Saint-Ouen, abbaye de bénédictins, à Rouen), p. 43, l. 24; p. 53, l. 23.
SAINT-PIERRE DE LA HYDE (abbaye de bénédictins, près de Winchester, où fut enterré Guillaume-le-Roux), p. 67, l. 22.
SAINT-PIERRE (célèbre abbaye de bénédictins, à Jumièges, département de la Seine-Inférieure), p. 2, l. 26; p. 15, l. 8; p. 62, l. 17.
SAINT-PIERRE (abbaye de Rouen, *extrà muros*), p. 14, l. 18.
SAINT-PIERRE (église de Bristol), p. 69, l. 13.
SAINT-PIERRE DE CASTELLON (abbaye de Normandie, fondée par Raoul de Tosny), p. 62, var. 8.
SAINT-PIERRE-SOR-DIVE (abbaye de bénédictins, au diocèse de Séez, fondée par Lieceline, comtesse d'Eu), p. 62, l. 3.
SAINT-POL (ville du département du Pas-de-Calais), p. 88, l. 4; p. 104, l. 12; p. 137, l. 3; p. 208, l. 27. — R. de H., p. 337, v. 1.
SAINT-POL (cathédrale de Londres), p. 171, l. 17, 19, 23; p. 197, l. 18, 23; p. 206, l. 2.
SAINT-QUENTIN (ville du département de l'Aisne), p. 2, l. 20.
SAINT-SAUVEOUR (abbaye de bénédictines à Evreux, fondée, vers l'an 1060, par Richard comte d'Evreux), p. 62, l. 7.
SAINT-SAUVEOUR (abbaye de Saint-Sauveur-le-Vicomte, de l'ordre de Saint-Benoît, fondée par Nigel, vicomte de Cotentin), p. 62, l. 11.

SAINT-SEPULCRE (à Jérusalem), p. 57, l. 27, 28.
SAINT-SEPURCRE EN ALEMAIGNE, R. de H., p. 303, v. 1.
SAINT-SEVER (abbaye de bénédictins, au diocèse de Coutances, fondée par Hugues, qui fut plus tard comte de Chester), p. 62, l. 9.
SAINT-VICTOR (abbaye de bénédictins, au pays de Caux, à six lieues de Rouen, fondée par Roger de Mortimer), p. 62, l. 6.
SAINT-VIGOR DE CERISY (abbaye de bénédictins, au diocèse et à quatre lieues de Bayeux, fondée par Guillaume-le-Conquérant), p. 61, l. 20.
SAINT-VINCENT (chapelle de l'autre côté de Jumièges), p. 9, l. 3.
SAINT-WALERI (Saint-Valery-sur-Somme, port du département de la Somme), p. 64, l. 4.
SAINT-WANDRILLE (abbaye de bénédictins, à une lieue de Caudebec, en Normandie, fondée par Richard II), p. 62, l. 20.
SAINTE-GENEVIEVE (abbaye d'hommes, ordre de Saint-Augustin, à Paris), p. 2, l. 21.
SAINTE-KATERINE (lieu près de Rouen), p. 19, l. 6.
SAINTE-MARIE-DEL-PRÉ (abbaye de Normandie, commencée par Mathilde de Flandre, femme de Guillaume-le-Conquérant, et achevée par Henri Ier, leur fils), p. 70, l. 20.
SAINTE-MARIE DE LUNLOY (abbaye de bénédictins, au diocèse du Mans et à deux lieues de Domfront, fondée en 1026 par Guillaume Talevas Ier, comte d'Alençon et du Perche), p. 62, l. 12.
SAINTE-MARIE DE RADINGHES (abbaye fondée par Henri Ier, roi d'Angleterre), p. 71, l. 3.
SAINTE-TRENITÉ (abbaye de bénédictines, fondée à Caen par la reine Mathilde), p. 61, l. 22.
SAINTE-TRENITÉ (église de Londres), p. 172, l. 1.
SAINTE-TRENITÉ-EL-MONT (abbaye de Rouen, fondée par Richard, comte d'Évreux), p. 62, l. 7.
SAINTE-TRINITÉ (abbaye de Canterbury), p. 110, l. 6.
SAINTE-TRINITÉ (abbaye de bénédictins à Fécamp), p. 43, l. 28.
SAIS (Séez, ville du département d

l'Orne), p. 61, var. 4; p. 96, var. 6.
SALEBIRE (Salisbury, ville du Wiltshire), R. de H., p. 225, v. 7.
SALEHADINS (Saladin, sultan de Syrie), p. 85, l. 1.
SALENYKE (Salonique, capitale de la Macédoine actuelle), p. 180, l. 10.
SALERI, R. de H., p. 301, v. 5.
SALESBIERES (Salisbury, ville du Wiltshire), p. 129, l. 11, 24; p. 130, l. 6; p. 132, l. 27; p. 134, l. 8; p. 135, l. 17, 26; p. 141, l. 9; p. 144, l. 9, 28; p. 146, l. 2, 4, 19; p. 174, l. 5; p. 180, l. 29; p. 187, l. 24; p. 194, l. 15.
SALESHIRES (Salisbury), p. 129, var. 5.
SALINES-CORBUIN (lieu du département du Calvados, à l'embouchure de la Dive), p. 32, l. 1.
SALIVE, R. de H., p. 375, v. 13.
SANSEBOURC (Saltzbourg, ville de la Haute-Autriche), p. 87, l. 25.
SANSUERRE (Sancerre, ville du département du Cher), p. 166, l. 2.
SANWIS (Sandwich, ville et port du comté de Kent), p. 48, var. 1; p. 158, var. 1.
SARRASINS (auteur du Roman de Ham), R. de H., p. 383, v. 14; p. 384, v. 10.
SARRAZIN (nom donné aux Danois), p. 42, l. 13.
SARRAZIN (Musulmans), p. 207, l. 17.
SASSOIGNE (Saxe, grand pays d'Allemagne), p. 1, l. 11; p. 36, l. 2; p. 83, l. 14; p. 87, l. 23.
SAUSEBORC (Saltzbourg, ville de la Haute-Autriche), p. 87, var. 8.
SAUVEOUR (le Sauveur, Jésus-Christ), R. de H., p. 276, v. 1.
SAUWIS (Sandwich, dans le comté de Kent), p. 48, l. 3, 10; p. 127, l. 16, 22; p. 140, l. 2; p. 158, l. 3; p. 168, l. 25; p. 169, l. 20; p. 170, l. 27; p. 189, l. 15, 24; p. 202, l. 14.
SAVARIS DE MAULYON, p. 96, l. 6; p. 100, l. 26; p. 101, l. 7, 10, 12, 18, 28; p. 102, l. 14, 21, 24; p. 103, l. 7; p. 107, l. 26; p. 108, l. 11, p. 121, l. 27; p. 122, l. 5, 11; p. 143, l. 1; p. 153, l. 25; p. 165, l. 3; p. 172, l. 26; p. 174, l. 11; p. 181, l. 17.
SAY, p. 182, l. 28.
SEBILE (fille du comte Robert Haymon, nièce de Robert de Montgomery, et femme de Robert, bâtard de Henri I*er*, roi d'Angleterre), p. 69, l. 24.
SEJOURS (personnification), R. de H., p. 215, v. 11, 19.
SENS (ville du département de l'Yonne), p. 11, l. 19.
SENSLIS (Senlis, ville du département de l'Oise), p. 19, l. 9; p. 29, l. 4, 10, 14, 24; p. 30, l. 12; p. 33, l. 22, 23; p. 34, l. 12; p. 35, l. 7, 13; p. 82, l. 14.
SEUNI, R. de H., p. 277, v. 8, 21.
SEZILE, SEZILLE (Sicile, grande île de la Méditerranée), p. 83, l. 23; p. 85, l. 9, 10, 16. — R. de H., p. 213, v. 8.
SIMONS, SYMONS DE LONGETHONE (frère de l'archevêque Etienne de Langton, et chancelier du prince Louis, fils de Philippe-Auguste), p. 167, l. 17, var. 5; p. 190, l. 5; p. 197, l. 16.
SIREBORNE (Sherburn, château du comté d'Oxford?), p. 148, l. 6, 23.
SISI (Sissy, village du département de l'Aisne), R. de H., p. 293, v. 18; p. 294, v. 3, 24.
SOHIER LE CASTELAIN DE GANT, p. 142, l. 14.
SOHIERS DE QUINCI (« qui cuens estoit de Winciestre »), p. 97, l. 6; p. 145, l. 12; p. 160, l. 11; p. 171, l. 11. (*Voyez* WINCIESTRE.)
SOILLARS *ou* SOLLARS DE MORLAINES (oncle de Pierre de Molaines), R. de H., p. 299, v. 27; p. 340, v. 14.
SOIRI, R. de H., p. 335, v. 15; p. 344, v. 17, 27; p. 365, v. 1, 8; p. 367, v. 11; p. 375, v. 21.
SOISI (Soisy, village du département de Seine-et-Oise), R. de H., p. 335, v. 5.
SOISSONS (ville du département de l'Aisne), p. 34, l. 18; p. 47, l. 1.
SOMME (rivière de France, qui se jette dans la Manche après quarante-cinq lieues de cours), p. 24, l. 17. — R. de H., p. 222, v. 27; p. 230, v. 15; p. 233, v. 14; p. 234, v. 14; p. 235, v. 2.
SORE D'AMOURS, R. de H., p. 234, v. 2, 23, 25; p. 235, v. 2; p. 237, v. 14.
SOREL (village du département de la Somme), R. de H., p. 299, v. 13; p. 337, v. 3.
SOTENGHIEN (Sotteghem, bourg du

INDEX GÉNÉRAL.   427

royaume de Belgique, province de la Flandre orientale), p. 139, l. 26; p. 154, l. 17, 19; p. 155, l. 11; p. 162, l. 11; p. 170, l. 12.
SOUAVE (Suède, royaume du nord de l'Europe), p. 50, l. 11.
SOUCHIE (ville de Flandre, à trois lieues d'Arras), p. 142, var. 2.
SOUCIES (« une ville qui est à .iij. liues de la cité d'Arras »), p. 142, l. 11.
SOUME (Somme, rivière du nord de la France), p. 24, var. 7.
SOURS DE SEUNI, R. de H., p. 277, v. 8, 21.
STIEVENES (Étienne, roi d'Angleterre), p. 72, var. 5.
STISAC (nom du château d'Autriche où Richard-Cœur-de-Lion fut pris), p. 87, var. 7.
SUAINS (roi de Danemark), p. 47, var. 10; p. 48, l. 17, 20, 25, var. 11.
SUAVE (Suède), p. 48, l. 22.
SUAVIS (roi de Danemark), p. 47, l. 27.
SUEFFRE-PAINE, R. de H., p. 312, v. 20; p. 313, v. 11, 18.

SUFONE (Suffolk, comté maritime d'Angleterre), p. 172, l. 14.
SUFOUC (Suffolk), p. 172, var. 7.
SUHANSTONNE (Southampton, dans le Hampshire), p. 152, var. 5.
SUHANTONE (Southampton), p. 153, var. 6.
SUR (Sour, ville et port de Syrie), p. 197, l. 4; p. 198, l. 1.
SURGIERES (bourg du département de la Charente-Inférieure), p. 102, l. 11, 24.
SURIE (Syrie, province de la Turquie d'Asie), p. 85, l. 1.
SUSANE, R. de H., p. 213, v. 22.
SUSHANTONNE (Southampton, dans le Hampshire), p. 152, l. 24; p. 153, l. 24; p. 189, l. 20; p. 190, l. 15.
SYMON LE CONTE DE MONFORT, p. 207, l. 6.
SYMONS DE BERONNE, R. de H., p. 298, v. 17.
SYMONS DE POISSI, p. 182, l. 15; p. 190, l. 23; p. 195, l. 1.

T.

TABLE REONDE (ordre de chevalerie), R. de H., p. 225, v. 16.
TACONS (« ki estoit uns des barons de Flandres »), p. 161, l. 2; p. 184, l. 6; p. 191, l. 11, 22; p. 198, l. 7.
TALEBOT (gouverneur de l'île de Chypre pour Richard Cœur-de-Lion), p. 36, l. 5.
TALEMONT (Talmont, bourg du département de la Vendée), p. 102, var. 3.
TALEVAS (surnom de Guillaume Ier, comte d'Alençon et du Perche), p. 62, l. 12.
TAMISE (fleuve d'Angleterre), p. 47, l. 25; p. 65, var. 7; p. 162, l. 20; p. 171, l. 20; p. 177, l. 2; p. 199, l. 2; p. 200, l. 24; p. 204, l. 12.
TANCRE (Tancrède, neveu et successeur de Guillaume II, dit le Bon, roi de Sicile), p. 85, l. 10.
TANET (Thanet, île dépendant du comté de Kent), p. 168, l. 17; p. 169, l. 7, 22; p. 201, l. 13.
TANQUERE (Tancrède, neveu et successeur de Guillaume II, roi de Sicile), p. 85, var. 3.
TASSONS, p. 62, l. 13.

TEMPLE (église de Londres), p. 172, l. 3.
TEMPLE (ordre religieux et militaire), p. 123, l. 27; p. 207, l. 2, 11.
TEMPLIERS (chevaliers du Temple), p. 77, l. 7.
TENECBRAY (Tinchebray, ville du département de l'Orne), p. 69, l. 3, 10.
TENERCHEBRAI (Tinchebray, ville du département de l'Orne), p. 69, var. 2.
TEROLDES (gouverneur du jeune Guillaume-le-Bâtard), p. 58, l. 14.
THALOU (ancien nom du comté d'Arques), p. 59, l. 14.
THAMISE (fleuve d'Angleterre), p. 49, l. 4.
THEBAUS (Thibaut Ier, dit le Tricheur, comte de Chartres), p. 41, l. 21.
THEROLDES (gouverneur de Guillaume-le-Bâtard), p. 58, var. 6.
THIEBAUS (frère de Renaud d'Amiens), p. 166, l. 19.
THIEBAUS (Thibaut Ier, dit le Tricheur, comte de Chartres), p. 39, l. 10, 24; p. 40, l. 10, 15, 23, 26; p. 41, l. 3, 13, 28.

THIEBAUT DE CHARTRES (« le frère le comte de Champaigne »), p. 81, l. 15.
THIERIS DE SOTENGHIEN, p. 162, l. 11.
THOART (Thouars, ville du département des Deux-Sèvres), p. 107, l. 27; p. 109, l. 4.
THOENIS (Tosny), p. 69, l. 27.
THOULOUSE (chef-lieu du département de la Haute-Garonne), p. 121, l. 28.
THUMAS (archevêque de Canterbury et martyr), p. 208, l. 7; p. 209, l. 19.
THUMAS CHERES, p. 135, l. 4, 8.
THUMAS DE COUCI, p. 165, l. 25.
THUMAS DE MOLETONE, p. 157, l. 18.
THUMAS L'APOSTLE (saint), p. 46, l. 5.
TIEBAUS DE BIAUMONT, p. 102, l. 16.
TIRUSLIERES (Tillières-sur-l'Avre, bourg du département de l'Eure), p. 49, v. 7.
TIRELS (meurtrier de Guillaume-le-Roux, roi d'Angleterre), p. 67, var. 4.
TIULIERES (château de Normandie sur l'Avre), p. 49, l. 19, 25; p. 50, l. 21; p. 58, l. 22, 27; p. 63, l. 3.
TOART (Thouars en Poitou), p. 102, var. 2; p. 107, var. 9; p. 108, l. 11.
TOLART DU HAITIEL, R. de H., p. 366, v. 26.
TONEBRUGES (Tunbridge, ville du comté de Kent), p. 161, l. 21; p. 162, l. 24; p. 163, l. 1.
TOONI (Tosny), p. 62, var. 8.
TOR DE MENCE, R. de H., p. 311, v. 20.
TORAINE, TORAINNE (Touraine, province centrale de la France), p. 166, l. 1; p. 177, l. 26.
TORQUAIS, p. 49, l. 14; p. 50, l. 19.
TORQUETI (beau-père de Guillaume comte d'Exmes et d'Eu, frère de Richard II duc de Normandie), p. 46, l. 25.
TORQUETIL (idem), p. 46, var. 12.
TOSTAINS DE GLOS (Toustain Goz, vicomte d'Exmes), p. 59, var. 1, 3.

TOUART (Thouars en Poitou), p. 102, l. 13.
TOUART (Troarn, bourg du département du Calvados), p. 62, l. 1.
TOUKE (rivière de Normandie, qui se jette dans la Manche), p. 98, l. 1.
TOULOUSE (chef-lieu du département de la Haute-Garonne), p. 201, l. 4; p. 207, l. 7.
TOURNAI, TOURNAY (ville de Belgique, province de Hainaut), p. 138, l. 24; p. 144, l. 13; p. 208, l. 25.
TOURNELE, R. de H., p. 339, v. 18, 25.
TOURNIELE, p. 166, l. 21; p. 201, l. 2; p. 202, l. 5.
TOURS (en Touraine, chef-lieu du département d'Indre-et-Loire), p. 103, l. 10.
TOURS EN VIMEU (village du département de la Somme), R. de H., p. 296, v. 7, 10.
TRABE (nom de celui qui tua Eustache le Moine), p. 202, l. 8.
TRIE, R. de H., p. 301, v. 15; p. 302, v. 12.
TROART (Troarn, bourg du département du Calvados), p. 62, var. 1.
TROIE (ville ancienne de l'Asie-Mineure), p. 2, l. 10.
TROIIEN (Troyens, habitants de Troie), R. de H., p. 225, v. 20; p. 230, l. 21.
TRONCHIERES (ville de Flandre), p. 137, l. 14.
TRONCIERES (ville de Flandre), p. 137, var. 2.
TROVI (Tosny), p. 62, l. 14.
TRUIE, p. 166, l. 13; p. 190, l. 9; p. 191, l. 22.
TUEDE (Tweed, fleuve du nord de l'Angleterre), p. 164, l. 8.
TUMAS CHIERES, p. 133, l. 21.
TUBIAUS, R. de H., p. 368, v. 9.
TYREUS DE POIS (nom du meurtrier de Guillaume-le-Roux, roi d'Angleterre), p. 67, l. 10.

U.

UEL, R. de H., p. 233, v. 23.
USTASCES DE NORVILLE (le fils), p. 186, var. 4.
USTASCIE (Eustache, comte de Boulogne), p. 69, var. 9.
USTASCIES DE VESSI, p. 145, var. 7.

USTASSE DE PACI (époux de Julyane, fille naturelle de Henri Ier, roi d'Angleterre), p. 70, var. 4.
USTASSE LE COMTE DE BOULOIGNE, p. 59, var. 6.

INDEX GÉNÉRAL. 429

V.

VALENCIENNES (ville du département du Nord), p. 142, l. 24.
VARLET AU LYON (chevalier au Lion, nom de l'un des chevaliers de la Table Ronde), R. de H., p. 229, v. 1; p. 316, v. 19.
VASSAL AU LYON (*idem*), R. de H., p. 266, v. 27.
VEFORT, p. 157, l. 19.
VENISSE (Venise, l'une des deux capitales du royaume Lombard-Vénitien), p. 87, var. 5.
VER, R. de H., p. 305, v. 21.
VERENCES (Avranches, ville du département de la Manche), p. 157, var. 7.
VERMENDOIS (Vermandois, contrée du département de l'Aisne), p. 44, l. 28.
VERNEIL (Verneuil, ville du département de l'Eure), p. 70, var. 7.
VERNOEIL (Verneuil), p. 88, var. 3.
VERNONS (ville du département de l'Eure), p. 87, l. 8.
VERNUEL (Verneuil en Normandie), p. 70, l. 15.
VERVIEL (Verneuil), p. 46, l. 21.
VERVUEIL (Verneuil), p. 46, var. 10.
VESCI, p. 145, l. 19.
VESSI, p. 145, var. 7.
VEUGUESSIN LE NORMANT (le Vexin normand, pays que l'Epte sépare du Vexin français et dont Gisors est la ville principale), p. 91, l. 3.
VI, R. de H., p. 367, v. 19.
VIANE (Vienne, rivière du Poitou), p. 109, l. 3.
VIELS (surnom d'Henri Ier, roi d'Angleterre), p. 146, var. 1.
VILERS, R. de H., p. 374, v. 26.
VILLE-DE-DIU (Villedieu-les-Poêles, bourg du département de la Manche), p. 70, l. 25.
VIMEU (contrée du département de la Somme), R. de H., p. 296, v. 7.
VINCIESTRE (Winchester, chef-lieu du Hampshire), p. 78, l. 13.
VOLVESÉE (château de l'évêque de Winchester), p. 173, var. 4.
VRENUEL (Verneuil en Normandie), p. 88, l. 8, 11.

W.

WAILLI (village du département de la Somme), R. de H., p. 307, var. 3.
WAIMOUSTIER (Westminster), p. 65, var. 7.
WAIN, p. 144, var. 4.
WALERANS DE LUSSEBOURC, R. de H., p. 343, v. 26.
WALINGEFORT (Wallingford, ville dans le comté de Berks, à 45 milles de Londres), p. 64, var. 2; p. 80, l. 8.
WALLAINCOURT, R. de H., p. 277, v. 19.
WANDOIS, p. 170, l. 19; p. 181, l. 25; p. 183, l. 8, 16; p. 193, l. 25.
WANS, p. 170, l. 19; p. 181, l. 24, 28; p. 183, l. 1, 7; p. 184, l. 2, 9; p. 189, l. 7.
WANTENIAUMES (évêque de Chartres), p. 12, l. 7.
WARENDE, p. 100, l. 23; p. 172, l. 19; p. 174, l. 6; p. 183, l. 4; p. 199, l. 25, 26; p. 200, l. 18, 20; p. 201, l. 18, 22, 26; p. 204, l. 4.
WARENES, R. de H., p. 229, v. 12.
WAST, p. 184, l. 13; p. 187, l. 19.
WATEHEM, WATEHEN (Waltham, abbaye dans le comté d'Essex, à douze milles de Londres), p. 165, l. 13.
WAUCRES (Walcheren, en Hollande, l'une des îles de la province de Zélande, située entre les deux embouchures de l'Escaut), p. 7, l. 25; p. 8, l. 1, 6; p. 134, l. 9; p. 135, l. 16, 21, 24; p. 136, l. 1, 2.
WAUDRICOURT (village du département de la Somme), R. de H., p. 324, v. 2.
WAULAINCORT, WAULAINCOURT, R. de H., p. 324, v. 1; p. 371, v. 24; p. 372, v. 2.
WAULINGEFORT (Wallingford, ville du comté de Berks, à 45 milles de Londres), p. 64, l. 11.

WAUTIERS D'ANTOING, R. de H., p. 342, v. 24; p. 350, v. 26.
WAUTIERS DE FOULLOI, R. de H., p. 321, v. 26; p. 322, v. 2, 6, 12, 22, 25; p. 368, v. 17.
WAUTIERS DE HABUIN, R. de H., p. 376, v. 2.
WAUTIERS DE HALIN, R. de H., p. 323, v. 18.
WAUTIERS DE HARDECOURT, R. de H., p. 329, v. 8, 9, 26.
WAUTIERS DE SOREL, R. de H., p. 299, v. 13.
WAUTIERS DU HEURLE, R. de H., p. 374, v. 8.
WAVEGNIES (Wavignies, village du département de l'Oise), R. de H., p. 377, v. 4.
WAVERIN (Wavrin, village du département du Nord), p. 188, l. 21. — R. de H., p. 371, v. 16; p. 374, v. 16.
WEMOUSTIER (Westminster), p. 65, l. 17; p. 171, l. 22; p. 172, l. 1.
WIBIERS DE BOURS, p. 181, var. 2.
WIC (l'île de Wight, dans le Hampshire), p. 181, l. 11.
WICKNESIEL (Winchelsea, ville du comté de Sussex), p. 183, l. 1.
WIELES (Vieilles, petite commune attenant à Beaumont-le-Roger, département de l'Eure), p. 61, l. 26.
WILECESTRE (Worcester, où fut enterré Jean-sans-Terre), p. 180, var. 4.
WILLAUME DE GISTELE, R. de H., p. 375, v. 1.
WILLAUME DE LIERE, R. de H., p. 353, v. 2.
WILLAUMES DE CAREU, R. de H., p. 334, v. 2.
WILLAUMES DE LOQUES, R. de H., p. 375, v. 20.
WILLAUMES DU HUERLE, R. de H., p. 354, v. 15.
WILLEKIN DES WANS, p. 181, l. 27; p. 189, l. 7.
WILLEKINS (Guillaume Ier, comte de Hollande, mort le 4 février 1223), p. 135, l. 18; p. 136, l. 3; p. 156, l. 21; p. 165, l. 27.
WILLEKINS DE KASINGHEHEM, p. 181, l. 26.
WILLEMS DE BIAUVAIS, R. de H., p. 282, v. 23.
WILLIAUMES DES GRANGES, R. de H., p. 333, v. 6.

WILLIAUMES DE WINCIESTRE, p. 83, l. 18.
WILPES, p. 135, l. 28.
WIMES (Wismes, village du département du Pas-de-Calais), p. 161, l. 1.
WIMOIS (l'Exmois en Normandie, compris dans le département de l'Orne), p. 41, l. 3; p. 73, l. 1.
WINCENEL, WINCHENEL (Winchelsea, ville du comté de Sussex), p. 183, l. 8, var. 3.
WINCENESEL (Winchelsea, ville du comté de Sussex), p. 183, l. 18; p. 184, l. 16, 19; p. 187, l. 8.
WINCIESTRE (Winchester, Hampshire), p. 66, l. 23; p. 67, l. 21; p. 72, l. 2; p. 78, l. 14; p. 83, l. 18; p. 107, l. 13, 17; p. 129, l. 12; p. 145, l. 12; p. 148, l. 15; p. 160, l. 12; p. 170, l. 21; p. 171, l. 11; p. 172, l. 23, 24; p. 173, l. 7, 11, 13; p. 176, l. 22, 24; p. 180, l. 18; p. 188, l. 3; p. 189, l. 20, 22; p. 190, l. 2, 4, 14, 20; p. 191, l. 13, 18, 19; p. 192, l. 2, 6; p. 194, l. 23, 29; p. 207, l. 9.
WINDESORES ou WINDESSORES (Windsor, ville et château royal dans le comté de Berks), p. 140, l. 6; p. 147, l. 24; p. 165, l. 18; p. 177, l. 13; p. 179, l. 1; p. 181, l. 21; p. 191, l. 26; p. 196, l. 25; p. 199, l. 7, 15; p. 200, l. 11, var. 3; p. 203, l. 4, 5; p. 204, l. 13.
WINSANT (village du département du Pas-de-Calais, port encombré de sable), p. 60, var. 2; p. 71, var. 9; p. 123, var. 8.
WISMOIS (l'Exmois, pays compris dans le département de l'Orne), p. 46, var. 11.
WISSANT (village du département du Pas-de-Calais), p. 60, l. 7; p. 71, l. 25; p. 123, l. 25; p. 165, l. 20.
WISSEMOIS (l'Exmois, pays compris dans le département de l'Orne), p. 36, l. 24.
WISTASSE DE NORVILLE (le père), p. 160, l. 28.
WISTASSE LE CONTE DE BOULOIGNE, p. 59, l. 27; p. 69, l. 21.
WISTASSES DE HERSIN, p. 191, l. 25.
WISTASSES DE LENS, p. 196, l. 1.
WISTASSES DE MERLINGEHEM, p. 195, l. 3.
WISTASSES DE NOEVILLE LI JOUENES

INDEX GÉNÉRAL.

(« qui fils estoit Wistasse de Noeville le boin chevalier »), p. 160, l. 27; p. 186, l. 7, 12, 14, 15, 17, 20; p. 196, l. 1, 4; p. 198, l. 5.

WISTASSE DE SISI, R. de H., p. 293, v. 18.

WISTASSES DE TOURS, R. de H., p. 296, v. 10.

WISTASSES LI MOINES (pirate boulonnais, tué le 24 août 1217),
p. 167, l. 2, 3; p. 185, l. 5, 15, 24; p. 200, l. 28; p. 201, l. 1, 23, 26; p. 202, l. 6, 16.

WLPES, p. 135, var. 9.

WOSENGUE (« outre le Rin sour Muese »), p. 21, var. 4.

WOSVESÉR (château de l'évêque de Winchester), p. 173, l. 17.

WREWIC (York, chef-lieu du comté de ce nom), p. 163, l. 19.

Y.

YDAIN (fille de Godwin, comte de Kent, et femme d'Edouard-le-Confesseur, roi d'Angleterre), p. 60, l. 20.

YDONE (l'une des quatre suivantes de la reine Genièvre), R. de H., p. 248, v. 18.

YONE (rivière qui prend sa source dans le département de la Nièvre et qui se jette dans la Seine à Montereau), p. 11, l. 20.

YPRE (ville du royaume de Belgique, province de la Flandre occidentale), p. 126, l. 9, 13, 17; p. 133, l. 21; p. 137, l. 25, 28; p. 138, l. 13; p. 141, l. 20.

YRLANDE (Irlande, grande île de l'Océan atlantique, qui fait partie de l'empire britannique), p. 109, l. 20; p. 111, l. 9, 10; p. 112, l. 9, 11, 16; p. 124, l. 6.

YTHALIE (Italie, contrée du midi de l'Europe), p. 3, l. 9.

FIN DE L'INDEX GÉNÉRAL.

ERRATA ET CORRECTIONS.

Page 70, ligne 5, mettez un point après *tierre*.
— 171, ligne 8, ôtez le point et virgule qui se trouve ici à la suite de *mareschal*, et placez-le à la ligne suivante, après *Pembroc*.
— 194, variante 4, lisez *d'Odingefuel*.
— 197, ligne 19, lisez *uns clers*.
— 199, variante 1, le chiffre de renvoi de cette note doit se trouver dans le texte, ligne 7, après le mot *outre*.
— 200, ligne 13, mettez un point après le mot *faire*.
— 235, vers 13, placez un accent grave sur l'*e* de *Ques*.
— 236, vers 14, lisez *en mi*, au lieu d'*emi*. Même observation pour le dernier vers de la page 240.
— 244, vers 14, il manque ici un mot.
— 266, dernier vers, lisez *Vassal au lyon*, avec une capitale. Même observation pour le vers 19 de la page 316.
— 346, vers 20, mettez un *M* capitale à *maismant*.
— 371, vers 5, ne faut-il pas lire ici *Feujeres*, comme page 357, vers 26, ou *vice versâ*?
— 377, vers 15, *Laleng* doit-il être écrit ainsi, ou avec une apostrophe, comme nous l'avons fait page 280, vers 9?
— 385, vers 19, il est peut-être sans importance de faire remarquer ici que, pour suivre le même système d'orthographe, *Lyon* doit prendre un petit *l*.

OUVRAGES PUBLIÉS PAR LA SOCIÉTÉ,

ET QUI SE TROUVENT A LA MÊME LIBRAIRIE.

L'Ystoire de li Normant, et la Chronique de Robert Viscart, par Aimé, moine du mont Cassin; publiées par M. Champollion-Figeac. 1 vol. grand in-8.................... 9 fr.
Histoire ecclésiastique des Francs, par Grégoire de Tours, texte latin et traduction françoise en regard. 4 vol. gr. in-8. 36 fr.
— Le même ouvrage, *texte latin*. 2 vol. grand in-8.. . 20 fr.
— Le même ouvrage, *trad. franç. seule.* 2 vol. gr. in-8. 20 fr.
Lettres du cardinal Mazarin a la Reine, a la Princesse Palatine, etc., écrites pendant sa retraite hors de France, en 1651 et 1652, publiées par M. J. Ravenel. 1 vol. grand in-8.... .... 9 fr.
— Les Mêmes, pap. colombier de Hollande, cartonnées. 45 fr.
Mémoires de Pierre de Fenin, comprenant le récit des événements qui se sont passés en France et en Bourgogne sous les règnes de Charles VI et de Charles VII (1407-1427), publiés par Mademoiselle Dupont.................... 9 fr.
De la Conqueste de Constantinoble, par Joffroi de Villehardouin et Henri de Valenciennes; édition publiée par M. Paulin Paris. 1 vol. grand in-8...... .... 9 fr.
Orderici Vitalis Historiæ ecclesiasticæ, publié par M. Aug. Le Prevost, tome Ier, grand in-8................ 9 fr.
Correspondance de l'Empereur Maximilien et de Marguerite, sa fille, publiée par M. Le Glay. 2 vol. gr. in-8...... 18 fr.
Chronique de Louis VIII, publiée par M. Francisque Michel. 1 vol. grand in-8......................... 9 fr.

Bulletin de la Société de l'Histoire de France; Revue de l'Histoire et des Antiquités nationales.
— Première année (1834), 6 forts cahiers grand in-8. 10 fr.
— Seconde année (1835), 12 cahiers grand in-8...... 10 fr.
Annuaire de la Société de l'Histoire de France, pour les années 1837, 1838, 1839 et 1840, in-18, chaque vol...... 2 fr.

SOUS PRESSE.

Orderic Vital. *Historiæ ecclesiasticæ*, tome II.
Mémoires de Philippe de Commynes, 3 vol.
Vie de Charlemagne, par Éginhard, 1 vol.

www.ingramcontent.com/pod-product-compliance
Lightning Source LLC
Chambersburg PA
CBHW060233230426
43664CB00011B/1639